성공의 삶
"아이 스스로 이루어 낸다"

'성공의 길을 달리는 아이'를 위한
부모 교사 양육 지침서

김병태

창지사

주제: 성공과 좌절(청색 색지 위에 크레파스)

무거운 큰 바위를 아래에서 받쳐 들고 있는 주황색 옷을 입은 아이와 큰 바위 위에서 그냥 손만 올려놓은 황토색 옷을 입은 아이가 있다. 큰 바위를 어려움과 고난, 힘겨움이라고 본다면 그것을 떠받쳐 들어 올리는 아이는 너무나 힘들 것인데도 불구하고 웃으며 그 큰 바위를 들어 올리고 있다. 이는 어려움과 고난, 힘겨움을 자기 주도로 헤쳐나가 마침내는 성취한 것을 의미한다. 그러나 큰 바위 위에서 손만 올려놓은 아이는 어려움과 고난에 별로 힘겨울 수 없음에도 불구하고 힘들어하고 있다. 같은 연령대의 아이인데도 왜 이렇게 큰 차이를 보이는 것일까?

분명한 하나는 '부모가 아이의 자율성을 허용하여 자기 주도적으로 과제를 수행하도록 한 것과 아이의 일에 개입하여 부모가 도와주고 부모 생각대로 아이가 행하도록 한 것'으로 부모의 양육 방식 차이에 의해서 나타난다는 것이다.

머리말

부모의 사랑으로 태어난 우리 아이는 있는 그대로가 소중하고 귀하다. 이러한 아이를 양육한다는 것은 보람되고 행복한 일이 된다. 그러나 이렇게 축복받아야 할 양육이 부모에 따라서는 힘들고 어려운 일로 전락하고 있어 안타까울 때가 많다. 많은 부모는 자기 아이를 키우기 위해 "나는 최선을 다하고 있다."라고 말하지만, 아이가 자라는 만큼 바른 양육에 대한 지식 습득으로 자신의 양육 단점을 보완하려 하기보다, 부모 스스로가 성장해 오면서 알게 되어 자연스럽게 체득된 방식으로 아이를 양육하려 하고 그것을 유지하려 하기 때문이다. 비슷한 나이의 아이인데도 불구하고 어떤 아이는 성공의 길을 달리는가 하면 어떤 아이는 실패와 좌절의 경험으로 의욕이 없다. 그 이유는 주 양육자인 부모가 아이에게 어떤 본을 보여 주었으며, 아이를 어떻게 대했으며, 어떤 환경을 제공하였느냐에 따라 아이는 자신이 어떻게 행동해야 하는지를 결정하기 때문이다. 따라서 아이에게 부모와 가정의 역할은 아이의 평생 삶의 질을 좌우하기 때문에 너무나 중요하고 소중하다.

부모들 가운데는 아이의 일에 무관심하면서도 "너는 열심히 공부하여 훌륭한 사람이 되어야 한다."라고 하면서 아이에게 계속해서 잘하길 바라고 바뀌라고 요구한다. 그러나 이러한 말을 한 부모인 자신들은 정작 아이가 성장하는 만큼 양육 방식도 함께 성장하기 위해 얼마나 노력하고 있으며, 아이에게 바뀌라고 요구하거나 나무라면서 많은 문제의 근원적 원인을 제공한 부모는 또 얼마나 바뀌려고 노력하고 있는가? 많은 부모는 아이의 일에 무관심하여 아이를 사랑으로 대하지 못하는가 하면, 반대로 과한 애착과 사랑으로 아이의 발달을 가로막는다. 또한, 아이를 믿지 못해 아이의 일에 개입하고 부모 자신의 성질이 우선하여 아이 스스로 문제를 해결할 때까지 기다려 주지 못한다. 이러한 행동들은 아이 스스로 이루어내는 성공이나 행복과는 점점 거리가 멀어지게 한다.

반면에 부모 중에는 아이와의 정서적 애착 속에 아이의 말을 들어 주고 공감하며, 아이 스스로 결정하는 자율적 의지를 허용하고 자기의 결정대로 주도하고자 하는 행동을 존중하면서 부모가 성실하게 노력하는 행동의 본을 보인다. 또한, 늘 아이의 등 뒤에서 격려하고 지지해 주며 믿음이라는 무한 신뢰를 보내면서 아이 스스로 문제를 해결할 때까지 기다려 준다. 이와 같은 부모의 바른 양육은 아이의 건강한 전인적 발달과 함께 높은 자존감 속에 생활하게 하여 스스로 내적 계단식발달을 이루게 한다. 이러한 아이의 행동은 지금까지 헌신하며 양육한 부모의 마음과 정서에 더 좋은 영향을 미쳐 아이를 기르고 양육하며 공부시키는 일이 진정으로 기쁘고 즐거운 일이 되어 부모는 더 많이 행복해지게 된다.

사람은 스스로 성공과 행복을 추구하고자 하는 욕구와 그것을 뒷받침해 줄 수 있는 본능적 욕구가 있어 무한한 가능성을 가지고 태어난다. 따라서 부모는 자신이 체득한 대물림의 양육 방식에서 벗어나 바른 양육과 교육의 방향으로 이끌어 갈 수 있게 된다면 누구나 스스로 성공과 행복을 이루어내는 보람된 삶을 사는 아이가 된다. 흔히 성공이라고 하면 어릴 때부터 공부를 잘하여 좋은 학교를 나오고 좋은 직장에 다니면서 경제적 부를 누리고 남보다 권세가 있어 남들이 부러워하는 삶을 사는 것을 의미한다. 그러나 본 교재에서의 성공은 자신의 다양한 경험을 바탕으로 자기 주도로써 문제를 헤쳐나가 높은 자존감을 형성하고, 노력의 소중한 결실로 자신의 자아를 실현하며, 배려와 리더의 역할로써 다른 사람들과 상호 소통하는 것이다. 이는 곧 자녀가 부모를 존경하고 부모를 닮고 싶어 하는 의미 있는 삶을 살게 되는 것이다.

본 교재는 총 CHAPTER 10으로 구성하였다.

CHAPTER의 표지마다 CHAPTER의 주제와 함께 필자가 평상시 그렸던 그림 중 정서적 평안을 줄 수 있는 작품을 실어 독자들이 편안하게 작품을 감상할 수 있도록 하였다.

다음 페이지에는 필자가 크레파스 기법으로 그린 발달과 심리에 관한 내용의 그림을 실어 작품을 통하여 독자들이 본문의 내용을 이해하는 데 도움이 될 수 있도록 설명하였으며, 아울러 작품제작에 사용된 재료와 기법도 이해할 수 있도록 하였다.

그다음 페이지에는 본 저서의 본문 내용을 실었다. 가능하면 이해하기 쉽도록 구성하여 집필하였으며, 필요에 따라서는 독자들의 이해를 돕고, 내용을 더욱 흥미 있게 하기 위해 관련 사진과 그림, 만화, 표 등을 첨부하여 설명하였으며, 본문의 내용과 관련하여 참고할 필요가 있는 글은 별도 박스로 실어 보충하였다. CHAPTER의 마지막 페이지에는 본문의 내용 이해를 더욱 확장하여 생각할 수 있도록, 본문과 관련하여 부모 또는 내담자와 상담한 내용이나 발달 또는 심리치료 한 내용 등을 필자 노트로 실었다.

바라기는, 본 저서가 부모에게는 자녀 스스로 성공과 행복을 이루어내는 바른 양육에 도움을 주고 아이들을 지도하는 교사에게는 아이의 발달과 심리에 대한 바른 이해와 문제 해결방법으로 교육현장에서 아이들이 더욱 건강한 발달을 이루고 더 많이 즐겁게 생활하는 데 이바지하고자 한다. 그리고 아이의 발달과 심리를 상담하는 아동심리 상담사나 치료사에게는 아이에 대한 합리적이며 실질적인 진단평가에 도움을 주고 치료개입의 목표설정과 치료 방향 등 치료(상담) 활동에 유용하게 활용되기를 바란다.

2020년 3월

김병태 드림

차례

CHAPTER 1

아이에 대한 인식이 변화되어야 한다

주제: 자연과의 동화(말린 나무 위에 아크릴 물감)

주제: 사내아이(수묵채색화)

우리 민족의 전통재료인 한지에 사내아이를 수묵채색으로 표현하였다. 얼굴과 피부를 색칠할 땐 화지의 뒷부분에다 연하게 먼저 색칠한 후 이를 다시 돌려, 본 그림에다 세밀한 붓질을 반복하여 색칠하면서 피부를 깊이 있게 표현하려 노력하였다. 이를 배채법(背彩法)이라 하는데 그림의 뒷부분에 연하게 먼저 색칠하였으므로 앞부분의 본 화 그림에는 은은한 색감이 배어 나와 색상의 깊이를 더 할 수 있다.

그림의 배경은 민중들의 생각이 그대로 반영되어 가장 한국적인 그림이라 할 수 있는 조선 후기 민화의 '석류도'를 그렸다. 석류는 아들을 상징하는 과일로서 자손이 귀한 집에 석류 씨앗과 같이 자식을 많이 두길 원하는 염원을 나타낸 것이다. 2017년 우리나라에서 태어난 아기가 35만 명대로 추락하면서 합계 출산율이 사상 최저인 1.05명, 2018년은 0.98명을 기록하여 합계 출산율이 1명을 밑돌아 세계적으로 유례를 찾기 힘들 정도로 출산율이 가장 낮다(통계청 자료). 그 이유 중에는 산모의 고령화와 혼인 건수 감소를 들 수 있다. 오늘을 사는 젊은 청춘들이 자식을 많이 두길 바라는 이러한 옛 풍습의 그림을 감상하고 있으면 어떤 생각이 들까?

아이는 태어나면서부터 혼자가 아닌 주 양육자(이하 부모 또는 엄마로 칭함)와 자연스럽게 절대적 의존 관계를 맺으면서 정서적 친밀감을 형성한다. 아이는 부모를 온전히 믿고 신뢰하기에 부모 품에 안겨 평온함을 느낀다. 그러면서 아이는 부모가 하는 행동은 자신을 위해서라고 생각하여 부모의 생각과 가치관, 신념들을 자기의 의사와 상관없이 받아들인다. 또한, 아이는 자신의 능력으로 세상을 탐험하고 실험하면서 부딪치는 문제를 헤쳐나가 자기 자신과 세상에 대한 인식을 점점 발전시켜 나간다. 이러한 믿음과 능력을 갖춘 아이가 의도적으로 부모의 속을 썩이려 마음 먹거나, 힘들게 하여 야단맞을 행동도 할 리 없다. 그래서 아이 문제의 근원은 아이의 일에 대해 부모의 결정을 따르면서 부모의 통제를 받는 아이라기보다 아이를 이해하지 못한 부모의 문제이다. 가령, 아이가 부모를 힘들게 하는 것은 부모의 사랑에 대한 갈구이고, 고집을 피우는 것은 아이의 욕구를 부모가 무시해서이다.

아이와 정서적 애착을 형성하며 바른 성장을 위한 삶의 스승이 되는 부모가 아이에게는 너무나 크고 위대한 존재이다. 만약 이러한 부모의 충분한 사랑과 돌봄이 없거나 부모 중심의 잘못된 양육을 하게 된다면 아이의 발달과제는 어려움에 봉착하고 여러 정서적·심리적 문제를 지니게 되어 부모의 양육은 점점 힘들어지게 된다. 어떤 아이는 사람과의 관계에서 밝고 긍정적이며 자기표현에 자신감이 있는가 하면, 어떤 아이는 자기표현에 자신이 없어 사람과 관계 맺는 것에 무관심하여 사회성이 부족하다. 어떤 아이는 자신을 존중하고 사랑하여 자기의 가치를 높이며, 어려운 일에도 잘할 수 있다는 신념을 가지고 있어 자존감이 높지만, 어떤 아이는 정서적 어려움 속에 자기만족과 자신감이 부족하여 자존감이 낮다. 이를 다시 말하면 어떤 아이는 성공의 길을 달리는가 하면, 어떤 아이는 좌절의 길에서 벗어나지 못하고 있다. 중요한 사실은 이러한 사고와 행동이 영유아기에 그 사람의 인격으로 자리 잡으면서 아이의 이후 삶에 지속해서 영향을 준다는 것이다.

이러한 차이가 나타나는 근본적인 원인은 '부모가 아이를 대할 때의 마음가

짐이 어떠하였느냐?'이다. 부모는 아이를 자신의 친구처럼 인격적으로 동등한 관계로 생각하여 존중하여야 한다. 그러나 부모가 아이를 자신의 소유물로 생각하여 아이에게 무관심하거나 자기의 감정이나 성질을 우선하여 많은 잔소리와 함께 함부로 대하거나, 아이가 귀엽고 사랑스럽다고 무분별하게 아이의 요구를 들어주고 버릇없는 행동을 허용한다. 또한, 부모가 우월한 위치에 있다고 생각하여 아이에게 부모의 생각을 강요하고, 부모의 생각대로 아이가 행동하게 하며, 부모의 뜻에 따라 순종할 것을 요구한다.

부모 중에는 아이에게 어떻게 하라는 말 대신에 최선을 다하는 삶의 모습과 책을 가까이하는 모습을 보여 주어 아이가 부모처럼 닮고 싶다는 생각이 들도록 하는 데 인색한 경우가 많다. 그러면서 아이에게는 "부모 같은 사람이 되지 말고 너는 열심히 공부하여 훌륭한 사람이 되어야 한다."라면서 아이 스스로 잘하길 바란다. 또한, 많은 부모는 자신의 가치 있는 삶을 추구하기보다 아이의 성공을 위해 희생하면서 아이를 자신과 동일시하여 아이의 일에 개입하여 도와주려 한다. 그리고 부모에 따라서는 자신들의 체면과 자존감을 높이기 위해 '그 집 아이는 공부도 잘하고 운동도 잘하는데 이번엔 반장까지 되었대'라는 말처럼 아이의 성적이나 능력을 다른 사람에게서 칭송받게 하려고 큰 노력을 기울인다. 그래서 우리나라의 많은 아이는 부모의 개입 속에 학습이라는 조기교육과 선행교육을 받으면서 "너 그렇게 공부해서 나중에 거지 될래?", "다른 아이들보다 잘해야 대접받는다.", "너 말고 몇 명이나 100점 받았니?"와 같이 부모의 불안함을 강요받고, 부모의 욕심과 기대에 아이가 끝없이 잘하길 요구받는다. 이에 따라 아이들은 자신의 꿈을 이루는 방법이 다양하게 있음을 알지 못하고 이처럼 하나밖에 없다는 생각에 따라 자신감과 동기를 잃어버리는 경우가 많다.

그러나 우리 아이들은 태어나는 그 순간부터 있는 그대로가 소중한 하나의 인격체로서 행복하게 생활할 권리를 가진다. 부모가 시키는 대로 잘하고 부모가 요구하는 것을 잘해야만 소중하고 귀한 아이이며, 다른 아이들보다 잘하고 인정받아야 사랑받고 존중받는 존재가 아니다. 그러므로 아이는 부모와의 정서적 애착 속에 따뜻한 보호를 받으며 세상을 마음껏 탐구하고 실험하면서 다양한 경험 속에 자랄 수 있도록 하여야 한다. 또한, 아이 스스로 생각하여 선택하는 자율적 의지를 허용하고 자신의 기준대로 주도하는 것을 존중하여 높은 자존감 속에 자기 가치를 실현할 수 있도록 하여야 한다. 그리고 부모는 아이가 자신의 경험으로 문제를 해결할 때까지 믿고 기다려 주어야 하며, 다른 사람들과 어울려 살아가는 다양한 관계능력을 발전시켜 높은 자기만족 속에 성공의 삶을 스스로 이루어 갈 수 있도록 하여야 한다. 우리나라에서는 아이를 미래의 민족·국가의 주체로 보고 그들의 교육과 건강, 복지증진을 위하여 1988년 제66회 어린이날을 맞아 '어린이 헌장'을 개정하여 공포하였다. 그 내용은 다음과 같다.

어린이 헌장(1988 개정)

어린이의 권리와 복지, 바람직한 성장상을 제시하여 사회의 전체가 이를 지켜 주고 키워 가며, 또 어린이 스스로도 그렇게 힘쓰게 하려고 마련한 헌장이다.

① 어린이는 건전하게 태어나 따뜻한 가정에서 사랑 속에 자라야 한다.
② 어린이는 고른 영양을 섭취하고, 질병의 예방과 치료를 받으며, 맑고 깨끗한 환경에서 살아야 한다.
③ 어린이는 좋은 교육 시설에서 개인의 능력과 소질에 따라 교육을 받아야 한다.
④ 어린이는 빛나는 우리 문화를 이어받아, 새롭게 창조하고 널리 펴나가는 힘을 길러야 한다.
⑤ 어린이는 즐겁고 유익한 놀이와 오락을 위한 시설과 공간을 제공받아야 한다.
⑥ 어린이는 예절과 질서를 지키며, 한겨레로서 서로 돕고 스스로를 이기며, 책임을 다하는 민주시민으로 자라야 한다.
⑦ 어린이는 자연과 예술을 사랑하고 과학을 탐구하는 마음과 태도를 길러야 한다.
⑧ 어린이는 해로운 사회환경과 위험으로부터 먼저 보호되어야 한다.
⑨ 어린이는 학대를 받거나 버림을 당해서는 안 되고, 나쁜 일과 힘겨운 노동에 이용되지 말아야 한다.
⑩ 몸이나 마음에 장애를 가진 어린이는 필요한 교육과 치료를 받아야 하고, 빗나간 어린이는 선도되어야 한다.
⑪ 어린이는 우리의 내일이며 소망이다. 나라의 앞날을 짊어질 한국인으로, 인류의 평화에 이바지할 수 있는 세계인으로 자라야 한다.

필자 노트 plus 1

아이를 사랑으로 존중하지 않아 문제가 생긴 상담사례

나이: 6세, 성별: 남자

엄마: 저희 아이가 유치원에서 산만하게 행동하며 친구와 잘 어울리지 못합니다. 선생님 말씀에 따르면 아이가 화가 나면 친구를 밀치거나 소리를 지르기도 하며, 때에 따라서는 이를 제지하는 선생님에게 반항하는 행동도 한다고 합니다. 어떻게 해야 좋을지 모르겠습니다.

필자: 그렇군요. 아이의 행동으로 인해 선생님도 부모님도 힘드셨겠네요. 엄마는 그동안 양육하느라 수고하였음에도 자녀가 말썽을 일으키니 속상하셨겠습니다. 집에서의 아이 행동은 어떤가요?

엄마: 집에서는 조용한 편으로 자기 고집을 부리는 일도 있지만 혼자서 많이 놀고 크게 애먹이지는 않습니다. 그리고 유치원에서 있었던 일을 자주 이야기해 줍니다.

필자: 그렇군요. 엄마가 평상시 아이에게 주로 어떤 말을 많이 하는가요?

엄마: "밥 먹자.", "씻어라." 음~ "정리해라.", "컴퓨터 그만해라." 등이요.

필자: 그러면 아이는 엄마에게 평상시 어떤 말을 주로 하는 것 같아요?

엄마: 뭐라고 했었지? (잠시 생각하다가) 주로 같이 놀자고 하거나 도와 달라고 합니다.

필자: 혹 아빠는 아이에게 어떻게 대해 줍니까?

엄마: 사실 남편과 사이가 좋지 않습니다. 남편은 다리에 약간 장애가 있으며, 아이를 나무라고 혼내며 심지어는 손찌검도 합니다. 그래서 그렇게 하지 말라고 말했지만 잘 안 됩니다.

필자: 혹 어머님은 아이가 보는 데서 하지 말아야 할 행동을 한 것은 없는가요?

엄마: 가끔 아이가 있는 데서 남편과 다투기도 하였고, 부끄럽지만 속상하니까 술도 마신 적 있습니다.

필자: 네~ 그러시군요. 질문하나 더 드려보겠습니다. 아이라 불리는 유아기는 사람의 인생에서 얼마나 중요할까요?

엄마: (생각하다가) 많이 중요하겠죠?

필자: (상담지에 중요한 내용을 메모해 주면서) 영유아기는 뇌 발달과 신체발달 등 모든 발달이 가장 왕성하게 이루어지고, 이러한 발달이 최대한으로 계발될 수 있는 최적의 시기이자, 성격의 기초가 형성되어 사람의 인생에서 가장 중요한 시기입니다. 또한, 기존에 알

※본 저서의 상담사례는 미술치료를 위한 진단평가의 내용입니다.

고 있는 내용을 유지하려는 어른들과는 달리 아이들은 깨닫게 된 새로운 내용을 잘 받아들이고 받아들인 내용대로 바뀌려는 '뇌의 유연성'과 경험이 쌓일수록 더 잘하게 되는 '뇌가소성'이 가장 왕성한 시기입니다. 그러므로 아이에게서 문제가 된 부분은 이 시기에 많은 부분 해결할 수 있습니다. 또한, 부모님이 노력하여 지금의 육아 방식에서 조금이라도 긍정적으로 바뀌게 되면 아이에게는 좋은 변화가 쉽게 많이 일어나게 됩니다. 그러나 만약 지금 문제가 된 부분을 그대로 둔다면 그 부분이 계속해서 다음 발달 단계에 부정적 영향을 주게 되어 아이 양육이 많이 힘들어지게 됩니다. 가령 아이가 친구들과 부딪칠 때 대화로써 문제를 해결하지 못하고 소리 지르거나 자기 고집대로만 한다면 아이의 다음 발달 단계에서는 친구들과 잘 지내는 관계기술이 부족하여 친구들과 함께 어울리는 데 어려움이 생기며, 그다음 발달 단계에서는 다른 사람들과 잘 지내지 못하여 자기를 알아주는 게임에 빠지거나, 친구들에게 힘이나 완력을 행사하게 됩니다. 이처럼 아이의 문제점은 반드시 이 시기에 빨리 해결하는 것이 좋습니다.

이상과 같이 영유아기가 왜 중요하며, 문제행동을 왜 이 시기에 꼭 해결해야 하는지, 그리고 부모님의 육아 방식이 왜 바뀌어야 하는지 말씀드렸습니다. 이제 그 이유를 아시겠죠?

엄마: 네~ (한참 생각하더니) 아이를 위해 노력하겠습니다.

필자: 먼저 아이가 그렇게 행동하는 원인에 대해 어머님과 상담한 내용을 근거로 말씀드리겠습니다.

첫째, 평상시 엄마가 아이에게 '정리해라.', '씻어라.'처럼 지시를 많이 하며, 아빠가 완력으로 자주 혼내는 상황 등으로 보아 아이는 자기의 생각을 마음껏 표현하지 못하여 **정서적 억눌림 속에서 생활하고 있습니다.**

둘째, 제가 엄마에게 드린 질문에서 엄마가 아이에게 평상시 한 말들은 잘 기억하지만, 평상시 아이에게 듣는 말에 대해서는 잘 기억하지 못하여 답하는 데 시간이 걸리거나(아이의 말을 들어 주고 수용하는 데 부족함). 아이가 엄마에게 놀아달라고 하거나, 유치원에서 있었던 일을 자주 말하는 것 등으로 보아 **부모와 아이가 상호소통하며 노는 시간이 부족함을 알 수 있습니다.**

셋째, 유치원에서의 아이 행동이 산만한 것은 평상시 아이가 집에 왔을 때 신나게 놀면서 움직여 에너지를 소비해야 하는데 그러지 못하여 남아 있는 에너지를 유치원에서 소비하느라 산만한 것일 수 있으며, 친구와 잘 어울리지 못하는 것은 갈등을 겪을 때 말로써 해결하는 방법은 배우지 못하고 부모가 화났을 때 취하는 행동만 모방하여 화난 행동을 하는 것입니다. 즉, 아직 친구와 잘 지내는 관계기술이 부족하기 때문이며, '친구와 함께하면 즐겁다.'라는 **관계적인 만족감을 경험하지 못했기 때문입니다.**

넷째, 친구를 밀치거나 소리 지르며 가끔 선생님에게 반항하는 등의 행동은 부모나 주변 사람으로부터의 모방을 의심하지 않을 수 없습니다. 즉 **공격자 동일시**를 할 가능성이 큽니다. 자기를 억압하거나 괴롭히는 사람의 방법과 닮게 되는 것을 '공격자 동일시'라고 하는데 만약, 아이가 유치원에서 자기 뜻대로 되지 않거나 화가 날 때, 누군가의 공격자(엄마의 말에 따르면 아빠일 가능성이 큼)가 나에게 한 것처럼 모방하여 친구에게 소리 지르거나, 밀치거나, 친구를 때립니다. 아이가 이러한 행위를 하였을 때 친구들이 자기처럼 위축되는 것을 보고는 자기 자신이 그 공격자와 동일시되는 기분이 들어 우쭐하게 됩니다. 그래서 선생님의 지도에도 불구하고 친구에게 그렇게 행동하는 것입니다. 아이가 선생님 말씀에 따르지 않고 반항하는 행동은 평상시 엄마에게 한 행동을 선생님에게 같이하였을 가능성이 큽니다.

엄마: (대답 없이 침묵의 시간이 흐른다)

필자: 지금부터 노력하면 많은 부분 달라집니다. '우리 아이가 왜 이럴까?'라고 생각하지 마시고 이제부터 가르치면 되고, 이제부터 부족한 부분을 채워 주면 됩니다.

엄마: (눈물을 감추며) 잘 알겠습니다. 꼭 노력하겠습니다.

주제: 가족이 그린 협동화(전지에 수채화 물감)

CHAPTER 2

생후 1년의 방식으로 양육하여야 한다

주제: 자연과의 동화(장지 위에 수묵채색)

주제: 생후 1년의 방식으로 양육하라(벽지에 크레파스)

아이가 태어나서부터 일어서서 걸어가기까지의 1년 동안은 부모의 도움 없이는 생존할 수 없는 절대적 의존기이다. 일반인이 볼 때는 이 기간이 무기력하게 보일지는 모르지만, 아이는 끝없는 탐험과 탐색의 실험으로 부딪치는 많은 문제를 스스로 해결해 나가면서 결국에는 세상을 향해 우뚝 일어서는 시기이다. 이 시기의 부모들은 아이가 스스로 발달을 보일 수 있도록 바탕을 마련해 주었으며, 아이의 말(옹알이)과 감정을 이해하려 하였으며, 아이를 지지해 주고 믿어 주면서 기다려 주었고, 기쁨으로 칭찬해 주었다. 만약 신(神)이 있다면 부모에게 아이가 태어나서부터 일어서서 걸어가기까지 1년 동안의 방식대로 양육하면 아이는 성공의 길을 달릴 수 있음을 미리 가르쳐 준 시기이기도 하다. 그러나 많은 부모의 양육 방식은 아이가 일어서는 순간부터 시작해서 말을 조금씩 알아듣는 시기에 본격적으로 달라지기 시작한다. 자기의 일을 스스로 해결하도록 하기보다 아이의 일에 개입하여 도와주고 대신 해결해 주며, 아이의 말에 귀 기울이기보다 부모의 생각을 강요한다. 그래서 그림 속 마지막 일어서서 걸어가려는 아이는 그렇게 행복해 보이지 않는 것이다.

1. 성공의 길을 달리는 아이 양육은 이미 모든 부모가 하였다

아기는 수많은 경험을 통해 발달하고 성장해 나가면서 혼자의 힘으로 세상을 헤쳐나갈 수 있는 능력과 그 능력을 환경에 맞춰 발전시켜 나가는 적응력을 갖추고 있다(EBS 아기성장보고서 제작팀, 2009). 이는 너무나 놀라운 사실이다. 만약 신(神)이 있다면 말없이 '이러한 사실을 바탕으로 양육하라.'라고 미리 가르쳐 준 것이 되며, 진화론적 관점에서 보면 사람 성공의 핵심 능력으로 진화되어 아기가 본능적으로 가지고 태어나는 것이다. 따라서 부모나 교사들이 아기의 생후 1년 동안의 방식대로 양육하고 교육한다면 아이는 더욱 행복한 가운데 성공의 길을 달릴 수 있게 된다.

생후 1년의 방식으로 양육하여야 하는 이유는 다음과 같다.

첫째, 아기는 일어서서 걸어가기까지 자신의 노력으로 부딪치는 문제를 헤쳐나가 환경에 적응하였다.

누워만 있던 아기가 어느 날 뒤집기를 하기 시작하고, 2개월 정도가 되자 배밀이를 하며 앞으로 나아간다. 그러다 어느 순간 스스로 기어 다니면서 세상을 탐험하다 혼자 앉아 있기를 성공한다. 이러한 일이 반복되더니 아이는 벽을 잡고 서서히 일어서게 되고 마침내는 스스로 일어서서 걸어가게 된다. 아기가 하나씩 발달을 보이며 일어서서 걸어간다는 것은 많은 탐색과 실험으로 문제를 해결하여 환경에 적응해 나가는 발달을 스스로 이루어 낸 것이다.

따라서 아이는 탐색과 실험이라는 많은 환경적 경험과 사람과의 관계에서 오는 정서적 · 심리적 경험의 자극으로 스스로 발달을 보이며 세상을 헤쳐나가게 된다. 그러므로 부모는 아이의 일에 개입하여 구속하기보다 자기 생각으로 행동할 수 있도록 자율성을 허용하여 자기의 일을 적극적이고 주도적으로 헤쳐나가는 것을 존중하여야 한다. 이때 아이는 당면한 자신의 문제를 스스로 해결하여 높은 자존감 속에 자아를 성장하게 된다.

둘째, 부모는 아기의 도전에 격려하고 위로하며 방법을 가르쳐 주면서 기쁨으로 칭찬하였다.

아기가 몸을 뒤집기 하면서부터 일어서서 걸어가기까지 스스로 발달을 보이려 노력할 때 부모는 "할 수 있다."라고 격려하면서 응원하고, "힘들었겠구나." 하며 위로하였으며, 성취한 일에는 기쁨으로 칭찬하였다. 또한, 아기가 잘하지 못하거나 도전에 실패하였을 때 대신 해결해 주거나 꾸지람하는 것이 아니라 방법을 말하면서 사랑으로 포용해 주었다.

따라서 부모는 평상시 아이가 무엇을 하고자 노력할 때 개입하여 도와주거나 해결해 주는 것이 아니라, 잘할 수 있다고 격려하고, 힘들어할 때 위로하며, 잘하지 못할 때 방법을 가르쳐 주고, 성취하였을 때 진실한 마음으로 칭찬하여 스스로 성취 경험을 가지게 하여야 한다. 그러나 아이가 노력하였지만, 실수나 실패, 잘못하였을 경우 꾸지람하기보다 그것에서 배워 성장할 수 있도록 격려하고 그 마음에 공감해 주어야 한다. 이때 아이는 변명이나 합리화를 하지 않아 문제의 본질을 깨닫고 나아갈 방향을 바로 알게 된다.

셋째, 부모는 아기의 말과 표현을 존중하여 반응해 주었다.

아기가 옹알이하면서 소리를 내거나 몸짓으로 자기표현을 할 때 부모는 그것을 기쁨으로 받아들여 소통하려 하였고 그 기분을 이해하려 노력하였다. 부모는 아기의 말을 귀담아들으면서 아기말(모성어, motherese)로 대화하듯 답하려 하였고 아기의 표현에 다양한 표정과 행동으로 반응해 주려 노력하였다.

따라서 부모는 평상시 아이의 일에 개입하여 부모의 기대나 생각을 강요하기보다는 아이의 말과 표현을 들어 주고 수용하며 공감하되 그렇게 표현하는 아이의 마음을 이해하려 노력하여야 한다. 이때 아이는 자기의 생각이나 감정을 폭넓게 전달할 수 있게 되고 다른 사람의 생각과 감정에도 공감하는 능력이 발달하게 되어 다른 사람들과 좋은 관계를 맺고 지속하는 사회성이 발달하게 된다.

넷째, 부모는 아기의 발달 과정을 믿고 끝까지 기다려 주었다.

아기가 뒤집기를 할 때부터 스스로 일어나 세상에 우뚝 서기까지 부모는 아기의 발달 과정을 응원하고 잘 해낼 수 있다고 믿어 주며, 무한한 능력이 발휘되어 일어설 때까지 기다려 주었다.

따라서 아이가 하는 일이 마음에 들지 않거나 아이가 하는 방법이 부모의 생각과 달라도 부모는 이러한 우리 아이를 믿고 아이 스스로 문제를 해결할 때까지 기다려 주어야 한다. 아이는 세상을 대상으로 한 다양한 경험과 자극으로 스스로 어려움을 헤쳐 나간다. 그리고 그 속에서 '자기 일을 주도하여' 성취한 성공의 경험과 '실수나 실패에서 배워' 성취한 성공의 경험으로 자존감을 높이며 자아를 성장하게 된다. 부모가 이러한 우리 아이의 무한한 능력을 믿고 스스로 문제를 해결할 때까지 개입하지 않고 기다려 주게 되면, 이는 아이에게 큰 힘으로 작용하여 스스로 문제를 해결하면서 성공의 길을 달리게 된다.

다섯째, 부모는 아기 중심의 양육을 하였다.

부모는 아기와 눈 맞춤하면서 따뜻한 미소와 더불어 "오옹~ 어이구, 그랬쪄요?"처럼 아기의 언어로써 대화하였으며, 아기가 울거나 잠투정 부릴 때도 '왜 이럴까?'라는 생각으로 아기의 처지에서 민감하게 보살펴 정서적 친밀감을 형성하였다. 즉 부모는 아기 중심의 양육을 실천한 것이다.

따라서 부모는 평상시 아이와 육체적·정서적·심리적 친밀감을 가지도록 노력하여(육체적: 신체접촉, 몸으로 부딪치는 놀이 등/정서적: 신나고 즐거운 시간 갖기, 성취 경험으로 만족감을 느끼게 하기 등/심리적: 아이 말을 들어 주고 공감하기, 그렇게 행동하는 아이의 마음을 이해하고자 노력하기 등). 아이 중심의 양육을 실천하여야 한다. 부모의 불안과 욕심이 우선하여 아이를 이리저리 학습이라는 한 방향으로 몰고 가거나, 부모의 생각이 우선하여 아이를 믿고 기다려 주거나 이해시켜 주기보다 잔소리하면서 나무라거나, 강압적으로 하여서는 안 될 것이다.

필자 노트 plus 2

생후 1년의 방식으로 양육하지 않아 문제가 생긴 상담사례

나이: 20대, 성별: 여

필자: 여기를 와야겠다고 용기를 내신 점 잘하셨습니다. 반갑습니다.

내담자: 안녕하세요.

필자: 지금 이곳에는 두 전문가가 마주 앉아 대화를 나누고 있습니다. '나는 그것이 어떤 것이다.'라는 것을 말해 줄 수 있는 전문가라고 한다면, 당신은 자기 인생에 관해 가장 잘 아는 자기 인생의 전문가입니다. 그렇죠?

내담자: (약간의 미소를 보이며) 그렇네요.

필자: 그리고 어떤 문제가 있다면 그것은 본인의 잘못이라기보다 주변환경과 사회적 억압이 그렇게 하도록 한 것이므로 여기에서는 조금의 부담감도 없이 마음껏 자기의 생각을 말하고, 마음껏 그림으로 자기를 표현하면 됩니다.

내담자: (낮은 목소리로) 전 마음이 늘 우울합니다. 한 번씩 우울하다는 생각이 강하게 들면 방에서 나오지 않습니다. 그래서 '내가 이렇게 생활해서 뭘 하겠느냐?'라는 생각에 하루는 내 방에서 깨진 거울 조각으로 제 팔목을 그어 피를 내어 본 적도 있습니다.

필자: 그러시군요. 그동안 많이 힘드셨겠습니다.

내담자: 부모님과 대화하고 싶지 않고 사람들도 만나기 싫습니다. 밥도 거의 먹지 않고, 잠도 잘 못 잡니다. 그럴 때면 이불 속에서 밖으로 나오고 싶지 않습니다.

필자: 혹 최근에 우울할 만큼 안 좋은 일이나 심적 변화를 일으킬 어떤 중대한 일이 있었는가요?

내담자: 없습니다. 우울한 마음은 중학교 다닐 때부터 조금씩 들었으니 오래되었습니다.

필자: 네~, 그렇다면 어릴 때 부모님은 어땠습니까? 혹 본인이 해야 할 일을 부모님이 많이 도와주고 해결해 주시지 않았습니까?

내담자: 맞습니다. 엄마랑 아빠는 어릴 때 저를 과하게 사랑해 주셔서 많이 도와주셨습니다. 조금 심했죠?

필자: 그러다 초등학교 고학년 정도에서 부모님으로부터 잔소리나 기분 좋지 않은 말을 많이 들은 적은 없나요?

※본 저서의 상담사례는 미술치료를 위한 진단평가의 내용입니다.

내담자: 네. 들었습니다. 그러다 보니 점점 자신이 없어졌습니다.

필자: 학교 다닐 때 친구들 관계는 어땠습니까?

내담자: 잘 어울리지 못했습니다. 혼자 있는 일도 많았고요.

필자: 졸업해서 사회생활은 어땠습니까?

내담자: 우울한 마음이 계속되었습니다. 지금은 집에서 쉬고 있고요. (중략)

필자: 지금까지의 대화로 알 수 있는 것을 정리해서 말하겠습니다. 첫째, 어릴 적 부모님은 자녀를 많이 사랑하셔서 자녀를 위해 헌신하였으나 양육 방식에 있어서 문제가 있었습니다. 아이의 바른 양육은 부모가 아이 스스로 할 수 있도록 아이의 자율적 의지를 허용하고 자기의 일을 주도적으로 헤쳐나갈 수 있도록 믿어 주는 것입니다. 그러나 부모님은 아이를 지극히 사랑하여 더 잘하게 하려는 마음에 아이의 일을 도와주는 일이 계속되었고, 아이가 혹시 다른 사람 있는 데서 잘못할까 염려스러운 마음에 아이의 일에 개입하여 문제를 해결해 주거나 부모 생각대로 아이가 행하도록 하는 일이 반복되었습니다. 그 결과 본인은 능동적인 활동을 하지 못하여 스스로 문제를 해결한 경험이 부족하게 되었고 자기를 표현하는 데 자신감이 부족하여 다른 사람들과 원만한 관계성을 가지는 데 어려움이 생기게 되었습니다.

따라서 부모님은 우리 아이를 누구보다 잘되게 하려고 노력하고 헌신하였지만, 학년이 올라갈수록 아이는 부모의 기대치에 부응하지 못해 실망감을 많이 가지게 되었을 것입니다. 그리고 경쟁적인 결과가 뚜렷하게 드러나는 초등학교 고학년부터 부모님에게서 듣기 싫은 잔소리나 부정적인 말이 많았으리라 생각되며 이러한 부정적인 말은 정서만족 부족과 자신감 저하로 이어졌을 것입니다. 이것은 또한, 친구 관계에도 영향을 미쳐 친구들과 원만하게 지내지 못하게 되면서 친구들에 대한 서운한 마음으로 자기만의 분노를 두게 되었을 것입니다. 친구들의 섭섭함, 부모님의 잔소리와 꾸짖음, 사회의 높은 벽 등 자신 있게 문제를 헤쳐나가지 못하는 자신을 움츠리게 만들면서 우울한 마음으로까지 이어지게 된 것입니다. 그리고 이러한 우울한 마음이 격해졌을 때 자기 자신을 느끼고 확인하기 위해 거울 조각으로 손목을 긋게 된 것이고요.

내담자: (한참을 생각하다가) 그런 것 같아요. 부모님이 꾸지람할 땐 힘들었습니다. 학교 다닐 때는 친구들이 야속했고요.

필자: 본인의 이러한 우울한 마음도 자신을 둘러싼 환경과 사회적 억압이 그렇게 하도록 한 것이므로 본인의 잘못이라고 말할 수 없듯이 부모님의 양육 또한 마찬가지입니다. 부모님도 자라면서 부모님의 부모님으로부터 자연스럽게 체득한 방식으로 최선을 다해 양육한 것이므로 부모님 잘못이라고 할 수 없습니다. 그렇다면 어떻게 해야 할까요?

내담자: (생각에 잠긴다)

필자: 그 물음에 단정적으로 답한다면 저는 지금부터 본인이 바뀌면 된다고 생각합니다. 본인

이 바뀌면 내 주변이 달라지고 나중에 결혼하여 아이를 양육하게 되면 내 아이가 달라집니다. 그래야 부모님으로부터 알게 모르게 대물림되는 생활을 하지 않고 더욱 발전되는 행복한 생활을 할 수 있습니다.

내담자: 그러면 어떻게 해야 하죠?

필자: 사람은 누구나 문제를 해결할 능력과 스스로 문제를 헤쳐나갈 능력을 갖추고 있습니다. 따라서 본인도 스스로 문제를 헤쳐나가 삶의 지휘권을 자신이 휘두를 수 있습니다. 지금 우울한 마음은 주변으로부터의 상황과 억압으로부터 현재의 나를 보호하기 위한 것입니다.

내담자: 그렇다면…

필자: 이제부터 나를 보호하기 위한 이러한 위축에서 벗어나야겠죠? 멀리 뛰려면 움츠렸다 뛰어야 하듯이 이제 이러한 움츠림의 위축에서 벗어나 멀리 뛰는 것입니다. 참고로 저는 앞으로 진행되는 미술치료 동안 단지 방향성을 잡아 주고 그것이 어떤가를 말하여 도움 주는 것이지 어떻게 해야 하고 어떻게 바뀌어야 하는 것은 본인의 몫입니다. 그 이유는 본인이 자기 삶의 전문가이며 자신이 충분히 그 문제를 해결할 능력을 갖추고 있기 때문입니다. 혹 내가 그 해결책을 알고 있더라도 전 말하지 않습니다. 왜냐하면, 그것은 내 방식이니까요. 그래야 저와 상담실에서 헤어지는 마지막 날에 '그동안 참으로 수고하셨습니다. 이 모든 문제는 지금껏 본인이 해결하였으니 지금처럼 자신감을 가지고 생활하시면 됩니다. 혹 뜻대로 잘 되지 않는다면 그것은 해낼 수 있는 능력이 부족한 것이 아니라 노력이 부족한 것입니다.'라고 말할 수 있으니까요.

내담자: 그렇군요, 내가 문제를 해결하고 헤쳐나갈 능력이 있다고 하니 자신감이 생기네요.

필자: 그럼 이제부터 자기의 생각과 맞닥뜨려 하나하나 해결하도록 하겠습니다. 참고로 우울한 마음이 들 때는 '왜 이럴까?'처럼 '왜'라는 물음을 갖지 마시고 '어떻게 해야 할까?'라는 '어떻게'라는 생각을 가지시길 바랍니다.

내담자의 작품사례
(마음 풍경처럼 자신의 마음을 작품으로 표현함)

1회기 작품

주제: 어둠이 밝음을 잡아먹고 있다.

그림과의 대화(A: 나 B: 그림)

A: 왜 경계선을 넘어온 거야?

B: 나는 너무 억울하고 화가 나서 내 힘을 넓히는 거야.

A: 밝은 쪽에 있는 애들은 왜 지는 거야?

B: 그건 네가 자신을 사랑하지 않기 때문이야.

A: 너희는 내가 어떻게 해줬으면 좋겠어?

B: 우리가 있는 이 정원을 가꿔 줘 나무도 더 많이 심어 주고, 동물도 있으면 좋을 것 같고, 집도 사람도 있으면 더 즐겁지 않을까? (중략)

A: 내가 할 수 있을까? 지금은 아프고 힘들다는 생각과 늘 싸우고 있는데.

B: 지금도 밝은 쪽에 태양과 나무, 꽃, 연못을 만들어 냈으니까 당연히 앞으로도 잘할 수 있을 거야 걱정하지 마. 자신을 더 믿어 주고 더 사랑해 주고 있는 그대로 인정해 줘.

3회기 작품

주제: 사람과 관계를 맺고 싶다.

지금의 생활에서 탈피하고 싶다. 그래서 이제부터는 시간 나는 대로 책을 읽고 사람들과 어울려 맛있는 것도 먹으며 좋은 관계를 맺고 싶다. 가까운 친구부터 그렇게 하고 싶다.

4회기 작품

주제: 나의 목표들

4가지 목표를 정하였다. 실천 가능한 것부터 하나씩 성취하여야 할 것이다.

1. Peace 지금까지 탐색한 내용을 실천하여 마음의 안정을 찾고 싶다.
2. Story 좋은 이야기를 만들고 싶다.
3. Music/Concert 음악을 많이 접하고 싶다.
4. Consultant 누군가에게 도움을 주고 싶다.

2. 영유아기는 사람의 인생에서 가장 중요하다

아이들의 인성과 발달은 타고난 기질이나 선천적 획득보다 양육 태도와 방식 즉 부모가 자녀를 양육할 때 어떤 태도와 행동을 취하였고 애정과 통제에서 어떤 방식으로 하였으며, 어떤 환경을 제공하였느냐에 따라 더 큰 영향을 받는다. 이는 부모 자녀 관계의 질을 결정할 뿐만 아니라 자녀의 지적 능력과 정서, 성격, 사회 관계성 등 모든 부분에 영향을 끼친다. 따라서 우리는 부모로서, 교사로서 아이라 불리는 시기를 조금이라도 소홀히 할 수 없는 것이다.

영유아기가 사람의 인생에서 가장 중요한 이유를 정리하면 다음과 같다.

1) 영유아기는 '모든 발달의 기초'가 형성된다.

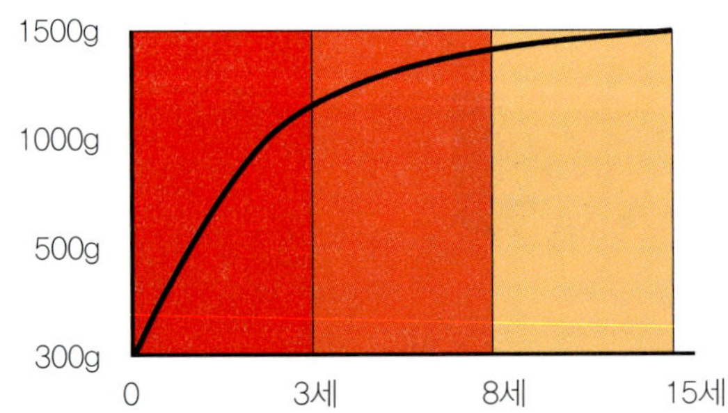

| 그림 2-1 | 뇌 무게와 나이와의 관계

출처: 첨단보고 뇌 과학 3부, 천재는 유아기에 만들어진다. 2000년 11월 23일 KBS1TV 방송

영유아기는 한 사람의 뇌 발달, 신체발달, 언어발달, 지적 능력의 발달, 감성 발달, 기본 생활습관 형성 등 모든 발달의 기초가 형성되면서 이후의 발달을 이끌게 된다. 따라서 영유아기의 바람직한 발달은 한 사람의 전체적인 발달에 튼

튼한 기초를 형성하게 된다. 이 시기는 뇌 성장이 급속도로 이루어져서 뇌 과학자들에 따르면 '출생 후부터 3주까지는 성인의 35%에 불과하지만 1년 후에는 출생 시의 2배로서 약 75%이고, 5세 말에는 90% 가까이 이루어진다.'고 한다. 또한, 신체발달도 그 어느 시기보다 빠르게 성장하여 갓 태어난 아기의 키는 50㎝ 정도이지만 생후 5년이 되면 키가 출생 시보다 2배나 된다. 물론 이후에는 5년마다 키가 두 배 이상 자라지 않는다. 그리고 태어날 때 몸무게는 약 3kg 정도이지만, 매년 2~3kg씩 증가하여 생후 5년이면 약 20kg 정도가 된다. 이러한 신체적 성장은 대근육과 소근육을 활발하게 움직이면서 근력이 향상되고, 운동 기술도 함께 발달한다.

울음으로만 의사 표현을 하던 아이가 30개월 정도 되어서는 새가 모이를 쪼아 먹듯 단어를 쪼아 먹으며 매일 몇 개씩의 새로운 단어를 습득한다. 그러다 36개월이 되면 마치 신비한 어떤 능력이 작용하는 것처럼 어른과 같이 말을 하고 자기 의사 표현을 한다. 이해력, 사고력, 문제해결력, 창의력같이 체계적으로 사고하는 인지능력이 이 시기에 가장 발달하며, 다른 사람의 이야기를 다 듣고 말하기, 다른 사람이 싫어하는 말 사용하지 않기, 다른 사람의 물건을 함부로 만지지 않기 등의 관계기술도 이 시기에 습득한다. 또한, 자신과 다른 사람의 감정에 대해서도 깨닫고 이를 원만하게 해결할 줄 아는 능력과 자기를 표현하면서 다른 사람과 함께하는 능력 등의 사회 관계성 또한 이 시기에 가장 많이 발달한다. 그리고 양치질하기, 정리 정돈하기, 예의 지키기 등 사람의 생활에서 가장 기본적인 생활습관도 이 시기에 형성된다.

2) 영유아기는 '모든 발달의 적절기이자 결정적 시기'이다

사람이 환경에 적응하기 위해서는 발달의 단계마다 반드시 성취해야 할 발달과업들이 있다. 이를 하비거스트(R. Havighurst, 1900~1991)는 개인이 한 단계에서 발달과업을 잘 성취하면 다음 단계의 과업을 원만히 수행할 기초를 마련

하나, 그렇지 못하면 장차의 과업 수행에 곤란을 겪게 된다고 하였다. 영유아기는 사람이 앞으로의 삶을 살아가는 데 필요한 모든 발달의 기초적인 능력을 발달시키는 시기이며, 그러한 발달 능력을 최대한으로 계발할 수 있는 발달의 적절기이다. 그리고 그 발달의 단계마다 이루어지는 발달과업이 습득되어 이루어질 가능성이 가장 큰 결정적 시기이다. 가령, 생후 1년 동안 습득하여야 할 발달과업은 엄마와의 정서적 친밀감인 애착을 형성하고, 다양한 행동을 반복하면서 협응할 수 있는 감각 운동적 행동을 하여야 한다. 그리고 4세까지는 옷 입기나 배변 통제능력과 같은 자율적 행동을 할 수 있어야 하며, 5세까지는 모국어가 습득되어야 한다. 5~7세까지는 또래와의 놀이나 과제 수행에서 일을 계획하고 진행해 나가는 주도성을 발달시켜야 하며, 7세에서 11세까지는 자기중심에서 벗어나 사회에서 통용되는 유용한 기술들을 열심히 배우고 깨달아야 한다.

3) 영유아기의 발달에는 누적성과 불가역성이 있다

영유아기의 발달에는 '누적성'이 있다. 누적성이란? 아이의 환경이나 여러 가지 원인으로 인해 아이의 성장과 발달이 충분히 이루어지지 못하고 부족하거나 결손이 생기게 되면 그 부족한 부분이 아이의 다음 단계 발달에 부정적 영향을 끼치게 되고 이러한 부정적 영향은 아이가 성장하면서 계속 누적되어 더욱 부정적으로 나타나게 된다는 것이다. 가령, 아이가 잡아당기거나 다양한 도구로 두드리면서 사물과의 반복적인 경험이나 전화 받는 흉내를 내는 것처럼 다른 사람의 행동을 모방하는 등의 감각 운동적 행동이 충분히 이루어지지 않는다면, 다음 발달 단계에서는 다양한 놀이로 이어지지 못하면서 환경에 대한 적응능력에 어려움이 생긴다. 이러한 어려움이 심화되면 그다음 발달 단계에서 발달지연이 생기게 되어 또래들과 어울려 놀지 못하는 등 여러 문제가 생기게 된다. 그러나 같은 원리로 아이의 성장과 발달이 충분히 이루어지게 되면 다음 단계의 발달에서는 더 잘 이루어지게 되어 아이는 많은 성취 경험 속에 높은 자존감을 형성하게 된다. 이를 발달에서의 '빈익빈 부익부'라고 한다. 따라서 아이의 발달 능력은 부모의 양육 방식이나 주변 환경에 따라 많은 차이를 보이게 되는 것이다.

또한, 발달에는 '불가역성'이 있다. 불가역성이란 이 시기에 획득해야 하는 발달과제가 이루어지지 않게 되면, 이후 발달을 위해 경험과 자극을 지속해서 제시하여도 획득이 어려워지게 되는 것을 말한다. 즉 이 시기에 조화로운 발달이 이루어지지 않아 문제가 생기게 되면 이후에 보완하거나 교정하기는 상당히 힘들어지게 되는 것이다. 이는 학습능력뿐만 아니라 신체적·정서적 발달 등 전반적인 발달이 늦어지게 되는 원인이 된다. 가령, 아이가 기어 다니면서 주변의 물체를 마음껏 탐색하고 실험하여야 할 때 순하여 잘 움직이지 않는다고 하여 아이를 잘 먹이고 잘 입히면서도 그대로 누워 있게 하거나, 위험하거나 다치게 될 것을 염려해 아이를 보행기에 오랜 시간 앉혀 놓게 되면 전반적 발달이 늦어지면서 여러 문제가 생기게 된다. 더구나 이 시기를 놓치고 난 뒤에 부모가 후회하게 되었을 때는 다시 되돌려 기어 다니면서 탐색하고 실험하게 할 수 없는 것이 된다.

4) 영유아기는 성격 형성이 결정되는 시기이다

"세 살 버릇 여든까지 간다."라는 속담은 유아기에 형성된 인성이 평생 간다는 뜻으로 실제 영유아기는 인성교육을 시작하기 가장 좋은 시기이자 결정적 시기로서 이때 형성된 인성과 성격은 어른까지 영향이 이어지게 된다. 최근 뇌 발달에 관한 연구에서 '아이의 뇌는 부모와의 경험이 직접적인 자극이 되어 인성을 규정짓게 된다.'라고 보고하고 있다. 이외 많은 연구에서도 인성과 성격 형성에 부모의 애정과 양육 환경의 중요성을 강조하고 있다. 유아기의 인성교육을 누리 교육과정에서 살펴보면 '자기의 일을 스스로 하고 다른 사람을 배려하며, 정해진 규칙을 준수하고 공동체 구성원이 공유하는 행위의 기준과 도덕적 가치를 내면화하는 것'을 말한다. 이러한 올바른 인성과 성격은 학업이나 취업 등 사회생활에 큰 영향을 미치기 때문에 더없이 중요하다.

영유아기는 사람의 인성과 성격을 결정하여 이후 삶의 질에 계속해서 영향을 주게 되는데 그 예를 아래 표에서 참조할 수 있다.

	아이의 부정적 경험	이후 형성될 수 있는 성격
1	부모의 과잉보호 속에 자라 부모에게 의존한 행동에는 좋은 일이 있었으나 독립된 행동에는 좋지 않은 경험이 많았다.	자신의 판단과 결정에 따라 일을 한 경험이 부족하여 혼자서는 생활하기 힘들다.
2	감정교류가 없는 가족의 상호작용이나 정서적으로 빈곤한 가족에서 자랐다.	사람 관계나 사회적 관계에 무관심하여 친밀한 관계를 맺지도 원하지도 않는다.
3	어린 시절부터 일관적이지 못하고 지배적인 양육으로 학대, 폭력을 경험한 경우가 많았다.	사회의 규범이나 법을 지키지 않아 무책임하고 폭력적이어서 사회 적응에 어려움이 있다.
4	부모나 주변 사람들로부터 애정 결핍, 학대 등 불합리한 대우를 받으면서 자랐다.	다른 사람에 대해 불신이 가득하여 남을 믿지 못하고 의심하게 된다.
5	부모가 완벽주의적인 성격이어서 엄격하고 통제를 많이 하여 아이는 내면의 감정과 욕구를 많이 통제하며 자랐다.	정리정돈에 몰두하고, 완벽주의적이어서 융통성, 개방성, 효율성 등이 부족하다.

지금까지 살펴본 것처럼 아이라 불리는 시기는 사람의 인생에 있어 가장 중요하다. 전 생애를 살아가는 데 필요한 모든 발달의 기초능력과 평생의 잠재능력 등 가장 많은 것이 결정되고, 가장 중요한 것들이 결정되기 때문이다. 따라서 부모와 교사에 의한 이 시기 바른 양육과 교육의 실천은 개인적으로나 사회적으로 그 무엇과도 바꿀 수 없는 가장 귀하고 소중한 일이 된다.

필자 노트 plus 3

영유아기 발달에 문제가 있어 치료한 사례

나이: 3세, 성별: 남

아이는 다문화 가정에서 태어났다. 엄마는 한국인이고 아빠가 다른 나라에서 왔다. 엄마는 지적 장애인이어서 생활능력이 부족하며, 아빠는 일반인이지만, 생활 대부분을 회사에서 일하느라 바빴다. 엄마의 장애 때문에 하기 힘든 생활의 여러 부분을 아빠와 같은 회사에서 일하였던 여자분이 틈틈이 도와주고 계셨다. 아이가 어린이집에 입소하였을 때는 뇌 발달에 별 문제가 없어 보였으나 다른 발달에는 문제가 있었다. 우선 시급한 것은 신체발달이었다. 아이가 틈만 나면 가만히 앉아 있으려 하고 몸을 움직이려 하지 않았다. 일으켜 세워 손을 잡고 같이 걸어가자고 하면 몇 발자국 걷다가도 이내 걷지 않으려고 앉아서 뻗대다가 뜻대로 되지 않으면 울기 시작하였다. 또한, 비언어 소통 이외에는 말을 하지 않아 언어발달에도 문제가 있었다. 이는 탐색과 탐험을 통한 경험과 자극이 왕성하여야 할 시기에 잘 움직이지 않음으로 인해 발달의 기초능력이 전반적으로 부족하였고 이렇게 부족한 기초능력은 다음 단계의 발달에 부정적 영향을 주면서 누적되어 나타나고 있는 것이다. 아이는 엄마랑 집에 있을 때 움직이는 활동을 별로 하지 않은 것 같았고, 언어적 자극이 부족한 가정환경으로 인해 대화가 많이 부족한 것 같았다. 어린이집 원장님의 요청으로 아이를 일주일에 한 번씩 발달치료를 하기로 하였다.

1회기~2회기

음악 활동: 서로 마주 보고 의자에 앉아서 아이의 손을 잡고 '동물 흉내'와 같이 신나면서도 가사가 반복되는 동요의 리듬에 맞춰서 연주하듯 양팔을 서로 어긋나게 당겼다 밀면서 아이가 평안하게 음악을 받아들이게 하고 간단한 동요의 가사를 익힐 수 있도록 유도하였다. (필요에 따라서는 아이를 안아 주면서 리듬에 맞추거나 무릎 위에 앉혀서 리듬에 맞추었다.) - 애착 형성과 언어 활성화. 아이가 빠른 리듬에 맞춰 트램펄린 위에서 뜀뛰기를 할 수 있도록 하였으며, 필요에 따라서는 아이가 선생님의 두 팔을 잡고 뛰뛰게 하면서 뛰어오르는 아이를 더 높이 올라갈 수 있도록 아이의 두 팔을 힘껏 위로 들어 올려 주어 더욱 신나게 뛸뛸 수 있도록 하였다. 또한, 행진곡의 리듬에 맞춰서 같이 걷다가 미끄럼틀 계단을 오르고 뛰어내리기를 반복할 수 있도록 하였다. - 신체활동 유도와 신체발달. 그리고 다른 친구와 함께 동요의 리듬과 노래에 맞춰 악기를 치거나 두드리게 하였으며, 조금씩 율동 동요에 맞춰 함께 율동 할 수 있도록 하였다. - 자발적 행동의 활성화.

미술 활동: 작은 상자에 넓은 양면테이프를 두 줄로 붙인 후 예쁜 색종이나 잡지의 사진을 찢어 붙이게 하였다. 또한, 키즈물감을 접시에 많이 짜 둔 후 장난감 자동차 바퀴에 물감을 묻혀 켄트지 전지에 굴리거나 손가락이나 손바닥에 물감을 묻혀 마음껏 색칠하거나 찍으면서 신나게 놀 수 있도록 하였다. 그리고 다양한 색상의 아이클레이를 주무르면서 만들기를 하였다. - 정서발달, 인지발달, 신체발달, 신체 협응력 발달.

놀이 활동: 큰 블록 놀이, 공 굴리기, 구슬 꿰기, 비눗방울 놀이 등으로 신체활동을 유도하였다. - 신체발달.

3회기~4회기

음악 활동, 미술 활동: 1~2회기의 음악 활동과 미술 활동을 대부분 반복하면서 더욱 신나고 즐겁게 활동할 수 있도록 하였다.

놀이 활동: 또래 아이 세 명과 함께 미끄럼틀과 흔들리는 그네가 있는 긴 놀이기구에서 놀 수 있도록 하였다. 미끄럼틀 위에서 밑으로 내려갈 때 선생님이 아이의 등을 힘껏 밀어 주어 내려오는 속도가 훨씬 빨라지게 하여 더욱 신나는 시간이 되도록 하였다. 그러나 아이는 처음 얼마 동안은 소극적으로 움직이다가 다시 그대로 앉아 평소처럼 움직이지 않고 다른 아이들이 노는 것을 지켜보기만 하였다. 10분 정도의 시간이 지나자 다른 아이들은 그만 놀게 하고 돌려보냈다. 이제 필자와 아이 둘만 남게 되었다. 필자는 "야 재미있겠다. 우리도 놀자!" 하며 놀이기구로 아이의 손을 당기면서 아이와 같이 놀려고 하니까 아이는 필자의 손을 뿌리치며 자기 스스로 놀이기구 위로 올라가 조금 전의 아이들이 노는 것과 같은 방법으로 혼자 재미있게 노는 것이었다. 다른 아이들이 노는 모습을 계속 지켜본 것이 동기로 작용하여 이를 모방한 것이다. 필자는 "역시 아이들의 모방능력은 대단해 기다려 준 보람이 있어." 하며 만족한 미소를 짓게 되었다.

이렇게 3회기 동안 발달치료를 하고 나니 아이는 혼자 걸어 다니게 되었으며, 어린이집에서 다른 아이와 상호작용을 하려 하고 자기표현을 하는 아이로 점점 변하여 갔다.

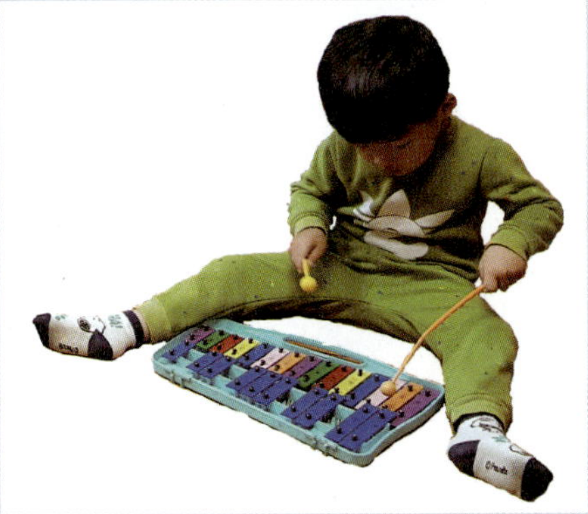

* 본 사진은 참고용으로 본 치료 사례와는 무관함

CHAPTER 3

아이는 왜 그렇게 행동할까?

주제: 자연과의 동화(말린 나무 위에 수묵채색)

주제: 자신의 성질이 우선하는 엄마(캔버스 위에 크레파스)

사람의 삶에서 가장 중요한 시기인 유아기는 아직 모든 일에 대해 엄마(주 양육자)의 영향 속에 통제를 받는다. 본 그림에서는 자신의 성질이 우선하는 엄마가 있고 그 뒤에 눈치를 보며 그렇게 행복해 보이지 않는 아이가 있다. 엄마는 아이 말을 들어 주고 수용하며, 아이의 의지인 자율성을 허용하여 자기의 일을 적극적으로 수행할 수 있도록 하여야 한다. 그러나 부모 자신의 성질이 우선하게 되면 아직 경험이 부족한 아이의 말과 행동에 답답해하여 스스로 문제를 해결할 때까지 기다려 주지 못하고 아이의 일에 개입하여 도와주거나 해결해 주려 한다. 거기에다 아이의 잘못이나 실수, 실패에 대해 혼내거나 완력을 사용하게 되면, 그림의 아이처럼 점점 내성적으로 변하면서 눈치를 많이 보게 되거나 자기 표현력이 떨어지면서 자신감이 저하 된다. 아니면 이와 반대로 아이는 점점 거칠어지면서 부모와 소통하기보다 또래들과 애착을 형성하면서 점점 반항적으로 변해 간다.

1. 아이의 다음 행동 결정요인

한 마을에 성격이 밝고 공부도 잘하며 자신감과 리더십도 좋은 엄친아[1)]아이와, 이와 반대로 같은 학년인데도 자기 표현력과 자신감이 부족하여 또래들과 잘 어울리지 못하고 성적도 부진한 한 아이가 살고 있다고 가정하자. 조금 엉뚱하지만, 지금부터 6개월간 각 집에서 서로 아이를 바꾸어 양육한다고 가정해 보자. 엄친아 아이를 반대성향의 아이 집에서 6개월간 그 집 부모님과 같이 자식처럼 생활하게 하고, 반대성향의 아이는 엄친아 집에서 엄친아 부모님과 6개월간 자식처럼 생활하는 것이다. 6개월 후 아이들은 어떻게 변할까? 필자가 직접 실험할 수는 없지만, 6개월간 생활한 엄친아 아이는 과거보다 정서 만족과 자신감이 부족한 가운데 원래 인정받았던 자기의 능력보다 많이 떨어져 있을 가능성이 크고, 반대성향의 아이는 과거보다 높은 정서 만족과 자신감 속에 자신의 능력이 많이 향상되었을 것이다. 이러한 이유는 부모의 애정과 양육 방식, 양육 환경이 아이의 많은 부분에 영향을 주면서 다음 행동을 결정하기 때문이다.

아이는 아직 사회 활동에 대한 폭이 넓지 않아 절대적 애착의 대상자이며 아이 일의 결정에 영향을 주고 통제하는 주 양육자와 주변 환경이 아이의 다음 행동에 대부분 영향을 준다. 아이의 다음 행동을 결정짓게 하는 요인으로는 첫째, 부모의 행동 모방, 둘째, 부모가 아이를 어떤 태도와 행동으로 대했으며 어떤 방식으로 대했나? 셋째, 부모가 제공한 환경과 주변 환경이 아이에게 어떤 영향을 주고 억압하였는가? 넷째, '의도적인 가르침'과 '신체적 이상', '아이의 기질', '아이의 욕구' 등을 들 수 있다. 이를 구체적으로 살펴보면 다음과 같다.

첫째, 주 양육자의 모방

아이는 성장하면서 많은 모방을 한다. 특히 애착의 대상이 되는 주 양육자의

1) 엄마 친구 아들(딸)을 줄인 말로서 여러 가지 완벽한 조건을 갖춘 아이를 두고 하는 말

행동을 가장 많이 모방한다. 오죽했으면 엄마가 '아이 앞에서는 찬물 한 그릇도 못 마신다.'라고 했을까? 만약, 아이가 인사를 잘하지 않는다면 부모가 인사를 잘하지 않을 가능성이 크고, 아이가 이기적이면 부모도 그럴 가능성이 크며, 아이가 폭력 언어를 잘 사용하면 부모 또한 그럴 가능성이 크다. 언젠가 있었던 일이다. 하루 결석한 아이에게 "어제 어디 갔다 왔었니?" 하고 물으니 아이는 "엄마랑 친정에 갔다 왔어요."라고 대답하는 것이다.

둘째, 주 양육자가 아이를 어떻게 대했나?

아이에게는 많은 일의 결정권자이자 통제자인 부모(주 양육자)가 '아이를 어떻게 대했느냐?'라는 양육 태도와 행동, 양육 방식이 아이의 다음 행동 결정에 가장 많은 영향을 주게 된다. 아무리 부모나 교사가 의도적으로 가르쳐도 결국에는 '부모가 아이를 어떻게 대했느냐?'라는 양육 방식에 따라 많은 부분이 달라진다.

셋째, 아이를 둘러싼 환경과 **주변 환경이 아이에게 어떤 영향을 주고 억압하였는가?**

아이는 자신의 주변 사람에 따라 다음 행동을 결정 짓는 경우도 많다. 조부모님이 함께 생활하거나 가족이 아닌 삼촌이나 이모 등과 같이 생활할 때도 영향을 받게 된다. 특히 형제자매가 많은 집이나 형제자매간 나이 차이가 크게 나는 가정에서도 아이의 다음 행동에 영향을 주게 된다. 또한, 아이를 둘러싼 환경도 영향을 주게 되는데 도시와 촌락, 대가족과 핵가족 등의 생활환경과 가정 내에서의 경제적, 사회적, 문화적 환경 등이 영향을 준다. 그리고 이러한 주변 환경의 분위기나 역동적 측면 등도 무의미할 수는 없다.

넷째, 아이의 기질

기질이란 아이가 태어날 때부터 유전적으로 타고난 자신만의 고유한 성격을 말한다. 이렇게 타고난 기질에 아이의 다음 행동과 더해지면 그 사람의 성격이 된다. 보통 활동성이 많은 아이를 둔 엄마는 차분한 아이가 되었으면 할 것이며, 수줍음이 많은 내향적 아이를 둔 엄마는 자기를 잘 표현하는 외향적인 아이가 되었으면 하고 바라기 마련이다. 하지만 부모에 의해 타고난 아이의 기질은 환경에 따라 바뀔 수 있는 성격과는 달리 쉽게 바뀌지 않는다. 따라서 부모는 타고난 아이의 기질을 바꾸려 애쓰기보다 아이 기질의 장점을 키워 주어 더 높은 수준으로 발전할 수 있도록 돕는 것이 더 중요하다.

아이의 현재 상황에서 왜 그렇게 다음 행동을 하였는지 현재의 문제 원인과 근본 원인에 관해 예를 들어 살펴보자.

- **현재 일어난 상황**: 초등학교 5학년 아이가 친구와 함께하지 못하고 여러 아이에게 따돌림을 당하였다.
- **현재 상황에서의 문제 원인**: 여러 아이가 한 아이를 따돌려서 따돌림당한 아이가 마음의 상처를 입게 되었다. 여러 아이가 그 친구를 따돌린 이유는 평소 함께하지 않고 이기적으로 행동하여 싫어하였기 때문이다. 따라서 친하게 지내지 못하고 따돌린 여러 친구가 잘못하였지만 따돌림을 당한 아이도 잘못이 없다고 할 수는 없는 것이다.
- **근본 원인**: 따돌림을 당한 아이는 이기적이어서 사회 관계성에 문제가 있기 때문이다. 이러한 이기성은 어릴 때부터 부모가 아이의 일을 지나치게 도와주면서 아이의 요구를 무분별하게 들어주고 잘못된 행동도 용인해 주었기 때문이다.

2. 유형별 문제행동 원인과 문제해결 방법

1) 자기 표현력이 부족한 아이

다른 사람에게 도움을 받게 되면 "고맙습니다."라고 고마움을 표현하고, 다른 사람에게 피해를 주게 되었다면 "죄송합니다."라고 피해를 준 부분에 대해 사과하면서 다음부터는 주의하겠음을 표현한다. 또한, 속상한 일이 생겼다면 그 이유를 차분하면서도 분명한 어조로 전달한다. 이처럼 상대를 존중하면서 자기의 생각과 감정, 요구를 조리 있게 말하고 적극적으로 표현하는 것을 자기 표현력이라 한다. 자기 표현력은 다른 사람과 소통하는 출구이자 아이 자신의 재능이나 능력을 발휘하는 데 필요한 기본적인 능력이다. 자기 표현력이 좋은 아이는 솔직하고 적극적으로 자기 생각과 감정을 잘 전달하기 때문에 자신감이 넘치고, 친구들과 어려움 없이 함께 지낼 수 있어서 사회성이 원활하다.

자기 표현력이 부족한 아이의 원인으로는

① **모방:** 주 양육자(이하 엄마 또는 부모라 칭함)가 자기표현을 잘 하지 않아 아이가 부모로부터 모방할 기회가 부족하다.

② **부모가 아이를 어떻게 대했나?:** 아이의 자기 표현력이 부족한 원인은 두 가지 측면에서 살펴볼 수 있다. 첫째, 자기표현과 관련된 기술이 부족하여 어떻게 해야 할지 모르기 때문이다. 둘째, 자기표현을 할 때 불안감과 두려움이 생기는 정서적 원인 때문이다. 이러한 원인이 생기는 이유는 평상시 부모가 아이의 말을 들어 주고 수용하기보다 부모의 생각을 강요하거나 부모의 지시대로 아이가 행하도록 하여 아이와의 소통이 부족하기 때문이다. 또한, 아이가 자기표현을 하였을 때 부모가 그 표현을 존중하기보다 부모 생각대로 부정적으로 평가하거나 그 표현을 무시하였기 때문이다. 아이들은 부모로부터 자기표현이 존중받지 못하면 주변 사람들이 내 표현을 들어 주리라는 확신, 내 표현이 다른 친구들에게 영향력을 가진다는 확신이 부족해지게 된다.

③ **기타:** 소극적이고 소심한 기질을 가진 아이는 자기표현을 잘 하지 않게 된다.

자기 표현력을 향상하기 위해서는

① 부모가 평상시 자기표현을 많이 하면 아이는 이를 모방한다.

② 부모가 아이와 즐겁고 신나게 놀아주게 되면 아이는 정서만족으로 자연스

럽게 자기표현을 많이 하게 된다. 사소한 아이의 감정이나 의견이라도 솔직하고 자유롭게 표현할 수 있는 분위기와 자기표현의 상황에서 요구하는 기술이나 그렇게 하였을 때 얻게 되는 결과 등에 대해 아이가 예상할 수 있도록 미리 말해 줄 수 있어야 한다. 평상시 부모는 자기의 생각을 강요하기보다 아이의 표현을 수용하고 공감하여야 하고 아이의 표현 중간중간 "그렇구나, 그래서 어떻게 되었니?" 등의 호응하는 말과 격려로 자기표현에 자신감을 가지게 하며 아이의 표현을 존중하여 충분히 들어 주고 공감해 주어야 한다. 또한, 부모는 자기표현을 하기 위한 아이의 노력과 표현과정에서의 잘한 점을 칭찬하여야 하며 그렇게 표현하는 아이의 마음을 이해해 주어야 한다.

2) 언어 능력이 떨어지는 아이

언어를 자유롭게 표현할 수 있다는 것은 언어를 자유롭게 이해하고, 듣고, 말하는 능력을 모두 포함한다. 유아기 언어 능력이 부족하다는 것은 단지 언어 능력뿐만 아니라 사고하는 인지능력, 사람과의 관계성 부족, 정서적 위축과 연관이 있으므로 중요하다. 아이가 정확한 자기 의사를 말로 표현할 수 있으면 사람과의 관계 형성도 쉽고 다양한 활동에 자신감을 가지고 참여할 수 있어 단체 생활이 즐거워지게 된다. 따라서 부모는 이를 위해 반드시 '아이가 이해할 수 있도록 말을 걸어 주고, 아이가 이해하는 방법으로 반응하여야 한다.'

언어 능력이 떨어지는 아이의 원인으로는

① **모방:** 조용하고 내성적이어서 말을 잘 하지 않는 부모를 모방한다.

② **부모가 아이를 어떻게 대했나?:** 평상시 부모와의 대화가 부족하고 또래와의 접촉이 적어 블록 놀이와 같이 아이 혼자서 하는 놀이를 많이 하여 다른 사람과의 상호작용이 부족하기 때문이다. 또한, 일방적인 자극을 주는 TV

나 컴퓨터, 휴대폰 등의 영상물을 과도하게 시청하게 되면 아이의 언어 지연은 물론 주의력 결핍 등 두뇌 발달과 자기조절 능력에 부정적인 영향을 미치게 된다. 그리고 부모가 아이를 과잉보호하거나 성격이 급하다면 부모는 아이가 하는 말을 끝까지 기다려 주지 못하고 필요한 것을 미리, 해결해 주게 되어 아이는 애써서 말을 할 필요성이 없게 된다. 가령 아이가 목이 말라 엄마에게 "우유 주세요."라고 말을 하려는데 엄마가 알아서 우유를 먼저 주게 되면 말할 기회를 기회를 잃는 것이다.

③ **기타:** 정상발달에서 보이는 기능들이 지연되는 발달지연이 나타나거나 청력 이상과 같은 신체적 이상이 나타나면 언어발달이 늦어지게 된다.

언어 능력을 향상하기 위해서는

① 부모가 다른 사람과 즐겁게 대화를 나누면 아이는 이를 모방하며, 부모가 아이와 놀아 주면서 말로 소통하게 되면 아이는 즐거운 감정 속에 언어 활용을 촉진하게 된다.

② 부모는 언어발달을 촉진할 수 있는 풍부한 언어 자극을 주어야 한다. 가령 아이가 지나가는 소방차를 보고 "어~ 삐용 삐용"이라고 한다면 "아~ 저기 삐용 삐용 소방차가 지나갔네. 소방차가 불을 꺼야 하니까 빨리 지나가 버렸네." 하면서 문장을 완전하게 고쳐 다시 말해 주거나, '곰 세 마리', '동물 흉내'와 같이 가사가 반복되면서 쉽게 알 수 있는 단어들로 이루어진 동요곡을 자주 들려주면서 동요를 같이 부른다. 또한, 아이 혼자서 하는 놀이나 스마트폰과 같은 전자매체의 활용을 지양하고, 아이와 함께 동화책을 보면서 이야기를 나누거나, 다양한 대화를 주고받을 수 있는 놀이를 많이 하여야 한다. 그리고 부모는 아이 스스로 말을 하고자 하는 분위기와 환경을 만들어 주어야 한다. 알아듣기 힘든 아이의 말이라도 스스로 표현할 수 있도록 기다려 주어야 하고, 아이의 말이 알아듣기 힘들더라도 자신이 원하는 것에 대해 표현하였을 때 칭찬하여야 한다. 또한, 부모와 아이가 몸

으로 부딪치면서 신나고 재미있게 놀거나, 자신의 노력으로 과제를 성취하게 되면 정서 만족으로 아이 스스로 말을 하려 하고 소통하려 한다.

3) 사회성이 부족한 아이

사람은 사회에서 생활하고 사회 속의 사람과 관계를 맺으면서 자아를 실현하는데 이러한 사회에 적응하는 개인의 능력과 사람 관계에서의 원만함을 사회성이라고 한다. 그러므로 사회성은 자기의 처지에서 생각하고 강요하기보다 상대방의 처지에서 생각하고 헤아려 타협할 줄 아는 능력이라고 볼 수 있다. 사회성이 부족한 아이들은 집에서 가족들과 함께 지낼 때는 눈에 띄지 않지만, 어린이집이나 유치원, 학교생활, 종교활동과 같은 단체 생활을 할 때는 문제가 나타난다. 사회성은 친구가 많거나 부모가 가르친다고 길러지는 부분이 아니라, 부모와의 정서적 애착 속에 오랜 기간의 놀이 경험과 친구 경험을 통해 갈등의 해결과 긍정적인 감정을 나누는 기회가 많아야 가능하게 되는 것이다. '외톨이, 따돌림, 학교폭력, 자존감 저하' 등은 아이의 사회성 결여에서 비롯되므로 공부 잘하는 아이보다 사회성 좋은 아이가 더욱 즐겁고 행복한 생활을 영위하게 된다.

사회성이 부족한 아이의 원인

① **모방:** 다른 사람과 함께하지 못하거나 원활히 관계 맺는 기술이 부족한 부모를 모방한다.

② **부모가 아이를 어떻게 대했나?:** 평상시 아이의 요구를 거절하지 못하여 다 들어주고 버릇없는 행동도 허용하게 되면, 아이는 자기만 아는 이기심이 발달하여 다른 아이들과 어울리지 못하게 된다. 그리고 부모가 아이의 일을 알아서 도와주거나 다 해 주어 스스로 성취할 기회가 주어지지 않는 경우 부모에게 의존적이게 되어 자신감이 부족해지고 사소한 부분까지 부모의 허락을 구하게 되어 사회성이 부족해진다. 부모가 아이의 문제 상황

에서 잔소리하면서 공격적인 방식으로 해결하는 경우 아이도 더불어 잘 지내는 데 필요한 방법에 대해 잘 모르게 되고, 남을 배려하는 능력도 떨어져 사회성이 부족해진다. 그리고 부모와 정서적인 안정 애착을 형성하지 못하거나 부모가 약속을 잘 지키지 않게 되면 아이는 사람을 믿지 못하여 사회성이 부족해지게 된다. 또한, 부모가 잔소리를 많이 하게 되면 아이는 변명이 많아지고 친구에게 지적하거나 강자에게 이르는 등 또래 관계성이 부족해지게 된다.

③ **기타:** 다른 사람의 감정에 공감하는 능력이 취약한 기질을 가진 아이는 사회성이 부족하게 된다.

사회성이 부족한 아이의 문제해결

① 부모가 다른 사람과 잘 지내는 원활한 관계성을 보여 주면 아이는 이를 모방하게 된다.

② 친구들과 함께 어울려 즐겁고 재미있게 놀게 되면 정서 만족과 함께 자기 표현력과 사회 관계성이 발달한다. 부모는 아이의 요구에 대해 들어주어야 할 부분과 안 되는 부분, 아이 스스로 해야 할 행동과 하지 말아야 할 행동을 구별하여 아이가 바른 가치관 속에 다른 사람과 함께할 수 있도록 하여야 하며, 아이가 사회의 건강한 구성원으로 성장할 수 있도록 사회에서 요구하는 기본적인 규칙이나 예의범절을 가르쳐 배울 수 있도록 하여야 한다. 그리고 부모는 아이를 지적·지시하며 통제하거나, 잔소리를 많이 하면서 엄격하게 대하여 다른 사람과 상호관계 맺는 데 어려움이 있게 하기보다, 아이의 말과 표현에 공감하며 사랑으로 상호소통하여 다른 사람과 의사소통하는 방법과 갈등상황에서 상대의 입장을 헤아려 문제를 해결하는 갈등관리 방법을 깨달아 갈 수 있도록 하여야 한다.

4) 자신감이 부족한 아이

다른 아이들에 비해 눈치를 자주 보거나 불안해한다면 자신감이 부족할 수 있다. 자신감이 부족한 아이들은 주도성이 부족하여 부모에게 더 많이 의지한다. 자신감이란 어떠한 것을 할 수 있다는 자신에 대한 느낌이나 자신을 믿는 감정을 말한다. 따라서 자신감은 커질수록 좋으나 상대방에 대한 배려나 예절이 없다면 자만심이 되어 다른 사람과의 관계성에 문제가 된다. 같은 상황을 두고도 아이에게 하는 부모의 말에 의해 자신감은 많은 영향을 받는다. 가령 "넌 하는 게 왜 그 모양이니?"라고 말하기보다 "넌 잘할 수 있으니까 힘내."라고 하는 말이 아이의 자신감에 더욱 긍정적인 영향을 주기 때문이다. 특히 실수나 실패에서 부모가 아이를 어떻게 대했나에 따라 자신감에 큰 영향을 주게 된다. 성장과정에서 실수나 실패는 누구나 겪는 일이므로 거기에서 원인을 깨달아 더 나아갈 수 있도록 하면 되는데 완벽을 추구하는 마음으로 아이에게 실망하는 말을 하거나, 부족한 부분을 지적하여 가르쳐 주면서 행동을 통제하기 때문이다.

자신감이 부족한 아이의 원인

① **모방:** 소극적이고 자신감이 부족한 부모의 행동을 모방한다.

② **부모가 아이를 어떻게 대했나?:** 평상시 부모가 아이에게 "이것도 혼자 못 하니?"라고 핀잔을 주거나 "이렇게 해라, 저렇게 해라." 하면서 지나치게 잔소리하면서 간섭하면 아이는 무언가를 하는 데 있어 부모 눈치를 많이 보게 되고 스스로 하는 과제를 어려워하여 자신감이 부족해진다. 또한, "옆집 아이는 안 그런데 넌 왜 그 모양이니?", "네 동생 반만 닮아라."라고 비교하면서 꾸중을 하거나 특히 인격과 능력에 관한 꾸지람 등 비난 섞인 말을 많이 한 경우(예: 인격-이건 자식이 아니라 웬수다. 능력-너는 누구를 닮아 이 모양이니?)에는 아이가 억눌림 속에 생활하게 되어 자신감이 부족한 아이가 된다. 아이를 불안하게 생각하는 앞선 걱정에 아이의 일

을 부모가 많이 도와주게 되면, 아이는 문제 상황에 부딪혀 스스로 해결한 경험이 부족하여 자신감이 떨어진다. 또한, 아이의 일에 개입하여 문제를 해결해 주면서 부모의 생각을 강요하게 되면, 아이 스스로 생각하여 결정하는 자율성을 갖지 못해 자신의 적극적 노력으로 성취한 경험이 부족하여 자신감이 떨어지게 된다. 부모가 성격이 급해 아이 스스로 한 것이 마음에 들지 않는다고 "그렇게 하려거든 그만둬라."라면서 부모가 대신하거나, 부모가 아이에 대한 기대치가 높아 결과에 대해 자신도 모르게 실망감을 많이 드러내거나, 성취하기 힘든 목표를 제시하면서 더 잘하길 계속해서 요구하게 되면, 아이는 노력하였음에도 부족하다는 생각을 가지게 되어 해 보기도 전에 포기하면서 자신감이 부족해진다.

③ **기타:** 소극적이거나 내성적인 기질을 가지고 있어 타인과의 관계에서 부정적인 말을 많이 듣거나 부정적인 경험을 많이 한 경우이다.

자신감이 부족한 아이의 문제해결

① 부모가 자신감 있는 생활을 하게 되면 아이는 이를 모방한다.

② 아이에게 "넌 잘할 수 있잖아"라는 막연하게 들리는 격려보다는 "넌 다른 아이들보다 시도 잘 쓰고, 만들기도 잘하는데 발표할 때는 조금만 더 자신 있게 하면 좋겠다."처럼 아이가 평소 잘하는 점이나 이전에 칭찬받았던 경험을 함께 말하여 자신감을 가지게 한다. 또한, 다른 아이와 비교하기보다 "지난번보다 더 열심히 노력했다는 게 더기쁘구나."처럼 자신과 비교하여 더 많이 노력하였거나, "혼자 준비물을 다 챙겼구나."와 같이 작은 일이라도 스스로 과제를 완수하였거나, "힘든데도 동생을 도와주었네."처럼 잘한 일 등에 격려하고 칭찬한다. 자신감 향상에 있어 가장 중요한 것은 스스로 해냈을 때 느끼는 성취 경험으로 만족감과 유능성을 경험하는 것이다. 이러한 유능성은 다음에 또 성취하고자 하는 동기를 가지게 하여 성취 경험을 반복하게 한다. 아이에게 성취 경험을 주기 위해서는 어려운 과제

나 많은 과제를 하기보다 노력하여 스스로 성취할 수 있는 적절하게 어려운 수준의 과제를 할 수 있도록 하여야 한다.

5) 의존적인 아이

아이들은 스스로 움직여 다른 곳으로 이동할 수 있게 되면서부터 점점 하고 싶은 것들이 많아져 세상을 향한 다양한 경험 속에 깨닫는 자극이 많아진다. 이때 아이는 자발성과 창의성을 바탕으로 행동하고자 하며 자기 주도적으로 문제를 해결하고자 한다. 따라서 이 시기는 부모의 역할에 따라서 아이들의 기본적인 자아와 독립성이 형성된다. 하지만 최근에는 지나칠 정도로 아이를 과잉보호하여 아이 스스로 자신과 주변의 문제를 처리한 경험이 부족하여 어려움을 해결할 능력을 발달시키지 못한다. 또한, 아이의 일에 과잉 개입하는 부모들이 많아지면서 부모의 뜻과 욕심대로 아이를 가르치고, 행동하게 하면서 직면한 문제들을 스스로 해결할 능력을 발달시키지 못하여 의존성이 강한 아이로 성장하는 경우가 많아지고 있다. 사소한 일에서부터 도와달라고 하는 아이는 스스로 할 수 있는 일이 점점 줄어들면서 부모에게 의존적인 생활을 하게 된다.

의존적인 아이의 원인

① **모방:** 자립심과 독립심이 부족한 부모를 모방한다.

② **부모가 아이를 어떻게 대했나?:** 자신의 아이를 믿지 못하는 불안정감은 아이의 사소한 부분까지 간섭하면서 과잉보호하게 된다. 또한, 아이가 잘못을 저지를까 걱정하게 되면 아이의 일에 과잉개입하여 도와주거나 해결하여 주게 되고, 부모 생각대로 아이가 행하도록 하면서 과잉 통제하게 된다. 이러한 부모의 자녀는 문제를 자신의 의지로써 주도하여 성취한 경험이 부족하고 자기 행동에 책임을 져 본 적이 없어 부모에게 의존하게 된다. 그리고 아이가 해내기 힘든 과제나 많은 과제를 수행하게 하면 실수나

실패, 좌절의 경험이 반복되면서 자신감이 떨어지게 된다.

③ **기타:** 기질이 까다롭고 예민하여 새로운 일에 대한 거부감이 많거나, 성취하고자 하는 에너지가 부족하여 의욕이 없는 아이들은 의존적으로 된다.

의존적인 아이의 문제해결

① 부모가 자립심과 독립심 있는 행동을 하게 되면 아이는 이를 모방하게 된다.

② 아이에게 심부름하기, 신발 가지런히 놓기 등과 같이 아이 스스로 노력하여 성취할 수 있는 생활 속 작은 일부터 하나씩 성공하여 자신감을 높여 주어야 한다. 부모는 아이를 과잉보호하고 통제하는 것이 아니라 자신의 자유스러운 생각과 의지로써 선택하고 결정할 수 있도록 허용하여 자기 주도적으로 성취하고 깨우치며 배울 수 있는 독립된 행동과 사고를 할 수 있도록 하여야 한다. 또한 실수나 실패, 시행착오를 겪으면서 깨닫고 성장하여 자립심이 자랄 수 있도록 하여야 한다. 아이가 한 일이 부모가 생각하는 방법과 맞지 않거나 부모가 보기에 답답하더라도 이는 아직 경험이 부족해서 그런 것이니 아이 스스로 해낼 때까지 믿고 기다려 주면서 격려와 칭찬으로 하고자 하는 의욕을 북돋워 주어야 한다.

6) 무조건 이기려고 하는 아이

아이 중에는 시합에서 자기가 무조건 이겨야 하고 꼭 일등을 해야만 하는 아이가 있다. 승리욕이 강하다 보니 놀이의 규칙을 따르지 않고 친구들을 배려하지 않게 된다. 자신에게 유리하도록 규칙을 만들거나 근거 없이 상대가 정당하지 못했다거나 반칙을 했다고 떼를 쓰기도 한다. 이러한 아이들은 울고, 소리 지르고, 바닥에 드러눕는 등의 행동으로 분노를 나타내면서 지는 것을 받아들이지 못한다. 무엇이든지 이겨야 하고 최고여야 하는 아이는 욕심이 많다기보다 정서 만족이 부족하여 나타나는 문제일 수 있다. 무조건 이기려고 하는 아이와 함께 놀이하다 보면 같이 놀던 아이나 어른들도 쉽게 마음이 불편해진다. 사회에서 능동적인 주체자가 되기 위해서는 경쟁심과 함께 승리 욕구를 갖는 것은 당연하다. 그러나 지나친 경쟁심과 정당하지 못한 승리 욕구를 가지고 또래들을 대하게 되면 아이는 정서 불안이 높아지면서 같이 놀려고 하는 친구들이 하나씩 없어지게 되는 등 정서발달과 사회성 발달에 문제가 생기게 된다.

무조건 이기려고 하는 아이의 원인

① **모방:** 남에게 지기 싫어하는 부모를 모방하였다.

② **부모가 아이를 어떻게 대했나?:** 부모는 아이에게 항상 우선권을 주거나, 이기는 기쁨을 주기 위해 늘 일부러 져 주었으며, 아이가 이기게 되거나 성취했을 때 그 결과를 과도하게 칭찬하였다. 이러한 행위는 아이가 이겨야만 좋은 것이고 이겨야만 부모에게 인정받고 사랑받는다는 생각을 가지게 한다. 또한, 5~7세 아이는 자율성에 이어 주도성을 획득하는 시기이기 때문에 아이에 따라서는 자신이 잘한다는 것을 증명하고 확인하기 위해 과하게 남에게 지기 싫어하기도 한다. 그리고 아이가 경쟁적인 성향을 가지게 된 이유는 부모가 지나치게 경쟁의식을 부추기거나 다른 아이와 비교하면서 과제의 결과물만을 칭찬하였기 때문이다. 이는 누구나 질 수 있음을 배우지 못하였고, 기분 좋게 지는 경험을 하지 못하였으며, 과제 수행의 과정을 중요시하지 않게 된 결과이기도 하다. 또한, 부모가 형제자매 사이를 우애 있게 지낼 수 있도록 하지 못했다면 아이들은 부모를 두고 칭찬과 보상을 바라는 경쟁 관계에 놓여져 무조건 이기려고 하게 되는 것이다.

③ **기타:** 성취 욕구가 강해서 놀이에서도 게임에서도 늘 이기는 것에 가치를 두는 아이의 타고난 기질이 있다.

무조건 이기려고 하는 아이의 문제해결

① 부모가 다른 사람을 배려하고 함께하는 관계성을 보여 주면 아이는 이를 모방한다.

② 부모는 아이와의 놀이에서 일부러 져 주는 경우가 반복되거나 승부나 결과만 칭찬하여 지나치게 경쟁의식을 부추기게 되면, 아이는 이긴 상대에게 공격성을 표출하거나, 이기기 위해 부정한 방법을 사용하거나, 이길 수 없는 게임에는 참여하지 않으려 하므로 소외감을 느낄 수 있다. 따라서 '승부와 상관없이 함께 규칙을 지키면서 재미있게 놀고 서로 친하게 지내는 것이 진정한 경기가 된다.'라고 이해시켜 주어야 하며 '배려하여 함께하는 것이 좋다.'라는 관계성을 길러 주어야 한다. 만약 아이가 놀이에서 정직하게 규칙을 잘 지키거나, 친구에게 양보하거나 열심히 노력하여 기록이나 실력이 향상되는 등 도전의 과정에서 잘하였던 점을 즉시 칭찬하여야 한다.

③ 승리욕이 강한 아이들은 부모와의 관계에서 잘해야만 사랑받을 수 있다는 잘못된 인식이 자리 잡혀 있다. 따라서 될 수 있는 대로 경쟁적인 분위기나 승부가 정해지거나 순위를 매기는 활동은 피하고 줄넘기처럼 기록에 도전하거나, 체조처럼 자신의 실력 향상을 위해 하는 활동이 좋으며, 긴 줄넘기 놀이나 공을 떨어뜨리지 않고 던지고 받는 것처럼 친구와 서로 협동해서 할 수 있는 놀이를 하게 되면 많은 도움이 된다. 그러나 어쩔 수 없이 경쟁해야 하는 경우 '재미있었으니 좋았고 함께 즐거웠으면 됐지 결과는 중요하지 않다.'라는 점을 주지시켜야 한다.

7) 폭력적인 아이

폭력성이 있는 아이는 집에서는 어린 동생을 괴롭히고, 교육기관에서는 친구들을 괴롭히거나 자주 다투곤 한다. 심지어 맘에 들지 않으면 가족에게도 손을 휘두르고 발로 찬다. 이러한 폭력성을 가진 아이에게 부모나 교사가 벌을 주거나 혼을 내어 못하게 하더라도 문제의 근원이 해결되지 않으면 아이는 다시 그 행동을 반복므로 아이가 왜 이러한 행동을 하는지 그 마음을 살펴볼 필요가 있다. 폭력은 외로움이나 슬픔을 느끼지 않기 위한 방어이거나 불안과 두려움의 표현이기도 하며, 사회적 적응능력이 부족한 이유 등 여러 가지 원인으로 인해 나타나기 때문이다. 미국 심리학협회에서 발간하는 한 저널에 따르면 폭력적인 모습을 보이는 아이는 아이뿐만 아니라 부모가 아이의 행동 치료에 적극적으로 동참했을 때 치료 효과가 가장 높은 것으로 나타났다. 그 이유는 부모가 아이와의 상호작용으로 인해 아이에 대해 잘 알게 되어 아이를 이해하고, 아이의 행동을 어떻게 바르게 끌어내어야 할지를 알게 되었기 때문이다(나우뉴스, 2017. 5. 4.).

폭력적인 아이의 원인

① **모방:** 부모가 공격적인 행동을 보이거나 반사회적인 행동을 하게 되면 이를 모방한다.

② **부모가 아이를 어떻게 대했나?:** 좋아하는 사람과의 이별이나 동생의 탄생으로 인한 사랑의 빼앗김, 친구들과의 갈등 등과 같이 아이가 성장하면서 겪는 일 속에서 이와 같은 속상함을 해소하지 못하게 되면 우울함이나 공격성향으로 나타날 수 있다. 또한, 폭력적인 미디어나 영상게임을 자주 접하여 즉각적인 만족과 폭력이 학습된 경우에도 나타나게 된다. 무엇보다 부모가 아이에게 학대를 가하여 폭력에 노출되게 하면 아이도 이를 모방하면서 '공격자 동일시'의 힘센 사람이 되어 부모에게 자기가 당한 것처럼 다른 아이를 건드리고 꼼짝 못 하게 한다. 또한, 아이에게 부모의 생각을 강요하며 지시(이렇게 해), 억압(왜 안 했니), 통제(한 번만 더 그러면 그땐 정말 혼낸다)를 심하게 했다면 아이의 감정이 억눌리면서 마음 가득 화를 담게 되어 폭력적이게 된다. 그리고 형제간 차별대우와 갈등에서의 불만, 엄마와 아빠 사이의 갈등 지속으로 인한 불안, 부모의 무관심, 부

모에게 혼이 나 억울함이 쌓여 있는 등 가정 내 스트레스에 의해 화가 잔뜩 났을 때도 폭력이 나타날 수 있다. 또한 아이들은 에너지가 넘쳐나 주기적인 신체활동이 필요한데도 불구하고 장시간 바깥 활동을 못 하게 되면 스트레스가 쌓여 화를 참지 못하고 다른 아이에게 폭력을 행사할 수 있으며, 자신이 화가 많이 나면 내가 이만큼 화났음을 표현하기 위해 폭력을 행사하기도 한다.

폭력적인 아이의 문제해결

① 부모가 아이를 때리거나 아빠가 엄마를 때리는 등 가정 내 폭력이나 폭행이 있는 경우 아이는 자신도 모르는 사이에 이런 행동을 모방하고 학습하여 공격자 동일시의 힘센 사람이 되려 한다. 따라서 부모는 아이에 대한 사랑으로 정서적 애착을 형성하여 아이에게 체득된 부모에 대한 부정적 인식을 긍정적으로 바꾸어 주어야 하며, 부부의 다정한 모습을 보여 주면서 지금 사랑하고 있음을 느끼도록 하여야 한다.

② 아이는 평상시 하루 7시간 정도 잠을 충분히 자고, 10~30분 정도 햇볕을 쬐며, 야외에서 마음껏 놀면서 세로토닌을 충족하여 정서 만족과 함께 쌓인 에너지를 소비하여야 한다. 만약 미세먼지나 날씨 등의 이유로 외부활동을 할 수 없는 경우에는 실내에서 말타기, 몸 간지럼 태우기 등의 신체 활동으로 아이들의 에너지를 분출시켜야 한다. 평소 부모는 아이의 생각과 사고를 무시하거나 부모의 생각을 강요하여 아이가 구속감을 느끼게 하기보다 아이 말을 들어 주고 수용하며 존중하여야 한다. 또한 아이가 속상하고 슬픈 감정이 쌓여 무기력해져 있을 때 부모는 이를 나무라는 것보다 아이의 이런 모습 이면에 담긴 슬픔이나, 불안한 마음을 헤아려 주고 따뜻한 사랑으로 감싸 주어야 한다. 또한, 갈등이 생겼을 때 화내거나 폭력을 행사하기보다 원만하게 말로써 문제를 해결하는 관계기술을 익힐 수 있도록 지도해 주어야 한다.

8) 게임에 빠진 아이

아이들이 게임에 몰두하는 것은 게임에서의 목표를 성취하고자 하는 것이다. 게임은 아이를 다른 어떠한 자극보다 집중하게 하고 그 집중으로써 이겨낸 성취에 즐거움과 기쁨을 느끼는 것이다. 이러한 즐거움은 신경전달 물질인 도파민의 역할에 의해 다시 또 그렇게 하고자 하는 반복현상을 나타내며 심지어는 중독에 이르게 하는 것이다. 게임 자체는 재미와 흥미가 있어 즐거운 정서를 제공하고 도전하는 정신을 고취하는 순기능이 있지만, 장시간 이어짐으로 인해 게임에 빠져 중독되는 것이다.

컴퓨터, 게임기, 스마트폰이 집마다 넘쳐나면서 게임 중독이 우리나라 아이들에게 미치는 영향이 갈수록 커지고 있다. 특히 게임을 처음 접하는 나이가 계속 낮아지고 있다는 것도 심각하다. 식당에서 아이에게 떠들지 말고 조용히 있으라고 쥐여 준 스마트폰, 아이들이 이러한 기기를 잘 만져 IT 신동으로 생각한 부모, 학습용 게임기니까 괜찮다는 생각 등이 원인이 되어 컴퓨터 게임에 빠진 아이들 때문에 부모의 걱정이 이만저만이 아니다. 컴퓨터 게임에 지나치게 몰입하다 보면 생활방식이 망가지고 자기 일을 등한시하게 되며 정서발달과 사회성 발달에 악영향을 주면서 정상적인 뇌 발달을 방해한다.

부모에 따라서는 컴퓨터나 스마트폰으로 게임을 할 때 아이가 조용하게 집중하기 때문에 집중력 향상과 뇌 발달에 도움이 된다고 한다. 그러나 그것은 착각이다. 컴퓨터, 스마트폰을 볼 때는 눈을 통하여 들어오는 정보가 워낙 현란하면서도 빠르게 변하기 때문에 그것을 보는 아이가 적극적으로 주의를 기울이지 않으면 그 화면을 쫓아갈 수가 없기 때문이다. 따라서 이것은 아이에게 닥친 문제를 해결하기 위해 집중하는 것이 아니라 현란하면서도 빠르게 변하는 화면을 수동적으로 따라가는 것이기 때문에 집중력을 소모하는 결과가 되어 다른 일에는 집중을 잘 못 하게 된다. 지나친 게임이 두뇌 발달과 집중력 발달에 도움이 되지 못 하는 이유가 여기에 있는 것이다.

게임 중독은 게임을 하느라 일상생활에 지장이 있는 정도를 말하며 중독되었다는 것은 모든 것의 우선순위가 게임이 된다는 것을 말한다. 이러한 아이들은 주의 집중력 저하와 충동 조절의 어려움, 학습능력의 저하 등 기능이 저하되고, 부모님과 심한 갈등을 겪게 되며 대인관계에 어려움이 생기면서 우울증과 강박적인 성향이 나타난다. 즉 게임 중독의 아이들은 현실 세계에서 벌어지는 일들에는 흥미가 없어짐으로 인해 가족관계, 사람 관계, 학업 등의 많은 분야에서 문제가 발생하는 것이다.

게임에 빠진 아이의 원인

① **모방:** 장시간 게임을 하는 부모를 모방한다.

② **부모가 아이를 어떻게 대했나?:** 아이들은 가만히 있지 못하여 무언가를 하길 원하므로 심심하게 된다면 게임을 할 가능성이 커진다. 그리고 친구들과 어울리기 위해서, 친구보다 앞서기 위해서, 재미있어서 게임을 하기도 하며, 게임을 통해서 성취감을 느껴 스스로 인정과 보상을 받기 위해서 게임을 하기도 한다. 게임에 몰두하는 아이들은 학교생활에 문제가 있거나 심리적으로 불안한 부분들을 게임으로 성취하려 하고 해결하려고 하는 경우가 많다. 또한, 부모의 무관심이나 바쁨으로 인해 아이가 교육기관에서 집에 돌아와도 장시간 혼자 있어야 하는 경우, 게임은 흥분감과 성취감을 느끼게 하여 쉽게 빠져들게 한다. 그리고 평상시 부모가 모든 것을 지원해 주면서 자녀에게 좋은 성적이나 공부에 대해 높은 기대를 하는 데 반해 학교성적이 부진하게 되거나, 성적에 대한 부모의 끝없는 요구에 나는 해낼 수 없다는 생각이 들게 되면, 아이는 갑갑함 속에 자신이 성취하여 보상을 받을 수 있는 게임에 몰두하게 된다. 부부간 다툼이 잦아 갈등의 지속상태가 오래가거나, 부모가 아이에게 큰소리로 다그치는 말을 많이 하게 되거나, 꾸지람을 많이 하면서 강압적으로 대하면 아이는 여러 스트레스를 받으면서 현실 도피적 성향이 반영되어 게임을 하게 된다.

③ **기타:** 현실에서의 외로움을 많이 느끼는 정서적 문제에 의해 게임에 빠지

기도 하는데 게임 내에서는 자신감을 마음껏 펼 수 있기 때문이다.

게임에 빠진 아이의 문제해결

① 부모가 아이 보는 앞에서 게임을 하기보다 아이와 함께 신나게 놀아 주어 사람과의 관계가 더 재미있고 즐겁다는 것을 깨닫도록 하여야 한다.

② 아이가 게임을 오래 한다고 게임 시간을 제한하거나 못하게 할 것이 아니라 왜 게임에 몰입하는지 그 이유를 아는 것이 먼저이다. 따라서 아이를 무작정 책상에 앉히거나 게임을 못 하게 한다고 해서 아이의 행동이 달라지진 않는다. 그러므로 아이를 게임 밖으로 나오게 하려면 부모와의 정서적 애착 속에 '게임보다 좋은 게 얼마든지 있다.'라는 것을 느끼게 하여야 한다. 또한, 부모는 아이가 평상시 게임을 하는 시간에 운동, 박물관 견학, 음악, 미술 등 건전한 방식으로 여가를 보낼 수 있도록 지원해 주어야 한다. 그리고 모임 활동과 같이 친구들과 오프라인에서 만나 놀 수 있는 환경을 만들어 주어 게임 외에 좋아할 만한 놀 거리를 찾아서 관심을 전환하는 것도 필요하다.

③ 게임으로 인해 문제가 생기면 게임 하는 시간을 아이와 협의해서 정해 절제할 수 있도록 하여야 한다. 이때 중요한 것은 게임을 하고 나면 게임에 대한 잔상에 의해 다시 또 하고 싶어지므로 가능하면 하루에 몇 분을 정하여서 하는 것보다 그 시간만큼 주말에 몰아서 하는 게 효과적이다. 게임에 빠진 아이들은 가정문제, 또래문제, 학교 부적응, 학업 스트레스 등이 주된 요인이 된다. 이러한 아이들은 감정적으로 불안정하고 주위 환경이나 자극에 대해 민감하므로, 부모의 따뜻한 사랑으로 감싸 주면서 아이의 심리 상태에 대해 듣고 공감해 주어야 한다. 그리고 아이 스스로 이러한 스트레스나 갈등을 조절하고 문제를 해결할 수 있는 능력을 키워 갈 수 있도록 지지해 주면서 믿고 기다려 주어야 한다.

필자 노트 plus 4

게임에 빠진 사람들의 상담사례

첫 번째 사례

나이: 20대 중반, 성별: 남

어느 집단 강의에서 있었던 일이다. 강의 도중 게임의 부작용에 대해서 간단히 설명하였더니 20대 중반의 남자가 "왜 게임을 좋지 않게 말하느냐?"고 약간은 따지듯 질문을 하는 것이다. 자신은 게임이 즐겁고 재미있으며 생활의 활력소가 된다는 것이다. 그래서 필자는 다음과 같이 답하였다. "게임에도 순기능이 분명 있다고 생각합니다. 게임을 한다는 것은 재미와 흥미가 있어 즐거운 정서를 제공하여 스트레스와 함께 부정적 감정을 해소하며, 게임과의 경쟁에서 이기게 되면 성취감에 의해 자신감도 생기게 됩니다. 따라서 컴퓨터 밖의 세상에서도 그 기분과 감정을 그대로 가져가 자기의 일을 스스로 주도한 문제해결로써 성취 경험을 가지게 되면 좋은 결과를 가져올 수 있습니다.
그러나 게임은 어디까지나 가상이므로 어느 정도의 시간을 정해 두고 일상생활에 지장을 주지 않는 범위 내에서 하는 것입니다. 게임을 하다가 '눈도 피곤하고 몸도 뻐근하다고 여겨 이제 그만하고 좀 쉬어야겠다고 생각하여 일상생활의 일을 돌아보는 것' 하고, '내 할 일을 열심히 하다가 눈도 피곤하고 몸도 뻐근하여 이제 그만하고 스트레스를 풀겸 게임을 즐겨 볼까 하는 것' 하고는 많은 차이가 있습니다. 만약, 컴퓨터 게임으로 인해 자신이 해야 할 일이 자꾸 미루어지거나, 게임으로 인해서 다른 사람과의 관계성이 계속해서 축소되거나 직장 적응 등에 영향을 받는다면 게임을 장시간 하는 것에 대해 고려하여야 합니다."

두 번째 사례

나이: 고등학교 3학년, 성별: 남

고3 학생은 어머니와 같이 상담실로 찾아왔다. 어머니는 학생의 상태를 자세히 설명해 주었고 학생도 어머니의 말을 어느 정도 인정하였다. 그래서 필자는 "학생이 문제점을 어느 정도 인지하고 있으므로 곧 좋아지리라 생각한다."라고 말하였다. 질의를 통해 부모님과 아이의 의견을 들어 보니 오랫동안 게임을 많이 하게 된 원인은 부모님의 맞벌이로 인해 학생은 어릴 때부터 집에서 혼자 생활하는 시간이 많았기 때문이다. 또한, 아버지는 학생의 말을 들어 주기보다 자기의 생각을 강요하면서 엄격하게 대하여 아이와의 정서 소통에 어려움이 있었다. 그리고 어머니는 직장 일로 바빠 아이를 잘 돌봐주지 못하다가 아이가 원하는 것이 있으면 미안한 마음에 대부분 다 들어주고 도와주는 과보호적인 양육을 하였다. 아버지와의 정서 소통 어려움과 엄마의 과보호는 아이의 자신감과 자기 표현력을 부족하게 하여 학교생활과 또래 관계의 부적응에 영향을 주게 되었다. 따라서 학생은 학교생활과 친구 관계에서의 정서 불만족과 부모님과의 상호소통의 어려움, 그리고 혼자 있는 시간이 많음으로 인해 자신의 마음을 위안받고, 목표를 성취하여 자신감을 펼칠 수 있는 게임에 몰두하게 된 것이다.

이를 해결하기 위해 학생이 실천해야 할 일은 첫째, 스스로 '나는 게임을 많이 하므로 중독 증세를 보일 수 있다.'라는 것을 인정하여야 한다. 둘째, 오랜 시간 게임을 하는 것이 얼마나 내가 해야 할 일을 방해하고 있고 그로 인해 잃어가고 있는 것이 얼마나 많은지를 알고 있어야 한다(학생에게 그 내용을 생각나는 대로 적게 함). 셋째, 컴퓨터 게임에서 지금껏 성취하여 목표를 달성한 것처럼, 실제 생활에서도 스스로 주도하여 성취 경험을 많이 가질 수 있도록 노력하여야 한다. 이를 위해 많은 목표, 큰 목표를 세우기보다 노력하여 성취할 수 있는 것부터 하나씩 목표를 세워 게임처럼 성취하여 성공의 경험을 가질 수 있어야 한다. 넷째, 내가 잘할 수 있는 특기나 취미처럼 게임 이외에 유익한 시간을 보낼 수 있는 대안 활동을 찾아야 하며, 땀을 흘리는 적절한 신체활동을 규칙적으로 하여야 한다. 다섯째, 가상 공간이 아닌 현실 공간에서 친구관계를 많이 맺을 수 있도록 노력하여야 한다.

세 번째 사례

나이: 초등학교 2학년, 성별: 남

엄마는 아빠의 사업을 돕느라 저녁 시간이 되어 집에 오거나 밤늦게 집에 온다. 아빠는 아이에게 다정다감하지만 사업 일로 바빠 아이와 대화할 시간이 부족하였다. 엄마는 아이의 도덕성을 중시하면서 다른 사람에게 실수할까 봐 아이가 하는 행위에 대해 가르쳐 주면서 그대로 하게 하여 아이에 대한 통제가 강한 편이다. 그래서 아이는 혼자서 보내는 시간이 많고 엄마의 지시에 따른 생활을 하여 정서 만족이 부족하였다. 아이는 초등학교 2학년이 되자 1학년 때와 달리 부모의 지시에 자기 의사 표현과 저항이 늘어나면서 점점 게임에 빠져들게 되었다. 이는 현실에서의 외로움과 부족한 정서 만족을 게임으로 충족하고 있는 것이었다. 부모는 아이가 게임하는 것을 보면 집중력 하나는 높은 것 같다고 하였다.

부모의 상담 요청에 필자는 다음과 같이 실천하여야 한다고 말하였다.

첫째, 게임하는 시간을 줄이기 위해 시간을 정해놓고 하되 반드시 게임 시간을 아이와 협의하여 정하여야 합니다. 아이가 게임을 하고 나면 게임에 대한 잔상에 의해 다시 또 하고 싶어지므로 가능하면 하루에 몇 분이라고 정하여서 하는 것보다 그 시간만큼 주말에 몰아 하는 게 효과적입니다. 게임 시간은 어느 정도의 기간이 지나면서 물질이나 상품권과 같은 외적보상이나 격려와 칭찬 같은 내적보상을 잘 활용하거나, 그렇게 해야 하는 이유를 인지적으로 이해시켜 점점 줄여 나가야 합니다.

둘째, 넘쳐나는 에너지를 마음껏 소비할 수 있도록 하루 중에서 일정 시간 아이가 마음껏 뛰어놀며 스트레스를 풀 수 있어야 합니다.

셋째, 평상시 부모는 아이의 말을 들어 주고 수용하는 대화를 많이 하여야 하며 시간이 허락되는 대로 아빠는 아이와 함께 몸으로 놀아 주어 아이가 정서 만족을 누릴 수 있도록 하여야 합니다.

넷째, 부모는 아이의 일에 지적·지시하면서 개입하기보다 아이의 생각으로 선택하고 판단할 수 있도록 허용하여 자기의 일을 스스로 주도할 수 있도록 하여야 하며 아이 스스로 과제를 해결할 때까지 믿고 기다려 주어야 합니다.

참고 1: 전자매체의 피해

아이들은 세상을 향한 탐구와 놀이 등의 체험을 통해 가까운 사람과 신뢰 관계를 쌓으면서 몸과 마음을 성장시켜야 한다. 그러나 전자매체의 과도한 노출은 아이에게 놀이의 기회를 빼앗고 사람과 관련된 경험이 부족하게 한다. 미국의 소아과학회의 권고사항에 따르면 아이가 태어나서 24개월 전에는 TV나 컴퓨터, 스마트폰 등 전자매체를 통한 화면을 전혀 보여 주지 말아야 하고, 4세까지는 1시간 이내로 제한시켜야 하며, 수면시간, 식사시간, 놀이시간 등에는 사용을 금지하여야 한다고 하였다. 전자매체의 과도한 사용은 사람을 대할 때와 같은 상호소통을 하지 않음으로 인해 전반적인 뇌 발달을 방해한다. 또한, 우뇌보다 좌뇌만 비대칭적으로 발달하여 주의력이 결핍한 산만함을 보이게 되며, 즉각적인 만족으로 기다려서 더 큰 만족을 누릴 수 있는 자기조절 능력과 사회성 발달을 저해한다. 따라서 아이는 사람과 즐겁게 놀면서 대화를 나누고 사람과 관계를 가지면서 소통하여야 한다.

참고 2: 컴퓨터 게임과 집중력

아이들이 컴퓨터 게임을 할 때 집중해서 하게 되므로 뇌 발달에 도움이 된다고 하는 사람이 많다. 그러나 결론적으로 말하면 '아니다.'이다. 과제를 성취하고자 노력하는 적극적 집중력인 몰입과는 달리 게임이나 TV처럼 즉각적인 호기심을 충족시킬 때 나타나는 수동적 집중력은 집중력과 별로 관계가 없기 때문이다. 심지어 게임은 현란하게 움직이는 화면을 시각이 빨리 따라잡아야 하므로 오히려 집중력을 소모하게 되어 다른 일의 집중에 방해한다. 2002년 10월 8일, 86시간을 게임 한 20대가 돌연사한 것과 2005년 8월 5일 PC방에서 컴퓨터 게임을 하던 30대 남자가 의식을 잃고 사망한 것 등은 모두 게임을 하다 뇌 혈류가 흐르지 않아 심장마비나 뇌경색으로 사망한 사례이다(KBS 2TV 추적 60분, 2005년 4월 13일 자 방영). 또한, 게임은 판단력과 기억력을 관장하는 전두엽의 발달을 방해하기 때문에 뇌 발달을 위협하게 된다. 심지어 빠르고 강한 정보에만 반응하고 느리고 약한 자극에는 반응하지 않는 뇌를 가지게 되어 팝콘브레인(popcorn brain)이 된다. 이는 책 읽는 것과 같이 생각을 많이 하는 것을 싫어하게 하고 현실에 무감각하게 만든다.

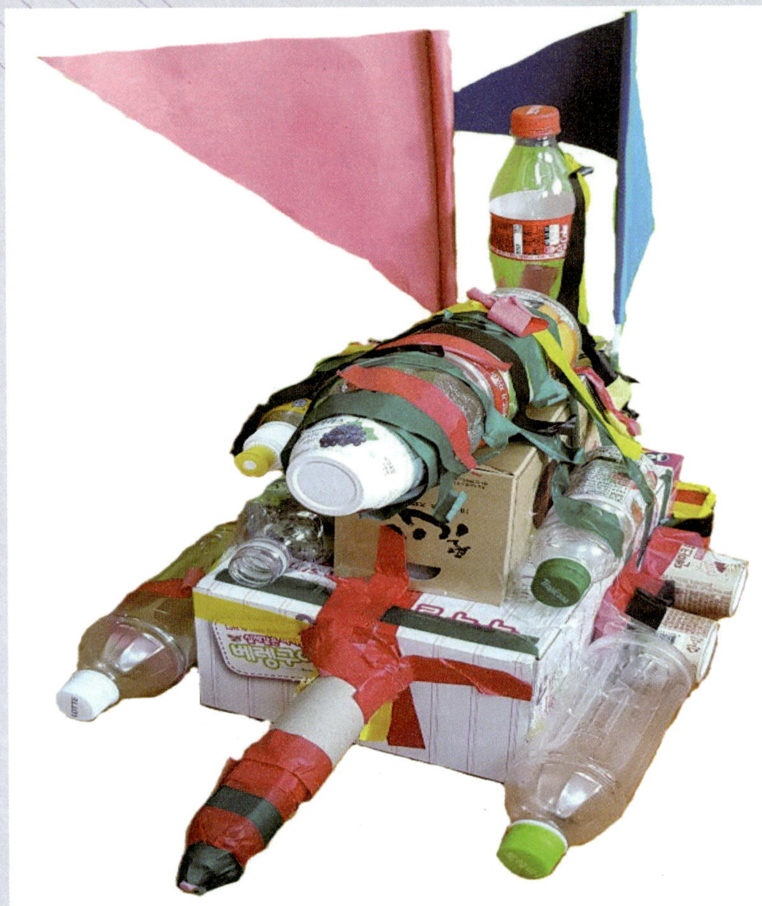

7세 아이 세 명의 협동 창작 작품

요즘 아이들은 완성된 장난감을 가지고 놀다 보니 자기의 생각으로 만들어서 놀 줄 모른다. 아이가 스스로 장난감을 만들어 놀게 되면 창의성과 창의적 문제해결 능력을 향상하고 정서 만족과 함께 자신감이 상승한다.

9) 우울한 아이

우울이란 기분이 저하되어 마음이 답답하고 활기가 없는 기분 상태를 말한다. 아이들도 성인과 같이 스트레스를 받고 좌절하기도 하면서 우울감을 느끼지만, 우울감을 표현하는 방식은 어른과 다르다. 성인 우울은 무기력, 의욕 저하, 식욕 장애, 수면 장애 등의 내향성 증상으로 나타나며 말로 자신의 감정과 우울 증상을 표현할 수 있다. 그러나 아이들은 아직 표현 능력이 떨어지고 발달이 부족하여 외향성 증상으로 나타난다. 슬픈 기분을 말로 표현하지 못하여 이를 대신하여 사소한 일에 짜증이나 신경질을 부리며 자주 화를 내거나, 특별히 아픈 곳이 없음에도 아프다고 하며 울기도 하는 등 감정 기복이 심하게 나타난다. 그러다 보니 부모가 이를 알아차리지 못하여 내버려 두는 경우가 많다. 따라서 우울한 아이는 의욕과 기운이 없어 또래들과 잘 놀지 않으려 하고, 게임 중독, 학업부진, 학교생활 부적응 등의 부작용이 나타나기도 한다.

우울한 아이의 원인

① **모방:** 끊임없이 걱정하는 부모의 우울한 성향을 모방하였다.

② **부모가 아이를 어떻게 대했나?:** 우리나라 아이의 우울증은 '과도한 교육열'이 가장 크게 기인한다고 볼 수 있다. 사교육에 많이 노출될수록 위축, 불안, 우울 등의 증상을 나타낼 수 있기 때문이다. 또한, 부모의 이혼, 이사 등으로 인해 좋아하는 사람과의 이별, 사랑하는 사람을 잃었을 때의 아픔, 학교성적이 떨어져 의욕이 없을 때 등 갑작스러운 환경변화에 의한 힘든 경험으로 인해서 나타나게 된다. 부모가 지나치게 완벽주의적인 성향이면 아이는 아직 경험이 부족하므로 부모의 요구에 부응할 수 없어 우울해지고 자신감이 부족해지게 된다. 부모와의 정서적 애착이 부족하여 갈등 관계에 있거나 부모가 아이의 말을 들어 주기보다 일방적인 지시 억압으로 소통이 부족하거나, 친구와 함께하지 못하고 갈등 관계에 놓여 있을 때 등에 의해 우울해질 수 있다.

③ **기타:** 우울증 중 40%는 유전적 요인에 의해 발생한다.

우울한 아이의 문제해결

① 부모 스스로 과거의 경험이 자신을 지배하는 우울한 성향에서 벗어나 밝고 건강하게 생활하기 위해 노력하여야 한다.

② 햇볕을 쬐며 밖에서 신나게 노는 습관을 들이면 우울한 증세는 호전되므로 아이와 대화를 나누면서 야외활동을 하여 사랑과 관심을 표현하여야 한다. 부모가 아이의 우울감을 알게 되면 즉시 왜 우리 아이가 우울한 마음을 가지게 되었는지 그 원인을 알고서 이를 해결하여 주거나 이해시켜 주면서 관련 기술을 가르쳐 주는 등 적절하게 역할을 하는 것이 중요하다. 이와 같은 부모의 변화와 지지가 있게 되면 아이는 우울한 증상에서 벗어나 일상생활의 기능도 좋아지기 때문이다. 부모가 스킨십과 함께 자주 안아 주고, 아이의 말을 끝까지 경청해 주면서 충분한 대화로 상호소통하는 등 아이의 마음을 이해해 주게 되면 '부모님은 나를 사랑하는구나.'라는 생각으로 아이는 더욱 밝게 생활하게 된다. 또한, 아이는 일상생활 속에서 '스스로 옷을 입거나 엄마 일을 돕는 것'과 같이 자기가 주도적으로 성취할 수 있는 경험이 많아지게 하여 자신감을 향상하여야 한다. 이때 부모는 아이가 성취 경험을 가질 때마다 칭찬하여 다시 또 성취하고자 하는 동기가 생길 수 있도록 하여야 한다.

10) 밝은 자아상을 가진 자존감 높은 아이

사람은 누구나 자신의 마음속에 자기에 대한 상을 가지고 있는데 우리는 그 상을 자아상이라고 부른다. 자아상이란 자기 자신을 보는 자세로서 삶의 태도를 말한다. 건강하고 밝은 자아상(긍정적인 자아상)을 가진 사람은 항상 긍정적이면서도 다른 사람에 대해서도 이해심이 많으며, 스스로 어려움을 극복하고 해낼 수 있다는 자신감을 가지고 생활한다. 그러나 부정적인 자아상을 가진 사람들은 항상 비판적으로 바라보면서 작은 어려움과 실패에도 의욕을 잃어 자신감이 부족하다. 자존감은 자신을 가치 있는 사람이라고 생각하는 '자기 가치성'과 노력하면 성취하여 좋은 결과를 얻을 수 있다는 '유능성'을 두고 말한다. 따라서 밝은 자아상을 가진 자존감 높은 아이는 자신에 대해 긍정적이면서도 다른 사람에게 배려심이 많아 관계성이 좋으며, 노력하여 좋은 결과를 성취해 낼 수 있다는 자신감을 가졌으며, 자신의 가치를 높게 생각하여 자기 자신을 믿는 믿음을 가진 아이이다. 따라서 이러한 아이는 바른 태도와 인성으로써 긍정적이고 주도적이며, 사회에서 제 몫을 할 수 있는 사람으로 성장하여 스스로 성공과 행복을 이루어가게 된다.

밝은 자아상을 가진 자존감 높은 아이의 원인

① **모방:** 긍정적 사고를 가지고 자기의 일에 최선을 다하는 부모를 모방한다.

② **부모가 아이를 어떻게 대했나?:** 자기 자아상을 형성하는 데 가장 큰 영향을 주는 것은 '아이'라고 불리는 시기에 '부모로부터 어떤 말을 듣고 어떤 환경에서 자랐느냐?' 하는 것이다. 어릴 때부터 사랑을 많이 받으면서 자랐다면 다른 사람에게 사랑을 줄줄 알고, 자기표현을 존중받으면서 자랐다면 늘 다른 사람과 소통할 줄 알며, 자기 주도적으로 성취한 경험이 많아 격려와 칭찬을 많이 받으면서 자랐다면 정서 만족과 함께 자존감이 높아 건강하고 밝은 자아상을 가지게 된다. 부모는 아이의 높은 자존감을 위하여 평상시 아이 스스로 하고자 하는 자발성의 행동욕구와 자기의 생각을 마음껏 표현하는 창의성의 인지욕구, 자기의 감정과 생각을 상황에 맞게 표현하는 자기표현의 정서욕구와 사회 관계성 욕구를 존중하였다. 또한, 아이의 의지로써 선택하고 결정하는 자율성을 허용하여 자기의 일을 적극적이고 주도적으로 성취할 수 있도록 하였으며, 새로운 경험과 성공의 경험을 계속해서 제공할 수 있는환경과 바탕을 마련해 주었다.

필자 노트 plus 5

아이의 창작 작품 사례

나이: 5세 주제: 앵그리 버드 만드는 기계

표현방법

스티로폼, 잘린 페트병, 휴지심 등 다양한 재활용품과 켄트지, 색종이, 사인펜 등의 미술도구를 이용하여 그림 그리거나 붙였다.

작품설명

평소 아이의 말을 끝까지 들어 주고 수용하며 창의적 사고와 작품 완성을 위한 노력을 칭찬하였더니 아이는 창의적 문제해결 능력이 점점 향상되어, 본 작품처럼 주변의 다양한 재료를 이용하여 '앵그리 버드 만드는 기계'라는 것을 창작하였다.

아이의 설명에 따르면 '잘린 페트병 위쪽으로 재료를 넣으면 아래쪽으로 징~ 하면서 앵그리 버드가 만들어져 나온다.'고 하였다. 이를 설명하기 위해 바닥인 흰색 스티로폼 왼쪽에 둥근 마우스처럼 생긴 모양을 그린 후 양쪽에 파문처럼 그렸다. 그리고 '앵그리 버드가 만들어져 나오면 사람들이 일해야 한다.'고 하였다. 이를 위해 켄트지에 작은 기계를 만들어 붙였고 사람을 그렸다. 이 얼마나 기특한가? '앵그리 버드'라는 캐릭터를 상징하여 만드는 것도 대견한 일인데 어떻게 앵그리 버드 만드는 기계를 만들려고 생각했을까? 아이의 창의성과 창의적 문제해결 능력에 찬사를 보낸다. 그리고 개인적으로는 아이에게 '앵그리 버드에 대해 알게 해 줘서 고마워.'

교육적 발달적 효과

주변의 많은 재료 중에서 주제와 맞는 유효적절한 매체를 선택하여 작품제작에 이용하였다. - 주변의 많은 것 중에서 나타내고자 하는 작품에 유효적절한 매체를 스스로 선택하고 결정하였다는 것은 매체를 탐색하는 능력과 결정능력이 향상되었다고 할 수 있다. 이는 곧 자신과 주변 사물과의 관계에 대한 이해력이 향상되었음을 의미한다.

자기 주도적으로 몰입하여 자신만의 창작 작품을 완성하였다. - 자기 주도적으로 몰입하여 작품을 완성하였다는 것은 부딪치는 많은 문제를 스스로 해결하였다는 것을 의미하여 집중력과 함께 창의적 문제해결 능력이 향상되었다고 할 수 있다.

작품 완성이라는 성공의 경험을 가졌다. - 작품완성이라는 성공의 경험은 아이에게 정서적 만족감과 함께 자신감이 상승하고 이러한 만족감은 아이에게 좋은 기억의 유능성으로 남아 다시 또 성취하고자 하는 동기를 가지게 한다. 이러한 성공의 경험이 반복되면 아이의 자존감을 높이고 자아 성장에 이바지하게 된다.

CHAPTER 4

행복한 부부가 행복한 아이로 만든다

주제: 자연과의 동화(캔버스 위에 수묵채색)

주제: 어린 가지의 이유 있는 성장(흰색벽지에 크레파스)

부부가 행복할 때 아이도 밝고 건강하게 자라므로 아이의 성공과 행복에 있어서 부부의 행복은 너무나 중요하다. 사랑으로 신뢰를 쌓아가는 행복한 부부는 그렇지 않은 부부에 비해 정신적으로 안정되어 더욱 건강하게 생활할 수 있다. 부부의 갈등은 부부간에도 문제가 생기지만 그 직격탄은 아이들이 맞는다. 아이들이 부모에게서 받는 스트레스 중 가장 견디기 힘든 것은 부모 간의 다툼이 아니라 부모 간 다툼 후에 생기는 갈등의 지속상태이다. 이때 자기중심적 특성을 보이는 유아기 아이들은 '부모의 다툼이 자기 때문이다.'라는 생각으로 더욱 불안감이 높아진다.

본 그림에서 왼쪽의 나무는 모태 나무(부부로 상징)의 건강함에 의해 곁가지에서 나온 어린나무도 건강하게 자라고 있음을 표현하였고 오른쪽의 나무는 그렇게 건강하지 못한 모태 나무에 의해 곁가지에서 나온 어린나무(오른쪽 나무의 왼쪽)도 건강하게 자리지 못하고 있음을 표현하였다.

1. 부부로 맺어지게 하는 호르몬의 상호작용

사람은 혼자서 생활할 수 없는 존재라서 다른 사람과의 인격적 관계 속에서 건강하게 생활할 수 있다. 따라서 사람은 관계적인 존재로서 사회생활을 하게 된다. 사람은 누구나 어린 시절에는 부모와의 관계 때문에 크게 영향을 받게 되나, 성인이 되었을 때는 배우자와의 친밀한 관계로 많은 영향을 받게 된다.

우리는 능력이 있으면서도 돈도 많고, 키가 크고 잘생기면서도 마음 착하고, 관계능력이 좋아 리더를 하면서도 자신만을 사랑해 줄 사람을 찾는 것은 사실 어려운 일이며 설령 그런 사람이 있다 해도 나와 결혼하게 될 확률은 없다는 것을 잘 알기 때문에 나의 상황과 여건에서 적절히 양보하면서 여러 타협점으로 배우자를 만나게 된다. 이때의 남녀는 모든 신체 계통이 성숙하는 시기를 맞으며 여성은 여성호르몬인 에스트로젠(estrogen)과 남성은 남성호르몬인 테스토스테론(testosterone)의 성호르몬 분비가 왕성해지면서 이성에 이끌리게 되고 이렇게 이끌리게 된 이성과 사랑에 빠지게 된다. 이때 사람에게는 여러 종류의 호르몬이 분비되어 이성을 더욱 사랑하게 만들어 행복한 부부로서 건강한 가정을 이루도록 하는 역할을 한다. 따라서 남녀의 사랑은 뇌에서 다양한 호르몬들을 분비해 사랑의 감정을 조절하기 때문에 사랑은 뇌와 호르몬이 상호작용한 결과로 만들어지게 된다.

1) 사랑의 호르몬

(1) 사랑의 시작 - 도파민(dopamine)

사랑에 빠지면 가장 먼저 분비되는 호르몬이 도파민이다. 감정을 조절하는 데 중요한 역할을 하여 좋아하는 사람을 만났을 때 뇌에서는 도파민이 분비되어 즐거움과 행복의 감정을 느끼게 한다. 따라서 첫눈에 반하거나 좋아하는 이성을 만나게 되는 순간 도파민이 분비되며 이는 기분 좋은 경험, 행복한 경험으로서의 만족감으로 남게 된다. 그리고 다시 이러한 만족감을 가지고자 하는 도파민의 반복현상 때문에 좋아하는 이성이 다시 보고 싶어지는 것이다. 도파민의 분비량이 늘어나면 사랑하는 사람의 얼굴만 생각해도 기분이 좋아지고 행복한 감정이 생기게 된다. 또한, 도파민은 생활에 활력을 불어넣는 긍정적 역할을 하여 사랑에 빠진 사람들의 얼굴에 생기가 돌게 하고 일상을 더욱 적극적으로 생활하도록 만든다. 따라서 도파민은 이처럼 기분 좋은 경험으로 청춘사업을 적극적으로 할 수 있도록 하는 것에는 도움이 되지만, 성 충동과 같은 욕망을 억제하지 못하는 반응을 보이게 하거나 결혼 후에도 이러한 도파민의 사랑을 추구하려는 욕구로 인해 문제가 생기기도 한다.

(2) 눈에 콩깍지가 씌는 – 페닐에틸아민(phenyl ethylamine)

좋아하는 사람과의 만남은 도파민의 분비에서 시작되어 한 걸음 더 나아가게 되면 페닐에틸아민이라는 호르몬이 분비된다. 이는 천연 각성제(정신흥분제)로서 열정적인 사랑에 빠지게 하는 호르몬이다. 음식 중에는 초콜릿에 페닐에틸아민이 많이 들어가 있다고 해서 '사랑의 초콜릿'이라고 부르기도 한다. 사랑에 빠지면 이 호르몬의 수치가 급상승하게 되어 이성이 마비되고 행복감에 도취되어 상대방의 결점이 별로 눈에 들어오지 않게 된다. 우리는 흔히 이를 '콩깍지가 씌었다'라고 표현한다. 즉 사랑에 빠진 뇌에 신경전달물질인 '페닐에틸아민'의 분비량이 늘어나 이성이 마비되고 열정이 끊이지 않고 솟아 나와 사랑하는 사람의 장점만 보이고 단점은 보이지 않는 상태가 된다. 그래서 멀리 있는 이성을 만나기 위해 한달음에 달려기도 하고, 평범한 사람도 특별한 사람으로 보이고, 자기중심적 성향도 개성 있어 보이며, 고집이 센 것도 자기 주관이 뚜렷한 것으로 보인다. 그러나 페닐에틸아민은 아쉽게도 오랜 기간 지속되지는 않는다.

(3) 애정 속에 커지는 사랑 – 옥시토신(oxytocin)

옥시토신은 페닐에틸아민 이후에 발산되는 호르몬으로서 여성이 출산할 때 분비되어 자궁을 수축하는 호르몬으로 알려져 있으며 애착 형성에도 관여한다. 이는 사랑하는 감정과 믿고 의지할 수 있는 신뢰 관계의 감정을 높이는 데 효과가 있으며 스트레스를 완화하고 안정감을 주는 데 작용한다. 상대를 배려하는 태도에서 활성화되며 서로 마주 보거나, 손을 잡고 가볍게 어깨를 두드려 주는 등의 신체접촉이나 포옹과 같은 연인 사이에 애정이 생길 때 많이 증가한다. 따라서 옥시토신은 친밀감에 영향을 줘 서로 간의 결속력을 더욱 강화하게 한다. 이렇게 파트너와 강한 일체감을 느끼게 되면 두 사람은 아이 양육에 더 협력적이고 적극적일 수밖에 없으므로 인류가 사랑하고, 아이를 낳고 키우는 데 필수적인 호르몬이다(chosun.com. 뉴스 Q, 2017. 05. 04.). 이 호르몬은 친밀도에 따라 분비되는 양이 다르므로 서로의 노력 없이는 관계의 지속이 불가능하다.

사람은 처음부터 사랑해서 결혼하였다는 표현보다 처음에는 서로 이끌려 만나게 되고 그러다 보니 사랑하게 되며 이러한 사랑은 도파민, 페닐에틸아민, 옥시토신, 세로토닌이라는 여러 호르몬이 분비되게 하고 그 영향을 받아 결혼까지 하게 된 것이라고 볼 수 있다. 사랑하면 건강해지고, 예뻐지고, 무엇보다 활력 있게 생활하도록 하면서 행복해진다. 그러나 이러한 사랑도 길면 30개월 내에 호르몬의 영향력이 감소되어 그토록 열렬히 사랑했던 낭만적 사랑이 끝나게 된다. 이때는 대부분 첫 아이를 출산하게 되고 점점 갈등이 많아지면서 진정한 사랑으로 이어지는 현실적 결혼 생활이 시작되는 것이다.

우리는 함께 늙어 가면서도 서로를 따뜻하게 사랑하고 배려하며 지켜 주는 아름다운 부부들을 많이 보게 된다. 이들 부부에게는 정열적인 사랑은 없지만, 서로가 곁에 있어서 마음이 안정되고 위안이 되는 평온한 사랑과 행복을 지속해 나간다. 옥시토신은 다른 호르몬과는 달리 갈등상황에서는 줄어들었다가 서로의 노력으로 관계가 회복되면 다시 분비된다는 특성이 있다. 이것은 사랑의 유통기한과 무관하게 서로의 노력에 따라 분비된다는 말과 같은 것이다. 이렇게 분비된 옥시토신은 부부를 사랑과 행복 속에 생활하게 한다. 그러나 많은 사람은 사랑을 평온하게 지속시켜 주는 이러한 옥시토신을 서로가 회복하여 평온한 사랑과 행복을 추구하려는 노력보다는 쾌락과 즐거움이 있었던 과거의 열정적 사랑만을 생각하고 추구하려 한다. 그러다 보니 사람에 따라서는 그동안 사랑했던 사람과 헤어지고 새로운 이성을 찾아 생활하기도 한다. 그러나 사랑하여 결혼한 연인은 서로 노력하여 행복을 이루어 갈 수 있는 배우자이자 가정에서의 중심축이며, 아이의 부모이다. 가정의 붕괴는 곧 그 구성원들에게 깊은 상처와 고통을 주어 심리적·정서적 문제를 경험하게 하고 경제적 어려움과 함께 특히 아이들에게 막대한 피해를 주므로, 화목하고 행복한 가정을 이루는 것은 부부의 의무이자 책임이다. 따라서 부부는 과거 도파민과 페닐에틸아민의 열정적인 사랑을 추구하기보다 영원한 사랑과 행복을 누리도록 하는 옥시토신의 사랑을 추구하여 인생 꽃을 활짝 피우기 위해 노력하여야 할 것이다.

2) 부부라는 새로운 관계

남녀가 결혼이라는 의식을 통하여 사회나 법률상으로 인정받게 되면서 부부가 되어 한 가정이 출발하게 된다. 그래서 결혼은 제2의 탄생이라고 한다. 이제까지 성장하면서 생활해왔던 자신의 가족을 떠나 새로운 가족 형태로써 새롭게 시작하는 것이다. 부부는 그들이 필요한 부분을 충족시켜 주리라는 희망으로 결혼을 하였지만, 사회, 문화적 환경이 다른 가정에서 자랐으므로 남녀라는 생리적 차이와 함께 성장배경, 경험, 성격, 사고방식 등의 차이로 인해 어느 정도의 불만과 갈등을 가질 수밖에 없다. 따라서 서로의 필요가 비교적 충족되면 결혼 생활이 행복해지나, 서로의 필요가 박탈될수록 갈등이 생기게 되며 이러한 갈등은 부부의 긍정적 상호작용을 방해하여 심각한 갈등상황으로 표출되기도 한다. 부부는 결혼 생활에서의 만족이 일평생 행복한 삶을 영위하고 건강한 가정을 만드는 데 있어 매우 중요하다.

3) 가정을 이루다

사람이 태어나면 가장 먼저 접하는 것이 결혼으로 결합한 부모의 품이며 부모의 사랑이다. 우리는 이러한 것을 가족관계라고 하며 가정에서 한 가족이 함께 살아가며 생활한다. 가정은 인간이 임하는 최초의 사회적 환경으로, 인간에게 가장 친밀한 혈연 집단인 가족이 동거동재 하면서 생활을 영위하는 본거지이다(한국민족문화대백과, 2018). 사람은 누구나 가정이라는 만남의 장소에서 그 구성원들을 통해 삶의 기초적인 행동 양식을 배우고 서로의 관계 속에서 상호작용으로 서로에게 영향을 끼치며 생활한다. 건강한 가정이란 부부와 부모 자녀 모두가 서로를 신뢰하고 서로의 요구와 기대를 만족시켜 주어 행복감이 높은 것을 말한다. 건강한 가족에서 살아가는 가족 구성원들은 외부 생활에서 억압당하거나 소외되는 일이 있어도 가족 내에서 인정받고 사랑받으면서 용기가 북돋아지게 되어 심리적, 정서적, 사회적으로 건강하게 생활할 수 있다.

그러나 과거에 비해 오늘날은 개인의 행복이 우선이라는 가치관과 여성의 경제적 자립과 지위 향상으로 가족 문제가 악화되었을 때 굳이 종속을 받지 않으려 한다. 또한, 자녀 수 감소와 자녀관의 변화, 결혼에 대한 의미 변화로 부부관계가 위협받을 가능성이 커졌고 많은 가정이 위기를 맞고 있다. 부부의 갈등 지속이나 이혼은 부부 당사자뿐만 아니라 자녀들의 심리적 불안정에 따른 많은 부정적 문제들을 일으키고 있다. 이는 한 가족의 문제임과 동시에 청소년비행과 또 다른 사회범죄를 일으켜 사회 문제가 되기도 한다.

부부가 더 나은 관계로 나아가기 위해서는 부부간의 원활한 의사소통을 통하여 친밀감이 증진될 때 가능하다.

2. 부부의 갈등과 우리 아이

부부라는 새로운 관계는 원래의 가족들과는 경제적, 정신적 독립을 이루어야 하며 이러한 독립을 바탕으로 새로운 형태로서의 부부가 되어 서로에게 의존적인 관계를 형성해야 한다. 또한, 부부는 가족 내에서의 중심축이 되어 가족을 설계하고 동시에 자녀의 양육자로서 가족의 심리적 안정에 중요한 역할을 하며 모든 관계의 중심이 된다. 부부가 화목할 때 자녀들은 자연스럽게 행복해질 수 있는 것처럼 부부 생활 자체가 아이의 인성 형성에 커다란 영향을 미치게 된다. 그리고 부부는 이러한 가족 간의 유대와 가치관을 다음 세대에 전해 주게 된다.

오래전 지역의 노인복지회관에서 필자는 미술 지도 강사로 수업을 한 적이 있었다. 어느 날 그림지도를 하다 과거 초등학교 교사로 정년퇴직하신 한 할머님께 다음과 같이 질문을 드렸다. "할머니, 다음에 다시 태어나면 현재의 할아버지랑 다시 사시겠습니까?", "통계에 의하면 남자는 50% 이상이 현재의 배우자와 같이 산다고 하고 여자분들은 50% 이상이 현재의 배우자와 살지 않겠다고 한다는데 할머니는 어떻게 생각하세요?"라고 하니까 할머니의 대답이 나에게 가장 모범답안으로 다가왔다. "지금까지 남편이랑 겨우 성격 맞춰서 잘살고 있는데 또 어떤 사람 만나 평생 성격 맞춰 살란 말이냐. 그냥 이대로 사는 게 낫지."

1) 부부 갈등의 원인

사람은 다른 사람의 이익보다 자기의 이익을 우선하기 때문에 사회에는 항상 갈등이 존재한다. 여기에 가족이라고 예외일 수는 없다. 따라서 갈등은 피해야 하는 부정적 요소로 보기보다 자신의 변화와 발전을 위해서는 필요한 것이라는 인식이 필요하다. 부부는 서로 다른 환경에서 자란 두 남녀가 만나 가정을 이루고 생활하게 된 것이므로 부부관계는 가장 가까운 관계이지만 가장 힘들고 어려운 관계이다. 부부가 힘든 것은 서로 다른 환경에서 자라온 성장배경, 경험, 사고방식의 차이와 함께 남녀의 생리적인 차이에서 오는 생각과 감정, 욕구 등의 본성적인 차이 때문이다. 따라서 남녀의 차이를 이해하고 인정하지 않으면 쉽게 다툼으로 이어져 행복한 결혼 생활을 유지한다는 것은 거의 불가능하다.

부부의 갈등 원인을 본성적인 차이에서 살펴보면, 남자는 결과 중심적이어서 논리를 따져 결과를 내려 한다면 여자는 결과보다는 대화하는 과정 그 자체를 중요하게 생각한다. 그러므로 남자는 "결론이 뭐냐?"라고 재촉하지만, 여자는 "결론이 뭐가 중요하냐"면서 맞대응한다. 남자는 상대방 중심적이면서 독립된 사고를 한다면 여자는 자기중심적이면서 사람과의 관계 중심적 사고를 한다. 따라서 남자는 사회나 국가, 세상 전체를 인식하여 말하지만, 여자는 나와 내 주변에 많은 관심을 가지고 말한다. 그래서 남자는 사회의 일에 대한 여자의 생각에 답답해한다. 여자의 질문은, 자신의 의견에 대한 동의 요구가 많지만, 남자의 질문은 상대의 의향을 묻는다. 여자의 "배고프지?"라는 말은 자신이 배고프다는 말이 된다.

부부 갈등의 원인과 관련된 일반적인 이론을 살펴보면 심상권(1994)은 부부간의 마찰과 갈등은 결혼 생활의 실상이라고 하며, 세 가지 원인이 있다고 하였다. 첫째는 남녀의 심리적 차이에 의한 것이다. 둘째는 두 인격체의 성장환경과 가치관의 차이 때문이다. 셋째는 부부간 성격 차이에 의한 것이다.

아론 백(Aaron T. Beck)은 "부부의 갈등은 성격상의 차이 때문이 아니라 그릇된 커뮤니케이션과 상대방 행동에 대한 잘못된 해석에서 나온다."라고 보았다. 이런 오해는 부부가 상대방에 대해 왜곡된 이미지를 가지게 될 때 일어나게 되는데 "왜곡은 상대방의 말이나 행동을 잘못 해석하고 바람직하지 못한 동기를 가진 것처럼 만든다."라고 하였다. 더구나 우리나라의 경우 부부 갈등에서 외국에서는 찾아보기 힘든 시어머니와 며느리 사이인 고부간의 갈등이 있으며, 특히 부부 갈등이 발생하였을 때 자신의 감정을 표현하지 못하거나 대화의 결과에 대해 부정적으로 보아 갈등에 따른 스트레스를 발산하지 못하고 참는 일이 반복되면서 화병(火病)이 발생하기도 한다. 이는 우리나라에만 있는 몸과 마음의 질병으로 쌓인 분노를 삭이지 못하여 생기게 되는 것이다.

행복한 부부의 영향

자녀가 행복하길 바란다면 부부의 행복이 우선되어야 한다. 부부가 행복한 생활을 하면 자녀들은 자연스레 행복해지기 때문이다.

첫째, 부부 자신들이 행복한 정서 속에서 생활하므로 강한 면역 체계가 생겨나 항상 건강하면서도 정서적으로 안정된 생활을 누리게 된다. 따라서 아이도 정서 만족의 뇌가 활성화되어 긍정적인 자아상을 가지게 된다.
둘째, 아이들이 마음껏 세상을 탐구하면서 공부할 수 있어 자기의 일에 최선을 다하게 된다.
셋째, 아이들은 부모의 사랑을 통해 다른 사람을 사랑할 줄 알고 사랑받을 줄도 알면서 공감 능력이 발달하여 사회성이 뛰어나게 된다.
넷째, 부모는 아이의 양육자이자 인도자이고 지도자여야 하므로 아이들은 청소하는 방법, 친구를 사귀는 방법, 갈등에서 화해하는 방법, 실패나 좌절에서 일어나는 방법 등 삶의 모든 방법을 건강하게 배우게 된다.
다섯째, 아이는 자기 자신을 가치 있는 사람이라고 생각하기 때문에 자기 주도 능력이 뛰어나 자존감이 높다.

2) 부부 갈등에 의한 피해

부부가 갈등 없는 결혼 생활을 하기 위해서는 수평적인 관계에서 서로가 상대를 이해하고 존경하며 모자란 부분을 감싸 주면서 사랑으로 대하도록 노력해야 한다. 가족은 부모와 자녀라는 하위 체계로 구분되는 것이 일반적이다. 부부 사이가 사랑으로 친밀하고 건강하다면 자녀와의 관계에서도 심리적인 안정감으로 긍정적인 영향을 주게 되고 형제자매간에도 친밀한 우애를 가진다. 마찬가지로 부부의 갈등 지속의 피해도 자신들만의 고통으로 끝나는 것이 아니라 가족 전체에 부정적 영향을 준다. 가트맨과 실버(Gottman & Silver, 1999)의 연구에 의하면 부부 사이의 갈등이 심한 가정에서 자라난 아이 63명을 15세가 될 때까지 추적해 본 결과, 무단결석이나 폭력 같은 문제행동을 하거나, 다른 아이들로부터 따돌림을 받거나 등교를 거부하는 등의 행동을 보였다고 한다.

(1) 부부 갈등의 여파는 가족 모두에게 미친다

부부 갈등이 지속되면 부부는 자신감이 저하되고 다른 사람과 어울리지 않아 고립감이 심화되어 우울증과 조울증 같은 심리적이고 정신적인 증상으로 이어져 고통과 불행을 겪게 되고, 증오와 분노 등을 수반하는 정서장애를 겪을 수 있다. 부부 갈등의 지속에 따른 피해는 부부뿐만 아니라 가족 모두에게 미치게 되는데 그 가운데 직격탄을 맞아 가장 큰 피해를 입는 것은 아이들이다. 손을 빨거나 소리 지르는 등의 불필요한 행동을 하면서 점점 내성적으로 변하거나 점점 거칠어지게 된다. 또한, 연로하신 부모들은 의지처를 상실하게 되고, 가족의 경제력은 큰 손실을 볼 수밖에 없다. 사람은 가장 가까운 사람에게 상처를 입게 되면 정서적·심리적 위축감을 비롯하여 많은 스트레스를 겪게 되어 이러한 상처를 극복하고 자신 있게 생활하기란 쉽지 않다.

(2) 부부 갈등에 의한 아이들의 피해

부부가 갈등을 겪게 되면 자기중심의 감정에 사로잡혀 상대방의 문제를 지적하고 부정적인 것만 보려 하므로 다툼이 잦아진다. 원만한 부부관계를 위해서는 자신은 옳고 배우자는 잘못되었다는 사고방식을 버려야 한다. 내가 배우자를 존중과 배려로써 대할 때 배우자로부터 내가 존중받을 수 있는 것이다.

다음은 부부 갈등 지속에 의해 아이들이 입는 피해이다.

① 아이의 성격 형성에 부정적 영향을 준다

부모가 자주 다툴 때 아이들은 걱정과 함께 불안이 심하다. 특히 자기 중심성의 시기인 유아기 아이들은 그 싸움이 자기 때문이라고 생각하기 때문에 더욱 불안감을 느낀다. 만약 부모님의 다툼 뒤에 보이지 않는 갈등을 지속한다면 보통 여자아이들은 매우 우울해져 점점 내성적으로 변하고 남자아이들은 거칠어지면서 공격적으로 변한다. 이들은 모두 정서 불만족 가운데 자신감이 부족하고 자존감이 낮다. 부부의 갈등과 다툼이 아이들의 성격 형성에 부정적 영향을 주게 되는 것이다.

② 정서 학대에 따른 많은 부작용이 생긴다

부부의 갈등과 다툼은 자녀에게는 정서적 학대에 해당한다. 엄마 아빠가 서로에게 지르는 격한 감정의 목소리가 아이들에게는 자신을 위협하는 극심한 공포감이 되며, 심한 경우 엄마 아빠의 목소리 자체를 두려워하게 된다. 부부 갈등이 심할 때 부모는 아이가 조금만 마음에 안 들어도 소리 지르게 되며 감정을 상하게 할 수 있는 잔소리를 하거나 화풀이로 때리는 일도 생길 수 있다. 만약, 이러한 일을 반복하거나 지속한다면 아이는 부모와의 대화가 어려우므로 불안 속에서 혼자 장시간 있거나 과도한 전자매체의 노출로 인해 뇌 발달과 신체발달을 저해하고, 집중력과 자기 표현력, 자신감 등이 낮아지며, 학습능력 감퇴와 대인기피, 사회 관계성 등이 떨어지는 부정적 결과가 나타난다. 심하게 되면 나이 어린 유아에게는 다른 사람과 눈맞춤이 없고 상호관계를 하지 않는 반응성 애착 장애가 나타날 수 있으며, 일반적으로 불안 장애나 성격 장애와 같은 이상 심리가 나타날 수 있다.

③ 아이의 가치관을 왜곡한다

부부의 갈등과 잦은 다툼은 부모와의 정서적 애착에서 아이를 밀어내어 또래와 애착 관계를 맺게 한다. 부모와의 정서적 애착과 소통이 부족한 아이는 발달에서 다양한 관계기술을 배우지 못하게 하여 감정 표현과 소통방식이 서툴게 되어 단체생활에 적응하지 못하고 또래들에게 따돌림을 당하거나, 반대로 친구를 괴롭히거나 폭력을 행사한다. 또래와의 애착 관계에서의 부정성은 빠르면 초등학교 2학년부터 시작되어 사춘기가 되면서 확연히 드러나게 된다. 불안정한 또래와 서로 관계를 맺으면서 점점 부모나 교사에게 저항하는 등 가치관이 왜곡되고 성격 발달에 부정적 영향을 주게 된다.

3) 부부 갈등의 해결방법

우리는 행복하기 위해 결혼하지만, 그 행복을 유지하고 지키기 위해서는 큰 노력이 필요하다. 그 노력은 해도 되고 안 해도 되는 것이 아니라 대부분 상대를 위해 의무적으로 하여야 하는 것들이다. 산업사회를 살아가는 우리는 생활의 여유가 부족하다 보니 "왜 같은 말을 계속하게 하니?", "냄새나니 좀 깨끗이 사용하자고 했잖아"와 같이 작은 일로도 상대에게 자신의 말이 받아들여지지 않는다고 생각하니 매일 화나고 기분 나빠진다. 따라서 모든 부부는 다 갈등이 있게 마련이다. 사랑한다고 갈등이 없는 것도 아니고 갈등이 있다고 사랑하지 않는 것도 아니다. 부부 중 한 사람이 개인적인 공격을 가하게 되면 자신을 공격한다고 느끼는 배우자가 자신을 방어하기 위해 다시 상대방을 공격하면서 부부 간 갈등이 고조된다. 이때 두 사람은 서로 상대의 약점을 말하게 되므로 모두 감정적으로 상처를 입게 마련이다.

한 배우자가 다른 배우자의 생각이나 감정을 인정하지 않고 무시하면서 상대방을 좌절시키려 하면 다른 배우자는 자존심에 상처를 입게 된다. 또한, 배우자가 말을 하지 않거나, 말을 할 때 들으려 하지 않으려고 시선을 피하는 등의 방법으로 대화를 회피하거나, 배우자가 말한 내용을 실제보다 더 부정적으로 확대해석하여 말할 때도 부부 갈등을 겪게 된다. 이러한 부부 갈등을 해결하지 않고 지속하면 배우자를 때리거나, 물건 부수기처럼 가정폭력으로 이어질 수 있다. 따라서 부부의 갈등은 피하려 하기보다 상대를 배려하는 마음으로 당당히 대화로써 문제를 풀어야 한다. 그렇게 하려면 부부의 행복에도 지식이 있어야 하고 그 지식을 바탕으로 연습하고 훈련하여야 한다.

부부 갈등의 해결방법에 대한 구체적인 내용은 다음과 같다.

(1) 결혼의 목적을 알고 그에 따른 목표를 설정한다

부부가 결혼 생활의 목적을 인지하고 세부 계획으로 목표를 정한다는 것은 매우 중요하다. 거기에 따라 부부에 대한 대응법과 삶에 대한 자세가 달라지기 때문이다. 부부가 목적을 분명하게 인지하고 그 목적을 위해 그해 또는 적어도 3년 이내에는 무엇을 할 것인지 목표를 정하게 되면, 부부는 그 목표를 향한 긍정적 행동으로 노력하면서 도움 되지 않는 행동은 통제하게 된다. 만약 목적이 흐려지고 목표의식이 없으면, 생각이나 행동의 기준점이 분명하지 않아 주어진 일대로 하루를 그럭저럭 생활하게 되어 갈등의 요소가 많아지게 된다.

일반적인 결혼의 목적은 애정 욕구와 성적 만족 등 사회로부터 용인된 생물학적 욕구충족과 언제나 내 편이 되어 기대고 싶고 사랑받고 싶다는 등의 심리 사회적 욕구를 실현하는 것이다. 그리고 합법적으로 자손을 번식하고 그에 따른 의무와 책임을 다하며, 함께 노력하여 경제적 안정을 얻기 위해서이다. 이러한 결혼의 목적을 분명하게 인식하고 있다면 매년 새해 또는 결혼기념일 등에 이러한 목적을 달성하기 위해 부부가 목표를 세우고 실천을 다짐하는 것이 필요하다.

(2) 부부가 행하여야 할 의무를 준수한다

결혼은 둘만의 사랑으로 이루어진 것이지만, 외적으로는 사회적인 계약(민법 826조)이 된다. 계약이라는 것은 결국 부부간에 지켜야 할 의무가 있다는 것을 말하므로 그 의무를 준수하여야 한다. 이러한 의무의 준수는 서로의 관계를 단단하게 만들어 어떤 어려움에도 흔들림 없는 든든한 뿌리가 되도록 한다. 그 내용은 다음과 같다.

① 동거의 의무

사람은 한집에서 함께 살아야 정서 교류가 가능해진다. 한집에서 사는 것이란 한방을 쓰고 함께 잠을 자는 것을 의미하며 어떤 경우에도 둘이 떨어지지 않는 것을 말한다. 출장, 입원, 전근 등의 정당한 이유에 의해 일시적으로 별거하게 되는 경우는 허용하지만, 부부는 동거할 의무가 있다. 만약 배우자가 일방적으로 동거 의무를 이행하지 않는다면 이혼 청구도 할 수 있게 된다.

② 부양의 의무

부부는 공동생활에 필요한 의식주 등을 서로 보장하는 부양의 의무가 있다. 부양의무는 여유가 있든 없든 서로 자기의 생활과 같은 수준으로 보장하여야 한다. 만약 자신의 힘만으로는 생활을 유지할 수 없어 부양이 필요한데도 배우자가 부양의무에 소홀히 하거나 그 의무를 저버린다면 부부간의 신뢰에 금이 가게 되어 혼인을 계속하기 어려운 중대한 사유에 해당한다.

③ 정조의 의무

마음과 몸가짐의 문제로서 변하지 않고 굳게 지켜야 하는 것이 정조의 의무이다. 이를 위반한 부정행위는 배우자에게 믿음이나 의리에 금이 가게 되어 큰 상처를 주게 된다. 2013년 대구가정법원의 판결에 의하면 "배우자의 부정한 행위는 간통을 포함할 뿐 아니라 더 넓은 개념으로서 간통에 이르지 않더라도 부부의 정조의무에 충실하지 않은 일체의 부정한 행위(가령, 수시로 전화 통화 등을 하면서 그 내용이 연인관계로 추정되는 경우)까지 포함한다."라고 하였다. 한편 2015년 2월 26일, 형법상 간통죄가 위헌으로 판결이 남으로 인해 기혼자의 부정행위는 이제 형사상 책임을 지지 않게 되었으며, 민사상 손해배상 책임만 지게 되었다. 이때 상간자는 공동 불법행위자로 같이 손해배상 책임을 진다.

(3) 배우자의 정체감을 있는 그대로 이해한다

사람은 신과 같이 완벽한 존재이거나 동물과 같이 본능적 행동만을 반복하는 존재가 아니므로 부부는 개인의 본질적 존재라 할 수 있는 자아 정체감을 있는 그대로 빨리 이해하는 것이 중요하다. 서로의 가치관과 능력, 취향이나 관심사항, 인간관, 미래관 등에 대해 비교적 명료하게 이해한 것을 서로의 생활에서 기본바탕으로 출발하여야 한다. 배우자의 본질적 정체감을 잘 이해하지 않은 채 협력하거나 같이 일을 이루어가려 하면 갈등이 생기고 문제가 발생하기 때문이다. 그리고 사람의 정체감에는 장단점이 있기 마련인데 부부가 서로에 대해 문제 삼는 것은 장점을 바라보기보다 단점만을 바라보기 때문이다. 그래서 부부간 문제는 있는 그대로를 수용하되 단점에는 될 수 있는 대로 눈을 감으면서 이해하려 하고 장점만 바라보면서 생활하게 된다면 보다 행복하게 생활할 수 있게 된다.

(4) 부부는 친밀감을 형성하여야 한다

가족은 부부를 중심으로 애정을 주고받으면서 정서적·심리적 만족을 얻으며 미래를 설계해 나간다. 행복한 부부가 되기 위해 갖추어야 할 당연한 덕목은 친밀감이다. 친밀감은 부부가 서로 사랑하고 아끼면서 지속적인 관계가 되도록 하는 원동력이 된다.

부부의 친밀감은 다음과 같은 특성을 보인다.

① 인지적 특성

친밀한 부부는 상대방을 소중한 사람으로 여기고 중요시하게 되며 상대방의 일을 자기 일처럼 동일시하게 된다. 또한, 자신의 희망이나 하고자 하는 일, 있었던 일 등의 정보를 공유하고자 하거나 속마음과 함께 서로에게 자기 자신을 드러내면서 위로받고 서로의 필요를 채워주길 바란다.

② 정서적 특성

친밀한 부부는 서로에 관해 염려하고 편을 들어 주며 사랑으로 소유하려 한다. 또한, 따뜻한 느낌, 다정한 느낌, 사랑하는 느낌을 통해서 정서적 친밀감을 계속해서 유지하려 한다.

③ 행동적 특성

친밀한 부부는 신체적 접촉으로 상대를 느끼면서 만족해하며, 상대의 주의를 끌면서 기분 좋게 하려 하고, 상대에게 잘 보이고 싶은 행동을 하려 한다.

그러나 이러한 부부간의 친밀감을 파괴하는 것이 갈등이다. 부부가 갈등을 겪게 되면 '남편이 내 마음 같지 않고 변했다'라고 말하거나 '밖에서 고생하는데, 아내가 내 마음을 몰라 준다.'라면서 마음의 평온을 잃어버리는 결과를 가져온다.

(5) 의사소통으로 상호관계를 맺어야 한다

부부나 가족이 함께 즐겁게 지내며 의사소통으로 관계를 맺어 나갈 때 즐거움의 호르몬이 분비되어 행복감을 느끼게 된다. 그러므로 갈등의 위기가 왔을 때 부부는 대화로써 자기의 생각이나 감정을 소통할 수 있도록 노력하여 문제를 해결하여야 한다. 부부 사이의 의사소통 부족은 갈등의 골이 깊어지게 하고 오해를 유발하여 잦은 다툼으로 이어지게 한다. 대화한다면서 자신의 주장만 펼쳐 상대의 의견을 무시하거나, 대화를 자신의 관점으로만 이끌어가거나, 서로 지지 않으려는 방어적 대화는 모두 바람직하지 않은 의사소통이다. 이는 개인뿐만 아니라 결국에는 가족 구성원 모두에게 불편과 고통을 초래한다. 의사소통을 위한 대화에는 다음 두 가지가 중요하다. 하나는 자기의 생각과 뜻을 상대에게 잘 표현하는 것과 또 하나는 상대방의 말을 잘 듣고 받아들이며 그 마음을 헤아려 주는 것이다. 따라서 대화를 할 때 상대의 말을 건성으로 듣거나, 상대의 말을 무시하거나, 말을 하는데 비웃는 등의 행위는 상대의 의사소통과는 점점 멀어지게 한다. 그러나 상대의 말을 들어 주고 상대의 마음과 조율하는 대화를 하면 상대와 더욱 가까워지는 의사소통을 하게 된다.

(6) 부부의 역할은 상대의 문제를 들어 주는 것이다

"당신이 매일 휴대폰만 들여다 보니 아이도 휴대폰만 하지"처럼 사람은 누구나 지적받거나 지시받는 것을 싫어하며 또 그렇게 지적·지시받은 내용에 대해 개선할 의지가 부족하다. 또한, 사람은 자기의 일에 대해 누군가가 개입하여 자기 방식대로 해결하여 주려 하면 좋아하지 않는다, 그 이유는 사람은 스스로 하고자 하고 자기의 생각을 표현하고자 하는 자발성과 창의성에 바탕을 두어 자기주도적으로 문제를 헤쳐나가려 하기 때문이다. 따라서 부부의 역할은 '상대가 하는 말이나 상대의 일에 개입하여 도와주거나 문제를 해결하여 주는 것'이 아니라, '상대의 문제를 들어 주고 그 마음을 이해해 주는 것'이다. 이렇게 상대의 말을 들어 주면서 그 감정을 수용하게 되면 부부의 친밀감에 대한 그 뿌리가 단단하여 웬만한 갈등과 위기가 찾아와도 흔들리지 않게 된다.

가령 교차로에서 조그만 차량 접촉사고가 생겨 속상한 마음에 아내는 배우자에게 전화를 걸었다. "조금 전 교차로에서 내가 우회전하는데 (중략) 접촉사고가 생겨 지금 놀라서 힘이 하나도 없다."라고 말하였다. 이 말을 들은 A라는 배우자는 "평상시 그 교차로에서는 접촉사고가 자주 일어나니 우회전할 때는 (중략) 항상 주의해야 한다고 했잖아? 그러니 다음부터는 이렇게 하고 이렇게 해야 한다."라고 아내의 일에 개입하여 도와주려 한다. 그러나 같은 상황에서 B라는 남편은 "많이 놀랐겠다. 지금은 괜찮아? 당신이 안 다쳤으니까 됐다. 걱정하지 말고 빨리 마음부터 안정시켜."라고 말한다. 같은 상황에 대한 배우자의 다른 반응에 대해 아내의 다음 말은 어떻게 이어지고 결과는 어떻게 달라질까?

필자 노트 plus 6

부모의 무관심으로 생긴 유사 자폐(반응성 애착 장애) 아이 치료 사례

나이: 4세, 성별: 여

아이의 문제점

아이는 부모님과 할머니, 오빠와 함께 생활하였다. 심하지 않지만, 유사 자폐에서 보이는 증세를 보였다. 자기 속에서 생활하는 것처럼 다른 사람과 눈을 잘 맞추지 않고, 또래와 상호작용하면서 노는 것에는 관심이 없으며, 자기를 부르는 것은 알지만 쳐다보지 않아 사회성에 결핍이 있었다. 필요한 말은 알아들어 수용언어는 좋았지만, "주세요, 싫어." 정도의 간단한 말 외에는 거의 사용하지 않아 표현언어 사용에는 문제가 있어 의사소통에 부족이 있었다. 그러나 같은 동작을 의미 없이 반복하는 상동 행동은 하지 않았다.

아이 문제점의 원인

엄마의 직장생활 때문에 할머니가 아이 둘을 대부분 돌봐주었다. 할머니는 손녀를 위해 깨끗이 입히고 잘 먹이고 하는 외적인 부분에는 크게 노력하였지만, 아이와의 애착이나 바른 양육에 관해서는 깨어 있는 편이 못 되었다. 오빠는 자기 기능을 잘하여 할머니가 잘 놀아 주었지만, 동생은 조용히 누워있거나 혼자 잘 놀아 순하다고 생각하여 혼자 놀아도 그냥 두었다. 할머니로서는 아마 오빠를 돌봐주는 것으로도 힘겨웠을 것이다.

아이가 뭔가 이상하다는 것을 느낀 엄마는 3세 후반 때부터 아이를 보살피기 위해 직장을 그만두고 자녀 육아를 위해 노력하였다. 그런데 그 방법이 아이와의 애착 충족을 바탕으로 자발성과 주도성을 존중하여 발달을 촉진하는 것이 아니라 아이를 도와주고 아이에게 생긴 불편을 해결해 주는 것이어서 아이의 자폐 성향은 개선되지 않고 점점 강화되었으리라 판단한다. 그 예로 엄마는 아이에게 매일 식사 때마다 밥을 떠먹여 준다고 하는데 담당 어린이집 선생님은 혼자서 밥을 잘 먹는다고 하였다.

아이를 위한 발달치료

음악치료: 아이와 서로 마주 보고 의자에 앉아서 아이의 손을 잡고 연주하듯 평안한 음악에 맞추어 두 팔을 어긋나게 앞으로 당겼다 뒤로 밀면서 아이가 음악과 음악의 리듬을 받아들이게 하였다. 음악에 따라서는 아이를 안아서 리듬에 맞추어 좌우로 몸을 흔들거나 아이의 등 뒤에서 안아 주면서 두 팔을 어긋나게 밀었다 당기면서 리듬에 맞추어 주었다. 또한, 같은 방식으로 '동물 흉내'와 같이 신나면서도 가사가 반복되는 동요의 리듬에 맞추면서 선생님이 동요를 같이 불러 아이가 가사에 따른 입 모양의 변화를 볼 수 있도록 하였다. 또한, 가사 중 쉬운 단어(곰 세 마리 동요에서 '엄마 곰, 아빠 곰' 등)일 때 더 크게 부르고 이를 다시 몇 번 더 말하여 아이가 따라서 말하도록 하거나, 선생님이 단어를 말하면 아이가 다음 말을 할 수 있도록 유도하거나(동물 흉내 동요에서 "돼지는~"이라고 말하면 "꿀꿀"이라는 말을 하고, "소는"이라고 말하면 "음머"라는 말을 하도록 유도함), 선생님이 단어를 말하여 아이의 행동을 유발하기도 하였다(머리 어깨 무릎 발 동요에서 "머리"라고 하면 아이는 해당하는 신체를 손으로 만진다). - 애착 형성과 상호관계성 향상, 언어의 활성화.

다른 친구들과 같이 율동(빙빙 돌아라, 둘이 살짝 손잡고 등)을 하거나 음악 놀이(악어 떼, 그대로 멈춰라 등)나 다른 친구와 손을 잡고 빠르게, 느리게, 연하게 또는 세게 치는 북소리에 맞춰 몸 움직이기, 손뼉치기, 뛰뛰기 등을 하였다. 또한, 좋아하는 악기를 음악의 리듬에 맞춰 두드리고 흔들면서 즉흥연주를 하거나 악기를 서로 바꾸어 가며 즉흥연주하기, 즉흥연주 하면서 동요 부르기 등을 하였다. - 감각 기관 발달과 정서발달, 상호관계성 향상.

미술치료: 재활용품 상자에서 원하는 것을 찾아와 다양한 색칠 도구로 마음껏 그리고 색칠할 수 있도록 하였으며, 색 테이프를 가위로 잘라 붙이기, 잡지 사진 오려 붙이기, 찰흙 놀이 등을 하였다. 켄트지 전지나 긴 현수막 천에 장난감 자동차 바퀴에 물감을 묻혀 굴리거나 큰 붓으로 그림 그리기 등을 하면서 미술 활동 범위를 넓혀서 할 수 있도록 하였다. 또한, 3m 정도의 투명비닐에 매직이나 사인펜 등으로 그림 그리거나 색칠하였다. 어느 정도의 작업이 완성되면 투명비닐을 펴서 들어 올린 후 아이의 신체를 감싸기 등 즐거운 놀이시간을 가졌다. – 신체발달, 사고능력 향상, 시각 범위확장.

자연과 함께하는 야외 치료: 야산이나 공원에서 소리 지르는 모습을 보여 주면서 모방하게 하여 아이가 소리를 낼 수 있도록 유도하였고, 걷거나 달리기를 하면서 항상 같이 움직일 수 있도록 하였으며, 8m 정도의 긴 미끄럼틀을 타고 내려갔다 다시 올라오기를 몇 번 반복하였다. 들꽃이나 나뭇잎 등을 따 바구니에 담아와서 양면테이프를 사용하여 화지 위에 붙이기도 하였다.

아이를 부르며 오라고 말하였는데도 반응이 없을 때는 큰소리로 짧고 단호하게 말하면서 아이가 선생님의 지시와 부르는 소리에 반드시 이행할 수 있도록 하였다. 가령 "ㅇㅇ야, 여기 와서 이 잎을 따 바구니에 넣어 줄래, 알겠지."라는 문장을 "ㅇㅇ야, 여기 오세요. 이 잎을(따서 보여 주면서) 바구니에 넣어야 해(넣는 것을 보여 주면서). 알겠지." – 언어의 활성화, 시각 범위확장, 신체발달, 상호관계성 향상.

부모교육: 아이의 발달을 위해서 부모에게 전달한 내용은 다음과 같다.

첫째, 아이를 위해 함께 생활하는 가족 모두가 노력하여야 합니다. 스스로 밥 먹는 것과 같이 아이가 노력하면 할 수 있는 일은 아이 스스로 하도록 해야 합니다.

아이의 일을 도와주거나 대신해 주게 되면 아이의 발달을 계속해서 가로막는 결과를 가져옵니다. 만약 아이가 스스로 노력하는데도 잘 안 될 땐 도와주는 것이 아니라 문제 해결방법을 가르쳐 주면 됩니다.

둘째, 아이가 자기 생각 속에서 벗어날 수 있도록 다른 사람과 함께하거나 재미있게 놀 수 있도록 도와주어야 합니다.

이를 위해 아이에게는 기쁘고 즐거운 정서 만족이 필요합니다. 아이랑 몸으로 부딪치며 많이 놀아 주어야 합니다. 특히 아빠는 피곤하더라도 하루 30분 정도만 몸으로 놀아 주면 최고입니다. 그리고 텔레비전을 보거나 블록 놀이하는 것처럼, 아이 혼자서 노는 시간을 최대한 줄여 주세요.

셋째, 영유아기의 중요성을 반드시 인지해야 합니다. 영유아기는 왕성한 뇌 활동과 뇌 가소성에 의해 빠르게 많이 좋아지므로 지금 최선을 다해야 합니다. 이 시기를 놓치고 나면 후회하게 됩니다.

넷째, 아이가 이러한 행동을 하는 가장 큰 원인은 부모가 아이에게 애착을 형성시켜 주지 못하였고 상호소통으로 놀아 주지 못하였으며 아이의 욕구를 들어주지 못했기 때문입니다. 따라서 부모님은 스킨십과 함께 아이를 자주 안아 주어야 하고, 아이와의 상호소통으로 즐겁고 재미있게 놀아 주면서 사랑한다는 몸 표현을 자주 하는 등 아이와의 애착 형성을 위하여 최선을 다해야 합니다. 아이는 선천적 자폐 스펙트럼과는 달리 사회성 발달 능력이 있으므로 부모님이 아이의 손을 놓지만 않는다면 정상발달의 가능성이 큽니다.

아이의 문제를 설명하기 위한 장애라는 진단

아이의 양육이 점점 힘들어져 좌절을 겪게 되거나 주변에서 '발달이 늦다'라는 말을 자주 듣게 되면, 부모는 왜 그러한지를 알기 위해 전문가를 찾아다니는 등 큰 노력을 기울인다. "식자들은 이러한 아이를 진단하면서 '장애'라는 꼬리표를 달아 준다. 그러고는 '해당 장애에 관해 설명해 주고 치료의 방향을 말해 주는데' 이는 문제를 지나치게 단순한 개념으로 축소하기 때문에 오히려 방해되며 약물치료와 같은 궁색한 해결책을 내놓는다(Gordon Neufeld and Gabor Mate, 2018, 아이의 손을 놓지 마라, 김현아 옮김, 서울: 북라인.)."

이와 같은 장애라는 진단은 보호자에게 문제를 단순하게 받아들일 수 있도록 만들어 자칫 지금까지 잘못 양육한 양육자에게 면죄부를 주게 되고, 주변 사람의 많은 눈총이나 입담에서 부담을 덜 수 있게 해 주며, 아이를 위해 더는 애쓰면서 힘들게 노력하지 않아도 되므로 지금의 힘들고 부담되는 것에서 벗어날 수 있도록 해 준다. 그 이유는 우리 아이가 장애를 갖고 있기 때문이다.

이러한 진단은 부모가 지금까지 아이를 양육한 태도와 방식에서 무엇이 잘못되게 하였고, 아이의 자기표현과 행동에 대해 부모가 어떻게 반응하고 대하였기에 문제가 생겼으며, 이러한 아이의 성장에서 어떤 부분이 발달되지 못해 지금까지 영향을 주고 있는지 등의 근본적인 문제를 이해하지 못하게 한다. 또한, 이를 해결하기 위해 앞으로 부모는 아이를 어떻게 양육하고 교육하여야 하며, 아이의 부족한 부분을 채워 주기 위해서는 어떻게 실천하고 행동해야 하는지, 또한 가족은 어떻게 행동해야 도와줄 수 있는지 등 이를 해결하기 위한 노력을 등한시하게 한다.

따라서 부모들은 아이의 장애진단 뒤에 감추어진 장애 원인에 대한 분석과 해결방법을 통해 이를 효과적으로 해결하기 위해 끝까지 노력을 다해야 한다.

CHAPTER 5

아빠 육아는 아이의 성공에 절대적 영향을 준다

주제: 따스한 봄날 공원의 오후 풍경(장지 위에 수묵채색)

주제: 도파민의 분비(캔버스에 크레파스)

아이는 스스로 하려 하고 자기의 생각을 마음껏 나타내려 하며 자기 주도적으로 문제를 해결하려 한다. 이렇게 하여 성취한 성공의 경험은 좋은 정서로서 아이에게 만족감을 주며 자신감을 심어 준다. 이때 신경전달물질인 도파민은 아주 중요한 역할을 하게 된다.

아이가 성취하고자 하는 일에 집중하여 몰입하게 되면 도파민의 분비가 증가하여 흥분과 긴장을 느끼게 되어 보다 창의적으로 과제를 완성하려 한다. 또한, 자기가 주도하여 성취한 성공의 경험과 부모와 교사의 칭찬이 만났을 때 이러한 도파민의 분비는 정점에 이르게 되며 아이에게는 기분 좋은 경험, 행복한 경험으로서의 만족감으로 자리 잡게 된다. 이러한 만족감은 도파민의 반복 현상에 의해 다시 몰입하여 성공의 경험을 가지려 하는 동기를 부여한다. 이러한 성공의 경험 반복은 아이의 자존감을 향상하고 자아를 성장하게 하므로 성공의 길을 달리는 아이에게는 너무나 중요한 역할을 하게 된다.

아빠와 함께 논다는 것은 아이로서는 큰 기쁨이다. 비록 엄마보다 짧은 시간이지만 더 신나고 즐겁다. 그래서 아빠와 함께 놀 때 도파민은 더욱 활성화되어 아이는 더 잘하려 하고 더 성취하려 하며 더 인정받으려 노력한다. 그래서 아빠 효과는 더욱 중요해진다.

1. 왜 부모가 공동 양육을 하여야 하는가?

사람이 태어나 가장 먼저 만나는 사람은 부모이다. 부모와의 관계 속에서 자기 자신과 다른 사람에 대해 지각하고 사람과의 관계에 대한 방식을 알아가게 된다. 사람의 인생에서 가장 중요한 시기인 영유아기는 부모와의 상호작용, 부모의 모방, 탐구와 실험을 통한 환경에 대한 깨달음 등을 통해 세상을 향한 발달과 이해의 영역을 확장해 나간다. 따라서 부모는 자녀에 있어서 전 생애에 가장 많은 영향을 주는 존재이자 최초의 교육자로서 부모의 바른 양육과 올바른 역할은 아이의 성공과 행복한 삶에 있어서 가장 중요한 영향을 끼치게 된다.

자녀 양육에 있어서 주 양육자인 엄마의 역할에 관심이 편중되었던 과거에 비해 최근에는 아빠 역할에 대한 중요성이 날로 강조되고 있다. 그것은 엄마와 아빠가 아이의 발달에 미치는 영향이 달라 아빠의 양육 참여 또한 아이의 성장과 발달에 큰 도움을 주기 때문이다. 엄마와의 놀이에서는 아이와 함께 앉아 동화책을 읽어 주거나 사물의 특징에 대해서 말하는 등 언어적 활동이 주를 이루며 "거북이는 힘들겠다.", "신데렐라는 좋겠다."처럼 아이의 감정을 헤아리고 다른 사람의 감정을 이해하는 정서적 능력을 나타낸다. 반면에 아빠와의 놀이는 언어적이거나 정서적 표현보다는 아이를 간지럼 태우거나 들어 올려 돌리거나 말타기를 하는 등 몸으로 부딪히는 신체적이고 활동적인 놀이를 하면서 주로 문제해결이나 사람과의 관계에 대한 능력을 배운다. 그래서 아이들은 엄마와의 놀이보다 아빠와의 놀이에서 더 많이 웃게 되며, 더 재미있고 흥미로워 동기부여를 더 많이 해 준다. 따라서 자녀에게 미치는 영향도 다를 수밖에 없다.

이는 아이의 생활에서도 마찬가지이다. 엄마는 아이에게 세부적인 부분까지 언어적이고 감성적으로 도움이 되어 주려는 데 반해 아빠는 아이에게 넓게 보고 말하게 하며 문제해결과 비전을 제시하는 역할을 한다.

이처럼 엄마 아빠는 생각도 다르고, 표현방법도 다르며, 각자의 역할도 다르다. 따라서 엄마 아빠가 함께 양육에 개입하게 되면 아이는 엄마의 장점과 아빠의 장점을 모두 배우고 체득할 수 있게 되므로 아이는 그만큼 성공의 길을 굳건히 달릴 수 있게 된다.

2. 아빠 양육에 의한 '아빠 효과'

아빠는 엄마와 함께 자녀를 양육하는 공동책임자이면서 가족 구성원들의 의견을 조정하여 결정하는 가장이며 사회적으로는 가정의 대표자이다. 또한, 아빠는 사회생활을 통하여 가족의 생계를 유지하고 가족을 보호한다. 그리고 자녀는 아빠를 통해서 문제해결 능력이나 가치관, 사회 관계성, 사회규범 등을 배운다. 따라서 아빠는 긍정적이고 자신감이 넘쳐 마치 자녀에게 "너는 반드시 해낼 수 있으니 염려 말고 마음껏 도전하고 최선의 노력을 다해라. 너의 뒤에는 든든한 아빠가 있단다."라고 말해 주며, 또한 이 말에 책임을 질 수 있도록 자녀의 든든한 버팀목이자 산과 같은 백그라운드의 역할을 하여야 한다. 그래서 자녀가 힘겨운 일이나 어려운 일이 생기면 아빠와 상의하여 해결에 도움을 받을 수 있는 아빠상을 심어 주어야 한다.

그리고 아빠는 자녀가 바람직한 방향으로 나아갈 수 있도록 하는 인도자의 역할을 하여야 하며, 열심히 생활하는 바른 삶의 모습을 보여 주어 아이들이 자라면서 '아버지와 같은 사람이 되고 싶다.'라고 생각하게 하는 롤 모델(role model)이 되어야 한다. 그래서 먼 훗날 아버지가 세상에 안 계실 때, 자녀가 힘겨운 일을 만나게 되면 '이럴 때 아버지는 어떻게 문제를 해결하였을까? 아버지와 상의 드릴 수 없다는 게 너무나 아쉽구나. 오늘따라 아버지가 그립다.'라는 생각이 들 수 있어야 할 것이다.

아이들을 세상의 위험에서 안전하게 보호하며, 앞으로의 비전을 향해 나아갈 수 있도록 활력을 주고 평안을 주는 안식처로서의 든든한 울타리가 되어야 한다.

'너는 반드시 해낼 수 있으니 염려 말고 마음껏 도전해라.'라면서 아이가 자신 있게 세상을 도전하고 탐구할 수 있도록 한결같이 믿어 주고 기다려 주는 묵묵한 산과 같아야 한다.

힘겨움과 어려움, 실패나 좌절에서 포기하지 않고 거기에서 깨닫고 배워 당당하게 걸어갈 수 있도록 격려와 지지, 믿음으로써 뒷받침해 주는 튼튼한 버팀목이어야 한다.

무한한 가능성으로 슬기롭게 세상을 헤쳐나가기 위해 노력하는 우리 아이를 푸른 풀밭 맑은 물가(스스로 만족할 수 있는 곳, 바른길)로 인도하는 인도자가 되어야 한다.

아빠(부모)의 역할

사용재료: 둥근 나무판 위에 크레파스

우리 사회에서 아빠들은 자녀 양육과 교육에 대해 '엄마가 알아서 하니까, 아이 교육에 대해 잘 모르니까'라면서 한발 뒤로 물러나 있는 경우가 많다. 영국의 옥스퍼드대학에서는 아빠의 양육 참여가 아이의 성장에 미치는 영향을 알아보기 위하여 1958년에 태어난 1만 7천 명을 대상으로 33세가 될 때까지의 발달 과정을 추적하였다. 그 결과, 자녀 육아 과정에 적극적으로 참여했던 아빠를 둔 아이들이 학업 성적과 인성, 성취 욕구 등도 높아 사회생활, 결혼 생활도 성공적으로 이끌어 갔음을 발견하였다(김영훈, 2009, '엄마가 모르는 아빠 효과' EBS와 공동기획). 아빠의 양육 참여는 백그라운드로서의 든든한 산과 같은 역할을 하여 자녀는 아빠로부터 언제나 도움을 받을 수 있다고 생각하고 긍정적 또래 관계를 형성하면서 마음껏 도전하고 탐구한다. 또한, 아빠로부터 갈등에 대한 해결 기술을 배우기 때문에 원만한 또래 관계를 유지한다. 그리고 아빠와 친숙할수록 남자아이들은 정서적으로 안정되어 문제를 덜 일으키는 생활을 하며, 여자아이들 또한 훨씬 더 독립적이고 자신감 있는 어른으로 성장한다.

미국의 심리학자 로스 파크(Ross D. Parke) 또한 자녀 성장발달에 아버지가 끼치는 영향이 크다는 것을 밝히며 '아빠 효과(Father Effect)'라는 개념을 처음으로 사용하였다. 많은 심리학자의 연구에 따르면 아빠의 적극적인 육아 참여가 자녀의 인지와 정서, 신체의 발달과 함께 정신건강과 사회관계 등 거의 모든 면에서 막대한 영향을 미친다는 것을 알 수 있었다. 이제 더는 보육과 육아, 교육 등 아이의 양육이 엄마만의 몫이 아니다.

그렇다고 해서 아빠가 없거나 같이 살지 못하는 가정의 아이들이 훌륭하게 성장하지 못하는 것은 아니지만, 그만큼 엄마의 더 큰 노력이 필요하다. 아빠 효과의 문제를 극복하려는 방법으로 삼촌이나 할아버지, 아니면 좋은 동네 형들을 통해 도움을 받을 수 있다.

그러나 아빠 효과는 긍정성도 높지만, 부정적 효과도 높아 만약 양쪽 부모가 좋은 관계를 유지하지 못할 때는 오히려 훨씬 더 어려움을 겪게 되기도 한다. 또한, 아빠의 일방적인 지시와 복종의 요구, 무질서한 생활, 엄마와 아이에게 행하는 욕설과 폭력 등 아빠가 가장으로서, 남편으로서, 아이들의 보호자로서 그 역할을 제대로 하지 못하게 된다면 그 피해의 직격탄은 아이들이 맞게 된다. 또한, 먹고 사는 데 바쁘다며 아이에게 무관심한 아빠, 아이를 지시·억압·통제하거나, 신경질적이어서 아이와 정서 소통을 하지 않는 아빠, 아이와 함께 있어도 놀아 주는 방법을 모르는 아빠, 그리고 아이의 일에 개입하여 도와주고 대신해 주는 과잉보호, 과잉통제하는 아빠 또한 아빠의 역할을 제대로 하지 못한 것이 되어 아빠에게 배울 수 있는 소중한 많은 것을 아이가 배우지 못하게 된다.

1) 아빠 양육의 직접 효과

심리학자들에 따르면 양육에 적극적으로 참여하는 아빠를 둔 아이들은 지적 능력이나 자신감, 사회성 등이 높다고 한다. 아빠 육아가 중요한 직접적 이유를 아빠 놀이와 관련하여 살펴보면 다음과 같다.

(1) 아이의 '언어 능력'이 발달한다

신체 놀이와 몸 놀이 자체가 아이들에게 큰 웃음과 기쁨을 주며, '이번에는 해 내었다.'라는 성취감을 주게 된다. 이러한 기쁨과 성취감은 아이와 아빠를 수다스럽게 만들어 아이로서는 자기가 한 말을 다른 사람이 들어 주고, 자기의 말이 다른 사람과 환경에 영향을 줄 것이라는 의사전달의 동기화가 분명해지게 되어 언어의 활성화가 일어나며 자기 표현력을 향상한다. 따라서 아이의 언어 능력이 발달하는 데는 엄마보다 아빠가 더 중요하다는 사실을 알 수 있다.

(2) 창의성과 창의적 문제해결 능력이 향상된다

예측하기 힘든 재미있는 규칙을 놀이에 도입하는 것처럼 여러 방법으로 아이가 놀이에서 더 재미있게 놀려고 하거나, 아빠에게 인정받기 위해 더 잘하려 하거나, 아빠를 이기기 위해 집중하면서 큰 노력을 기울일 때 아이는 창의성과 함께 부딪치는 문제를 해결하여 목적한 과제를 성취하는 문제해결 능력이 향상된다.

(3) 정적 만족과 함께 자기 표현력을 향상한다

아빠와 노는 놀이는 활발하게 움직이는 신체 놀이이다. 이는 아이를 신나고 즐겁게 만들어 아이의 스트레스나 불안 등 부정적 감정을 해소하고 정서적 안정과 함께 정서발달을 가져다준다. 이러한 정서 만족은 말과 행동으로 자기를 마음껏 표현하려는 자기 표현력을 향상하게 하며, 이러한 표현을 아빠가 받아 주고 수용하게 되면 아이는 더욱 자신감을 가지게 된다.

(4) 자신의 정체성을 깨달아 가면서 긍정적인 자아 개념을 형성한다

아이는 아빠와의 공 던지고 받기, 몸 간지럽히기, 씨름, 레슬링 등 신체를 사용하는 놀이와 몸 놀이를 통해 자기 자신이 무엇을 잘하고 못하며, 자신의 장단점이 무엇인지 등 자신의 정체성을 깨달아간다. 또한, 아빠와 신체 놀이를 하는 것은 신나고 즐거운 감정으로 정서 소통과 의사소통을 하는 것이므로 긍정적인 자아 개념을 형성하게 된다.

(5) 운동 기능이 발달하면서 신체조절 능력을 향상하게 된다

아빠와 아이는 대부분 몸 놀이와 신체 놀이를 하게 되므로 함께 놀이에 몰입하였다면 당연히 운동 기능의 발달과 함께 신체의 신경 기관과 운동기관, 근육이 서로 조화롭게 움직일 수 있도록 하는 신체 협응력이 발달하게 된다. 또한, 아빠는 아이보다 힘이 세고 기량이 뛰어나기 때문에, 아이는 아빠를 이기기 위해 자신이 가진 최대의 힘을 사용하기도 하고 자신이 가진 능력과 기량을 최대한 발휘하면서 신체조절 능력을 향상하게 된다.

(6) 자기 주도적으로 변하여 독립심이 발달한다

아빠와 놀이하면서 경험하는 신나고 즐거운 정서는 스스로 해내고자 하는 동기에 영향을 주어, 아이는 아빠에게 자신의 힘과 능력을 최대한 보여 주려 하고 아빠에게 인정받으려 큰 노력을 기울인다. 이는 곧 자기 주도성을 가진 적극적인 아이로 변하게 하여 독립심이 발달하게 된다. 따라서 아빠와의 관계가 안정적인 아이는 즐거운 정서로써 자기 주도성을 가지게 되고 이러한 자기 주도성은 독립심을 가진 아이가 되게 한다.

(7) 도덕성 발달을 도와주며 사회 관계성을 향상한다

아빠가 먼저 도덕적 행위의 본을 보이면 아이는 이를 보고 배우므로 도덕성은 아빠의 행동에 따른 아이의 반응과 연관된다. 또한, 놀이 도중 아이가 사이좋게 나누거나 양보하거나 도움을 줄 때 아빠가 칭찬해 주게 되면, 아이는 좋은 기분으로 동기를 가지게 되어 다른 사람을 배려하고 도와주는 도덕성이 발달하게 된다. 또한, 아이는 아빠와 신나게 놀다 보면 혼자서 노는 것보다 다른 사람과 함께하는 것이 더 즐겁다는 것을 깨닫게 되어 관계 지향성을 보이게 된다. 아빠와의 놀이에서 아이는 자신이 가진 최대의 힘과 능력을 발휘해 보지만 자기 고집과 자기 마음대로 되지 않는다는 것을 알게 되면서 공격성을 조절하고 타협하는 등 다른 사람과 잘 지내는 사회적인 기술을 경험하게 된다.

(8) 신뢰감과 유대감을 갖게 한다

아빠 몸에 매달려 있거나 아빠 목에 올라타는 등의 행동에서는 약간의 위험을 느끼면서도, 아빠가 자신을 붙잡아 주고 도와줄 수 있다는 신뢰감에 의해 안심하고 놀이에 임하게 된다. 이처럼 아빠랑 신체 놀이를 하게 되면 믿음으로 행동해야 할 때가 많은데 이는 아빠와 아이가 든든한 신뢰감과 유대감을 갖도록 한다.

이처럼 아빠는 엄마와 비교하면 육아 참여시간이 짧지만 '아빠 효과'는 매우 크기 때문에, 아이 스스로 이루어내는 성공적인 삶에 있어 너무나 소중하다.

2) 아빠 양육의 간접효과

아빠가 양육에 적극적으로 개입한다면 위와 같은 아빠 육아의 직접 효과 외에도 다음과 같은 간접효과도 얻을 수 있다.

첫째, 아빠가 개입하여 적극적으로 양육하게 되면 엄마에게 시간적 여유가 생기게 되어 그만큼 아이의 양육에 대해 세심하게 살피면서 놓쳤거나 미처 몰랐던 것들을 알게 되어 양육의 질을 높일 수 있게 된다.

둘째, 아빠 양육 참여로 인한 엄마의 양육 스트레스 감소는 부부 관계를 좋아지게 하고 더욱 화목한 가정이 되는데 이바지하게 된다.

셋째, 아빠가 양육에 참여하게 되면 자연적으로 아이의 감정을 헤아리고 소통하게 되므로 아빠는 자신의 감정을 조절하면서 통제하여 공감 능력이 향상된다.

넷째, 아빠가 아이를 돌보다 보면 엄마가 느끼게 되는 양육의 힘겨움을 자연스럽게 알게 되어 같은 공감대 속에 함께 소통하고 공유하게 된다.

이와 같은 아빠의 직·간접효과에도 불구하고 우리나라의 많은 아빠는 아이와 잘 놀 줄 모른다. 그 이유는 아빠가 어린 시절 자신의 아버지와 놀아본 경험이 부족하여 아이와 놀 줄 모르거나, 양육은 엄마의 몫이라는 그릇된 인식 때문에 방관하기 때문이다. 아이는 부모를 통해서 세상을 바라보기 때문에 만약 지금의 아빠가 아빠 효과를 위해 적극적으로 아이와 놀아주며 양육에 개입하게 된다면, 자녀는 성공의 길을 달리면서 보다 행복하게 생활하게 될 것이다. 그리고 그 자녀가 자라 아빠가 되었을 때 그다음 세대의 자녀에게 '아빠 효과'를 위한 아빠 양육을 자연스럽게 대물림하게 되는 것이다.

3) 아빠 놀이

교육 선진국에서는 공부만큼이나 예술과 체육 교육을 강조한다. 예술 체육 교육이란 자신만의 창의적이고 미(美)적인 작품을 만들고 표현하는 창조적 활동을 하는 예술과 신체적 활동을 통하여 건강한 몸과 운동능력을 기르고자 하는 체육이 합쳐진 개념으로 사람의 정신과 육체 모두를 발달시켜 행동하고자 하는 것을 말한다. 그러나 우리나라는 이러한 교육에 대해 지나치게 효과성 위주와 결과 중심의 관점으로 접근하는 경우가 많아, 아이들이 예술을 즐기면서 자신만의 창작을 하거나 자신이 하고 싶은 운동으로 건강한 체력과 신체발달을 증진하기보다 빠른 기간에 성과를 내려고 하는 데 큰 노력을 기울이게 되어 그 부작용이 만만치 않다.

아빠 효과 중 가장 쉬우면서도 효과적인 방법이 신체접촉인데 신체 놀이와 활동적인 몸 놀이로써 많은 경험을 하는 것이다. 다음은 아빠가 아이와 놀아 줄 수 있는 신체활동과 예술 활동에 대해 쉽게 이해할 수 있도록 그림과 만화로 살펴보고자 한다.

(1) 아빠와 하는 신체 놀이

① 목마 타고 놀기

② 공놀이하기

③ 앞으로 게걸음 하기

④ 갈비뼈 연주하기

⑤ 두 발을 서로 맞댄 후 다리 벌려 스트레칭을 하기

⑥ 말달리기

⑦ 아빠 등에서 동화 듣기

⑧ 발로 들어 올리기

⑨ 아빠 팔에 매달리기

⑩ 아빠 무릎 위에 서서 걸어가기

(2) 아빠와 함께하는 음악 놀이

아빠는 아이의 선택과 자기 주도적 활동을 존중하면서 율동과 몸 놀이, 악기 두드리기 등의 음악 놀이로 함께 마음껏 즐기되 아이의 표현보다 우선하여 가르치려 하지 말아야 한다.

(이가형 그림)

음악의 리듬에 맞춰: 아빠가 빠르게 또는 느리게 두드리는 악기 소리에 맞춰 손뼉치기, 제자리에서 달리기, 뜀뛰기 등을 한다.

악어 떼: 노래 가사에 맞추어 율동하다가 마지막 '악어 떼'라는 단어에서 "악어 떼"라고 소리 지르면서 서로를 힘껏 안아 준다.

함께하는 율동: '둘이 살짝 손잡고', '호키포키', '둥글게 둥글게', '빙빙 돌아라' 등의 동요에 맞춰 손을 잡고 함께 율동한다.

그대로 멈춰라: 노래를 부르며 함께 신나게 춤을 추다가 '그대로 멈춰라'라는 가사에 맞춰 그대로 행동을 순간 멈춘다.

즉흥연주: 사전 준비 없이 리듬에 맞춰 즉흥적으로 악기를 두드리거나 흔들어 연주하는 것을 말한다. 동요의 리듬에 맞춰 즉흥연주 하거나, 동요를 같이 부르면서 즉흥연주한다.

나처럼 해봐라 이렇게: 선택된 사람은 앞으로 나와 상대를 바라보면서 '나처럼 해봐라 이렇게(누가 먼저 했나 이렇게)' 동요에 맞춰 자신만의 몸동작으로 리더하고 다른 사람들은 그 동작을 따라 한다.

(3) 아빠와 함께하는 미술 놀이

아빠는 아이의 생각과 선택, 문제해결 능력을 존중하면서 마음껏 그리고 칠하며 만드는 등 미술 놀이로 함께 즐기되 아이만의 창의적 표현이 될 수 있도록 가르치려 하지 말아야 한다.

물감 놀이: 물감을 장난감 자동차 바퀴나 구슬 등에 묻혀 굴리거나, 손가락으로 그림 그리기, 손바닥에 물감을 묻혀 찍기 등으로 재미있게 물감 놀이를 한다.

색 비눗방울 놀이: 물이 반쯤 담긴 컵에 식기용 세제와 수채물감을 짜서 혼합한 후 빨대로 불어 비눗방울을 만든다. 만든 비눗방울을 화지에 떨어뜨려 그 자국을 작품화한다.

아빠와 함께하는 협동작업: 다양한 재활용품이나 미술도구를 이용하여 아빠와 협의하면서 창작 입체작품을 만든다.

찰흙으로 만들기: 주제에 맞게 각자 찰흙으로 여러 개 작품을 만든 뒤 이를 모아 조화되게 배치하여 협동작품을 만든다.

자연물을 이용한 공동작품: 아이와 함께 가까운 들판이나 야산으로 가서 자연물을 직접 채취하여 다양한 미술도구와 함께 작품을 만든다.

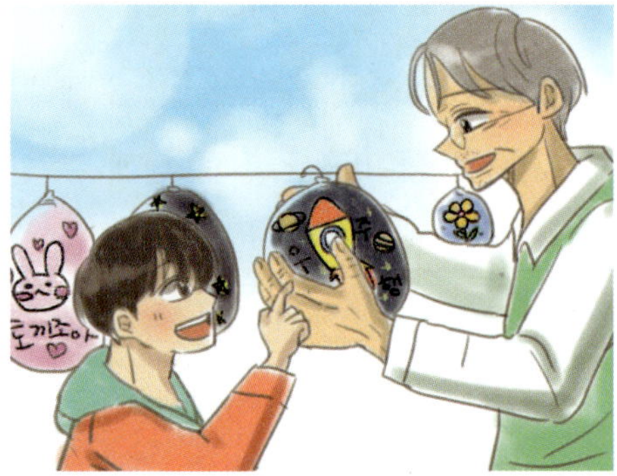

페트병과 풍선에 그림 그리기: 페트병이나 풍선 등에 매직이나 네임펜 등으로 그림 그리거나 미술 재료로 꾸며서 아이의 눈높이에 매달아 전시한다.

협동으로 그림 그리기: 아빠랑 같이 켄트지 전지의 큰 크기에 백붓이나 큰 붓을 이용하여 수채물감으로 마음껏 그림 그리고 색칠한다.

악기 만들어 연주하기: 깡통과 같이 두드리면 소리 나는 재료를 이용하여 다양한 미술도구로 악기를 만든 후 음악에 맞춰 노래 부르면서 만든 악기로 연주한다.

필자 노트 plus 7

아빠 육아 참여 부족과 엄마의 과보호로 문제가 된 상담사례

나이: 5세, 성별: 남

엄마와 상담 중임에도 아이는 엄마 곁을 내내 떠나지 못한다. 엄마와 이야기 나누려고 하면 쪼르르 달려와 "엄마 이것" 하면서 엄마에게 해달라고 하며 무엇인가 들고 온다. 엄마의 반응이 부족하면 아이는 바로 칭얼거리기 시작하고 엄마는 그때마다 그 요구를 다 들어준다. 그래서 엄마는 아이를 돌보는 데 조금도 시간적 여유를 가지지 못한다.

필자: 안녕하세요? 만나게 되어 반갑습니다.

엄마: 네 ~ 안녕하세요? 우리 아이가 언어 발달이 늦어 언어치료를 받으려고 왔습니다.

필자: 아이가 노는 것을 보니까 말은 알아들으면서도 말로는 전혀 표현하질 않네요.

엄마: 듣고 보니 그렇네요.

필자: 아이가 엄마 곁을 떠나지 못할 정도로 엄마에게 너무 많은 것을 의지하고 있네요.

엄마: 네 ~ 그래서 그런지 발달이 많이 늦는 것 같아요.

(대화 도중 아이가 또 엄마에게 와서 엄마가 마시라고 준 작은 음료수병을 엄마 손에 쥐여 주면서 따 달라고 조른다. 이에 바로 엄마가 병뚜껑을 따 주려고 한다. 그래서 필자는)

필자: 잠깐만요 어머니. 병뚜껑을 따 주지 마세요.

엄마: (손을 멈추며) 왜?

필자: 병뚜껑을 따 주지 마시고 아이에게 제가 말하라는 대로 뚜렷하게 다시 말해 주세요. 전 작은 소리로 말하겠습니다.

엄마: 네 ~

필자: ○○이가 음료수 마시고 싶었구나. (엄마는 필자가 한 말을 아이에게 그대로 말함) 음료수 마시고 싶니? 그러면 네가 병을 따 보렴. (엄마가 그대로 말함)

아이: (말은 하지 않고 몸을 뒤듯이 움직이며 병뚜껑을 따 달라고 엄마에게 조른다.)

필자: 아니 이건 네가 할 일이잖아. 한번 해 봐. 우리 아들 할 수 있잖아. (엄마가 그대로 말함)

아이: (병을 들고 뚜껑을 따려고 노력한다. 그러나 뚜껑이 잘 안 돌려져 따지지 않는다. 이에 다시 엄마에게 병을 따 달라고 조른다.)

필자: 어이구 우리 아들, 잘 안 되었네. (행동으로 표현하면서) 이쪽으로 한 번만 더 힘을 내어 돌려 볼래. (엄마가 그대로 말함)

아이: (뚜껑을 따려고 힘을 준다.)

필자: 역시 우리 아들이네, 자 힘내 봐. 하나, 둘, 셋. (엄마가 그대로 말함)

아이: (구령에 맞춰 힘껏 병뚜껑을 돌리니 드디어 병뚜껑이 따졌다.)

필자: 이야 드디어 성공했네, 우리 아들 최고! 하면서 살짝 안아 주세요. (엄마가 그대로 말하면서 아이를 안아 줌)

아이: (너무나 기쁜 표정을 지으며 음료수를 마신다.)

필자: 어머니 방금 아이의 표정을 보니 어때요?

엄마: 기뻐하니까 저도 기분 좋네요.

필자: 어머니 바로 그겁니다. 엄마가 아이를 너무 도와주다 보니 생활 속에서 아이가 이렇게 성취 경험을 맛보지 못하고 있는 겁니다. 이것은 아이가 스스로 하고자 하는 자발성과 자기의 생각을 표현하려는 창의성을 저해하여 엄마에게 계속해서 의존하게 만듭니다. 그리고 다 도와주니 아이가 말로 자기의 욕구를 표현할 필요도 없고요.

지금까지 제가 느낀 점을 정리하여 말씀드리겠습니다.

첫째, 부모가 아이의 일에 개입하여 지나치게 도와주고 많이 해결해 주다 보니 계속해서 부모에게 의존하도록 하고 있습니다. 이렇게 되면 아이 스스로 하려 하고, 아이 스스로 생각하고자 하는 본능적 욕구를 떨어뜨려 자기 일을 주도하기보다 다른 사람에게 계속해서 의존하게 됩니다.

둘째, 표현 언어 능력이 부족한 것은 평상시 부모가 아이의 일을 많이 도와주다 보니 아이 스스로 말할 필요성이 없기 때문이며, 아이 혼자서 노는 놀이를 많이 하다 보니 부모와 나누는 대화가 부족하기 때문입니다. 아이는 자신의 요구나 욕구를 말로 표현하여야 하고 엄마는 그것을 바탕으로 대화를 하며 소통하여야 합니다. 그리고 아빠랑 몸으로 부딪쳐 놀거나 동화책 읽기처럼 사람과 대화를 나누며 노는 시간이 많아야 하는데 텔레비전을 보거나 컴퓨터 게임, 스마트폰 등 혼자 하는 놀이를 오랜 시간 하게 되면 여러 문제점과 함께 언어발달이 늦어지게 됩니다.

셋째, 아이의 일은 아이 스스로 성취할 수 있도록 엄마가 바탕을 마련해 주어야 합니다. 아이가 "엄마 도와줘."라고 말한다면 "우리 아들 이것 하고 싶었던 모양이네. 그렇지만 이것은 네가 할 일이잖아? 네가 잘할 수 있으니까 한번 해봐 (격려)." / 아이가 과제를 완성하기 위해 노력하고 있다면 "우리 아들 힘든데도 노력하는 걸 보니까 최고인데 (위로)." / 노력하고 있는데도 잘 안 되고 있다면 "여기가 잘 안 되는 모양이네. 이렇게 한번 해봐?

(해결방법 설명).” / 아이의 노력으로 드디어 성취하였을 때 “역시 우리 아들 성공할 줄 알았다. 누구 아들인데 (칭찬)”라고 해야 합니다. 아이 스스로 해내기 어려운 과제는 아이가 좌절을 겪게 되므로 도와주어야 하지만 그 외 아이가 노력하면 해낼 수 있는 과제는 이처럼 격려나 위로, 해결방법 설명, 칭찬으로 아이 스스로 성취할 때까지 믿고 기다려 주어야 합니다.

넷째, 엄마는 남동생도 있어 육아에 바쁘고 늘 지칠 수 있으니 아빠가 힘들지만, 퇴근 후 하루 30분이라도 아이들과 놀아 주어야 합니다. 지금 아이가 이렇게 엄마와 떨어지지 못하고 다른 아이들과 함께 어울리지 못하는 것은 아빠의 무관심도 그 책임에서 벗어날 수 없습니다. 아빠는 지금까지 아이를 대하는 고정관념에서 벗어나 스스로 바뀌려고 노력하여 ‘아빠 효과’를 실천하여야 합니다. 그것은 그렇게 어렵지 않습니다. 아빠는 그냥 몸으로 부딪쳐 신체 놀이로 신나게 놀아 주면 됩니다. (상담 후 관련 프린트물 제공)

7세 아이들의 협동 창작 작품

CHAPTER 6

성공의 길을 달리고자 하는 본능적 욕구를 충족시켜야 한다

주제: 자연과의 동화(캔버스 위에 수묵채색)

주제: 자발적 행동 욕구(캔버스 위에 크레파스)

사람은 성공하는 삶에 있어서 가장 중요한 요소인 '자발성'을 본능으로 가지고 태어난다. 아이는 자발성을 바탕으로 한 탐색과 탐험의 실험으로 환경에 적응하게 되면서 1년 만에 일어서서 걸어가게 되고, 많은 것을 자기가 하겠다고 "내가내가" 하게 된다. 그러나 많은 부모는 이처럼 중요한 아이의 자발성을 존중해 주지 못하고 아이가 아직 어리고 모른다고 아이의 일을 도와주거나 대신해 주려 한다. 이러한 행위의 계속된 강화는 사람에게서 생기는 발달적·심리적 문제의 근원이 된다. 모든 발달의 근본은 행위의 주체자가 움직이고 작용하는 자발성 운동에 있으며 자기의 자발적 행동은 창의성을 자극하고 이러한 자발성과 창의성은 자기 주도적인 문제해결로서 성공의 길을 달리는 아이가 되게 한다. 풀밭에서 신나게 뛰어노는 강아지의 자발적 행동에 흐뭇해하며 격려하고 칭찬해 주는 듯한 저기 저 어미 개의 모습을 보라. 우리에게 '아이의 자발성을 존중하라'라는 가르침을 주는 것 같지 않은가?'

사람의 욕구는 크게 생리적·생물학적 욕구와 사회적·심리적 욕구로 구별한다. 생리적·생물학적 욕구는 생물학적 존재로서의 사람이 자신의 생명을 유지하며 종족을 보존하기 위한 욕구로서, 음식물·물·성(性)·공기·온도·휴식·배설에 대한 욕구를 말한다. 이것은 욕구 중에서도 가장 기본적이어서 일차적 욕구라고도 한다. 이에 비해 사회적·심리적 욕구는 사회적 존재로서의 인간 특유의 욕구로서 사람만이 가지는 욕구이다. 사람으로부터 사랑을 받고 싶은 애정의 욕구, 집단 속에서 어떤 위치를 차지하고 싶은 소속의 욕구, 무엇인가 가치 있는 일을 해 보고 싶은 성취의 욕구, 사람들로부터 인정 및 칭찬을 받고 싶은 사회적 승인의 욕구, 우월감을 느껴 보고 싶은 욕구 등을 들 수가 있는데, 이것들을 통틀어 이차적 욕구라고도 한다. 이러한 욕구는 사람의 사회생활에서 행동을 결정하는 중요한 요소가 된다(Doopedia 백과사전, 2014).

사람은 이 두 종류의 욕구 이외에 본능적이고 심리적인 욕구를 가지고 태어난다. 이는 일차적 욕구인 생리적·생물학적 욕구를 충족하면서 나타나거나 강화되며, 이러한 욕구 충족은 이차적 욕구인 사회적·심리적 욕구를 충족하는 데 이바지하게 된다. 그리고 이러한 이차적 욕구 충족은 성공과 행복의 삶을 살아가도록 하는 데 기여하게 된다. 그러나 사람에 따라서는 이차적 욕구를 잘 충족하는 사람이 있는가 하면, 그러지 못하는 사람이 있다. 그 이유는 본능적·심리적 욕구의 충족 여부에 따라 결정되기 때문이다. 따라서 부모는 이러한 삶의 본능적·심리적 욕구를 아이의 밑바탕에 굳건히 자리 잡을 수 있도록 아기가 스스로 움직일 때부터 존중하고 발달시켜 주어야 한다. 이러한 본능적·심리적 욕구에는 자발성의 행동 욕구와 성취 욕구, 창의성의 인지 욕구와 문제해결 욕구, 자기표현의 정서 욕구와 사회 관계성 욕구 등이 있다.

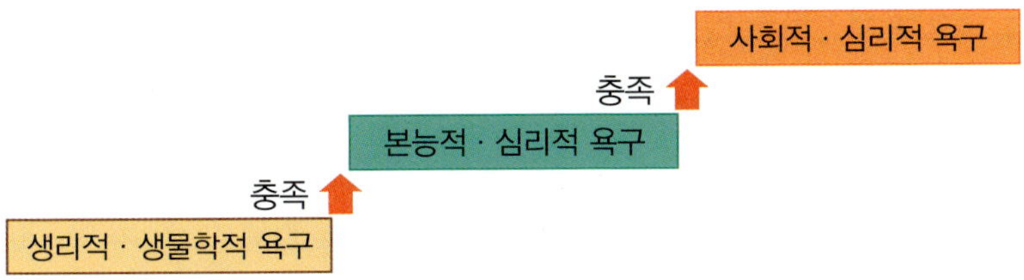

1. 자발성의 행동 욕구

1) 스스로 하고자 하는 자발성의 행동 욕구

자발성이란 행위의 주체자인 자신이 움직이거나 작용하기 시작하는 행동으로서 다른 사람의 요구와는 상관없이 자기의 일로 받아들이고 행동하는 것을 말한다. 자발성은 다른 사람의 요구나 강요에 때문에 행동하는 것이 아니라 자기 자신의 내적 동기에 의해 행동하므로 직면하는 문제에 대해 적극적으로 대처하여 문제를 해결하려 한다. 사람은 태어나면서부터 본능적 욕구로써 스스로 하려 하고 성취하려 하며 스스로 깨달아가려 한다. 아이는 이러한 자발성을 통해 자기 자신을 외부로 드러내고 자신에게 억제되어 있는 충동을 표면으로 드러낼 수 있게 된다. 만약 다른 사람이 시키거나 강요 때문에 어쩔 수 없이 과제를 수행하게 되면 수동적으로 되어 활발한 사고와 행동이 일어나지 않게 되고 무엇을 하고자 하는 의욕이 없게 된다. 부모가 아이의 자발성 욕구를 존중하게 되면 아이의 창의적 사고를 일으키는 가장 좋은 태도와 활동이 되며, 이러한 자발성은 곧 문제해결 의지를 보여 주는 행동이 되어 자기 주도적이며 독립심을 가진 자신감 있는 아이가 되도록 하는 데 이바지한다. 따라서 자발적인 아이는 창의적 사고를 불러일으켜 정보나 지식을 스스로 탐색, 수집하고 이를 분석하여 적절하게 활용하는 능력이 뛰어나게 된다. 이처럼 자발성은 아이가 성공의 길을 달리는 데 있어 가장 기본바탕이 되므로 너무나 중요하다. 그러나 아이에 따라서는 자발성 욕구가 저하 되어 부모나 주변 사람에게 의존하는 아이가 있다.

자발성 욕구가 부족한 아이의 원인은

첫째, 부모가 성격이 급하거나 자신의 감정을 잘 조절하지 못하는 경우 아이가 하는 일이 답답하거나 못한다고 생각하여 아이 스스로 해낼 때까지 기다려 주지 못하고 대신해 주게 된다. 그러나 우리 아이들은 본능적으로 자발성을 가지고 열심히 노력하므로 부모가 아이를 믿고 기다려 주면 몇 번의 실수나 실패를 거듭하면서 스스로 경험을 쌓아 충분히 잘할 수 있게 된다.

둘째, 아이가 실수할까 봐 앞서 염려하게 되면 부모가 아이의 일에 개입하여 도와주거나 문제를 해결해 주게 되면서 과잉보호하게 된다. 그러나 아이는 자발성을 바탕으로 스스로 성취하기 위해 노력하다 보면 자신만의 문제해결 능력이 생겨 스스로 잘할 수 있게 된다. 그런데도 부모가 먼저 아이의 일에 개입하게 되면 아이의 자발 의욕을 떨어뜨려 스스로 활동하지 않으려 한다.

셋째, 아이가 원하는 것을 얻지 못하거나, 아이의 요구가 좌절되는 일이 빈번하게 되면 아이 스스로 하고자 하는 자발 의욕이 꺾이게 되어 자신감이 부족해지며 잠재적으로 자기 자신에 대한 요구를 축소시키게 된다.

따라서 아이의 자발성 발달을 위해서 부모는 아이의 일에 개입하여 도와주고 해결해 주기보다 아이 스스로 하고자 하는 의욕을 존중하고 칭찬해 주어야 한다. 이를 위해 부모는 스스로 문제를 해결하기 위해 탐구하고 탐색하는 우리 아이를 믿고 기다려 주어야 한다. 부모가 아이를 믿고 지켜봐 주게 되면 아이는 점점 책임감을 느끼게 되면서 스스로 해야 한다는 의욕으로 아이의 자발성은 꽃을 피우기 시작한다. 또한, 아이 스스로 하나씩 해결하거나 이루어 나갈 때마다 격려하고 칭찬하여 아이가 더 잘하고자 하는 동기를 높여 주어야 한다. 자발성 운동 부족은 과제 수행에 있어 또래 아이들보다 서툴게 되어 아이들과 함께 무엇을 하고자 하는 데 어려움이 생겨 자기 표현력과 자신감을 떨어뜨리고 다른 사람과의 관계성 부족을 불러와 여러 발달적·심리적 문제의 근원이 된다.

2) 자발성을 바탕으로 목적을 이루고자 하는 성취 욕구

성취 욕구는 자발 행위의 행동 욕구가 확장되어 나타나는 것으로 어떠한 목표를 성공시키기 위하여 노력하는 욕구를 말한다. '어려운 일을 달성하려는 것, 숙달하려는 것, 탁월하려는 것, 다른 사람과 경쟁하여 이기려는 것, 장애물을 극복하고 높은 기준을 달성하려는 것에 대한 욕구'이다(Murray, 1938). 아이가 자신의 의지로 선택하고 결정하여 자기의 일을 주도하거나, 자기만의 기발한 아이디어를 나타내거나, 당면한 문제를 창의적으로 해결하는 등 유능한 행위를 하였을 때, 아이는 기분 좋은 정서와 함께 높은 성취 욕구를 나타내게 된다. 거기에다 부모나 교사로부터의 격려와 칭찬을 받게 되면, 아이는 높은 정서적 만족과 함께 자신감이 상승하여 성취하고자 하는 욕구는 최고조에 달하게 된다. 이처럼 성취 욕구는 성공의 경험을 가져가는 가장 중요한 심리적 원동력이 되면서 정서적으로 기분 좋은 만족감을 경험하게 하여 다시 또 성취하고자 하는 내적 동기로 이어지게 한다.

성취동기가 높은 아이는 자신감과 함께 자기 주도적 독립심이 높다. 자신의 수준보다 약간 어려운 과제를 선호하고, 실패나 좌절을 자신의 노력 부족으로 생각하여 이를 이겨내고자 하는 의욕이 강하며, 목표를 잘 계획하여 성취하기 위해 노력하며 매사에 열정적이다. 반면 성취 욕구가 낮은 아이는 스스로 하고자 하는 자발성이 부족하고 실패하였을 때의 비난이나 부끄러움에 집중한다. 또한, 못하는 것은 자신의 노력 부족이 아니라 능력이 부족하기 때문이라는 생각을 하고 있어 아이는 실패에서 일어나고자 하는 의욕이 부족하고 만족감과 자신감이 부족하여 부모에게 의존적이다.

성취 욕구가 부족한 아이의 원인은

첫째, 아이 스스로 하고자 하는 자발 운동능력과 자기의 생각으로 선택하거나 판단하여 과제를 수행하고자 하는 자율적 사고와 행동을 허용받지 못하였기 때문이다.

둘째, 부모가 아이의 일에 지나치게 무관심하여 아이에게 동기를 주지 못하거나 반대로 아이 말을 무분별하게 들어주는 것과 같이 지나치게 허용된 육아를 하여 아이의 충동 억제가 부족하고 자기중심의 이기성이 발달하였기 때문이다.

셋째, 부모가 아이를 믿고 스스로 해낼 때까지 기다려 주지 못하고 아이의 일에 개입하여 가르쳐 주면서 지시(이렇게 해), 억압(왜 안 했니?), 통제(다음부터 그렇게 하면 혼낼 거야)하면서 부모가 정한 원칙과 기준을 아이에게 강요하였기 때문이다.

넷째, 부모가 "어휴 미쳐 내가 너 같은 아이를 낳아서", "그것도 머리라고 달고 다니니"라면서 아이의 인격이나 능력을 비난하거나 '그럴 줄 알았다.'와 같이 부정적이고 거부적인 반응을 자주 보였기 때문이다.

다섯째, 부모가 아이 스스로 해내기 힘든 높은 성취 목표를 제시하거나 지나치게 높은 기대를 요구하게 되면 아이는 의욕을 잃고 성취 욕구가 떨어지게 된다.

따라서 아이의 성취 경험을 위해서 부모는 아이의 말을 들어 주고 수용하면서 아이 스스로 하고자 하는 자발성과 자기만의 생각을 나타내고자 하는 창의성을 존중하여야 한다. 또한, 아이가 자기만의 새로운 시도를 하거나 목적을 위해 도전할 때 "잘할 수 있으니 힘내"라며 격려하고, "노력하는 모습이 대견하구나"라면서 위로하며, 성취하였을 때 "결국 해냈구나. 네가 노력하는 것을 보고 성취할 줄 알았단다. 축하해"라며 칭찬하여야 한다. 또한, 아이의 실수나 실패, 좌절에서 꾸지람하거나 책망하기보다 여기에서 배워 다음 도전의 성취에 도움이 될 수 있도록 하여야 한다. 이는 아이가 발전하기 위한 하나의 과정이기 때문이다. 그리고 아이에게 부모가 믿고 있다는 신뢰를 보여 주면서 스스로 해낼 때까지 기다려 주어야 한다. 아이가 가장 믿고 의지하는 부모가 믿음과 사랑의 마음으로 정서적인 애착을 주면 아이는 산과 같은 든든한 백그라운드가 있게 되므로 두려움 없이 스스로 도전하여 성취하고자 할 것이다.

주제: 창의적 인지 욕구(캔버스 위에 크레파스)

둥근 캔버스 위에 크레파스로 그림 그리고 색칠하고 난 뒤 배경을 식용유로 문질러 색상을 물감과 같이 부드럽게 표현하였다. 왼쪽 윗부분의 밝은 빛이나 오른쪽 윗부분인 사람의 뇌 속 그림은 먼저 크레파스로 칠한 후 뾰족한 끌로 긁어내어 나타내었다. 그리고 크레파스 가루를 사람의 형상에 떨어뜨리고 그 위에 종이를 얹어 다리미로 다리면서(크레파스를 녹여 두텁게 함) 그림과 조화되도록 표현하였다.

본 작품은 창의적으로 문제를 해결하기 위해 몰입하는 가운데 무엇인가의 독창적 아이디어가 떠오르려고 하는 점화 직전의 순간을 표현하였다. 오른쪽 윗부분을 긁어내어 그린 그림은 뇌 속의 신경전달물질이 수용체에 전달되려 하는 것을 표현하였다. 즉 머릿속에 독창적 아이디어가 떠오르려는 점화 직전의 순간에 사람의 뇌 속에는 새로운 신경망을 형성하기 위해 신경전달물질이 수용체에 전달하려고 준비하고 있음을 표현한 것이다.

2. 창의성의 인지 욕구

1) 자기만의 생각을 나타내고자 하는 창의성의 인지 욕구

창의성은 자기의 생각을 독창성 있게 나타내는 것으로 남이 하지 않는 것을 자신만의 가치 있는 것으로 만들어 내는 능력을 말한다. 창의성은 모든 사람이 선천적으로 지닌 보편적인 잠재능력이자 교육으로 증진될 수 있는 능력이다. 그러므로 창의성이란 아무것도 없는 것에서 완전히 새로운 무언가를 만들어 낸다는 것이라기보다 기존에 존재하여 원래 있는 것이지만 자신에게 있어서의 새로운 것이 되거나 기존의 사고를 바꾸어서 생각하는 능력, 다른 각도에서 바라보고 새로운 의미를 찾으려는 노력 등을 말한다. 그러므로 일상생활에서 자기의 생각을 표현하고 다른 방향에서 생각하는 습관을 들이면 누구나 창의적인 사람이 될 수 있다. 다만 평상시 창의성을 증진하기 위한 개인의 노력 여하에 따라서 실제 차이가 있게 된다.

미국의 심리학자 칙센트미하이(Csikszentmihalyi, 1996)는 창의성의 과정을 몰입의 개념으로 설명하면서 "몰입을 통해 아이들의 잠재력을 개발할 수 있으며 몰입할 때 예기치 않은 기대 이상의 창의성이 일어난다."라고 하였다. 아이는 자신이 알게 된 정보를 자신의 것으로 다시 해석하여 창의적으로 표현하려 한다. 그러나 부모와 교사들은 창의성 계발이 매우 중요하다고 주장하는 반면에 평상시 많은 질문을 하거나 이상한 행동을 하는 창의력이 높은 아이를 변덕스럽고 고집스러우며 불편하게 하는 존재로 받아들이는 경우가 많다. 그러나 사람들이 창조적일수록 문제점을 파악하는 능력이 뛰어나 문제해결 능력이 높고 해결 의지도 강하여 자신의 삶을 더 의미 있게 경험하면서도 사회에 유익을 준다.

아이의 창의력을 키워 주려는 가장 중요한 방법은 부모와 아이가 질문하고 답하는 형식으로 이야기를 나누는 스토리텔링(storytelling)의 시간을 가지는 것이다. 부모의 질문은 닫혀 있는 아이의 생각을 열어 아이를 한 단계 더 나아갈 수 있도록 한다. "장미꽃은 왜 아름다울까?", "청설모와 다람쥐의 차이점은 뭘까?"와 같이 호기심을 자극하는 질문을 자주 하거나 "그 친구의 행동에 대해서 너는 어떻게 생각하니?", "꽃들이 너에게 뭐라고 말할 것 같니?"처럼 개방식 질문으로 사고의 폭을 넓혀나간다. 대화 도중에 아이가 질문하였을 때는 곧장 답하기보다 그 질문을 반복하며 "왜 그렇게 됐을까?"라며 되물어 아이의 생각을 듣는 것도 좋은 방법이 된다. 이때 부모는 아이가 틀에 얽매여 고정적인 내용을 잘 말하는 것보다 엉뚱하지만 상상력이 잘 나타나는 말에 더 관심을 가지고 칭찬하고 격려하여야 한다. 아이의 창의력은 같은 상황에서 자기만의 기발하고 독창적인 생각을 나타낼 때 나타나거나, 하나의 놀이나 사물을 두고 아이가 다양하게 생각하고 폭넓은 생각을 할 수 있을 때 나타난다.

창의성이 부족한 아이의 원인은

첫째, 아이 스스로 생각하여 문제를 해결할 수 있도록 부모가 기다려 주지 못하거나 경직된 사고로 인해 다양한 질문으로 소통하지 못하기 때문이다.

둘째, 아이의 생각이나 의견을 들어주고 수용하기보다 부모의 생각을 강요하거나 부모가 아이의 문제를 도와주고 해결하여 주는 일이 반복되어 자신의 자율적 생각과 의지를 마음껏 펼칠 수 없기 때문이다.

셋째, 아이가 실수하거나 실패할 때 핀잔을 주면서 혼을 내거나, "너의 형 반만 좀 닮아라."처럼 더 잘하라는 의도로 다른 아이와 비교하거나, 아이의 능력과 인격에 관한 꾸지람으로 아이의 자존심에 상처를 내는 부모에 의해서이다.

창의성이 부족하면 오감을 통하여 들어오는 다양한 정보에 둔감하고, 다양한 아이디어나 다양한 방식으로 생각하는 능력이 부족하여, 융통성과 문제해결력이 떨어진다는 문제점이 있다.

2) 창의성을 바탕으로 부딪치는 문제를 해결하는 문제해결 욕구

창의적 사고의 인지 욕구가 구체적으로 활용되어 나타나는 것으로, 문제해결 욕구는 일상생활에서 직면하게 되는 많은 문제 상황들에 효과적으로 대처하는 방법을 찾아 나가는 과정을 말한다. 아이들은 또래와의 문제, 운동, 학습, 욕구 충족 등 매일 수많은 문제를 맞닥뜨리며 생활한다. 만약, 아이가 이러한 문제를 잘 해결하면서 생활하게 되면 그에 따른 만족감과 자신감의 피드백으로 더욱 자기 주도적으로 문제를 해결하려 한다. 아이들은 창의성을 바탕으로 주어진 상황에서 쉬운 방법을 찾아 스스로 문제를 해결하려 하므로 부모는 아이를 믿고 격려하며 자기의 경험으로 문제를 해결할 때까지 기다려 주어야 한다. 아이들은 자발적인 생각과 행동을 표현하는 과정에서 자기 주도성을 가지게 되고, 이러한 자기 주도성은 당면한 문제에 몰입하게 하여 창의적으로 해결할 수 있게 한다.

문제해결 욕구에 의한 문제해결 능력을 키우는 데는 크게 창의적으로 사고하는 것과 비판적으로 사고하는 것으로 나눌 수 있다. 창의적 사고는 남과 다른 자신만의 생각을 나타내거나 다양한 방법적 접근으로 폭넓은 생각을 하도록 하는 것으로 문제를 해결하는 데 있어 중요한 바탕이 되는 것을 말한다. 그 구성요소로는 제한된 시간 내에 많은 양의 아이디어를 나타내는 능력인 유창성과 다양한 각도에서 다양한 해결책을 찾아내는 능력인 유연성, 남과 다른 자신만의 생각이나 새로운 아이디어를 만들어 내는 능력인 독창성, 기존의 아이디어를 더욱 정교하게 발전시켜서 가치 있는 것으로 만들어 내는 능력인 정교성 등으로 나눌 수 있다. 창의적 사고의 향상을 위해 아이는 자기 생각을 충분히 말하거나 아이에게 개방식 질문으로 다양한 생각과 색다른 생각을 할 수 있도록 하여 사고의 폭을 넓혀 주어야 한다. 비판적 사고는 합리적이고 논리적으로 아이디어를 분류하고 분석하며 평가하는 능동적 사고의 과정을 말한다. 따라서 아이가 생활 속에서 객관적으로 말하고 설명할 수 있고, 타당한 근거를 들어 의견을 주장하고 평가할 수 있어야 하며, 한 문제를 다양한 관점에서 바라보는 것 등의 논리적 생각을 할 수 있도록 바탕을 마련해 주어야 한다.

아이는 의사 결정을 할 때 자신의 자발적 행동과 창의적 사고를 바탕으로 하는 자율성을 허용받게 되면 스스로 자기 일을 주도하게 된다. 이때 아이는 책임감을 느끼면서 문제해결을 위해 노력하게 되므로 긍정적이고 유능한 행동을 하게 된다. 그러나 문제해결 욕구가 부족한 아이는 하나의 문제에 훨씬 많은 시간 동안 매여 있게 되므로 다른 여러 문제에 시달리게 되어 우울해지기 쉬우며, 자기 주도성과 독립심이 부족해진다. 문제해결 욕구가 부족한 이유는 아이들이 크고 작은 문제에 봉착할 때마다 부모가 도와주거나 간섭하여 아이 스스로 문제에 부딪혀 생각하고 탐구하며 해결한 경험이 부족했기 때문이다. 또한, 아이가 무기력하여 자발성과 창의성의 자율적 능력이 부족하거나, 자기중심적이고 의존적 사고에 의해 문제해결에 대한 욕구가 부족한 것이 원인이 되기도 한다.

아이들의 문제해결 능력을 향상하기 위해서는

첫째, 신나고 즐거운 시간을 자주 가지며 따뜻하고 안정적인 사랑으로 긍정적 정서를 활성화하여야 한다. 이는 문제해결력이나 판단력을 관장하는 전두엽의 기능을 활성화하여 문제해결을 위한 도전 의식을 고취시키게 된다.

둘째, 아이가 노력하였음에도 실수나 실패를 하였을 경우 왜 원하는 결과가 나오지 않았는지에 대해 생각하고 거기에서 깨달아 배우고 성장하는 기회가 될 수 있도록 격려와 용기를 주어야 한다.

셋째, 부모와 함께 이야기를 나눌 때 '어떤 부분이 좋았고, 아쉬웠던 부분은 무엇이다.'처럼 결과보다는 과정에 중점을 두어 자신의 방법을 되돌아보아야 한다.

넷째, 아이가 직면한 문제를 해결하기 위해서는 모든 정신을 한 곳으로 모아 몰입하여야 하는데 이때 창의성이 가장 왕성하게 활성화되어 빠른시간에 효율적으로 문제를 해결하게 된다. 따라서 아이는 문제해결을 위한 이러한 몰입을 반복할 수 있어야 한다.

주제: 정서 만족(캔버스에 수묵채색과 크레파스 혼용)

캔버스에 먼저 아크릴 물감으로 스산하고 쓸쓸한 느낌의 자연의 물가 풍경을 표현한 뒤 그 위에 즐거움을 느끼고 있는 아이들의 얼굴을 크레파스로 그리고 채색하였다. 필요에 따라서는 크레파스로 먼저 칠해진 부분을 뾰족한 끌로 긁어내면서 사실적 표현을 하였다.

본 작품에서는 신나고 즐거운 감정으로 정서 만족을 누리고 있는 것을 건강한 아이들의 웃음과 비눗방울로 상징하여 크레파스로 표현하였고, 자기표현을 하지 못해 정서 만족이 부족한 것에 대하여는 스산하고 쓸쓸한 초겨울 풍경의 물가로 대조하여 배경으로 표현하였다. 정서 만족은 결국 이와 같다. 아이들이 평상시 생활에서 정서 만족이 부족하여 '싫다'라는 느낌이 들 때의 감정이 바로 겨울의 쓸쓸한 물가 풍경과 같아 부정적 사고 속에 외로운 생활을 하게 될 것이다. 반면에 정서 만족으로 '좋다'라는 즐거움 속에 긍정적으로 사고하게 되면 아이는 더욱 밝고 건강하게 생활하면서 진취적이고 적극적인 행동을 하게 된다.

3. 자기표현의 정서 욕구

1) 자기의 생각과 감정을 나타내는 자기표현의 정서 욕구

사람은 언어적 표현이나 행동, 울음, 웃음, 미소 등과 같은 비언어적 표현으로 자기 자신을 상대에게 표현하여 전달하려는 본능적 욕구가 있다. 자기표현이란 '사람과의 의사소통 과정에서 상대방이 불쾌감을 느끼지 않도록 존중하면서 자신의 주장이나 감정, 욕구, 의견 등을 표현하는 일종의 대화 기법'으로 사람과의 관계를 원만하게 유지할 수 있게 한다. 자기 생각이나 감정을 적절하게 표현한다는 것은 자기의 표현이 상대가 받아줄 것이라는 확신과 자기의 표현에 주변이 반응할 것이라는 확신이 있어야 가능하다. 자기표현은 지속해서 겪게 되는 긴장감을 해소할 기회가 될 뿐만 아니라 정서적인 배출을 하게 됨으로써 자연스레 욕구 충족의 경험을 하게 되고 긍정적인 자아 형성의 원동력이 된다. 만약 아이가 자기표현을 제대로 하지 못한다면 또래 아이나 주변 사람들로부터 자기권리가 침해받거나 어려운 일이 생겨도 그 권리를 주장하지 못하게 될 것이다.

자기표현은 개인의 정서발달에서 매우 중요하다. 아이가 자기의 생각이나 감정을 솔직하게 표현하지 못하고 내적으로 억압되어 있다면 정서발달을 저해하고 심리적 손상을 입게 된다. 따라서 자기표현은 건강한 또래 관계를 위해서는 필수적인 요소이다. 만약, 또래 관계에서 서로 의사소통을 하지 못하고 자기표현이 억압된다면 아이는 점점 자기표현에 자신감을 잃어가거나 반대로 공격적이고 신경질적인 행동을 하기 쉽다. 따라서 자기표현은 자기의 권리를 지키면서 정서적인 구속의 경향성에서 자유롭게 해 주며 의사소통을 통해 다른 사람의 관점을 이해하면서 친사회적 행동으로 긍정적인 변화를 보이게 된다.

자기표현 욕구가 떨어지는 이유는

첫째, 주변으로부터 자기표현에 대한 모방이나 학습 기회가 부족하여 자기를 표현하는 방법이나 기술 또는 요령이 부족하다.

둘째, 부모가 아이의 표현이나 감정을 들어 주고 수용하기보다 부모의 생각과 기대를 강요하거나, 부모가 아이에게 '하지 마.', '네가 뭘 한다고 그러니?'와 같은 부정적인 말을 많이 하면서 자주 나무라는 등 아이의 감정과 생각을 무시하는 부모의 태도에 의해서이다. 이는 아이가 자기표현을 하고자 할 때 잘할 수 있을지에 대한 염려와 걱정으로 자기표현 행동을 확신하지 못하게 한다.

셋째, 아이의 생각과 의사를 들어 주지 않고 일방적으로 꾸지람이나 훈육이 이루어지는 경우, 아이는 자신의 감정과 욕구를 표현하지 못하여 구속감 속에서 생활하게 된다.

넷째, 아이의 감정을 인정하고 스스로 표현하도록 도와주거나 가르쳐 주기보다 아이가 필요로 하거나 원하는 욕구를 부모가 먼저 나서서 해 주게 되면 아이는 자기를 표현할 기회를 얻지 못하게 된다.

자기표현 능력은 일차적 교육기관인 가정에서 배우는 것이 가장 중요하므로 부모는 아이에게 지시하고 통제하는 것이 아니라 스스로 직면한 문제를 헤쳐나갈 수 있는 우리 아이의 말을 끝까지 들어 주고 공감하며 존중하여야 한다. 아이의 이야기를 들어 줄 때 부모는 항상 "그래서 어떻게 되었니?, 아하 그래서 그렇구나." 하면서 판소리의 '추임새'와 같이 장단을 맞춰 주면서 들어 주면 더욱 효과적으로 자기표현 능력을 키워 나가게 할 수 있다. 또한, 부모는 아이가 자신의 의사나 감정을 참기보다 말로 표현하고 전달하는 것이 얼마나 중요하고 용기 있는 일인지를 아이가 깨닫도록 도와주어야 한다. 자기표현을 잘 하지 못 하는 아이는 다른 아이들과 잘 어울리지 못하여 불안, 우울 등의 정서적 스트레스를 겪게 되고 이러한 정서적 스트레스의 반복은 자신감과 자기표현 능력 부족으로 이어져 사회 관계성 발달이 부족하게 된다.

2) 자기 표현력을 바탕으로 함께하고자 하는 사회 관계성 욕구

사회 관계성은 자기표현의 정서 욕구가 확장되어 나타난다. 자신이 속한 사회에서 한 사람의 구성원으로 생활하기 위해서는 그 사회에 공인된 언어나 사고방식 등을 포함하는 생활양식을 학습하여 다른 사람과의 관계를 통해 잘 적응해 나가야 한다. 따라서 사회성이 좋다는 것은 자신이 속한 사회의 기준에 맞게 적응하여 행동하고, 서로 더불어 생활하는 원만한 성격으로, 집단생활과 사회적 활동을 즐기는 것을 말한다. 어려서부터 개인 활동보다 공동 활동이 더 많이 요구되는 사회에 잘 적응한 아이는 개인이 가진 정보를 자신이 속한 사회의 구성원들과 함께 나누고 공유할 줄 알며, 사회에서 필요한 정보를 취할 줄 아는 성인으로 성장하게 된다. 그러나 사회 관계성은 태어날 때부터 뛰어난 아이는 없다. 아이가 자라면서 부모와 주변 사람들의 노력 여하에 따라 성장하기 때문이다. 아이들은 부모와의 상호작용을 바탕으로 관계 맺는 법을 배우고 그것을 유지하며 다른 사람들에게 확대 적용할 수 있게 된다. 그러므로 사회 관계성의 첫 출발점은 주 양육자인 부모가 된다. 따라서 부모는 아이가 원만한 사회 관계성을 가지고 건강하게 잘 자랄 수 있도록 튼튼한 뿌리를 만들어 주어야 한다. 부모와 원만한 상호작용을 하면서 밝고 건강하게 성장한 아이는 다른 사람에게 자기표현을 잘하면서 원만한 관계를 맺으며 생활하지만 그렇지 못한 아이들은 다른 사람들과 관계 맺는 방법을 몰라 사회성이 부족하게 된다.

아이의 사회성 발달을 위해서는 다음의 조건을 충족하여야 한다. 먼저 혼자서도 스스로 할 줄 아는 자립심을 갖춘 아이가 되어야 한다. 이를 위해 아이 스스로 생각하고 판단하는 자율성과 자기의 일을 스스로 이끌어 가고자 하는 주도성을 존중하여야 한다. 다음으로는 다른 사람의 말을 들어 주고 존중하면서도 자신의 감정과 의견을 제대로 표현하는 자기 표현력을 갖추어야 한다. 또한, 다른 사람의 마음과 감정에 공감하며, 상호작용으로 의사를 소통할 수 있어야 한다. 그리고 예절이나 규칙과 같은 도덕적 의무와 기준을 잘 지키면서 다른 사람과 힘을 합쳐 목표를 달성할 수 있는 협동능력이 있어야 한다.

사회성 형성의 부족은 크게 또래 관계에 영향을 미치는 개인적 요인과 부모의 양육 태도에 따른 가정적 요인으로 구별할 수 있다.

사회성 형성이 부족한 개인적 요인으로는

첫째, 내성적이고 소심한 아이는 친구들과 잘 어울리지 못하고 혼자서 많이 놀게 되어 사회성이 부족하게 된다. 부모는 보통 이러한 아이에게 사회성을 키워 주고 싶은 마음에 밖에서 아이들과 자주 놀게 한다. 그러나 또래 아이들만 있게 되면 왕성하게 활동하는 아이들에 의해 위축될 수 있으며, 자기들의 이익이 상충할 때 다툼이 생기고 지배하려는 아이에 의해 스트레스를 받게 되며, 불안감을 키울 수 있다.

둘째, 놀이할 때 친구들의 의견을 듣지 않고 자기 의견만 내세워 말하거나 자기 말을 듣지 않는다고 과하게 화를 내면서 다투려 하는 아이는 사회성이 부족하기 때문이다. 이러한 아이의 부모들은 아이가 실수하거나 잘못했을 때, 그 이유를 알려 하기보다, 혼내거나 심지어 폭언과 폭력을 행사하기도 한다.

셋째, 활발해 보이기도 하지만 하나의 놀이를 진득하게 하지 못하고 산만해서 감정이 수시로 바뀌는 아이도 사회성이 부족하기 때문이다. 친구랑 잘 놀다가도 갑자기 다른 놀이를 하자고 하거나 좋지 않은 감정을 자주 표현하게 되면 친구들이 싫어할 수밖에 없기 때문이다. 이는 아이의 산만한 기질적 요인과 부모의 계속되는 잔소리와 억압, 아이에 대한 무시가 원인이 된다.

넷째, 때리는 아이는 사회성이 부족하다고 할 수 있다. 많은 부모는 자신의 아이가 맞는 아이가 되기보다 때리는 아이가 되기를 은근히 바라곤 하는데, 이러한 아이는 자신의 감정 표현을 대화로 풀지 못하고 폭력으로 해결하려 하므로 사회성 발달에 문제가 심각할 수 있다.

그리고 아이가 맞고 온다는 것도 사회성이 부족하다고 할 수 있다. 친구가 때린다면 "왜 나를 때리는 거야?"라며 자기를 항변하고 방어할 줄 알아야 하는데 아이가 맞기만 하는 것은 대개 심리적으로 위축되어 있어 적절히 방어하지 못하기 때문이다.

사회성 형성이 부족한 아이의 가정적 요인으로는

첫째, 독선적이고 독재적인 부모의 양육 태도에 있다. 부모가 자녀에게 많은 요구를 하면서도 부모의 지시에 순종하게 하며 부모가 원하지 않는 태도에 대해서는 과하게 처벌하는 등 자녀의 욕구와 의견을 고려하지 않는 양육 태도로 인해 나타난다. 이러한 아이는 사람과의 즐거운 관계를 많이 맺어보지 못하여 자기 표현력이 부족하거나 관계기술이 부족하고 반항적이어서 또래 아이들과 좋은 관계를 유지하는 데 어려움을 느끼게 된다.

둘째, 허용적인 양육 태도에 있다. 아이를 기죽이면 안 된다는 잘못된 생각으로 아이의 응석을 받아 주고 문제 행동을 눈감아 주면서 자녀에 대한 요구나 통제도 거의 하지 않아 아이들이 하고 싶은 대로 하게 내버려 두는 양육 태도로 인해 나타난다. 이러한 아이는 이기적이고 자기중심적이어서 다른 아이들과 원활한 관계를 맺는 데 어려움이 생기게 된다.

셋째, 아이에게 무관심한 방임적 양육 태도에 있다. 부모가 자신의 삶에만 관심이 있어서 아이를 그냥 내버려 두거나, 거부하기 때문에 나타난다. 이러한 아이 또한, 타인과의 관계기술의 부족과 상호소통 부족으로 인해 좋은 사회관계를 유지하는 데 어려움을 느끼게 된다.

넷째, 과도한 스마트폰 사용에 있다. 아이를 키우는 데 스마트폰은 유용하게 활용된다. 그러나 부모가 스마트폰을 오랜 시간 들여다보고 있거나, 아이가 과도하게 스마트폰이나 컴퓨터를 하게 되면, 부모와 아이의 감정교류나 상호작용이 결핍되게 되어 아이는 자기 표현력과 함께 다른 사람의 감정에 공감하는 관계능력이 부족해지게 된다.

지금까지 아이가 성공의 길을 달리도록 하는 데 필요한 삶의 본능적 에너지인 여섯 가지 욕구에 대해서 살펴보았다. 아이에 있어 이러한 욕구의 충족은 성공과 행복의 삶을 이루어가는 데 필요한 이차적 욕구를 실현할 수 있게 하는 든든한 에너지가 되므로 매우 중요하다. 따라서 부모는 이러한 삶의 본능적·심리적 욕구를 아이의 밑바탕에 굳건하게 자리 잡을 수 있도록 어릴 때부터 이를 존중하여 아이 스스로 문제를 헤쳐나가면서 발달하고 성장할 수 있도록 하여야 한다.

필자 노트 plus 8

유아 교육기관과 학부모 사이에서 생길 수 있는 오해

1. 아이의 거짓말

아이들이 거짓말을 하는 이유

① **4~5세:** 상상에 의한 거짓말을 한다. 아이가 현실과 상상을 구분하지 못하여 하는 말이므로 거짓말의 의도성은 전혀 없다. 가령, 좋아하는 인형을 내 동생이라고 친구에게 소개하거나 오지 않았는데도 자기를 사랑해 주는 이모가 왔다 갔다고 한다. 이는 상상 속에서 일어난 일이 실제 현실에서 일어났다고 아이가 믿어버렸기 때문이다.

② **5~6세:** 단순히 하고 싶다거나 하고 싶지 않다는 욕구 때문에 하는 거짓말이 대부분이다. 이는 주로 부모님을 실망하게 할까 봐, 걱정되어서, 벌을 받을까 봐 등의 이유로 하는 거짓말이 대부분을 차지한다. 가령, 학습지 하기 싫어서 배 아프다고 하거나 스마트폰으로 게임을 하고는 하지 않았다고 한다.

③ **5세~학령기 초기:** 관심받기 위한 수단으로 하는 거짓말: 아이들은 언제나 큰 존재인 부모의 관심과 사랑을 받길 원한다. 그러나 부모가 아이에게 무관심하거나 어린 동생을 돌보느라 부모의 관심을 받지 못하게 된다면 아이는 조금 비뚤어진 방법이더라도 부모의 관심을 끌어내기 위해 큰 노력을 기울이게 된다. 가령, '친구ㅇㅇ가 나를 괴롭혀서 속상했다.', '선생님이 나를 혼냈다.' 등이 그것이다. 그런데 이러한 말에는 교육기관과 관련되는 경우가 많다. 대부분 엄마는 아이가 관심을 끌어내기 위한 일반적인 말에는 낮은 반응을 보이다가 교육기관(어린이집, 유치원, 학교)에서 일어난 일, 특히 '혼났다', '놀렸다', '때렸다' 등에는 높은 반응을 보이기 때문이다. 뇌 활성화가 왕성한 우리 아이들이 이를 모를 리 없다.

④ **6세 이상:** '옳고 그른 것'이 무엇인지의 도덕적 기준을 알게 되면서 위기 상황을 모면하고 회피하기 위해서 거짓말을 하거나 자신의 욕구좌절에 대한 보상으로 거짓말을 한다.

- 위기상황 모면의 거짓말: "이것 도대체 누가 그랬니?" 하면서 선생님이 화를 내면 자기가 해 놓고도 "나는 안 그랬어요" 하면서 거짓말로 자기를 변호한다.
- 욕구좌절에 대해 보상으로 하는 거짓말: 선생님이 한 아이에게 "다른 아이들은 주말에 재미있었다고 하는데 넌 뭘 했었니?" 하고 물으니 아이는 "엄마랑 워터파크에 갔다 왔어요."라고 한다. 이러한 대답 중에는 자기의 욕구좌절에 대한 보상으로 하는 거짓말도 있을 수 있다.

여기서 ①번과 ③번에 해당하는 거짓말 때문에 교육기관과 학부모 사이에 오해가 생기는 경우가 빈번하다.

사례 1

아이(5세, 여)가 교육기관에서 돌아온 후 저녁 무렵 엄마에게 "엄마 선생님이 부지깽이(재래식 아궁이에 불을 땔 때 연료가 잘 탈 수 있도록 들추거나 밀어 넣는데 쓰는 기다란 막대기)로 때렸어."라고 말을 하였다. 이 말을 들은 엄마는 교육기관에 전화를 걸어 담임에게 정말 그랬는지를 확인하였다. 이에 선생님은 "그런 일은 없었으며 잘 놀았다."라고 대답하였다. 엄마는 알겠다고 하였지만, 선생님의 말에 의하면 마치 "아이가 거짓말을 하겠느냐?"라는 의혹의 눈길을 보내는 느낌이었다고 한다.

사례 1에 대한 이해: '부지깽이'라는 단어는 지금의 아이들은 알 수 없는 단어인데도 안다는 게 신기하였다. 담임선생님과 이것에 관해 이야기를 나눈 후 추론하건대 어린이집 이야기 나누기 시간에 선생님께서 구연동화를 아이들에게 들려주었는데 그 동화에서 '부지깽이'라는 단어가 나왔고 아이는 그 단어가 나온 내용을 기억하여 상상하다가 ①번처럼 상상에 의한 거짓말을 엄마에게 말한 것이다. 그리고 이러한 말은 ③번처럼 엄마가 아이랑 놀아 주지 않으니까 엄마의 관심을 끌어내기 위하여 한 말이 된다.

사례 2

아이(7세, 여)는 유치원에서 돌아온 후 놀다가 엄마에게 "엄마 유치원에서 ○○랑 친구들이 나를 괴롭혔다."라고 말하였다(이 말은 벌써 여러 번 하였다). 이에 엄마는 "그래서 너는 어떻게 했니?" 하면서 구체적으로 질문하였고 아이는 많은 시간 엄마의 질문에 답해 주었다. 그런 후 다음 날 엄마는 유치원에 찾아가 담임선생님에게 따지듯이 상담하였다.

사례 2에 대한 이해: 이는 위 ④번의 욕구좌절에 대해 보상으로 하는 거짓말과 ③번 엄마의 관심을 끌어내기 위한 거짓말에 해당한다고 볼 수 있다. 엄마는 사례 아이의 남동생이 아직 두 돌이 되지 않아 누나보다 동생 육아에 많은 시간을 투자할 수밖에 없었다. 따라서 누나는 혼자 있는 시간이 길어지면서 부모의 사랑을 동생에게 빼앗겼다는 생각이 들었을 것이다. 동생이 태어나기 전에는 부모의 전폭적인 관심과 사랑을 받았던 아이인데 지금은 사정이 많이 달라진 것이다. 또한, 부모가 평상시 아이를 과하게 사랑으로 대하여 자기중심의 이기적 사고가 발달한 편이어서 유치원의 친구와 함께 잘 지내지 못하여 욕구좌절의 불만이 있었다.

따라서 아이는 유치원 친구들에 대한 불만을 엄마에게 말하여 보상받으려 한 것이고, 엄마의 관심을 동생으로부터 끌어내고자 한 것이었다. 아이는 이러한 자신의 욕구를 엄마로부터 잘 달성하였지만, 엄마는 유치원에서 자기 아이가 피해를 보고 있다는 생각이 들어 담임선생님에게 따지듯 상담하러 가게 되었다. 결론적으로 말하면 엄마에게 들려준 아이의 말에는 자신이 잘못하였거나 불리한 말은 하지 않은 채 엄마에게 보상받을 수 있는 말만 하여 '자신은 잘못 없는데 친구들이 자기를 힘들게 한다.'라는 식으로 인식하게 하였으므로 거짓말을 한 것이 된다.

아이의 거짓말에 대한 부모의 자세

아이의 거짓말은 어른들처럼 나쁜 의도나 목적을 가지지 않는다. 그래서 부모는 아이의 거짓말이 자신의 욕구에 의한 아이의 바람직한 성장 과정 중 하나라고 생각하여 지나치게 심각할 필요는 없다. 거짓말이라는 것을 알았을 때 부모가 무조건 화를 내기만 한다면 아이는 더 큰 거짓말을 하게 되거나 이를 들키지 않으려 더 치밀하게 거짓말을 하게 된다. 또한, 아이가 잘못을 실토하면 용서해 주겠다는 식으로 다그치면서 혼내게 되면 아이는 그 위기를 모면하기 위해 또 다른 거짓말을 하거나 잘못에 대한 깨달음 없이 잘못을 말하게 된다. 따라서 아이의 거짓말에 무작정 혼내기보다 아이가 왜 거짓말을 하는지 원인을 알고 대처하는 것이 중요하다. 그 원인 중에는 부모의 잘못도 크다는 사실을 잊지 말아야 한다.

2. 가면성 떼쓰기

사례

아이(5세, 남)의 엄마가 어린이집 등원 시간에 찾아와서는 언짢은 표정으로 선생님에게 "○○ 친구가 지난 금요일 우리 아이를 때려서 아침부터 원에 가기 싫다고 하면서 우는데 선생님이 그 아이를 혼 좀 내어야겠습니다. 얼마나 아이를 괴롭혔으면 아침부터 그렇게 울겠습니까?"라고 말했다. 이 말을 들은 선생님은 필자에게 와서는 "○○가 친구를 한 번씩 힘들게 하는 사례는 있지만 먼저 자기를 괴롭히지만 않으면 그러지는 않습니다. 그리고 지난 금요일에는 이런 일이 없었습니다."라고 하였다. 그래서 필자가 아이를 만나 몇 가지를 물어본 결과 다음과 같은 결론을 얻을 수 있었다. 아이는 하루 전인 일요일에 할인점에 엄마랑 같이 쇼핑하러 갔었다. 거기에서 장난감 자동차와 사탕을 샀다. 다음 날 아침 등원 시간에 아이는 엄마에게 "자동차를 어린이집에 가지고 가서 친구랑 같이 놀고 싶다."라고 하였다. 그러나 엄마는 "어린이집에 자동차를 가지고 가는 게 아니야!" 하며 안 된다고 하였다. 자신의 요구가 좌절된 아이는 다시 "사탕을 가지고 가서 친구랑 나눠 먹을 거야." 했다. 역시 엄마는"아침부터 무슨 사탕을 먹니?" 하면서 화내듯 안 된다고 하였다. 출근 준비를 마치고 아이와 어린이집에 가려는 데 아이가 눈물을 흘리고 있었다. 출근하려는 엄마가 "왜 그러느냐?"고 물으니 아이는 대답하지 않았다. 그러자 화가 난 엄마가 "바쁜데 도대체 왜 그러니?" 하며 다그치면서 다시 물었다. 이에 아이는 "친구 ○○가 때렸어."라고 대답하였다. 엄마가 "언제 그랬니?"라고 다시 물으니 "어린이집에서"라고 하였다. "어린이집에 있을 때면 금요일이니까 그때 그랬니?" 하고 묻자 아이는 말없이 고개를 끄덕였다.

아이의 담임선생님에게 전달한 내용: 아이들은 자기 욕구를 관철하기 위해 상황에 따라 떼쓰기를 합니다. 아이는 오늘 아침 어린이집에 장난감 자동차를 가져가 친구랑 놀고 싶었지만 가져가지 못하였고, 대신하여 사탕을 가져가고 싶었는데 또 못 가져가게 하니 자기의 욕구가 두 번이나 좌절되었습니다. 엄마가 어린이집에 못 가져가게 한 것은 잘하였다고 생각합니다. 그것으로 인해 친구 간에 다툼이 생기기도 하고 한 아이가 자기 집의 물건을 가져오면 다른 아이도 가지고 와서 유세를 하게 되니까요. 그러나 어린이집에 가져가고 싶은 아이의 마음을 엄마는 이해해 주지 못하고 지적, 지시로써 두 번이나 못 가져가게 하였습니다. 따라서 아이는 엄마에게 화가 나고 서운한 마음이 들었겠지만, 그것을 어떻게 표현할 수 없으니 눈물을 흘리게 된 것입니다. 그러나 바쁜 출근 시간에 아이도 같이 어린이집에 갈 준비를 잘해 주었으면 좋겠는데 눈물을 흘리고 있으니 성격이 급한 엄마로서는 짜증이 나지 않았을까 생각합니다. 그래서 엄마는 "왜 우느냐?"고 다그치면서 말하였을 것이고, 이에 아이가 바로 대답을 하지 않으니 다시 반복해서 물었을 겁니다. 그러자 아이는 지금의 위기상황을 모면하고자 "친구ㅇㅇ가 때려서 그랬다."라고 말한 것입니다. 아이들은 나쁜 의도로 거짓말을 하지 않지만, 지금처럼 다그치게 되면 위기상황을 모면하기 위해 거짓말을 할 수가 있습니다. 친구 ㅇㅇ와는 둘 다 지지 않으려고 서로 부딪칠 때가 있다고 하셨는데, 아이들이 성장하기 위해서는 정상적인 과정이며 지금부터 관계기술을 가르칠 좋은 기회입니다. 그러나 아이의 말대로 진짜 금요일에 서로 다툼이 생겨 친구가 때렸다면 그 당시 선생님에게 바로 말하거나 그날 엄마를 만났을 때 말하지, 이틀이나 지난 후에 그렇게 했다고 말하지는 않습니다. 아이들은 어른처럼 조절하여 생각하지 않는 직관적 사고를 하기 때문입니다. 다시 말하면 아이가 울게 된 것은 두 번의 욕구좌절 때문인데 그 핑계는 친구가 때렸다고 말한 것으로 이러한 것을 '가면성 떼쓰기'라고 합니다. 예를 들면, 아침에 옷을 입으려 할 때 마음에 들지 않는다고 트집 잡는 아이 중에는 진짜 옷이 마음에 안 들어서가 아니라 실제로는 엄마가 어제 늦게 집에 들어왔는데 오늘 약속이 있다고 하니 또 늦게 들어올까 봐 불안한 마음에서 그렇게 한 것이거나, 언니는 좋은 옷을 사 주고 나에게는 사 주지 않는 것에 대한 불만 때문일 수도 있습니다.

아이는 의도적으로 부모를 힘들게 하고자 하는 마음을 가지지 않는다. 그렇다고 아이는 엄마가 하라는 대로만 움직이는 로봇도 아니다. 아이가 무엇인가를 잘하기 위해서는 탐색과 실험을 통한 경험으로 자기주장을 하며 깨달아야 하는데 여기에는 부모가 아이를 믿고 기다리는 시간이 필요하다. 그런데 부모 중에는 가르쳐 주면서 한 번에 머릿속에 집어넣어 깨닫게 하려고 “내가 하라고 하는 대로 하면 된다.”라고 한다. 그러나 그렇게 해서 자란 아이가 과연 자기의 일을 주도하여 자기실현을 할 수 있을 것인가? 그러므로 아이들은 떼를 쓴다는 표현보다 세상을 배워나가기 위한 몸짓으로 자기주장을 하는 것으로 생각하여 떼쓰는 아이의 원인을 알고 그 마음을 이해해 주어야 한다.

떼쓰는 아이의 유형과 이유

① **3~5세:** ‘내가 할 거야’ 하며 떼를 쓴다. 아이가 ‘내가 할래’ 하며 떼를 쓰는 것은 ‘나도 형처럼 잘할 수 있다.’, ‘나도 해낼 수 있다.’라는 것을 보여 주려 하는 것이다. 가령, 엘리베이터 단추를 자기가 누르려고 하는데 엄마가 눌렀을 때 아이는‘내가 할 거야.’ 하면서 떼를 쓰게 된다.

② **5~7세:** 가면성 떼쓰기를 한다. 아이가 원하는 대로 해 주었어도 계속 트집을 잡고 떼를 쓴다면 위 사례와 같이 내면에 숨어 있는 불만을 느끼고 있어 그것을 다른 방법으로 표출한 것이다. 이때는 아이의 숨은 속뜻을 이해하는 것이 중요하다.

③ **6세~:** 자기 욕구 때문에 자기주장 떼쓰기를 한다. 아이의 떼쓰기에 안 되는 것에 대해서는 “네 마음은 이해하지만 내가 이러한 이유로 해서 들어줄 수 없다.”라고 아이가 이해하도록 설명해 주어야 한다. 만약 그래도 떼쓰기가 계속된다면 행동수정에서의 처벌을 사용하는 것도 좋은 방법이 된다(p. 197 참조).

다양한 미술표현

CHAPTER 7

아이의 뇌 발달과 영재 만들기

주제: 자연과의 동화 (한지에 수묵채색)

주제: 뇌의 신경망과 신경전달 물질(캔버스에 크레파스)

뇌과학자들의 연구에 따르면 '사람의 뇌는 1,000억 개의 신경세포(뉴런, neuron)와 신경세포에서 결합되어 이루어진 50조 개 이상의 시냅스(synapse)를 가지고 태어난다. 아이의 신경세포는 성인의 뇌와는 달리 아직 신경 회로망(정보전달의 기능을 수행하기 위해 상호연결된 여러 뉴런의 집합)의 배선들이 잘 짜여 있지 않아서 신경세포와 신경세포 간에 서로 연결되어 있지 않고 자유롭게 움직여 엉성한 상태로 있다.'라고 한다.

사람의 뇌 발달은 이러한 신경세포 간의 연결로 주고받는 정보로써 이루어지는데 이러한 신경세포와 신경세포를 서로 연결해 주어 정보를 주고받을 수 있도록 해 주는 것이 시냅스이다. 따라서 뇌의 신경 회로망 발달에 관여하는 것은 시냅스이고 이러한 시냅스가 많이 만들어질수록 신경세포들 사이의 신경 회로망은 더욱 정밀해지고 복잡해진다. 신경 회로망의 배선들이 촘촘해져 정밀해지고 복잡해질수록 그만큼 두뇌가 발달하였다는 증거가 된다. 본 작품은 아이의 뇌 발달에 따른 복잡한 배선의 뇌 회로망과 신경전달 물질의 분비를 둥근 나무화판 위에 크레파스로 표현하였다.

1. 우리 아이의 뇌

1) 뇌의 이해

사람의 뇌는 1,000억 개의 신경세포(뉴런)와 신경세포의 연결망인 50조 개 이상의 시냅스에 의해 이루어지며, 그 무게는 평균 1,300~1,500g 정도가 된다. 사람의 뇌(腦, brain)는 심장과 함께 우리 몸에서 없어서는 안 될 필수 기관으로 너무나 중요하다. 뇌는 우리 몸의 머리에 있으며 인간 신체에서 가장 단단한 뼈인 두개골로써 보호된다. 또한, 뇌를 구성하는 약 1,000억 개의 신경세포들은 끊임없이 정보를 교환한다. 이렇게 교환한 모든 정보는 뇌에서 모여 우리의 인체를 지배하면서 지휘하는 역할을 한다. 인체를 움직이게 하고 인체의 근육과 심장 같은 모든 기관의 활동이나 기능을 조정하며, 생각과 감정으로 마음을 만들어 낸다. 또한, 뇌는 심장 박동, 혈압, 체온 등의 신체의 항상성을 유지시키며, 기억하고 상상하는 인지와 느끼게 하는 감정, 배우고 익히는 학습 등 인간의 복잡한 정신 활동을 일으킨다.

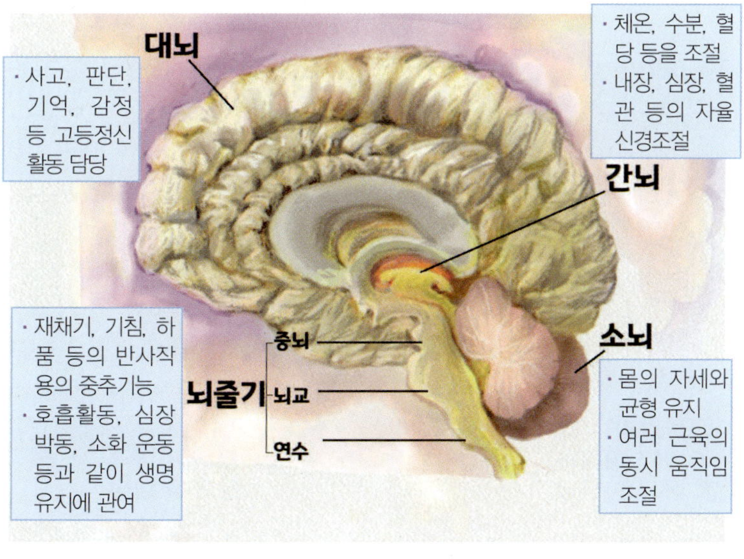

| 그림 7-1 | 뇌의 구조와 기능

2) 뇌의 구조와 기능

뇌는 크게 대뇌, 소뇌, 간뇌, 뇌줄기로 구분되며 이들은 모두 서로 연결되어 있다(그림 7-1 참조).

(1) 대뇌

인간의 뇌 중에서 4분의 3을 차지하는 가장 큰 부분인 대뇌는 좌우 두 개의 반구로 이루어져 있으며, 표면의 겉질과 내부의 백색질로 구성되어 있다. 이러한 대뇌는 사고하고 판단하며, 지능이나 학습에 관한 기억 저장과 창조 활동에 관여하고 언어와 감각, 감정에 대한 정보를 분석하는 등 고등한 정신 활동을 담당한다. 또한, 심장 박동, 호흡, 혈압 등 의식적으로 제어할 수 없는 자율신경계를 조절하고, 체온, 혈압처럼 일정하게 유지하는 항상성을 수행하기도 한다.

① 좌반구와 우반구

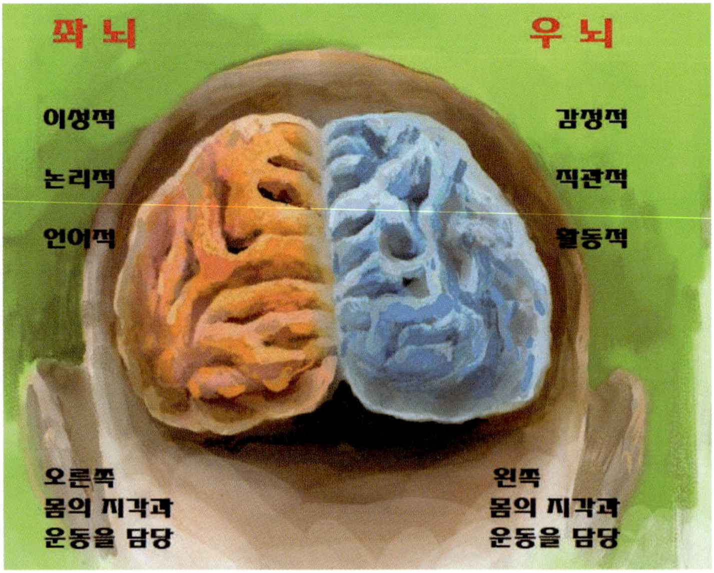

| 그림 7-2 | 좌반구와 우반구의 대뇌

원숭이, 오랑우탄, 침팬지, 고릴라와 같은 영장류에 속하는 유인원들도 우뇌만 있지만, 인간의 두뇌는 이와 달리 대뇌를 중심으로 좌반구(좌뇌)와 우반구(우뇌)를 구분한다. 이는 좌뇌가 사람만이 가질 수 있는 언어중추의 기능을 분담하고 있기 때문이다. 그리고 좌뇌와 우뇌는 각각 반대편에 있는 몸의 지각과 운동을 담당하고 있어서 오른손을 움직일 때는 좌뇌를 사용하며 왼손을 움직일 때는 우뇌를 사용한다. 따라서 만약 사고로 뇌를 다치면, 사고가 난 뇌의 반대쪽 몸에 이상이 나타나게 된다.

좌뇌와 우뇌는 서로 담당하는 기능이 다르다. 이를 살펴보면 다음과 같다.

	좌뇌 언어를 구사하는 능력이나 수리, 논리, 분석과 같이 지식에 기반한 정보 처리를 담당한다.	우뇌 그림이나 음악감상, 스포츠와 같이 창의적이고 감각적인 분야를 담당한다.
1	**이성적**: 지적이면서도 현실적이어서 이치나 조리에 맞는 사고를 잘한다.	**감성적(예술적)**: 새로운 사실을 발견하고 발상하는 것을 선호하여 창조적이다.
2	**논리적**: 논리적이어서 사고나 추리에 능통하고 체계적인 방법으로 문제를 해결한다.	**직관적**: 사람의 이성작용을 거치기보다 대상을 직접 파악하여 문제를 해결하려 한다.
3	**언어적**: 언어적 정보에 의한 학습에 익숙하다.	**활동적**: 경험적이고 활동적인 비언어적 학습에 익숙하다.
	좌뇌형 아이: 논리적이고 분석적이어서 언어, 숫자에 강하고 규칙과 계획대로 일을 처리하려 한다.	**우뇌형 아이**: 시각적이고 감각적이며 창의적이고 예술적 성향을 보이며 직관적으로 문제를 해결하려 한다.

아이들은 자라면서 논리적이고 분석적이며 합리적인 좌뇌의 방향으로 대부분 학습하게 된다. 또한, 각 두뇌 반구 사이에는 '뇌량'이라는 다리가 있어 이를 통해 정보를 주고받게 되므로 좌뇌 우뇌 따로 역할이 있다고 해서 따로 활동하는 것이 아니므로 지나치게 뇌의 좌우 역할이 분담되었다는 것을 강조할 필요는 없다. 그리고 사람의 뇌는 놀라운 적응능력을 갖추고 있어 뇌 일부가 손상되었다 하더라도 그 부위가 담당하는 기능을 손상되지 않은 다른 뇌의 부분들이 맡아서 담당하게 된다.

② 대뇌피질

대뇌의 가장 표면에 있으며 다음과 같이 크게 넷으로 나뉜다.

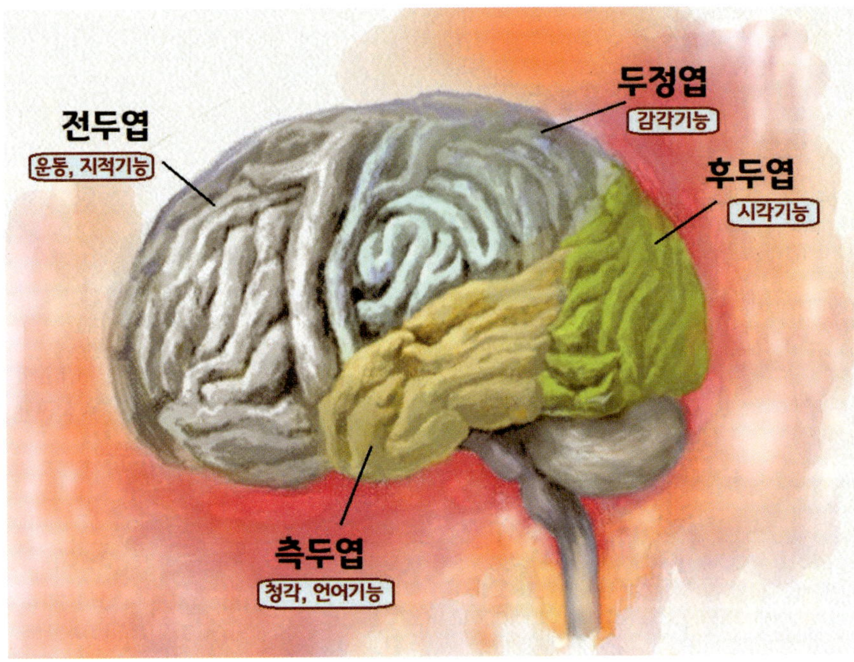

| 그림 7-3 | 대뇌피질의 구조와 기능

가. 전두엽/이마엽

대뇌반구의 앞부분에 있는 가장 큰 피질로서 우리 얼굴에 가장 가까운 부분이며 모든 감각이 이곳으로 모여 가장 복잡성을 띠는 정신과 인지적 과정이 일어나는 곳이다. 주로 기억하고 사고하고 문제를 해결하는 고등정신 작용을 관장한다. 동기부여로써 집중하게 하고, 계획을 세워 결심하게 하며, 목표를 달성하기 위해 힘이 충만해지는 등 목표 지향적으로 활동하게 하는 것을 담당한다. 또한, 인간성과 도덕성을 관장하여 사회적 행동을 조절하고 충동을 통제한다. 만약 이 부분이 손상되면 의욕과 감정 변화가 없어 무기력하거나 감정이 조절되지 않아 충동적 행동이 증가하게 된다.

나. 측두엽/관자엽

대뇌반구의 양쪽 옆면에 위치하며, 기억을 저장하고 청각과 언어를 관장하는 기관이다. 청각 정보가 일차적으로 전달되어 처리하는 역할을 하며, 말을 하면서 상대의 말을 이해하고 언어적 기억으로 남게 하여 언어와 관련된 기능을 관장한다. 또한, 단기기억을 측두엽에 있는 해마가 잠잘 때 장기기억으로 저장한다. 만약 이 부분이 손상되면 청력이 저하되거나 손실되는 난청이 올 수 있고, 말을 이해하는 능력에 문제가 생긴다.

다. 두정엽/마루엽

대뇌반구의 윗부분에 위치하며 머리의 가운데 있다. 두정엽은 신체 각 부위에서 느낀 감각 정보를 종합하여 몸을 움직이고 조절하게 한다. 신체와 주변과의 관계와 같은 시각적 공간인식에 관여하며, 수학이나 물리학 같은 연상과 입체적인 공간적 사고를 한다. 만약 이 부분이 손상되면 알지 못하는 무인식증 상태가 되므로 어떤 일도 할 수 없게 된다.

라. 후두엽/뒤통수엽

대뇌반구의 뒷면에 위치하며 모든 기능은 시각과 직·간접으로 관련되어 있다. 사물의 위치나 모양의 변별력 등 눈으로 들어온 시각 정보를 분석하고 통합하는 임무를 수행한다. 만약 이 부분이 손상되면 물체를 봐도 그것이 무엇인지를 인지하지 못하게 되어 시각장애인처럼 된다.

(2) 소뇌

대뇌의 후두엽 아랫부분에 존재하는 야구공 정도 크기의 뇌이다. 소뇌는 현재 몸의 감각 신호를 받아들이고 이들 부위를 어떻게 움직여야 할지를 알려 주는 대뇌의 운동 신호도 받아들인다. 그리고 이 두 정보를 종합한 뒤 해당 근육에 운동 신호를 내보낸다. 이때 이들의 움직임을 정교하게 조절하는 역할과 여러 근육이 효과적으로 협응하도록 통제하는 기능을 한다. 따라서 소뇌는 몸의 자세와 균형을 유지하고 여러 근육이 동시에 움직여야 하는 운동 기능을 수행하며 각종 떨림 증상에 관여한다. 술을 많이 마셔 취하게 되면 알코올이 소뇌 기능을 억제하기 때문에 말이 꼬이거나 비틀거리게 된다. 이처럼 소뇌의 기능에 문제가 생기면 근육 간의 조화에 문제가 생겨 정교하고 세밀한 일을 하기가 어려워지게 된다.

(3) 간뇌

간뇌(사이뇌)는 대뇌 깊숙이 위치하여 밖에서는 관찰이 힘들며 대뇌와 중뇌 사이에 있는 여러 신경 구조들이 모인 복합체로서 존재한다. 간뇌의 역할은 우리 인체가 생명을 유지하도록 하는 데 필요한 거의 모든 일에 관여한다. 내장, 심장, 혈관과 같은 의식적으로 제어할 수 없는 자율신경을 조절하고 순환하도록 하며 체온과 체액의 수분량, 혈당 등을 조절한다.

(4) 뇌줄기

뇌줄기(뇌간)는 뇌에서 대뇌반구와 소뇌를 제외한 나머지 부분을 말하며 뇌와 척수를 이어 주는 줄기 역할을 한다. 대뇌반구나 소뇌가 의식적인 여러 활동과 조절에 관여하고 있다면 뇌간은 무의식적인 여러 활동을 조절하고 관여한다. 재채기, 기침, 하품 등의 반사운동의 중추이자 호흡 활동, 심장 박동, 소화 운동의 기능과 같이 생명 유지에 관여하는 뇌이다.

2. 아이의 뇌세포와 신경전달물질의 활용

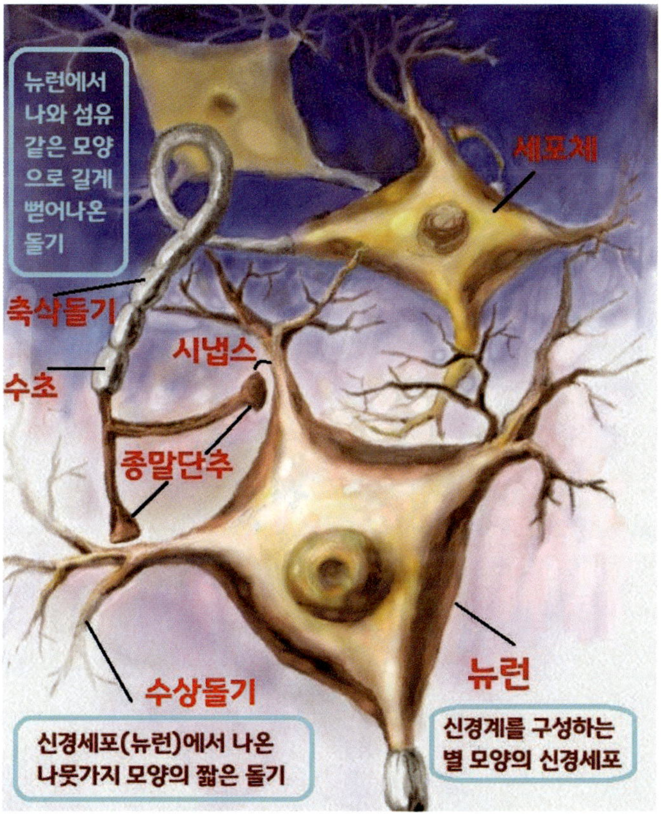

| 그림 7-4 | 뇌세포의 구조와 기능

사람의 뇌 속에는 별과 비슷한 모양의 신경세포인 뉴런(neuron)이 있다. 뉴런의 끝에는 다른 신경세포들로부터 정보(이하 자극, 정보, 신호로 칭함)를 받는 나뭇가지 모양의 수상돌기와 길게 뻗어 나가 다른 신경세포에 정보를 전해 주는 축삭돌기, 축삭돌기의 끝에 있는 종말 단추, 그 축삭돌기를 섬유 같은 모양의 흰색 수초가 감아서 하얗게 수초화(myelination)되어 있는 것을 볼 수 있다. 아이의 신경세포는 성인의 뇌와는 달리 많은 부분 서로 연결되어 있지 않아 자유롭게 움직이면서 뇌 회로가 엉성한 상태로 있다.

따라서 아이가 세상 생활에 잘 적응하여 성공의 길을 달리기 위해서는 신경세포와 신경세포 간의 연결이 치밀하게 잘 연결되어 있어야 한다. 즉 뉴런(신경세포)과 다른 뉴런과의 연결고리 역할을 하는 시냅스(synapse)가 더 많이 필요하게 되는 것이다.

사람의 뇌는 다양한 감각 기관에서 받아들인 정보를 쉼 없이 뇌로 전달하는 작업을 지속한다. 따라서 아이는 어떤 환경에서 어떤 활동을 통해 어떠한 경험을 많이 하고 어떻게 자극을 받느냐에 따라 뇌로 전달하는 작업이 왕성하여 똑똑하고 총명한 아이가 되는가 하면 그렇지 못한 아이도 있게 된다.

1) 뇌세포의 구조와 기능

(1) 뉴런(neuron)의 구조와 기능

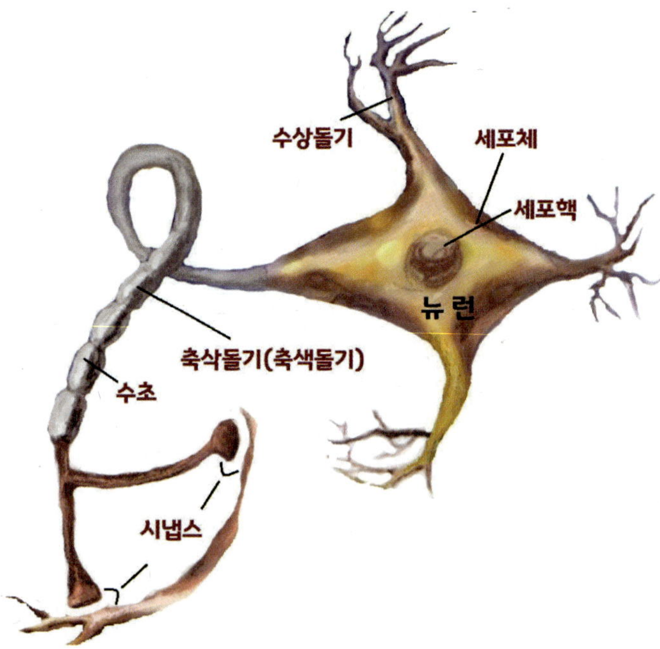

| 그림 7-5 | 뉴런의 구조

사람은 우리 몸의 감각 기관에서 받아들인 정보를 뇌로 전달하고, 뇌에서는 이러한 정보를 판단하여 명령을 내리게 되면서 행동할 것인지 아니면 하지 못하도록 통제할 것인지에 대한 반응이 일어나게 된다. 이러한 모든 과정은 뉴런이라는 신경세포의 전달 때문에 이루어진다. 뉴런은 별 모양의 신경계를 구성하는 세포로서 약 1,000억 개 정도가 있으며 평균 크기는 세포체의 지름이 약 0.01~0.05mm 정도이다(1㎜를 100~500개로 나눈 길이).

뉴런의 구조는 크게 세 부분으로 나뉠 수 있는데 신경세포체와 수상돌기, 축삭돌기이다. 신경세포체는 신경세포 중심부에 있는 세포핵을 포함하는 볼록한 형태의 구조로 그 내부에 다양한 세포소기관이 존재한다(한국분자·세포생물학회, 1989, 분자·세포생물학백과). 세포체는 신경세포의 기능에 필요한 단백질을 만들어 주로 축삭돌기에 공급한다. 수상돌기 또는 가지돌기는 뉴런에서 뻗어 나온 나뭇가지 모양의 짧은 돌기로서 수많은 가지로 뻗어 나가 있다. 다른 뉴런으로부터 오는 자극을 받아들여(정보를 받는 역할) 신경세포체에 전달하는 역할을 하며, 나뭇가지처럼 다양한 방향으로 가지가 뻗어져 있어 많은 자극을 수용할 수 있다. 축삭돌기 또는 축색돌기는 뉴런에서 뻗어 있는 돌기 가운데 가장 길며 다른 뉴런에 자극을 전하기 위해 길게 뻗어 있는 섬유 같은 모양을 하고 있으며 하나의 뉴런에 한 개만이 존재한다. 수상돌기에서 세포체를 거쳐 전달된 자극을 다른 뉴런에 전달하는 역할을 한다. 축삭돌기는 지방질로 된 백색의 절연 피복으로 싸여 있는데 이 피복 물질을 수초라 하며, 이러한 것을 신경세포의 '수초화'라고 한다(그림 7-7 참조). 수초는 축삭돌기가 손상되지 않도록 막아주는 것과 이때 전기적 신호로 전달되는 자극을 보다 손실 없이 빠르게 해 주는 역할을 한다.

(2) 시냅스(synapse)의 구조와 기능

우리 뇌의 활동은 신경세포인 뉴런과 뉴런 간 정보를 주고 다른 정보를 받는 대화로 이루어진다. 이러한 대화를 위해서는 각각의 신경세포가 연결되어 있어야 하는데 이렇게 신경세포와 신경세포를 연결해 주고 대화를 하게 해 주는 것이 바로 시냅스이다. 이 시냅스를 통한 신경세포 간의 대화는 도파민, 세로토닌 같은 신경전달물질을 교환하면서 이루어지게 된다. 시냅스는 살펴본 바와 같이 축삭돌기와 수상돌기가 만나 대화를 나누면서 이루어지는데, 이러한 만남은 고정되어 달라붙어 있는 것이 아니라 1/20,000㎜에 해당하는 틈으로 연결된다. 이러한 틈을 시냅스라 하는데 이를 다시 말하면 한 뉴런의 축삭돌기 끝부분과 다른 세포의 수상돌기(수용체)와의 접합부를 말한다(그림 7-6 참조). 이렇게 뉴런과 뉴런의 연결이 아주 좁은 틈으로 연결되지만 고정되어 있지 않다는 것을 증명하여 주는 것이 뇌 유연성이다. 뇌의 유연성은 사람의 다양한 경험(풍부한 환경에서 탐험하고 실험하면서 깨닫는 감각기관의 경험, 사람과의 관계에 의한 정서적·심리적 경험, 학습이나 시청각에 의한 지적 경험 등)으로 생긴 자극(다양한 경험으로 이해하고, 깨달아 마음에 반응이 일어나는 것) 때문에 새로운 시냅스 연결을 형성할 수 있도록 하는 능력을 말한다. 이러한 능력이 있다는 것은 새로운 자극을 잘 받아들이고 잘 바꿀 수 있으며 뇌가 외부자극으로 끊임없이 변화되고 있음을 의미한다. 이러한 뇌 유연성은 평생에 걸쳐 성장하고 발전하지만, 일반적으로 젊은 뇌일수록 더 예민하고 더 잘 반응하므로 어릴수록 유연성의 변화가 많이 일어난다. 따라서 아이 때는 활발한 뇌 유연성으로 긍정적 행동으로 쉽게 변화될 수 있다.

하나의 신경세포에서 발생한 정보전달의 신호가 어떻게 전달되는지를 구체적으로 살펴보면 다음과 같다.

뉴런의 축삭돌기 끝에는 여러 개의 종말 단추(축삭 종말)가 있으며 종말 단추에는 신경 전달 물질을 함유한 소낭(포낭)이 있다. 뉴런이 자극을 받은 정보를 축삭돌기를 통해 전기적 신호로 빠르게 보내어 전달되다가 축삭돌기의 끝부분인 종말 단추에 도달하여서는 종말 단추에 있는 소낭을 터뜨려 시냅스 간격으로 화학물질인 신경전달물질들을 내보내 퍼뜨린다. 이때 전기적 신호가 아니라 화학적 신호를 사용하게 되어 전기적 신호가 화학적 신호로 변환된다.

시냅스 간격에 퍼뜨려진 신경전달물질이 1/20,000㎜ 정도의 아주 좁은 간격을 지나게 되면 이러한 신경전달물질을 받아들일 수 있는 다른 신경세포의 단백질 구조를 만나게 되는데 이 구조가 다른 신경세포의 수상돌기이며 수용체라고 하며 이 수용체에 화학신호인 신경전달물질이 전달되는 것이다(그림 7-6 참조). 이러한 과정은 다른 뉴런과 연쇄적으로 일어나 새로운 신경망이 형성되도록 한다.

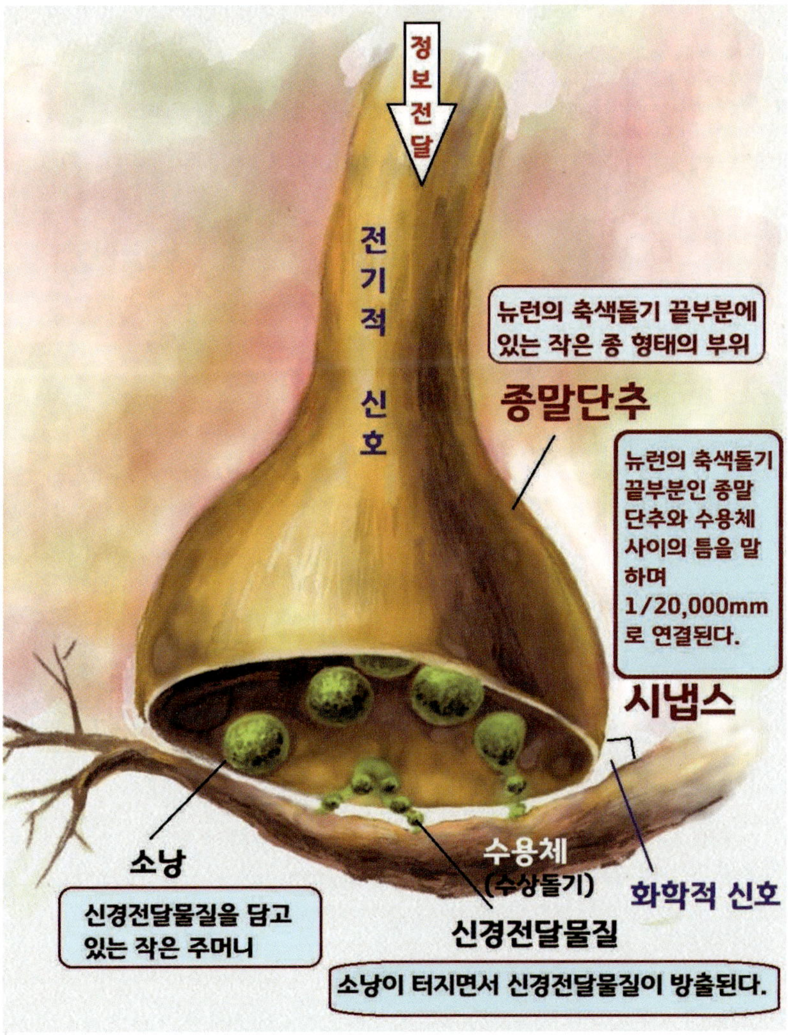

| 그림 7-6 | 시냅스의 구조와 기능

2) 신경전달물질

한 개의 신경세포는 대략 1,000여 개 이상의 다른 신경세포들과 연결되어 정보를 주고받고 있다. 이러한 정보를 주고받도록 교신을 담당하는 것이 화학물질인 신경전달물질이다. 신경전달물질은 평상시에는 종말 단추에서 소낭이라는 주머니 안에 보관되어 있다가 신경세포의 축삭돌기를 통해 정보를 전달하는 전기적 신호 때문에 이 소낭이 터지면서 화학물질인 신경전달물질이 다른 뉴런의 끝에 있는 나뭇가지 모양의 수상돌기(수용체)에 전달된다. 신경전달물질에는 수십 종류가 발견되었는데 그중 사람의 마음을 형성하는 중요한 세 가지 신경전달물질에 대해 살펴보고자 한다.

(1) 도파민(dopamine)

① 도파민의 역할과 기능

도파민은 우리의 몸과 마음을 지배하며 쾌감과 기쁨으로 기분을 좋아지게 하며 동기부여와 보상, 흥미, 행복, 좋은 기억 등의 신체 움직임과 관련되어 있다. 쾌락의 정열적 움직임을 관장하며 운동 신경을 조절하여 근육이 안정적으로 움직일 수 있도록 한다. 도파민 분비가 많아지면 흥미를 느껴 의욕이 생기며, 새로운 것에 몰두하도록 동기를 주며, 어떤 일을 달성했을 때 성취감을 잘 느끼게 되어 만족감과 행복한 감정을 불러일으켜 다음에 또 그렇게 하고 싶다는 욕구가 생기게 한다. 도파민이 부족하면 움직임이 둔해지고 불안정해져 파킨슨병이나 우울증 등의 증상이 나타나며, 지나치게 분비되면 마약, 담배, 게임, 알코올, 도박 등의 중독성을 일으킨다.

② 성공의 길을 달리는 아이와 도파민

아이에게 있어 도파민은 매우 중요하다. 도파민은 즐거운 기분 속에 호기심을 자극하여 무슨 일을 하고자 하는 동기와 의욕이 넘치게 하며 적극적으로 목표를 성취하고자 정열적으로 과제에 몰입하게 한다. 새로운 것에 흥미를 느끼고 탐구하기 때문에 창의 능력을 향상하게 하며, 주의 집중력을 높여 자신의 능력을 증대시키는 역할을 한다. 따라서 도파민 분비를 위해 부모는 아이들과 편안한 환경에서 친밀한 신체접촉으로 신나고 즐겁게 놀 수 있어야 한다. 아이가 좋아하는 것이나, 좋아하는 공부를 할 수 있도록 허용해 주어야 하며, 새로운 경험과 탐구의 기회를 계속 제공할 수 있어야 한다. 그리고 난이도를 현재 할 수 있는 자기 수준의 것보다 조금 더 어려운 단계의 과제를 선택하여 성취할 수 있도록 하여야 한다. 또한, 아이가 마음껏 경험하고, 탐구하며, 학습하다가 실수나 실패의 어떤 어려움이 생기더라도 '부모가 함께하는데 무엇이 문제이니? 걱정하지 말고 최선을 다해라.'라고 말할 수 있는 든든한 버팀목이 되어 주어 도파민이 증가하도록 하여야 한다.

성공의 길을 달리는 아이의 도파민은, 성취하고자 하는 특정 과제에 집중하여 몰입할 때 가장 활성화되어 목표를 성취하기 위해 지속해서 노력하도록 한다. 그리고 이러한 노력으로 부딪치는 문제들을 해결하면서 마침내 성취 경험을 가지게 되는데 이러한 노력 후의 성취감에 기쁨을 느끼고 쾌감을 느끼게 한다. 샘솟듯 하는 도파민의 지속을 위해서는 성취와 성적, 상장과 같은 '결과'에 만족하기보다는 과제의 '과정'에 집중하여야 한다. 만약 아이가 결과에만 얽매이게 되면 잘하고 못하는 것은 능력이라는 생각에 사로잡혀 새롭거나 어려운 과제의 도전을 회피하려 하기 때문이다. 그러나 과정에 집중하게 되면 학습 스스로 목표인 노력을 소중하게 생각하고 아이에게 실패나 좌절에 대한 두려움에서 벗어나게 하므로 정서 만족 속에 자존감을 높이게 된다. 그리고 도파민은 아무리 많이 생성되더라도 이를 억제하는 반대물질이 생성되지 않아 아이는 성취하였을 때의 기분 좋은 경험을 다시 가지고자 끊임없이 과제를 탐닉하면서 노력하여 성공의 경험을 반복한다. 이러한 성공의 경험 반복은 '나는 소중한 사람이며 잘 해낼 수 있다.'라는 자존감을 상승시켜 자아를 성장시킨다. 그러나 즐거움과 쾌락을 반복적으로 추구하던 이러한 도파민은 하고자 하는 일에 익숙해지는 순간부터 분비가 감소하면서 아이는 흥미를 잃고 소극적으로 행동하다가 나중에는 싫증을 느끼게 된다.

(2) 노르아드레날린(noradrenalin)

① 노르아드레날린의 역할과 기능

유령의 집에서 갑자기 나타난 유령과 괴물에 의해 전율적인 공포감을 느끼게 될 때 급격하게 분비되어 우리의 신체를 보호하는 것이 노르아드레날린(노르에피네프린)이다. 노르아드레날린은 인간의 생존능력을 돕는 신경전달물질로서 긴장하거나 위기 상황이 생겼을 때 작동하는 뇌 속의 경보시스템과 같다. 스트레스나 불안, 긴박한 일, 분노에 처하면 노르아드레날린이 반응하여 심장을 빨리 뛰게 하고 식은땀이 나게 하면서 집중력을 높이고 신체를 보호하게 된다. 또한, 노르아드레날린은 외부의 스트레스나 실수, 실패로부터 집중력과 의욕을 높여 효율적으로 과제를 수행할 수 있게 하고 무섭다거나 위험하다는 생각이 들 때 심장 박동이 빨라지고 혈압이 높아지면서 사고로부터 우리의 몸을 보호하게 한다. 특히 위기상황에서는 자신이 가진 능력 이상의 것을 보여 주기도 한다. 그러나 이러한 노르아드레날린의 분비는 지속성이 없어 단시간 안에 소멸한다. 과잉되면 일을 방해하고 공격적인 폭력성을 나타내지만 부족하면 의욕을 잃고 우울 증세를 보인다.

② 성공의 길을 달리는 아이와 노르아드레날린

아이가 또래와의 경쟁에서 이기고자 하고 자신의 욕심과 목표를 성취하고자 노력한다면 아이는 스트레스 속에 긴장하게 된다. 그러나 아이의 뇌 기능은 이때 활성화되어 집중하게 되고 아이의 몸은 그 상황에서 자신을 보호하기 위해 힘과 에너지를 제공하게 된다. 이러한 현상은 최선의 노력으로 아이의 학업 성취도를 높여 주고 자신의 목표를 달성하는 데 이바지하게 된다. 따라서 노르아드레날린은 극복이 가능한 스트레스 상황 즉 자신의 능력보다 약간 높은 수준의 일에 도전할 때 최적의 분비가 이루어져 아이는 과제의 성취를 위한 몰입으로 문제를 해결하게 된다. 그러므로 노르아드레날린은 아이의 집중력을 높이고, 생활에 자신감을 주어 학업 성취도를 향상하며, 자기 일을 잘 해내도록 도와 사회에 더 잘 적응할 수 있도록 한다. 그리고 짧은 기간 좋지 않은 환경에서 더 좋은 성과를 위해 노력해야 하거나, 짧은 기간 해내기 힘든 과제를 수행해야 하는 등 좋지 않은 상황과 여건에서도 자신을 다 잡으며 최선의 노력을 할 때도 노르아드레날린은 분비된다. 이러한 모든 것은 사람의 뇌가 스트레스 에너지를 통하여 자기 자신을 최적의 상태로 만들어 최대의 수행능력을 갖추도록 하기 때문이다. 그러나 극복할 수 없을 정도의 심한 스트레스는 노르아드레날린을 과다 분비하게 하여 아이는 심장의 두근거림, 식은땀, 호흡곤란 등의 증세를 일으키고, 신경질적이거나 공격적인 폭력적 분노를 표출하게 된다. 그뿐만 아니라 지속적인 스트레스는 몸의 면역기능을 떨어뜨려 질병에 노출되게 한다. 반면에 노르아드레날린의 양이 너무 적게 되면 아이는 자기의 일에 의욕이 낮아지거나 도덕적으로 문제 되는 일을 하고서도 긴장감이나 죄책감을 느끼지 않게 되어 품행에 문제가 생기게 된다.

(3) 세로토닌(serotonin)

① 세로토닌의 역할과 기능

세로토닌은 사람의 정서에 관여하여 심신의 안정을 준다. 세로토닌은 주의 집중력과 기억력을 향상시켜 인지를 활성화하고, 수면, 식욕, 행동 등의 신체활동에 영향을 끼치며, 생기와 의욕을 불러일으켜 편안하고 평온한 행복감을 느끼게 해 준다. 또한, 흥분이나 공격성, 충동성, 중독성 등 많은 심리적 상황에서 감정을 조절하여 적절히 기능하도록 통제하고, 위로와 평온함을 주어 정서안정을 준다. 그리고 중독성이 있는 도파민과 화를 일으키며 공격성을 나타내는 노르아드레날린의 과잉 분비를 억제하여 조화와 균형을 유지하게 한다. 세로토닌은 심한 감정 기복과 수면장애를 개선하는 데 효과적으로 되며 과다증상으로는 정서 불안을 들 수 있으며 부족 증상으로는 우울한 기분이 들거나 불안함이 생기게 되어 식욕부진, 수면장애 등을 초래하게 된다.

② 성공의 길을 달리는 아이와 세로토닌

도파민을 추구하는 아이는 성취와 보상을 바라기 때문에 의욕과 자신감을 가지고 도전한다. 그러나 이러한 목표 지향적 성취에는 자신의 노력에 따른 질적 향상보다 끊임없이 다른 사람보다 우위에 있는 것에 집착하게 한다. 따라서 도파민은 다른 사람보다 뛰어나길 바라는 상대적 성취감에 의해 '잠을 줄여 가며 공부하여 좋은 성적을 받았다.'처럼 단기적일 때는 큰 힘을 발휘하여 매우 유용하지만 장기적인 성공과 행복을 위해서는 부족함이 있게 된다.

그러나 세로토닌은 뇌의 특정 기능을 활성화하는 것보다, 사람의 기분과 정서를 조절하는 등 뇌의 전반적 조절 기능을 담당한다. 그 증거로 세로토닌 신경망은 뇌 전역에 걸쳐 분포하고 있다. 그래서 세로토닌을 행복 호르몬이라고 부르기도 한다. 세로토닌은 보람 있는 자신의 행동, 알게 된 기쁨, 자기 효능감, 즐겁고 행복한 경험 등의 절대적 성취감 속에 정서 만족을 추구하므로 진정한 행복을 누릴 수 있게 한다. 또한, 세로토닌을 공부 호르몬이라고도 한다. 그 이유는 기분이 좋아지면서 안정감을 주는 정서 만족이 두뇌의 가소성을 활발하게 하여 인지를 활성화하고 높은 학습 의욕 속에 집중할 수 있도록 하기 때문이다. 또한, 세로토닌은 아이들이 여유롭게 생활하여 어려움이나 실패에서 좌절하지 않고 원래 상태로 회복되는 회복 탄력성이 높은 아이로 자라게 하고, 아이의 행동에 활력을 불어넣어 더욱 자신감 있게 생활하도록 한다. 아이의 뇌에서 세로토닌은 감정을 적절하게 조절하여 주변 상황에 맞게 표현하도록 하여 원만한 관계를 맺는 사회성 발달에 이바지한다. 세로토닌이 부족하게 되면 아이들은 쉽게 신경질적이거나 공격적일 수 있고 우울한 마음을 가지기 쉽지만, 반대로 충분히 분비되면 자기감정을 조절할 힘이 생기며 다정하고 온화한 아이가 될 수 있다.

세로토닌은 다른 신경전달물질과는 달리 환경의 영향을 많이 받게 되므로 세로토닌 분비를 증가시키기 위해서는 첫째, 밖에 놀면서 10~30여 분 정도 햇볕을 쬐어야 하고 하루 7시간 정도 잠을 충분히 자야 한다. 그러나 과잉되면 항상성을 유지하기 위해 어느 정도 나오면 더는 나오지 않으므로 필요 이상으로 햇볕을 쬐거나 잠을 잘 필요는 없다. 둘째, 철분이 풍부한 음식을 먹되 콩 종류를 첨가하여야 한다. 철분이 풍부한 음식으로는 시금치, 브로콜리, 구운 감자, 소고기, 굴 등이 있다. 셋째, 일정한 시간을 정하여 마음껏 놀되 될 수 있는 대로 자연을 가까이하여야 한다. 자연은 아이들에게 끝없는 편안함과 안식을 주며, 산을 바라보고 숲의 향기를 맡으면서 세로토닌은 더욱 활성화된다. 넷째, 아이들이 생활에 바쁘다 보면 정서 만족이 부족해지므로 스킨십과 함께 아이를 안아주거나 어깨를 두드려 주면서 말과 행동으로 사랑을 표현하여야 한다. 다섯째, 칭찬을 많이 한다. 부모와 어른의 칭찬은 아이의 정서를 만족하게 하면서 동기에 큰 힘이 된다.

3. 우리 아이 영재 만들기 프로젝트법

1) 신경세포의 연결은 두뇌를 발달시킨다

아이는 평균 1,000억 개 정도의 신경세포를 가지고 태어난다. 이러한 신경세포는 다른 신경세포와 연결하여 정보를 주고받을 수 있는 시냅스를 요구한다. 그러나 이때의 신경세포는 서로 연결되어 있지 않아 자유롭게 움직이는 상태에 있다. 그러므로 사람이 자기 기능을 잘하기 위해서는 이러한 신경세포의 연결인 시냅스를 더욱 필요로 한다. 이러한 신경세포의 연결은 사람이 '어떤 자극을 얼마만큼 받느냐?'라는 자극이 일어나는 잦기에 따라 늘어나기도 하고 줄어들기도 한다. 연구에 의하면 시냅스는 평균 수십조에서 100조 개 이상이 존재하는 것으로 추산된다고 한다. 따라서 아이의 뇌가 발달하기 위해서는 신경세포인 뉴런 자체가 늘어나거나 변화되는 것이 아니라 신경세포에서 길게 뻗어 나온 축삭돌기와 다른 신경세포에서 짧게 뻗어 나온 수상돌기의 가지를 연결해 주어 신호를 주고받는 시냅스가 늘어나야 한다. 즉 신경망이 늘어나는 것이다.

살펴본 바와 같이 아이의 두뇌가 발달하여 똑똑하고 총명한 아이가 되기 위해서는 아이의 뇌에 많은 시냅스가 생성되어야 한다. 이러한 시냅스 생성을 위해서는 먼저 아이의 신경세포를 연결해 주어야 하는데 신경세포와 신경세포를 서로 연결해 주는 역할을 하는 것이 아이의 '경험과 자극'이다. 풍부한 환경 속에서의 다양한 경험, 다양한 사람과의 관계 속에서 겪는 정서적·심리적 경험은 아이 뇌 발달의 최고의 자극제이며 뇌가 발달하려면 그 경험에서 알게 되고 깨닫게 되는 자극이 많아야 한다. 즉 아이의 '경험과 자극' 이것이 아이 뇌 발달의 핵심이 되는 것이다. 아이들의 경우에는 시냅스의 발달이 끊임없이 이루어지므로 세상을 향해 탐색하고 탐구하며 실험한 다양한 경험과 그 경험에서 반응을 일으키는 자극이 많으면 많을수록 정밀하고 복잡한 시냅스를 만들 수 있다. 시냅스가 엉성하게 형성되기보다 정밀하고 복잡게 형성되어 있어야 뇌 기능이 좋아질 수밖에 없는 것이다.

시냅스에서는 신경전달물질들이 수없이 오가며 사람의 기능에 필요한 다양한 정보를 전달한다. 아이 뇌의 시냅스는 어른보다 왕성하게 활동하면서 어른보다 고정적이고 관념적 사고가 적어 유연성과 가소성이 높다. 뇌의 유연성은 뇌세포가 경험으로 생긴 새로운 자극을 얼마나 잘 받아들이고 상황에 따라 얼마나 생각을 잘 바꿀 수 있는지를 뜻한다. 즉 시냅스가 필요에 따라 새롭게 연결할 수도 있고, 제재할 수도 있으며, 제거될 수도 있는 것이다. 어른보다 아이가 뇌세포의 유연성이 더 좋으므로 학습할 때 어른보다 아이가 더 빨리 받아들여 익숙해지고 잘못된 생각이나 행동을 쉽게 바꿀 수 있는 것이다. 뇌 가소성은 뇌세포가 경험 때문에 변화되는 능력을 말하는데 어떤 것을 학습하고 나면 이후 비슷한 상황에서는 이전보다 더 잘 반응하여 대처할 수 있는 것을 말한다. 이는 외부자극이나 경험, 학습으로 끊임 없이 변화하고 재조직화할 수 있다는 것을 말하여 준다.

가령 한 아이가 일회용 종이컵으로 성 쌓기를 할 때 첫날에는 컵을 거꾸로 하여 가지런히 놓는 것은 할 수 있었으나 컵과 컵 사이를 걸쳐서 놓는 것은 하지 못해 한 층 위로는 쌓지 못하였다. 다음 번에는 몇 번의 실수 끝에 컵을 걸쳐 쌓을 수 있게 되어 몇 층을 쌓을 수 있었으나 실수로 쌓은 성이 자꾸만 무너져 내렸다. 그러나 그다음 번에는 우여곡절 끝에 성 쌓기를 완성하였으며, 1개월 뒤에는 높낮이를 달리하거나 곡선 쌓기를 통하여 성 모양을 다양하게 표현하게 되었다. 이처럼 시냅스가 유연하게 변화하고 가소성을 가진다는 것에서 우리 뇌의 무한한 능력에 신뢰를 보낸다. 이는 사람이 살아가는 내내 발생하게 되므로 평생학습이 가능하도록 해 주며, 누구든지 노력한다면 우리 뇌는 결코 실망하게 하지 않을 것이다.

'풍부한 경험과 자극으로 시냅스를 많이 생성하게 하고 이렇게 생성된 시냅스가 왕성하고 정밀하게 되도록 발달시키는 것' 이것이 아이의 뇌 발달이다. 여기에다 아이들의 뛰어난 뇌 유연성과 가소성이 더욱 발달된 뇌 신경망을 형성하게 하여 우리 아이의 두뇌 발달을 한층 더 높은 수준으로 끌어올리게 된다.

2) 빠른 두뇌 활동을 하게 하는 가지치기와 수초화

뇌에서는 시냅스의 생성과 발달, 가지치기와 수초화가 지속해서 일어나면서 뇌의 질적 성숙이 계속해서 진행된다. 아이의 뇌는 엄마 태내에서부터 매우 빠르게 성장하면서 뇌가 기능하는 데 필요한 양보다 훨씬 많게 신경세포 연결을 만들어 내어 과잉생산하게 된다. 이러한 신경세포의 과잉연결은 유아기와 청소년기를 거치면서 뇌 기능에 불필요한 부분을 제거하는 가지치기를 하게 된다. 환경에 적응하는 데 필요한 신경회로만 남겨 두고, 불필요하여 잘 사용하지 않는다고 판단되는 신경회로는 제거하는 것이다.

가령 운동을 많이 하게 된다면 운동과 관련된 뇌세포의 연결은 왕성하지만,

미술에 관심이 없어 접하지 않는다면 이와 관련된 신경회로는 가지치기하는 과정을 거쳐 제거된다. 이러한 과정을 통해 에너지를 효율적으로 사용하게 되어 보다 효과적으로 정보를 소통할 수 있게 된다.

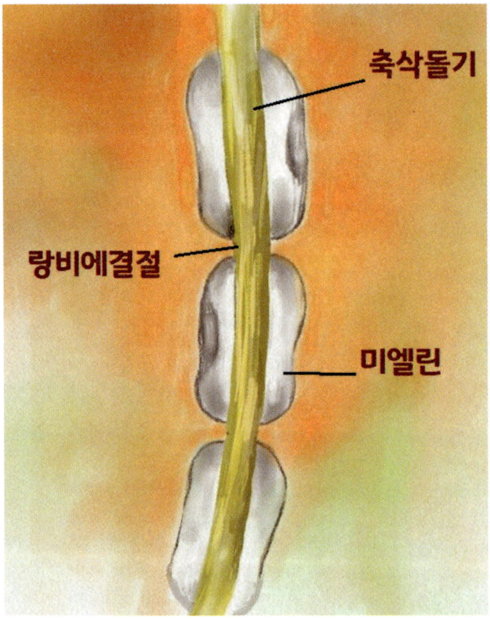

| 그림 7-7 | 수초화

수초화(myelination)는 신경세포에서 정보를 전달하기 위해 전선 역할을 하는 축삭돌기 부분에 전선에 플라스틱 피복을 입히는 것처럼 동글동글하게 생긴 하얀색의 지방질인 미엘린(수초, myeline)이 형성되는 것을 말한다. 뉴런을 구성하고 있는 축삭돌기에 미엘린이 없어 마디를 형성하는 랑비에결절(Ranvier node)을 사이에 두고 기차의 객차를 연결한 것처럼 규칙적으로 공백을 두면서 미엘린이 감싸고 있다(그림 7-7 참조). 이러한 수초화는 전선의 피복과 같은 역할을 하여 정보전달을 위한 전기신호가 축삭을 따라서 빠르고 안전하게 전달될 수 있도록 한다. 전기적인 신호가 빠르게 전달되면 뇌에서 정보를 전달하는 속도가 빨라지게 되므로 필요로 하는 것을 다양하게 많이 사용하면서 논리적으로 추론하는 능력이 향상된다. 이것은 곧 두뇌 회전이 빠른 사람이 되어 창의적 사고능력을 높이고 사람에게 필요한 수준 높은 사고를 할 수 있도록 한다. 또한, 수초화는 이러한 빠른 작업속도를 충족시켜 주기 위해 정보전달의 전기신호를 누출되지 않게 하며 다른 신경세포의 전기적 간섭을 차단하는 기능을 수행한다. 그러면서도 정보전달의 속도를 조절하여 효율적인 전달이 되도록 역할을 한다.

3) 우리 아이 영재로 키우기

영재란 같은 노력을 하였을 때 평범한 아이들에 비해 한 분야 이상에서 수행 능력이 특별히 우수한 아이를 말한다. 학자들에 따르면 '영재는 뇌 신경망이 잘 발달되어 있어 여러 부위의 기능이 우수하여 학습속도가 빠르고 직관력이나 기억력이 뛰났으며, 특히 창의적 사고력이 높아 이미 정해져 있는 규칙과 방법을 따르기보다 자기의 생각과 아이디어로 문제를 해결하고자 한다.'고 한다. 아이의 뇌는 무한한 능력과 복잡성이 있어 후천적 노력 여하에 따라 얼마든지 영재적 특성을 발휘할 수 있게 된다.

우리 아이가 영재로 자라기 위해서는 다음과 같은 조건이 충족되어야 한다.

(1) 시냅스의 생성과 발달이 왕성하고 정밀하게 이루어져야 한다

아이의 두뇌 발달은 시냅스의 생성과 발달에 의해 이루어진다. 시냅스가 생성되기 위해서는 신경세포와 신경세포를 서로 연결해 주어야 하는데 그 연결 역할을 하는 것이 아이의 '경험과 자극'이다. 그러므로 아이는 풍부한 환경 속에서 오감을 통한 경험과 사람과의 관계를 통한 깨달음 등으로 다양하고 많은 경험을 할 수 있도록 하여야 하며 그 경험에서 이해하고, 깨닫는 자극이 많아지게 하여야 한다. 이때 아이의 두뇌에서는 많은 시냅스가 생성되고 그 시냅스가 왕성하고 정밀해져 복잡한 신경 회로망을 형성하게 된다. 이처럼 아이의 다양한 경험과 자극으로 시냅스가 많이 생성되고 그 생성된 시냅스가 발달하여 촘촘하고 복잡한 뇌 신경 회로망을 형성하게 하는 것이 똑똑하고 명석한 아이가 되도록 하는 뇌 발달의 핵심이며 비결이 된다. 따라서 부모들은 아이들을 책상 앞에만 두려 하기보다 세상을 향한 탐험과 탐색, 실험으로 다양하고 즐거운 경험, 도전에 의한 새로운 경험, 자기 주도에 의한 성취의 경험, 실수나 실패를 통한 깨달음의 경험 등을 할 수 있도록 하여야 한다. 이때는 뇌 발달이 가장 왕성하고 활발한 가운데 뇌 유연성과 가소성이 뛰어나 우리 아이의 두뇌를 한 차원 더 높은 수준으로 발달하게 한다.

(2) 축삭돌기 수초가 두껍게 감쌀 수 있어야 한다

다양한 경험에서 깨닫는 자극으로 정보를 받아 뇌세포에 입력하고 이를 다시 다른 뇌세포에 전달하면서 주고받는 전류(전기적 신호)가 오래 걸릴 수도 있고 빠를 수도 있다. 이는 형광등이 천천히 밝아오는 것과 단번에 확 밝아지는 것과 같은 이치로서 이러한 차이의 원인은 수초화가 얼마나 잘 되었는가에 따라 나타난다. 전선의 피복이 두껍게 되면 저항이 적어서 전류의 속도가 빨라지듯 흰색 수초(미엘린)가 축삭돌기를 두껍게 잘 감싸고 있을 때 정보전달속도는 더욱 빨라지게 된다. 이렇게 되면 두뇌 활동이 빨라지고 정확한 정보전달이 가능하게 됨으로써 창의적으로 수준 높은 사고를 할 수 있게 된다.

수초화가 잘 되기 위해서 아이는 반복 연습을 많이 하여야 한다. 이는 수초화의 두께가 연습량과 비례하기 때문이다. 여기서 반복한다는 것은 단순하게 암기하거나 익히기 위한 행동을 반복한다기보다 스스로 문제를 해결하기 위해 정신을 집중하는 몰입을 말하는 것이며 이러한 몰입 현상을 반복하는 것을 말한다. 몰입 현상의 반복은 곧 문제 해결을 위한 노력을 반복한다는 말이 된다. 우리가 집중하여 몰입할 때 창의성이 활성화되어 다양한 아이디어를 끊임없이 만들어내면서 부딪치는 문제를 해결하게 되므로 과제 성취나 목표를 달성할 수 있게 된다. 그러나 이러한 몰입은 몰입대상에 흥미나 관심, 의지를 갖고 있을 때 강화되어 반복하게 되지만, 반대로 다른 사람의 강요나 어쩔 수 없이 하게 되는 경우 관심이 줄어들게 되어 몰입 현상이 나타나지 않게 된다.

(3) 정서 만족에 의한 뇌가 활성화되어야 한다

여러 가지 감정을 불러일으키는 기분과 분위기를 정서라고 할 수 있다. 사람의 감정 변화를 불러일으키는 뇌 부위로는 대뇌의 변연계와 감정적 정보처리를 하는 편도체, 기억과 학습에 관여하는 해마, 사회적 감정에 관여하는 전전두엽

등이 있다. 정서는 우리의 생각과 행동에 영향을 주게 되고 영향을 받게 되므로 우리 뇌의 전반적 기능에 관여하게 된다. 가령, 기분이 좋으면(정서) 긍정적으로 생각하게 되고(인지) 활기찬 발걸음이 된다(행동). 정서는 우리 뇌의 전반적 기능에 관여하게 된다. 따라서 정서 만족에 의해 뇌가 활성화되면 아이는 보다 즐거운 가운데서 과제 수행이나 학습 등 무엇을 잘하기 위해 노력하게 된다. 정서 만족의 뇌가 활성화되어야 하는 이유는 다음과 같다. 첫째로 정서 만족의 긍정적 사고가 다양한 아이디어를 생각할 수 있게 하여 창의성을 더 높이며 인지를 활성화한다. 둘째로 집중력을 높이고 기억력이 좋아지면서 과제에 대한 동기가 커져 과제의 성취도를 높인다. 셋째로 아이의 일이나 학습을 활력 있게 추진할 에너지를 공급하여 학습효과나 작업능률을 향상한다. 넷째로 우리가 잠을 잘 때 감정에 관여하는 해마가 단기기억을 장기기억으로 저장하는데 이러한 장기기억을 오래 남게 한다. 다섯째로 더 큰 만족이나 목표를 위해서 순간적인 충동이나 감정을 억제하여 자기조절 능력이 뛰어나게 된다. 여섯째로 자기를 잘 표현하면서도 다른 사람에 대한 감정을 이해하고, 공감할 수 있어 친구를 잘 사귀고 관계능력이 좋아진다.

아이의 정서 만족을 위한 부모의 양육 실천

- 평소 사랑하는 마음을 담은 진심 어린 마음과 행동으로 아이와 정서적 애착을 형성한다.
- 아이의 말과 표현을 들어 주고 공감하면서 상호소통으로 함께한다.
- 부모가 아이의 일에 개입하기보다 아이의 생각과 의지로써 선택하고 결정할 수 있어 자기의 생각을 마음껏 표현할 수 있어야 한다.
- 아이와 몸으로 부딪치면서 즐겁고 신나게 놀되 많은 대화를 나누면서 소통하여야 한다.
- 갈등과 실수, 실패를 당연하게 받아들여 거기에서 배울 수 있도록 한다.
- 나와 친구가 다를 수 있음을 알고 자신의 감정을 말로 표현하면서 상대의 생각이나 행동을 존중하고 배려한다.

4) 우리 아이 뇌 발달을 위하여

아이의 뇌는 바른 것이든 좋지 않은 것이든 자신이 처한 상황과 환경에 맞춰 반응하고 적응하므로 바람직한 양육 실천은 무엇보다 중요하다. 다음은 스스로 이루어내는 우리 아이의 뇌 발달을 위해서 부모가 실천해야 할 내용이다.

(1) 아이의 오감을 만족시켜 주어야 한다

감각이란 외부의 물리적 자극 때문에 사람의 의식에 변화가 생기는 것을 말하며 눈을 사용해 인지하는 시각, 귀를 사용해 소리를 분별하는 청각, 코를 사용해 냄새를 맡을 수 있는 후각, 혀를 사용해 맛을 느낄 수 있는 미각, 피부 접촉으로 느끼는 촉각 등의 다섯 가지 감각으로 말할 수 있다. 사람은 태어나 정상인이라면 누구나 똑같은 시기를 거쳐 성장하므로, 아이 때는 뇌 전체가 골고루 왕성하게 발달할 수 있도록 풍부한 환경 속에 다양한 경험과 자극을 주어야 한다. 따라서 이 시기에는 생활 속에서 즐겁게 놀면서 직접적으로 감각 경험을 하는 것이 뇌 발달에 많은 도움이 되며 전인적 발달도 균형 있게 이루어지도록 하는 것이 좋다.

① 시각발달을 자극하는 방법

눈에 의해 사물을 인식하는 작용을 시각이라고 한다. 시각은 여러 감각이 연결되어 발달되므로 눈대중만으로도 느낌, 길이, 무게 등을 짐작할 수 있게 된다. 시각발달을 자극하기 위하여 산책로, 공원, 야산 등 자연과 함께할 수 있는 길을 걷거나, 시장의 다채로운 사물과 삶의 체험을 눈으로 보고 경험하게 하거나, 소방이나 교통 체험장, 박물관 등과 같이 학습체험을 할 수 있는 곳에 가는 것은 풍부한 시각적 자극을 통해 시각발달을 촉진할 수 있다.

또한, 아이를 위한 아름다운 모빌을 함께 만들어 전시하거나 색비눗방울 놀이(물이 반쯤 담긴 컵에 세제와 수채물감을 혼합한 후, 빨대로 불어 비눗방울을 만든다) 따뜻한 색(노랑, 주황, 빨강 등)과 차가운 색(파랑, 군청, 남색 등)의 분류, 수채물감의 색상 혼합(먼저 화지에 물을 칠하여 적신 후 그 위에 물감을 칠하여 번지게 하거나 다시 다른 색의 물감을 칠하여 색상을 혼합한다), 마블링(물을 담은 넓은 그릇에 마블링 물감을 떨어뜨려 불어서 예쁜 무늬를 만든 후 종이를 흡착하여 찍어낸다) 등도 시각발달을 자극하기에 좋은 활동이 된다.

모빌의 예	색 비눗방울	따뜻한 색과 차가운 색
	 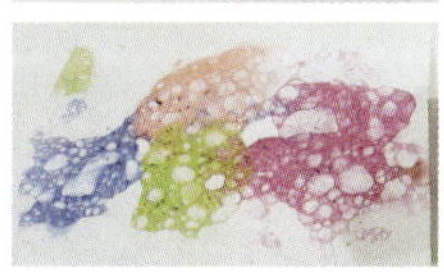	

② 청각발달을 자극하는 방법

청각은 임신 8개월부터 엄마의 목소리를 알아들을 수 있을 만큼 사람의 감각 중 가장 먼저 발달한다. 일상생활에서 들을 수 있는 다양한 소리나 음악을 자주 들려주어도 청각발달에 많은 도움이 된다. 아이에게 동요를 불러 주거나 아이가 부르는 동요에 맞춰 손뼉을 쳐 주거나 타악기를 두드려 리듬을 맞춰 준다. 또한, 동요의 리듬에 맞춰 아이랑 같이 타악기나 소리 나는 물체를 두드려 연주하거나, 두드리며 동요를 부르는 것 등은 아이의 청각발달을 돕는 데 유용하다. 그리고 뜨거운 김이 새어 나오는 소리, 알람 소리, 프라이팬에 각종 요리하는 소리 등 일상생활에서 접하는 다양한 소리를 들려주거나 각종 동물의 울음소리를 들려주는 등 다양한 소리를 경험하게 한다. 클래식 음악이나 자연소리와 함께하는 음악을 들려주는 것은 아이의 뇌 활성화에 이바지하며 감성적 감정에 의해 편안함을 느끼게 한다.

③ 미각발달을 자극하는 방법

혀에서 느끼는 맛은 짠맛, 단맛, 쓴맛, 신맛, 감칠맛이 있다. 미각을 탐구하고자 다양한 맛의 음식을 혀로 느껴 보면서 식별하는 것은 흥미로운 활동이 된다. 더 나아가 밥 한 숟가락을 입에 넣고 천천히 씹으면 음식에 든 깊은 맛을 경험할 수 있듯이 음식 맛에만 집중하여 오랫동안 씹어 먹어 미각을 훈련할 수 있다. 흰밥 위에 갖가지 색상의 나물로 오색 비빔밥(빨강, 검정, 파랑, 흰색, 노랑과 같은 오색의 식자재를 올린다)을 만들어 먹는 등 예쁘게 차려 놓고 미각을 느끼도록 한다. 그리고 과일 본래의 맛과 향을 지닐 수 있도록 직접 과일 생즙을 짜 천연 과일주스를 만들어 마시는 것도 좋으며, 다양한 열대과일(바나나, 파인애플, 두리안, 망고, 망고스틴 등)을 아이들과 같이 먹으면서 우리나라 과일의 맛과 어떻게 다른지를 비교하여 느끼는 것도 좋다.

④ 후각 발달을 자극하는 방법

엄마 냄새를 맡으면 과거의 기억이 떠오른다거나, 부엌으로 가면 맛있는 냄새를 느끼게 되는 것처럼 사람의 기억과 가장 밀접하게 연관되는 감각이 후각이다. 그러므로 이처럼 후각과 관련된 기억을 생각해 내는 동반학습을 하게 되면 인지능력을 발달시킬 수 있다. 비누, 화장품, 향수와 같은 사물의 다양한 냄새와 향기 나는 식물과 꽃, 허브, 아로마와 같은 좋은 향기를 맡게 해 주어 다양한 냄새를 경험하게 하여 후각을 자극한다. 또한, 빵 냄새, 고기 굽는 냄새, 군고구마 냄새 등 다양한 음식의 냄새와 음식을 조리할 때 나는 냄새를 맡게 하거나 사과, 복숭아, 오렌지, 두리안 등의 과일 냄새를 맡게 하는 등 주변의 다양한 냄새 맡기를 하여 후각을 자극할 수 있다. 그리고 자연과 함께할 수 있는 곳으로 산책하여 솔잎이나 열매, 들꽃 등을 따서 냄새를 맡게 한다. 후각은 감정과 연관시켜 볼 수 있으므로 지금 맡은 냄새가 어떤 기분, 어떤 감정이 드는지를 느껴 보고 대화를 나누어 볼 수 있다.

⑤ 촉각 발달을 자극하는 방법

촉각 발달을 위해서는 사랑이 담긴 신체접촉이 중요하다. 평상시 자주 안아 주거나, 머리나 손 등의 신체를 자주 쓰다듬어 주고, 볼이나 이마에 뽀뽀해 주거나 샤워나 목욕을 할 때 비누칠하고 씻겨 주며 물기를 닦아 주는 등 사랑이 듬뿍 담긴 피부 접촉은 촉각 발달에 좋은 영향을 줄 수 있다. 또한, 간지럼 태우기, 등 위에 올라타기와 같이 아빠와 몸으로 부딪치며 놀이하는 과정에서 발생하는 신체접촉은 촉각 만족으로 남아 아이의 뇌 발달과 함께 심리적 안정과 정서발달에 이바지한다.

딱딱한 것, 말랑한 것, 거친 것 등 다양한 촉감을 많이 만져 보거나, 엄마와 함께 요리하면서 촉감을 발달시키는 것도 좋다. 납작한 돌, 나무판, 사포, 투명지 등에 그림 그리거나, 긴 현수막 천(켄트지 전지를 여러 장 붙여서 사용) 위에 무독성 물감을 사용하여 손으로 그림 그리거나, 손바닥·발바닥 찍기 등과 같은 촉각을 발달시키는 미술 놀이를 한다. 모래사장, 진흙, 잔디밭, 자갈밭, 나무로 만든 바닥 등을 맨발로 걷는 것도 촉각 발달에 훌륭한 자극이 될 수 있다.

이러한 오감 자극은 한 부분만 발달하는 것이 아니라 다른 감각과 연관성을 가지기 때문에 더불어 발달한다. 따라서 자극을 줄 땐 전체적으로 주는 것이 효과적이다. 가령 가까운 야산에 가면 먼 산과 하늘, 나무와 나뭇잎, 풀과 들꽃, 각종 열매 등에서 전달되는 시각 자극으로 시각을 발달시키고, 자연과 함께하는 바람 소리, 새 소리, 풀벌레 소리, 곤충 소리 등으로 청각을 발달시키며, 열매나 꽃 등의 맛을 보면서 미각을 발달시키고, 나무껍질, 꽃, 잎, 열매, 버섯 등을 만져 보면서 촉각을 발달시키며, 꽃향기와 나뭇잎, 숲속에서 나는 냄새 등으로 후각을 발달시킬 수 있다.

태어나서부터 만 3세까지

똑똑하고 총명한 머리를 가진 아이와 그렇지 못한 아이는 약 1,000억 개에 달하는 뇌 신경세포 회로의 치밀한 정도에 따라 결정된다. 특히 만 3세까지의 뇌세포가 가장 활발하면서도 빠르게 발달하여 아이들이 최대한 많이 깨달을 수 있는 시기이다. 따라서 이때의 경험이 뇌 발달을 좌우한다고 할 정도로 사람의 인생에서 가장 중요한 시기이다. 이제 세계의 관심은 만 3세까지의 아이들에게 모이고 있다. 이들 교육 선진국들은 모두 경험과 자극의 조기교육을 강조한다. 바로 이 시기 뇌의 중요성을 알기 때문이다. 따라서 태어나서부터 만 3세까지의 발달을 잘 활용하려면 어떻게 해야 할까?

첫째, 전반적으로 모든 뇌 영역이 고루 발달하여야 한다. 풍부한 환경 속에서 다양한 경험의 오감만족으로 두뇌를 골고루 자극할 때 뇌 발달이 효과적으로 이루어진다. 즉 지나친 언어교육이나 편협한 학습처럼 한쪽으로 치우치게 발달시키려는 것은 두뇌 발달에 별 도움이 되지 않는 것이다. 이 시기는 물체의 기능을 알게 하기보다 모래를 만져 보면서 느끼게 하고 꽃이나 곤충을 보고 대화를 나누는 것과 같이 현재에서 일어나는 일의 감각을 배우는 것이 중요하다.

둘째, 자율적인 체험으로 다양한 경험을 하여야 한다. 아이 스스로 주변을 탐색하고 사물을 조작하며 실험하는 자율적인 체험을 통해 다양한 경험을 하고 그 과정에서 이해하고 깨닫는 자극이 많아야 한다. 아이가 마음껏 뛰어놀면서 그리기, 칠하기 만들기 등의 미술 놀이를 하거나, 리듬에 따라 두드리기, 몸동작하기 등의 음악 놀이나 말타기, 공놀이와 같은 몸으로 부딪쳐 노는 놀이 등이 도움 된다.

이 시기에 주의해야 할 것은 다음과 같다.

첫째, 부모의 요구 때문에 나이에 맞지 않는 조기교육을 지나치게 하지 말아야 한다. 이는 스트레스 호르몬이 장기기억을 담당하는 해마를 쪼그라들게 하면서 신경세포의 발달을 억제하여 아이의 뇌 발달을 방해하기 때문이다.

둘째, 가능한 한 시각 매체에 노출되지 않아야 한다. TV, 컴퓨터, 스마트폰 등은 시각을 자극하는 현란한 화면에 의해 오감의 균등한 발달을 저해하고, 언어나 감성의 상호작용 없이 일방적으로 이루어지므로 아이의 언어발달이나 두뇌 발달을 방해하며, 즉각 만족을 추구하여 자기 조절능력을 부족하게 한다.

이 시기 부모가 아이에게 해 주어야 할 것은 스스로 탐구할 수 있는 환경을 제공해 주고, 자기의 생각으로 선택할 수 있도록 허용하며, 스스로 노력한 것과 성취하기까지의 과정을 격려하고 칭찬하는 것이다.

(2) 아이는 밖에서 많이 놀아야 한다.

전문가에 따르면 '놀이는 아이에게 세상 전부이며, 놀이를 통해 자신과 세상을 익혀간다.'라고 한다. 따라서 놀이는 단순히 노는 것이 아니라 경험하고 깨달아 세상을 알아가는 교육의 장이 된다. 아이는 놀이를 통해서 친구들과 사귀며, 노는 가운데 신체발달을 이루어 건강하게 성장하고, 정서가 안정되어 긍정적 사고를 하게 된다. 또한, 놀면서 자신과 다른 사람과의 관계, 자신과 주변 사물과의 관계를 파악하며 주변 세상을 알아가게 된다. 즉 공부를 잘할 수 있는 튼튼한 기초를 닦게 되는 것이다. 그러나 요즘 아이들은 조기교육 또는 선행교육을 하면서 대부분 부모가 정해 준 계획표대로 움직여 밖에서 마음껏 놀 수 있는 시간이 별로 없다. 어린이집이나 유치원, 학교 등의 교육기관을 마치고 나면 과외학습을 하거나 문화센터에 가야 하며, 마음껏 뛰어놀기 위해서는 키즈카페에 가야 한다. 그러다 보니 아이들이 놀이터에 가도 또래들을 만나기 힘들어 오래 머물지 않는다. 또한, 실내의 물건들은 깨끗하게 정리되어 있어 아이들이 만지기에는 부담스러우며, 실내 공간에서 마음껏 소리치며 뛰어다니지 못한다.

아이를 이처럼 실내에서만 생활하게 하는 것은 누군가가 온도를 맞춰 주고 물을 주어야 하는 온실 속의 화초처럼 자라게 하는 것과 같다. 성공의 길을 달리는 아이는 갇힌 공간이 아닌 밖으로, 자연으로 나가 마음껏 자유롭게 놀아야 한다. 아이는 부모의 정서적 애착 속에 밖에 나가서 자유롭게 또래들과 관계를 가지며 뛰어노는 것이 가장 자연스러운 섭리이다. 만약 놀이를 빼앗겨 자유스럽게 놀지 못하게 된다면 아이들의 두뇌에는 왕성하고 치밀한 시냅스를 형성하지 못해 뇌 발달에 도움을 주지 못하고, 건강한 발달을 이루면서 자라는 데 힘겨움이 있으며, 정서적 만족이 부족하여 안정적인 심리상태가 되기도 어려워진다. 따라서 아이들은 밖에 나가 마음껏 관계를 가지며 놀아야 한다.

① 놀이에 대한 일반적 이해

놀이에 대해 일반적으로 이해하여야 할 내용은 다음과 같다.

첫째, 놀이는 스스로 놀고 싶은 동기를 가져야 한다. 아이 스스로 놀고 싶은 동기를 가지고 자기 생각을 펼쳐 나가게 되면, 아이는 주도성을 가지고 훨씬 활기찬 놀이를 하게 되고 더욱 재미있는 놀이를 하게 된다. 이를 위해 부모는 아이들이 놀이를 직접 선택하고 그 선택에 따른 놀이를 할 수 있도록 동기를 높여 주어야 한다.

둘째, 놀이는 자유롭게 마음껏 놀 수 있는 것이어야 한다. 자유 놀이는 스스로 하고 싶어 할 수 있도록 누구의 간섭도 받지 말아야 하고, 상상력을 마음껏 펼칠 수 있도록 틀에 짜여 있어서도 안 되는 것이다. 이는 어려운 것이 아니라 아이들이 자유를 가지고 마음껏 놀게 되면 본능적으로 이루게 되는 것들이다. 아이들은 마음껏 노는 시간적 여유가 있을 때 뭔가 재미있는 것을 생각하여 흥미 있는 놀이를 하게 되며, 이런저런 규칙도 만들어 보게 된다. 이는 아이의 다양한 생각으로 창의성을 키우며 행복감 수준도 높이게 된다.

셋째, 놀이는 기본적으로 위험을 감수해야 한다. 아이들이 미끄럼틀을 타다 보면 단조로움에 재미를 잃고 미끄럼을 타고 내려오는 반대 방향으로 올라가거나 계속 넘어지면서도 자전거를 타려고 하는 것처럼 이 시기는 자신의 흥미와 호기심을 충족하기 위해 어느 정도의 위험은 감수해야 한다. 그 이유는 위험이 아이를 키우기 때문이다. 위험 감수를 통해 새로운 호기심을 해결할 수 있게 되고, 자기 능력의 한계를 깨닫게 된다.

넷째, 놀이는 부모와의 정서적 애착을 필요로 한다. 아이들은 친구들과 마음껏 도전하고 재미있게 놀아야 한다. 그러나 여기에는 아이를 사랑으로 지지하고 믿어 주는 부모와의 정서적 애착이 밑바탕에 자리 잡고 있어야 한다. 즉 부모가 아이의 든든한 울타리가 되어 줄 때 아이가 세상을 마음껏 탐구하면서 친구들과 즐겁게 놀 수 있기 때문이다. 그러나 여기에 문제가 생기면, 아이는 정서적 불안정과 관계기술 부족으로 친구들과 놀면서 건강한 놀이로 이어가지 못하거나 자기 욕구와 감정이 앞서 다툼이나 언쟁이 생겨 부정적 행동이 증가하게 된다. 아이는 친구들과 마음껏 놀고 난 뒤 집에 가서는 다시 부모의 품 안에서 정서적 애착을 형성하며 소통할 수 있어야 한다.

② 아이가 밖에서 많이 놀아야 하는 이유

아이는 밖에서 시끌벅적하게 뛰어놀아야 하는데 요즘 아이들은 TV를 보거나 온라인 게임, 블록 놀이처럼 혼자서 노는 놀이를 하면서 바깥에 잘 나가 놀지 않는다. 그러다 보니 밖에서 놀면 얻을 수 있는 즐거움과 기쁨, 교육적 효과를 놓치고, 사회적 기술도 미숙하다. 아이들이 밖에서 놀아야 할 이유를 살펴보면 다음과 같다.

첫째, 마음껏 뛰어놀아야 두뇌가 발달한다. 아이들이 마음껏 뛰어놀고 난 뒤 무엇을 하게 되면 집중력이 높아지고 학습속도가 빨라지게 된다. 이는 아이들이 뛰어놀 때 두뇌에 산소가 공급되면서 뇌 활동이 촉진되는데 이때 기억력과 집중력이 높아져, 학습속도가 빨라지기 때문이다. 이에 대해 과학전문지 뉴사이언티스트의 연구에서는 '운동은 뇌 발달을 촉진한다고 하면서 운동을 하면 뇌 전체에 두뇌 신경 촉진인자(BDNF)가 증가하여 집중력을 높이고 창의력이 뛰어나며 활력이 넘치게 한다.'라고 하였다. 이는 뇌 가소성을 높여 신경세포의 연결망인 시냅스 활동을 왕성하게 하여 두뇌가 발달하게 된다. 이때의 운동은 근력운동보다 조금씩 많이 움직이는 걷기, 자전거 타기, 레저 스포츠 등의 유산소운동이 좋다.

둘째, 신체적 발달이 이루어지고 면역력이 자란다. 요즘 아이들은 영양 상태가 좋아서 신체발달도 빠르고 체격도 좋지만, 체력은 그렇지 못해 집중력과 끈기가 부족한 경우가 많다. 또한, 많은 아이는 깨끗한 실내에서 자라 면역력이 떨어져 쉽게 알레르기 질환이나 감기에 걸리게 된다. 우리 아이들이 건강해지고 면역력을 높이기 위해서는 햇볕을 쬐며, 친구들과 신나게 놀면서 체력을 기르는 게 가장 중요하다. 운동장에서 열심히 뛰어놀거나, 공원이나 야산에서 자연을 느끼며 마음껏 노는 아이들은 심폐기능이 좋아져 병에 대한 저항력이 강해지고 체력 또한 좋아지게 된다.

셋째, 정서적 안정을 준다. 아이들도 부모의 관심 부족이나 욕구좌절 등 여러 원인으로 인해 스트레스를 받는다. 어른은 스트레스를 받으면 다양한 방법으로 해소하거나 대응할 수 있지만, 아이들은 어른과는 달리 스트레스에 대해 어떻게 행동해야 할지를 모르기 때문에 불안하여 손을 빤다든지 말없이 짜증을 잘 낸다든지 하는 이유 없는 행동을 하게 된다. 아이가 밖으로 나가 마음껏 뛰어놀며 놀이를 즐기게 되면 즐거운 감정에 의해 자연스럽게 스트레스가 해소되면서 정서적 안정과 발달에 이바지하게 된다.

넷째, 사람으로서 살아가는 방식을 익혀 나간다. 또래와의 놀이에서 이기기 위해서는 내가 어떻게 해야 하고, 다른 친구들로부터 인정받으려면 어떻게 해야 하며, 친하게 잘 지내기 위해서는 어떻게 해야 하는지를 알아차리고 스스로 배우게 된다. 또한, 친구들과 같이 놀이하면서 어떻게 자기주장을 하고, 다른 아이의 주장을 받아들여 어떻게 타협하는 것이 효과적인지의 관계성을 깨닫게 된다. 이러한 관계기술은 어린 시절 놀이할 때 친구들과 관계를 맺어 가며 깨달아 배우게 된다. 만약 이 시기에 아이들과 함께 노는 놀이가 부족하게 되면 다른 사람을 잘 이해하지 못하여 관계성이 부족하고 자기주장을 하는 데 어려움을 느끼게 된다.

다섯째, 자연은 아이에게 무한한 영감과 상상력을 선사하여 창의성을 발달시킨다. 실내 공간에서 소리 지르고 떠들거나 뛰어다니거나 높은 곳에 올라가면 제재를 받게 되지만, 자연에서는 소리 지를 수 있어야 하고, 큰 소리로 대화를 나누면서 떠들 수 있어야 하며, 마음껏 뛰어다니며 높은 곳에 올라갈 수도 있어야 한다. 이처럼 아이들이 자연에 가면 탁 트인 넓은 공간에서 마음껏 즐기며 무한한 상상력으로 자유롭게 자신을 표현할 수 있게 된다. 자연은 다양성을 가지고 있으며 기능성이 없는 장난감으로서 놀이의 소재만을 제공할 뿐 완제품을 주지 않는다. (로봇이나 총과 같은 완제품은 기능성만 있어서 그 기능을 알고 익히게 되면 아이의 흥미와 호기심에서 점점 멀어지게 된다.) 더구나 우리 아이들은 나무 막대기나 돌, 나뭇잎 같은 비정형화되고 미완성된 소재로써 새로운 게임을 만들어 놀거나 그러한 재료들을 조합하여 미술 작품을 만들면서 잘 응용하여 논다. 또한, 자연 속에서 놀다 보면 맑은 공기나 동식물들의 삶의 터전과 같이 자연환경의 소중함을 깨닫게 되고, 움직이는 생물을 잡거나 각종 열매나 꽃을 관찰하면서 아이의 숨겨진 상상력과 창의력이 계발된다. 이때 부모는 아이들이 충분히 즐기고 응용할 시간을 주어야 한다.

여섯째, 리더십 있는 아이가 되어 사회성 발달을 이룬다. 아이가 놀이하는 가운데 부딪치는 문제를 해결하거나 어려운 상황을 스스로 극복하게 되면 창의적 문제해결 능력 향상과 함께 리더십 있는 아이가 된다. 이를 위해 부모는 아이와 정서적 애착을 형성하면서 또래 아이들과 세상을 향해 마음껏 탐색하고 탐구하면서 어울려 놀 수 있도록 허용하여야 하며, 자기의 생각으로 선택하고 판단할 수 있는 자율성을 존중해 주어야 한다. 아이들끼리 놀다 보면 언쟁과 다툼이 벌어지기도 하지만, 부모와의 정서적 애착이 강한 아이는 부모에게 실망을 주지 않으려 하고, 부모에게 인정받으려 하므로, 또래들과 어울려 아이 나름의 질서를 만들어 가게 되면서 사회적 관계에서 발생하는 문제해결력을 기르게 되어 사회성이 발달하게 된다.

부모 중에는 아이의 학습만을 중요하게 생각하여 아이들이 마음껏 뛰어노는 것을 쓸데없는 행동으로 여기는가 하면, 놀이 자체를 즐겨 아이와 잘 놀아 주는 예도 있으며, 아이와 놀아 주어야 한다는 것은 알지만 아이랑 놀아 주는 방법을 몰라서 놀아 주지 못하는 예도 있다. 만약 지금의 부모가 어릴 때 자신의 부모와 잘 놀아 본 경험이 많다면 현재 자신의 아이와 잘 놀아

가족과의 놀이

줄 가능성이 크지만, 그러지 못하고 자신의 부모와 놀아 본 경험이 부족하다면 현재 자신의 아이와 잘 놀아 주지 못한다. 그러나 아이의 든든한 울타리요 산과 같은 백그라운드의 역할을 하는 부모와의 놀이는 성공의 길을 달리는 아이에게 있어 무엇과도 바꿀 수 없는 든든한 자산이 된다. 따라서 부모는 자신의 부모로부터 영향을 받은 대물림의 양육에서 벗어나 아이와 마음껏 놀아 주어야 한다. 부모와 함께하는 놀이에서 가장 중요한 것은 아이와의 상호작용으로 소통하는 것이며 부모 주도가 아닌 아이의 자발적 생각과 의지를 존중하는 아이 주도의 놀이가 되어 다양한 경험에 따른 교육적 자극을 주는 것이다.

(3) 아이는 예술로써 놀아야 한다.

피카소(Pablo Picasso)는 '모든 어린이는 예술가로 태어난다. 하지만 자라면서 그 창의성을 유지하는 것이 문제다.'라고 하였다. 노래 부르면서 춤을 추고, 벽이나 방바닥 어디에든 그림을 그리는 것은 모든 아이의 공통된 욕구이다. 오늘날 사회는 '얼마나 지식을 많이 알고 있는가?'보다는 지식을 자기의 것으로 해석하여 또 다른 결과물을 만들어 내는 창의성을 요구한다. 아이들은 문학, 연극, 음악, 미술 등의 풍부한 예술 경험을 통해 자기 생각을 자유롭게 표현하면서 창의성을 발달시키고 전인적 발달을 가져가게 된다.

① 문학

아이에 있어 문학이라 말할 수 있는 아이의 책 읽기에 관하여 기술하였으며 그 내용은 다음과 같다.

가. 동화책 읽어 주기

부모님과 책 읽는 것에 흥미를 느끼고 즐기게 되면 유아기 아이들은 책을 통해 듣기와 말하기를 하면서 자기 표현력을 향상하고, 스스로 언어와 글에 흥미를 갖게 되어 언어발달과 상상력에 도움을 준다. 또한, 여러 어휘를 사용하여 다양하게 표현하는 방법과 단어의 활용방법도 익히게 된다. 따라서 부모가 동화책을 읽어 주는 아이와 그렇지 않은 아이는 어휘력 발달과 단어 활용에서 크게 차이가 나게 된다. 또한, 아이들은 책을 통해서 친구와 어떻게 놀아야 하는지, 해야 할 일과 해서는 안 될 일 등을 깨닫게 되어 사회성과 도덕적 개념들을 직·간접적으로 배우게 된다. 그러나 무엇보다 부모와 체온을 나누면서 친밀한 유대감이 생기며 부모에게 사랑을 받고 있다는 생각에 정서적 안정감이 생긴다.

부모가 동화책을 읽어 주거나 이야기를 들려줄 때 아이가 그 내용에 흥미를 느끼고 집중하게 된다면 아이는 신기하게도 그 내용을 머릿속에서 시각화하면서 듣게 된다. 책 내용을 상징하는 한 페이지의 그림만 보아도 아이는 페이지마다 그림을 보면서 이야기를 듣지 않아도 머릿속에 이야기 내용을 시각화하면서 듣게 되는 것이다. 가령 “그때 호랑이 임금님이 숲에서 ‘어흥’ 하고 나타났어요. 그러고는 못된 여우에게 말하였습니다.”라는 문장을 말하였을 때 아이들은 그 장면을 머릿속에 그려내어 상상하게 되는 것이다. 이는 마치 아이가 그림 그리거나 만들기로써 창작 작업을 하고자 할 때 표현하고자 하는 대상의 이미지를 머릿속에 먼저 떠올린 후에 작업에 임하거나, 어머니에 대해 글짓기를 하고자 할 때 머릿속에 어머니의 이미지를 먼저 정리한 후에 글을 적는 것과 같다. 이렇게 시각화하는 아이들의 상상력은 뜻을 이해하는 독해력과 이야기를 종합적으로 이해하는 능력으로 발달하여 인지발달과 함께 창의력을 키우게 된다. 따라서 아이의 미래를 생각하는 부모라면 아이를 안아 주며 소리 내어 책을 읽어 주어야 한다. 만약 이야기를 동영상이나 애니메이션으로 보여 주면 아이는 머릿속에서 이야기를 상상하여 그려 볼 필요가 없어 상상의 나래를 펼치지 못하게 된다.

사랑하는 부모 품에 안기거나 팔베개한 채 이야기를 들으면서 자연스럽게 잠들었던 기억은 부모에게나 아이에게나 아름다운 추억으로 간직되는 경우가 많다. 아이들은 이러한 시간이 너무 좋아 같은 이야기이지만 계속해서 들려달라고 한다. 이처럼 아이가 잠투정하지 않고 평안하게 잠을 재우기 위해 들려주는 잠자리 동화는 다른 사람의 말을 잘 들어 주고, 다른 사람의 마음을 헤아려 주는 능력이 쌓이게 하며, 엄마와 떨어져 잠드는 것을 두려워하는 분리불안을 해소하면서 안정 애착에 이바지하게 된다. 물론 잠자리 동화책은 편안하고 즐거움을 주는 내용이어야 한다.

나. 상호작용의 중요성

아이가 책을 읽지 않는다고 일방적이거나 강제적으로 책을 읽게 하기보다 부모랑 아이가 함께 책을 읽는 것이 좋다. 아이에게는 엄마와 함께한다는 것, 엄마에게 관심받는다는 것 그 자체가 중요하기 때문이다. 책을 읽고자 할 때 엄마가 어떤 책을 가지고 와서 "이 책 읽자."라고 하기보다 스스로 책을 찾아오도록 하여 아이의 자발적 선택을 존중하여 읽는 것이 책을 읽고자 하는 아이의 호기심을 더 자극하게 되어 주도성을 가지게 된다. 책을 읽는 중간중간에 아이가 질문하거나 자기의 경험을 말하게 되면, 책을 계속해서 읽기보다 잠시 멈추고 "응 그랬구나. 그때 좋았겠네?", "그런 일이 있었구나. 다음에는 어떻게 하면 좋을까?"라면서 아이와 대화를 나누는 것이 더 중요하다. 또한, 책을 읽는 중간이나 책을 다 읽고 난 뒤, 아이에게 책 내용에 관해 '토끼는 왜 그렇게 했을까?'처럼 구체적으로 질문하거나, (동화의 그림을 차례대로 보여 주면서) 책 내용을 설명하게 하거나, 책 내용에서 느낀 점을 말하게 하거나, '늑대처럼 친구를 괴롭히면 어떻게 되겠니?'와 같이 책 내용과 관련된 개방식 질문을 한다. 이처럼 책을 읽으면서 아이의 반응을 살펴 질문하고 답하거나, 책을 다 읽고 난 후 책 내용과 관련하여 나누는 상호작용은 아이의 발달에 있어 매우 중요하다. 이러한 상호작용은 '어떻게 접근하느냐?'에 따라 아이의 갈등이나 심리적 문제까지 해결할 수 있게 된다. 가령 다음과 같은 예를 들 수 있다.

A(엄마) B(아이)

A: 이 책에서 기린은 왜 그렇게 했을까?

B: 화가 나서 그랬어요. 원숭이가 자꾸 놀렸거든요.

A: 그랬구나, 너도 기린처럼 화가 난 적은 없었니?

B: 있었어요. 어제 친구들이랑 놀고 있는데 다른 친구가 방해해서 화가 났어요.

A: 그랬구나, 속상했겠다. 그때 너는 어떻게 했었니?

B: 왜 방해하니? 하면서 못하게 했는데도 계속 그렇게 하니까 서로 다투었어요.

A: 그랬구나, 서로 사이좋게 지냈으면 좋으련만, 다음에 또 이런 일이 생기면 너는 어떻게 할 것 같니?

B: 재미있게 놀고 있는데 그렇게 하면 놀 수 없으니까 "우리 사이좋게 같이 놀자."라고 말해 보겠습니다.

A: 역시 생각 잘하는 엄마 딸, 친구에게 화를 내기보다 대화로 문제를 해결하려 하니 대견하구나. 엄마 생각에도 그 친구가 너희들이랑 놀고 싶은데 같이 놀아주지 않아 그랬지 않았을까 하는 생각이 드네. 그렇지만 너희들의 놀이를 방해할 만큼 앞서 안 좋은 감정이 있었는지 확인해 볼 필요도 있을 것 같구나. 가령 '너희들이 그 친구에게 듣기 싫은 말을 하였거나, 지금처럼 안 놀아주었거나' 하지는 않았는지 말이다. 엄마의 생각을 참고해 보렴.

대화에서 중요한 것은 엄마가 먼저 답을 말하거나, '이렇게 하는 것이 좋다.'라고 가르쳐 주듯 말하여서는 안 된다는 것이다. 즉 부모의 생각보다 아이의 생각이 우선되어야 하며, 아이 스스로 문제를 해결할 수 있도록 바탕을 마련해 주어야 한다는 것이다. 만약 아이의 문제해결에서 부족하다는 생각이 들거나 염려스러운 부분이 있다면 '엄마 생각은 이렇단다.'라고 의견을 말하되, 선택과 결론은 아이에게 양보하여야 한다. 이때 아이는 스스로의 선택에 따른 책임감을 느끼고 자기 주도적으로 문제를 해결하게 된다.

또한, 아이를 부모의 무릎 위에 앉혀서 책을 읽어 주거나, 아이의 등을 뒤에서 안아 주면서 책 읽는 소리를 듣게 하거나 아이가 소파 위에 올라가 바닥에 앉아서 책을 읽어 주고 있는 부모의 등에 밀착시켜 안거나 매달리면서 부모의 책 읽어 주는 소리를 듣게 되면, 정서 교감으로서 상호작용을 하게 된다.

다. 상상으로 함께 자라기

상상력은 우리 뇌의 가장 앞부분에 있는 전전두엽에서 비롯된다. 아이가 책을 읽게 되면 전전두엽이 활성화되어 상상력과 창의력을 키우게 된다. 상상력이란 '실제로 경험하지 않았거나 경험할 수 없는 현상을 머릿속에서 어떠한 이미지로 만들어 내는 것'을 말한다. 따라서 상상력은 창조적 사고의 밑바탕이 된다. 이러한 상상력은 선천적으로 타고난 것이 아니라 경험으로 얼마든지 발달시킬 수 있는 능력이다.

아이가 자연스럽게 책의 세계로 들어가 상상으로 함께 자라기 위해서는 아이가 조금은 심심할 수 있도록 시간적 여유를 허용해 주어야 한다. 아이들이 심심하게 되면 책을 뒤적여 보게 되고 그 책에서 재미를 느끼면서 상상의 세계로 안내되기 때문이다. 이를 다음의 사례에서 살펴볼 수 있다.

> 부모는 맞벌이하여 저녁이 되어야 집에 온다. 평소 아이는 자기 할 일을 마치고 나면 부모님이 오실 때까지 대부분 시간을 컴퓨터나 스마트폰으로 게임을 하였다. 이를 걱정한 부모님은 아이와의 대화 후 다음과 같이 약속하였다. '하루 1시간 게임 하는 것은 허락하되 그 시간을 토, 일요일에 몰아서 한다.' 그래서 평일 부모가 돌아올 때까지 게임을 하지 못해 심심해진 아이는 어느 순간 책을 뒤적이더니 며칠 후 누가 읽으라고 강요하지 않았는데도 스스로 책을 읽기 시작하였다. 이를 안 부모는 뒤질세라 읽은 책 내용으로 대화의 시간을 가지거나 그 내용을 자기에게 적용하여 보도록 하여 상상력을 자극하였다.

책을 많이 읽는 아이는 상상력이 발달되어 머릿속에서 연상작용을 잘하게 되며, 논리적 사고력을 키워 주게 되어 창조성이 발달한다. 그리고 책을 통해서 배경 지식을 갖추어 가게 되어 집중력이 높아지면서 창의적 문제해결 능력이 향상되어 두뇌가 발달한다.

독서와 창의성

자기의 생각으로 새롭고 유용한 것을 만들어 내는 것을 창의성이라 한다. 모든 사람이 지닌 본능으로 누구나 가질 수 있고 계발될 수 있는 능력이다. 아이들은 비록 그것을 배우지 않더라도 자신을 표현하기 위해 창의성을 사용하게 된다. 창의성 있는 아이는 스스로 하고자 하는 자발성을 바탕으로 자신의 노력으로 해야 한다는 자기 주도적 태도를 지니고 있어 자신이 하는 활동을 실천에 옮기려는 욕구가 있다.

따라서 부모는 아이의 독서를 통해 창의성을 향상하기 위해서

첫째, 아이를 재촉하지 않아야 한다. 아이들은 해결할 수 있는 쉬운 창의적 방법을 항상 생각하므로 책 내용과 관련한 부모의 질문에 재촉하여 답하게 하기보다 아이에게 시간적인 여유를 주어야 한다. 여유가 있을 때 창의적인 생각이 떠오르며 문제를 해결하기 때문이다.

둘째, '나라면'이라는 생각과 확산적 사고를 할 수 있도록 한다. 동화책을 읽는 중간이나 다 읽고 난 뒤에 "나라면 이렇게 할 것이다."와 같이 '만약 나라면'이라는 생각을 말하면서 대화의 시간을 가진다. 또한, 아이가 다양한 생각과 상상을 점차 확산적으로 할 수 있도록 질문하는 것도 중요하다. 가령 "어떻게 생각하니?", "새로운 방법은 없을까?", "그렇다면 이렇게 하는 것은 또 어떻게 생각하니?"와 같은 질문을 예로 들 수 있다.

셋째, 개방형 질문을 많이 한다. "이럴 때 너는 어떻게 해야 한다고 생각하니?", "그렇게 한다면 다른 친구들이 너에게 뭐라고 말할 것 같니?" 등의 정답이 정해지지 않는 개방형 질문을 하여 아이가 다양하고 폭넓게 생각할 수 있도록 한다.

넷째, 책 읽은 것을 그림 그리게 한다. 책을 읽고 난 뒤 느낀 점이나 인상 깊었던 내용을 그림 그리거나 만들기를 하여 공감각을 길러 주어야 한다. 자신이 생각하고 깨달은 내용을 이미지화하거나 찰흙이나 재활용품 등으로 상징하여 만들게 되면 아이의 창의력과 문제해결 능력이 향상되면서 공감각이 길러진다.

다섯째, 아이에게 적당히 어려운 과제를 주어야 한다. 동화책 내용에서 아이와 질문하고 답하는 상호작용이나 공감각을 기르고자 하는 활동에서 아이가 노력한다면 해결할 수 있는 적당히 어려운 과제를 주어야 한다. 이때 아이는 의욕을 보이면서 적극적으로 주도하게 된다.

* 공감각: 하나의 감각이 다른 영역의 감각을 불러일으켜 전이 현상이 나타나는 것
* 상징: 무엇을 나타내고자 하는 것으로서 우주선을 만들었다면 우주선을 상징한 것이 된다. 아이는 상징을 나타내는 활동에서 기쁨과 즐거움, 만족감을 느낀다.

② 연극

아이들의 연극은 일반 연극과는 달리 아이 중심의 놀이가 되어야 하므로 아이의 상상력으로 놀이를 연극화하고 표현하여야 한다. 그러므로 부모는 연극화하려는 아이들의 판단과 결정에 영향을 주는 것이 아니라, 어떻게 할 것인가를 아이들과 함께 생각해 보는 것이며 아이와 함께 노는 것이다.

가. 아이는 역할 연극이라 할 수 있는 역할놀이를 많이 하여야 한다

역할놀이는 가상의 상황을 설정하여 각자 다른 사람의 역할을 맡아 노는 놀이로서 가상놀이라고 부르기도 한다. 만 3세 이후의 아이들에게는 소꿉놀이, 병원놀이, 시장놀이 등 직·간접으로 경험한 사건으로 구성해 나가는 역할놀이는 빼놓을 수 없는 일상 놀이의 하나가 된다. 아이들이 역할놀이를 하는 이유는 '모방하고자 하는 심리' 때문으로 엄마 아빠의 흉내를 모방하는 소꿉놀이와 같이 아이들이 좋아하거나 동경하는 사람을 연기하거나 상황을 묘사하여 대리 만족을 느끼기 때문이다.

- 소꿉놀이: 음식 만들기, 살림살이처럼 일상에서 접하는 소재들로 놀이하며, 돌과 잎 등 자연재료나 가정생활 용품 같은 놀이기구를 이용한다. 아이는 가장 힘 있는 엄마 아빠를 모방하면서 대리만족을 느끼게 된다.
- 가게 놀이: 주인과 손님, 직원 등의 역할을 한다. 돈을 줘야 물건을 사게 되므로 아이에게 돈이라는 개념을 접하게 하는 첫 놀이이다. 주인 역할을 하면서 자부심을 느끼고 손님으로 대우받으면서 만족감을 느낀다.

나. 아이와 함께 역할놀이 하는 방법

놀이에서 아이의 상대가 되는 어른은 아이에게 '어떻게 해야 한다.'라고 가르쳐 주거나 계획한 의도에 따라 놀게 하는 것이 아니라, 아이의 관심사 중심으로 놀아 주어야 한다. 그러므로 놀이에 목적이 있거나 교육하려 해서는 안 되는 것이다. 따라서 아이와 함께 역할놀이를 하고자 하는 부모는 아이의 생각으로 계획하고 선택할 수 있도록 허용해 주어야 하며, 아이가 하는 역할 선정이나 이야기의 전개 방식이 부족하고 서툴러도 아이 스스로 놀이를 이끌어 갈 수 있도록 주도성을 존중하여야 한다. 또한, 아이와의 역할놀이를 위해서 아이의 수준에 맞는 단어와 표정, 몸짓으로 놀아 주어야 한다. 만약 부모가 어른의 눈높이에서 놀거나, 가르쳐 주면서 수정해 주려 한다면 아이는 놀이에 대해 흥미를 잃게 된다.

다. 역할놀이는 아이의 발달에 많은 도움을 준다

역할놀이에는 아이의 발달에 도움을 주는 교육적 가치를 많이 가지고 있는데 그 내용을 살펴보면 다음과 같다.

첫째, 다른 사람의 처지를 이해하면서 자신의 행동을 돌아보게 한다. 역할놀이에서는 각자 역할을 맡고 그 역할의 사람이 되어 말을 하고 행동을 해야 한다. 이런 역할놀이가 아이들에게는 자신이 아닌 다른 사람의 입장과 처지를 생각해 보는 좋은 경험이 되어 자기중심적 사고에서 벗어나 공감 능력을 키워 사회성 발달에 도움을 주게 된다. 또한, 다른 사람이 자신에 대해 역할로써 표현하는 것을 보면서 자신의 행동을 돌아볼 수 있게 되어 아이에게 더 좋은 습관이 생기도록 한다. 가령, 떼쓰기가 심한 아이와 역할놀이 할 때, 엄마가 아이 역할을 하고 아이가 엄마 역할을 맡는다. 아이가 떼쓰는 모습을 엄마가 그대로 흉내를 내다 보면 아이는 떼쓰는 모습에서 자신의 행동을 돌아보게 된다.

둘째, 언어발달과 자기 표현력 향상에 효과적이다. 아이가 자기의 생각을 말로 표현하면서 표현언어가, 다른 사람의 말을 듣고 이해하면서 수용언어가 동시에 향상된다. 이러한 다양한 언어 자극은 언어를 마음대로 구사하는 능력과 함께 자기의 생각을 상황에 맞게 잘 표현하는 표현 능력이 향상된다.

셋째, 정서적 안정에 도움을 준다. 아이는 자기의 생각을 외적으로 마음껏 표현하면서 스트레스를 해소하고 부정적 정서를 순화하면서 정서안정에 이바지하게 된다.

넷째, 다양한 사회적 기술을 증진 시킨다. 역할놀이는 다른 사람과의 상호작용으로 이루어지기 때문에 아이는 자신의 감정과 의사를 적절하게 표현하고 상대의 관점에서 설득하거나 타협하면서 긍정적인 또래 관계를 유지하는 다양한 사회적 기술을 증진 시키게 된다.

다섯째, 창의적 인지발달을 향상한다. 사전계획과 대본 없이 이루어지는 아이들의 역할놀이에서 아이들은 역할을 표현하기 위해 자신이 겪은 경험을 바탕으로 많은 상상을 하면서 선택과 결정을 한다. 아이들은 등장인물과 배역 등의 역할들을 즉흥적으로 정하기도 하고 다양한 물건을 생활용품이나 운송수단으로 탄생시키기도 한다(예쁜 작은 상자는 TV, 큰 상자는 자동차 등). 따라서 아이들은 역할놀이를 하는 과정 중에 수많은 상상을 하면서 문제를 해결하게 되어 창의적 인지발달과 창의적 문제해결 능력을 향상하게 된다.

여섯째, 역할놀이는 불안을 해소하고 심리적 안정감을 준다. 아이가 어린이집에 가기 싫다고 고집을 부릴 때 엄마가 무지개어린이집 선생님을 하고 아이가 뽀로로 역할을 하면서 뽀로로가 사는 무지개어린이집 놀이를 하게 되면 어린이집에 가기 싫어하는 마음을 해소하는 데 도움을 줄 수 있다. 또한, 자기가 좋아하는 뽀로로 역할을 하고 나면 뽀로로의 모방심리 욕구를 충족한 기쁨과 뽀로로에 대해 마음껏 표현한 만족감에 의해 심리적 안정감을 가지게 된다.

일곱째, 아이의 심리를 유추할 수 있다. 아이들이 소꿉놀이할 때 엄마 아빠를 어떻게 표현하는지, 선생님 놀이를 하면서 선생님과 자신을 어떻게 표현하는지를 보게 되면 아이 눈에 비친 모습을 알 수 있으므로 아이의 심리를 유추해 볼 수 있다. 아이들은 자신의 경험에서 나오는 내면의 생각을 저항감 없이 그대로 표현하기 때문이다.

부모는 역할놀이 도중 아이가 기발한 생각을 말하거나, 친구를 도와주거나, 양보하는 등 놀이 과정에서의 긍정적인 부분이나 행동에 대해 격려하고 칭찬하여야 하며, 아이들이 설정한 주제에 벗어나는 놀이가 되지 않도록 하거나 놀이를 지속할 수 있도록 중재 역할을 할 수 있어야 한다.

아이와 함께할 수 있는 심리 역할극

- **전화 놀이**: 종이컵이나 작은 플라스틱병 등으로 전화기를 만들어 2미터 정도의 길이로 선을 연결한 후 그 길이만큼 서로 떨어진다. 전화를 걸어 전화기로 질문하고 답한다. (효과적인 질문의 예: "오늘 재미있었던 건 뭐야?", "더 좋은 방법은 없을까?")
- **역할 바꾸기**: 아이가 엄마 되고 엄마가 아이 되듯이 상대역과 역할을 바꾸어 보는 것이다. 아이는 다른 사람의 역할을 해 봄으로써 다른 사람의 입장을 더 잘 이해할 수 있고 자신을 돌아보고 반성할 기회를 얻게 된다.
- **등 뒤기**: 아이는 등 뒤기 대상자가 되어 엄마 아빠로부터 등을 돌려 안쪽에 앉고 엄마 아빠는 마치 아이가 그곳에 없는 것처럼, 아이를 주제로 토론한다. 아이는 그에 관해 이야기하는 것을 엿듣는다. (돌아가면서 등 뒤기 대상자가 된다.)
- **가구 장면**: 엄마는 앞에 놓인 여러 상자에 직접 가구나 전자제품의 이름을 붙이고 아이는 그것과 대화를 나눈다. (아이가 이름을 붙이고 엄마가 대화를 나눈다.)
- **심판의 장면**: 재판을 받는 사람은 예수님, 부처님, 염라대왕 등 이상적인 인물들과 만나게 되고 거기에서 바른생활, 죄의식, 가치관 등에 있어서 잘한 것이나 잘못한 것을 재판형식으로 말하고 이상적인 인물은 이를 비판하거나 바른길로 안내하거나 칭찬하면서 판결을 내린다. 예를 들면 다음과 같다.
  - 재판받는 사람: 염라대왕님! 요즘 스마트폰을 많이 사용하는데 그러면 어떻게 되죠?
    염라대왕: 저런 스마트폰을 많이 하면 눈이 나빠지고~ 그런 것도 아직 모르느냐? 너의 생각을 한번 말하여 보아라.

③ 음악

아기의 청각은 태내에서부터 발달하여 태내의 여러 소리와 함께 엄마 아빠의 목소리를 비롯해 여러 상황에서 다양한 소리를 듣게 된다. 이는 아기가 태어나면서부터 음악을 받아들일 준비가 되어 있다는 것과 같다. 따라서 음악은 어릴 때부터 시작하는 것이 좋다. 독일의 음악교육자인 오르프(Carl Orff)는 "음악은 모든 영유아의 것이어야 하며 정도의 차이는 있지만 모든 사람은 음악성을 가지고 태어난다."라고 하였으며 음악교육 이론가인 고든 박사(Edwin Gordon)는 "모든 사람이 지능이 있는 것처럼 모든 유아는 음악적 잠재력을 가지고 있지만, 이는 유아기 환경의 영향을 받는다."라고 하였다. 따라서 사람은 음악적 환경을 일찍 접할수록 보다 높은 수준의 음악적 잠재력을 가지게 되므로 음악교육은 어릴 때부터 시작할수록 더 뛰어난 효과를 얻을 수 있다. 따라서 이러한 음악적 잠재력과 음악적 효과를 최대화하기 위해서는 일찍부터 풍부하고 다양한 음악적 환경을 조성해 주고 경험을 제공해 주어야 한다.

많은 부모가 음악교육을 하면 노래를 잘 부르고 악기연주를 잘하게 될 것으로 기대한다. 이는 교육의 효과를 눈으로 확인할 수 있으며 다른 사람으로부터 칭송을 들을 수 있기 때문이다. 그러나 아이에게서 음악교육이란 교육적 효과가 눈에 보이는 음악 그 자체를 잘하는 것이라기보다는 아이가 음악으로써 노는 것이며, 음악으로 즐기는 것이며, 음악으로 함께하는 방법들을 몸으로 터득하는 것이다. 따라서 아이들은 음악을 어렵고 힘들다기보다 재미있고 흥미로운 놀이 활동으로 인식하여 음악을 즐길 수 있어야 한다.

가정에서 할 수 있는 음악 활동

① **노래 부르기**: 노래 부르기는 자발적 음악 표현의 첫 형태로서 동요의 노랫말은 아이의 생활 중심으로 구성되어 있어 아이들의 정서발달에 적합하다.

② **음악과 율동(표현 동작, 다양한 춤, 형식 체조 등)**
- '씨앗', '작은동물원', '넌 할 수 있어라고 말해 주세요' 등의 동요를 부르며 율동을 한다.
- '둘이 살짝 손잡고', '빙빙 돌아라', '호키포키' 등의 율동 동요를 부르며 율동을 같이한다.
- 음악을 귀로만 듣는 것이 아니라 몸 전체로 들음으로써 음악에 맞춰 자유롭게 신체 움직임으로 표현한다.

③ **음악감상**: 여러 장르의 음악을 감상하고 그 음악에 관하여 대화를 나눈다. 음악을 들으며 느꼈던 생각, 떠오르는 기억, 사용된 악기, 악기 외 나는 소리는 또 무엇이 있는지 등

④ **즉흥연주**: 음악적 훈련이나 배경 없이도 표현하게 해 주는 방법으로 음악의 리듬에 맞춰 주로 타악기를 두드리거나 흔들어 표현한다. 즉흥연주를 하면서 동요를 부르기도 하고 한 사람의 즉흥연주에 맞춰 신체 움직임으로 표현한다.

⑤ **노래 만들기**: 기존의 곡에 부분적 또는 전체적으로 직접 가사를 바꾸어 노래를 부른다.

⑥ **음악 놀이(게임)**: '나처럼 해봐라', '악수하고 악수하고 짝짝짝', '그대로 멈춰라', '여우야 여우야 뭐하니?' 등

⑦ **배경음악을 사용한 활동**: 배경음악을 들으며 휴식, 그림 그리기, 편안한 대화, 신체 움직임이 있는 활동 등을 한다. 때에 따라 아이가 좋아하는 음악을 들려준다.

p. 105~106 참조.

아이가 음악으로 즐기고 음악으로 함께하였을 때의 좋은 점을 살펴보면 다음과 같다.

첫째, 집중력을 높여 인지를 발달시킨다. 잔잔하고 안정적인 음악을 들려주거나, 또래와 함께 '둥글게 둥글게', '빙빙 돌아라'와 같은 즐거운 음악 율동을 하거나, 좋아하는 동요에 맞춰 자신에게 해당하는 내용으로 가사를 개사하여 부르는 등의 음악 활동을 즐겁게 하다 보면 집중력을 높여 인지를 발달시킨다. 가령 '도깨비나라'의 동요에 맞춰 가사를 개사한다면 '친구하고 사이좋은 김예나 공주. 예나 공주 지팡이로 무엇을 할까? 왕관 나와라 와라, 뽀로롱. 마차 나와라, 와라, 뽀로롱.'과 같이 불러 볼 수 있을 것이다.

둘째, 언어 능력을 향상하고 어휘를 풍부하게 한다. '동물 흉내', '곰 세 마리', '나란히 나란히', '머리 어깨 무릎 발', '수박파티'와 같이 비슷한 단어가 반복되거나, 의성어가 있어 흥미를 주는 동요 등을 부모와 같이 부르거나 노래를 반복해서 들려주면 아이의 언어발달과 어휘력 발달에 도움을 줄 수 있다. 또한, 글을 배우는 아이에게는 이와 같은 동요를 부르고 난 다음 그 곡의 가사를 적어 글을 익히게 되면 효과적이게 된다.

셋째, 두뇌계발에 도움을 준다. 어릴 때부터 다양한 음악을 들으며 적절한 청각적 경험과 자극을 주고, 몸으로 부딪쳐 놀면서 즐거운 정서를 경험하게 되면 뇌 신경망이 치밀해져 두뇌 발달이 더 빨리 이루어지게 된다. 따라서 부모는 아이가 음악을 친근하게 느껴, 자주 들으며 생활에 음악이 배어 나올 수 있도록 도와주어야 한다. 또한, 음악의 리듬을 이용하여 몸 놀이하거나, 노래를 부르며 율동을 하는 등 아이가 음악으로 즐겁고 흥겨운 시간을 가지게 되면 두뇌 발달을 촉진하며 정서적 안정에 도움을 주어 집중력 있는 창의적인 아이로 자라게 된다. 그러므로 아이에게 악기연주를 무리하게 시켜 음악에 싫증을 느끼게 하기보다 집에서 다양한 악기 소리나 음악을 들려주고 함께 음악으로 놀아 주어 음악에 대한 호기심을 자극하는 것이 더 중요하다.

넷째, 기억력을 높여 주고 상상력을 키워 준다. 음악 전문가들에 의하면 어떤 음을 듣고 음의 높이를 식별해 내는 절대음감은 인지적 의식으로 기억하기 힘든 유아기의 음악적 환경이 결정적 영향을 준다고 한다. 우리의 의식은 인지하지 못해도 뇌세포가 이를 기억하고 있는 것이다. 또한, 자신이 좋아하는 음악이 나오면 그 음악을 듣기 위해 정신을 집중하게 되고 아이가 새로운 노래를 불렀거나 새로운 율동, 새로운 음악 놀이 등을 하게 되면 잊어버리지 않기 위해 집중하게 되는데, 이러한 일련의 과정이 아이의 기억력을 향상하는 데 도움을 주게 된다. 또한, 음악감상과 노래 가사의 이해는 아이들의 머릿속에 이미지를 가지게 하므로 상상력을 키우게 된다.

다섯째, 사회성을 배울 수 있다. 함께 부른 합창과 돌림노래, 함께 한 율동과 음악 게임, 음악에 맞춰 함께 즉흥적으로 연주하는 것 등은 혼자 할 때 보다 다른 사람과 함께 할 때 즐겁고 유익이 있음을 깨닫게 되어 사회성이 발달한다. 그리고 이를 위해서는 서로 간의 노력이 필요하고 협동이 필요하다는 것을 알게 된다. 협동은 가장 긍정적인 상호작용의 하나로서, 하고자 하는 공동 목표에 도달하기 위해 여러 사람이 함께 힘을 합하는 것을 말한다. 따라서 협동심은 또래와의 상호작용과 정서 지능 등 아이의 성장과 발달에 중요한 역할을 하며 사회적 관계를 원활하게 맺는 데 도움을 주게 된다. 전자매체와 친하여 혼자서만 많이 노는 요즘 아이들에게 가장 훼손되기 쉬운 것이 사회성이다.

여섯째, 성취감을 느끼게 하여 자신감을 높여 준다. 자기 표현력이 부족하여 율동을 못 한다고 하는 아이가 선생님과 함께 손을 잡고 조금씩 율동을 하더니 지금은 다른 친구와 어울려 자연스럽게 율동을 하게 되었다. 또는 용기가 부족하여 음악에 맞춰 자유롭게 신체 움직임을 표현하지 못하다가, 다른 친구들과 어울려 조금씩 신체 움직임으로 표현하곤 하더니 지금은 음악에 맞춰 스스로 신체 움직임으로 표현하였다. 이처럼 자신의 부족함이나 어려움을 극복한 성취감은 뿌듯한 느낌의 정서적 만족감으로 자리 잡아 자신감이라는 피드백을 주게 된다.

음악에 맞춰 즉흥연주 하면서 신체적 움직임으로 표현하는 아이들

④ 미술

요즘 아이들은 놀이라고 하면 로봇이나 인형, 컴퓨터 게임 등 완성된 것들을 가지고 노는 것을 생각한다. 나뭇잎, 돌멩이, 모래, 버려지는 상자, 휴지심, 페트병 등 별것 아니라고 여겨지는 재료들을 활용하여 스스로 만들어서 노는 능력을 잃어 가고 있다. 우리 삶의 많은 공간이 이미 상업화되어서 아이들이 노는 놀이마저도 소비가 된 시대가 되었기 때문이다. 아이는 본능적으로 무엇을 그리거나 만들고 싶어 하는 욕구가 있어 심심하거나 시간적 여유가 생기게 되면 주변의 다양한 재료로 자기만의 그림, 자기만의 작품을 만들어서 상상의 나래를 펼치며 논다. 이렇게 무엇을 그리고 표현한다는 것은 아이의 무한한 가능성을 나타내는 것이 된다. 아이에게 미술은 그들의 모든 감각을 이용하여 표현하는 것으로서 아이가 경험하고 느낀 다양한 생활의 모습을 표현하는 하나의 매개체

가 되며 자신의 내면세계를 표현하려는 본능이 담기게 된다. 아이의 미술은 창의성의 표현이므로 아이가 그린 그림이 마치 낙서한 것처럼 보이고 아무렇게나 색칠한 것처럼 느껴져도 부모가 개입하여 '이렇게 하는 거야.'라고 가르쳐 주거나 지도하는 것은 적절하지 못하다. 아이가 그린 그림에는 아이의 생각이나 사고, 아이만의 표현이 담겨 있기 때문이다.

아이에게서 자기만의 생각을 마음껏 표현한다는 것은 창의성의 가장 중요한 전제조건이 된다. 자기의 자발적 생각으로 '나는 무엇을 할 것이며 어떤 재료로서 어떻게 표현할 것이다.'를 스스로 선택하거나 판단할 때 자율성이 나타나며, 이는 자기 주도로 이어져 작품제작에 집중하는 몰입을 하게 된다. 이러한 몰입은 작품 완성을 위해 최상의 주의 집중력을 발휘하여 부딪치는 많은 문제를 해결하게 된다. 가령 '로봇이 넘어지지 않고 바로 세워져 있게 하려면 어떻게 다리를 만들어야 할까?, 어떤 재료를 사용하면 로봇 다리에 어울릴까?' 등의 문제를 창의적으로 해결하였을 때 마침내 작품이 완성된다. 작품 완성이라는 성취 경험은 아이에게 전인적 발달과 함께 정서 만족과 자신감을 향상하게 된다. 따라서 아이 중심의 창작 작품은 미적 능력과 조형 능력의 발달뿐만 아니라 정서적이고 심리적으로 건강함을 줄 수 있는 표현활동이 된다. 또한, 완성된 작품에 대해 아이가 사용한 재료, 작품설명 등을 말하고, 이와 관련하여 부모나 교사가 개방식으로 질문하고 답하는 대화의 시간을 가진다. 여기에다 "윤재가 만든 우주선이 발사대에서 우주로 날아가려고 합니다. 친구들은 빨리 타세요. 자~ 우주로 날아갑니다. 슈~웅." 하면서 완성된 작품으로 아이들과 같이 놀게 되면 아이는 더욱 신이 나 상상력과 문제해결 능력을 향상하며, 많은 것을 깨달아 내적 발달을 스스로 이루어가게 된다.

그러나 우리의 교육 현실은 이와는 달리 부모나 교사 중심의 미술교육으로 아이의 미술교육이 바르게 제공되지 못하는 경우가 많다. 그 이유는 부모나 교사가 머릿속에 완성작에 대한 이미지를 가지고서 무엇을 하자고 정해 주거나, 사용할 재료를 제공해 주고 무엇을 하라고 제시하기 때문이다. 또한, 아이에 대한 인식 부족과 아이 중심 미술에 대한 지식 부족으로 인해 '아이는 아직 미발달되어 어리니까 어른처럼 잘 그리고 아름답게 표현하면 된다.'라고 생각하거나, 표현적 기교가 뛰어난 그림을 모방하여 잘 그리게 하여 모방 자체가 목적이 되게 하거나, 인쇄된 형태에 색칠하게 하는 등의 개념적 표현을 하기 때문이다. 그리고 미술대회나 과제 평가를 위해 그림을 서열화하는 과정에서 잘 그려서 보여 주고자 하는 외적 기능에 얽매이게 되는 부작용도 한몫하기 때문이다.

가정에서 할 수 있는 미술 활동

- **사인펜 그림:** 사인펜으로 마음껏 그리고 칠한 후 그 위에 적당히 물을 묻혀 번지게 한다. 만족스럽지 않을 때는 물기가 완전히 마른 후 다시 작업한다.
- **크레파스 가루붙이기:** 몽땅 크레파스를 가루로 만든 후 미리 풀칠해진(그림을 그린 후 필요한 부분에 풀칠한다) 부분에 흩뿌려서 붙인다.
- **물감 불기:** 수채물감을 떨어뜨린 후 빨대로 불어서 나타낸다.
- **분무기로 뿌리기:** 넓은 화지에 색상을 담은 분무기(뿌리고 싶은 색상의 물감을 분무기에 담긴 물에 짜서 푼다)를 재미있게 뿌린다. 다른 색의 분무기로 바꾸어서 뿌린다.
- **달력 만들기:** 자신이 좋아하는 달의 달력을 다양한 미술 재료로 표현한다.
- **은박지에 그리기:** 은박지를 평평하게 편 후 매직과 네임펜 등으로 그리고 색칠한다.
- **검은색 색지에 그리기:** 검은색 색지에 색연필이나 크레파스로 그림 그리고 색칠한다.
- **사진 콜라주:** 마음에 드는 잡지 사진을 오려 붙인 후 그와 어울리게 그리거나 꾸민다.
- **식물을 이용한 압화:** 꽃이랑 풀, 꽃잎들을 직접 채취하여 준비한 후 사용하지 않는 책 사이에 휴지를 깔고 그 위에 식물을 가지런히 놓고 다시 휴지를 덮은 후 책을 덮는다. 며칠 후 식물이 마른 다음 화지(색지)에 마른 식물을 풀로 붙여가며 꾸며서 완성한다.
- **자연물로 표현해요:** 돌, 나뭇가지, 풀잎이나 나뭇잎, 꽃 등의 자연물을 무독성 본드나 글루건 등으로 붙여서 표현한다.
- **돌에 그림그리기:** 다양한 형태의 돌에다 그리고 색칠한다.

p. 107~108 참조

만약 이처럼 아이들의 미술활동이 아이의 특정한 소질이나 기능만을 가르치는 교육으로 전락한다면, 아이에게 내재한 무한한 창의성과 가능성, 잠재력은 개발될 수 없게 된다. 그러므로 바람직한 아이의 미술 활동은 아이들이 일상생활 속에서 호기심을 갖고 탐색하며 생각한 것을 자기만의 생각으로 마음껏 표현하는 창의적 활동이어야 하며, 아이의 생각과 사고, 감정에 의한 내면의 표현이어야 한다. 따라서 아이의 바른 미술활동은 훌륭한 미술적 능력을 갖춘 기능인이나 미술인을 양성하는 것이 아니라, 아이들의 무한한 가능성이 마음껏 펼쳐질 수 있도록 돕는 것이다.

아이의 미술 활동이 중요한 이유는 다음과 같다.

첫째, 미적 안목을 기르고 조형 능력을 함양한다. 미적 안목은 대상의 아름다움을 느끼고 이해하는 것이며, 대상의 형상을 미술 작품으로 표현하는 힘을 조형 능력이라 한다. 그것은 단순히 외적인 표현 능력(잘 그리고 잘 만드는 것)을 기르는 것이 아니라 다양한 재료와 기법으로 자유롭게 탐색하고 창의적으로 표현하는 것이다.

둘째, 창의성을 계발하고 창의적 문제해결 능력을 향상한다. 아이는 미술활동 과정에서 주제나 재료 선택, 표현방법과 색상활용 등 다양한 제작 문제와 부딪치게 되고 이러한 문제를 스스로 해결해 나가면서 창의성과 창의적 문제해결 능력이 길러진다. 이를 위해 부모나 교사가 개입하는 외부적 요소는 최소화하고 자율성을 최대한 보장하여야 한다.

셋째, 감정 표출에 의한 정서 순화로 긍정적인 정서발달을 가져다준다. 미술활동으로 자기 생각과 느낌을 마음껏 표현한다는 것은 아이에게는 그 자체가 기쁨과 즐거움이 되어 일상생활에서의 긴장을 완화하고 부정적 감정을 해소한다. 또한, 아이는 자신이 창조한 작품에 대해 자신감을 느끼게 되어 정서발달과 함께 긍정적인 자아개념형성에 도움을 준다.

넷째, 탐구력이나 주의 집중력, 상상력, 사고능력의 향상 등 인지능력이 발달한다. 아이는 무엇을 어떤 재료로 어떻게 그려내고 만들 것인지에 대해 결정하여 작업하는 과정을 통하여, 지속적인 주의집중과 탐구의 과정을 경험하고, 풍부한 상상력이 발휘될 수 있는 폭넓은 창작활동을 통하여 자신과 주변 환경에 대한 이해력을 확장해 나가면서 다양한 사고의 인지능력이 발달한다.

다섯째, 언어발달과 자기표현 능력이 향상된다. 아이가 작품을 제작하는 과정에서 재료를 서로 빌리고 사용하면서 대화하거나 자신의 작품에 관해 설명하고 이야기하는 과정의 스토리텔링 등을 통해 언어적 표현 능력과 함께 자기표현 능력이 향상된다.

여섯째, 규칙과 질서를 지키는 가운데 사회성이 발달한다. 함께하는 미술 활동은 친구의 말에 귀 기울일 줄 알게 하고, 타인의 물건에 대한 권리를 존중할 줄 알게 한다. 또한, 사용했던 재료와 도구들을 스스로 잘 정리함으로써 자율성과 책임감을 키우게 한다. 그리고 집단 공동작품을 제작하면서 타인을 이해하고 배려하는 관계성이 향상되어 사회적 상호작용을 경험하게 된다.

가족과 함께한 즐거운 미술 시간

일곱째, 다양한 감각 기관의 발달과 신체발달을 이룬다. 아이는 가위로 종이를 오리고 풀칠하여 붙이거나 크고 넓은 화지에 큼직하게 붓으로 물감칠을 하는 등 다양한 미술매체를 유용성 있게 사용하면서 자연스럽게 미세한 소근육과 대근육 발달이 이루어지게 된다. 또한, 미술 활동은 대부분 시각과 뇌와 손의 협응을 통해 이루어지므로 뇌 발달과 신체발달을 이룰 수 있다.

여덟째, 자신감이 강화되며 책임감이 증진된다. 아이는 창의적 표현에서 만나는 다양한 문제를 해결하면서 작품을 완성하여 성취경험을 가지게 된다. 따라서 다양한 문제의 해결과 작품 완성의 성취경험으로 자신감이 상승하며 이러한 자신감은 스스로 책임을 완수하려 하므로 책임감을 증진한다.

아홉째, 자존감을 상승시켜 자아 성장을 촉진한다. 아이는 내적 동기나 자율성을 바탕으로 자기 주도적 작품제작에 몰입하면서 작품을 완성한다. 이러한 작품 완성이라는 성공의 경험은 아이에게 만족감과 자신감을 심어 주게 된다. 그리고 이러한 만족감은 기분 좋은 경험으로 동기부여를 주어 계속적인 성공의 경험을 반복하게 하며, 이러한 반복은 스스로 선택한 일은 스스로 해낼 수 있다는 아이의 자존감으로 자리 잡아 자아 성장을 촉진하게 된다.

열째, 즐거움과 만족감에 의해 행복감이 증진된다. 다양한 미술 활동의 경험은 일상생활에서의 긴장을 해소하며, 여러 갈등을 정화해 심리적 안정을 꾀하며 정신건강에 도움을 주게 되어 행복감이 증진된다.

이상으로 정신적이고 심리적인 요소가 강화된 아이의 미술 활동에 대해서 그 중요성을 살펴보았다. 이러한 목적달성은 자유로운 아이 중심의 환경에서 완성한 창작 작품일 때 가능하다. 그러므로 부모나 교사는 아이의 작품에 개입하여 도와주거나 가르치려 하기보다 아이의 가장 가까운 조력자이자 촉진자 역할로서 아이의 창작과정을 도울 때 보다 나은 효과를 기대할 수 있게 된다.

장난감의 영향

지금의 아이들은 놀이하면 각종 자동차나 인형, 공룡 세트 등 완성되어 판매되는 장난감이나 완성된 프로그램으로 즐기는 컴퓨터 게임과 같이 완성된 것을 가지고 논다. 그러나 고가의 완성형 장난감을 가지고 놀게 되면, 장난감 설명서대로 조작하거나 조립하여 그 기능만 익히면 되기 때문에 아이가 원하는 다양한 기능을 갖출 수가 없어 며칠 지나지 않아 흥미를 잃고 더는 장난감을 가지고 놀지 않게 된다. 이러한 완성형 장난감으로 놀이하게 되면 상호작용으로 친구들과 함께하기보다 각자 놀이하는 경우가 많다. 이는 키즈카페에서도 마찬가지다. 아이들이 모여 많은 장난감으로 놀지만, 함께 어울려서 놀지는 않는다. 또한, 너무 자세하게 표현되었거나 전자 기술이 들어간 장난감은 '어떻게 만들었지? 어떻게 해서 이렇게 되는 것일까?'라는 아이의 호기심을 위축시키거나 포기하게 만들어 사고력 발달에 별로 도움이 되지 못한다. 또한, 모든 장난감은 세트여야 되고, 자동차는 이러해야 한다는 경직된 사고에 의해 일의 형편에 따라 적절하게 처리하는 융통성이 부족해질 수 있다. 그리고 완성형 장난감으로 놀거나 과도하게 하는 컴퓨터 게임은 아이의 정서적 갈증을 사람이 아닌 물질로 채우려 하고 즉각 만족 때문에 참을성이 부족해져 자기조절 능력에 부정적 영향을 주게 된다. 더구나 아이에게 장난감을 많이 사 주게 되면 부모와의 상호작용이나 정서적 애착에 소홀해질 수 있다.

아이들은 자기의 생각을 표현하고자 하고 자기의 노력으로 성취하고자 하며 무엇인가를 상징하여 나타내고자 하는 욕구가 있다. 그러므로 아이들은 완성형 장난감보다 친구들과 어울려 재활용품을 비롯한 다양한 재료나 도구로써 잘라 붙이고 꾸며 원하는 상징물을 만들어 노는 놀이에 더 재미를 느끼고 만족감을 느끼게 된다. 그곳에는 자기의 생각을 표현한 창의성과 자기의 의지로 선택하고 결정한 자율성이 있고, 자기 주도로써 집중하여 성취한 성공의 경험이 있으며, 또래와 어울려서 함께한 사회성이 있다. 따라서 아이들의 놀이에서 장난감은 아이 스스로 기능을 부여하여 자기의 상상력을 발휘할 수 있는 장난감이어야 하고, 특별한 목적이 없는 장난감으로 아이가 목적을 만들어 가는 놀잇감이 되어야 한다.

필자 노트 plus 9

아이의 잘못된 행동을 수정하는 방법

아이의 잘못된 행동을 바로잡고자 많은 부모는 아이의 잘못을 지적하거나 지시하면서 압력을 행사한다. 그러나 사람은 누구나 지적·지시받는 것을 싫어하므로 수동적으로 되어 행동 변화가 잘 일어나지 않는다. 가령, 운동화를 구겨 신고 있는 아이에게 "왜 운동화를 구겨 신고 다니니? 바로 신어."라고 지적하면서 수정을 강요하면 그것을 즉시 고치고 다음에 같은 상황에 놓일 때 그렇게 하지 않아야겠다고 의욕을 가지는 아이는 많지 않다. 또한, 많은 부모나 교사는 아이가 잘못하거나 실수하게 되면 꾸중이나 문책하여 '그렇게 하지 말고 올바르게 행동해라.'라는 것은 잘하면서도 아이가 잘한 것에 대해 칭찬하여 의욕을 가지게 하는 데는 인색하다. 그러나 아이의 행동을 수정하기 위해서는 부모가 아이의 잘못에 대해 지적 지시하거나 꾸지람하기보다 부모가 알고 있다는 식의 약한 처벌 정도만 하고 수정하고자 하는 행위를 하지 않을 때 칭찬하여 강화를 주게 되면 매우 효과적으로 행동이 수정된다.

사례 5세 여자아이(2녀 1남 중 둘째)는 가끔 손을 빨면서 필요 이상으로 자주 화장실을 왔다 갔다 한다. 엄마와의 전화통화에서 엄마는 '며칠 전 병원에서 주사 맞았고 약을 먹고 있다.'라고 하였다. 그러나 필자는 "평소 하지 않던 손가락 빠는 행동을 조금씩 보이는데 이는 분명 심리적 요인이 있을 겁니다. 그러니 아이가 퇴행 현상을 보일 만큼 부모의 사랑에서 소외되고 있지는 않은지, 형제간 관계에서 욕구불만이 있거나 자신만 인정받지 못하고 있다는 생각을 하지는 않는지 살펴보고, 당분간 아이를 많이 안아 주면서 아이에게 관심과 사랑을 많이 주었으면 좋겠습니다."라고 하였다. 이때는 더 많이 웃고 더 신나는 것이 좋으므로 아빠가 하루 30분 정도 몸으로 놀아주면 좋겠으며, 아이에게 "왜 자꾸 손을 입에 넣니?", "왜 화장실을 자주 가니?" 하면서 잔소리하거나 나무라면 고착화 현상이 생길 수 있으니 하지 않는 게 좋다고 하였다. 그것보다 손을 빨 때는 손을 내려 주면서 살짝 안아 주거나 등을 두드려 주면서 엄마가 알고 있다는 정도로만 느끼게 하면 되며(약한 처벌). 중요한 것은 아이가 손을 빨지 않고 있을 때 빨리 가서 "우리 딸 손을 안 빠니까 이렇게 멋있는데 왜 손을 빨았는지 모르겠네, 게다가 화장실도 이제 왔다 갔다 안 하잖아, 엄마가 너무 기분 좋은걸." 하면서 자주 칭찬해 주는 것(강화)이 더 효과적이라고 말해 주었다. 아이는 칭찬하는 쪽으로 동기를 가지게 되어 행동을 수정하기 때문이다. "지금까지의 내용을, 어머님이 꼭 실천해 주셔야 합니다."라고 엄마에게 당부하였다. 그런 뒤 3일이 지나지 않아 아이는 손 빨고 화장실 자주 오가는 행동이 없어지게 되었다.

행동수정은 사람의 행동을 분석하여 잘못하거나 바람직하지 못한 행동은 소거하고, 긍정적이거나 바람직한 행동은 증가시키는 것을 목표로 한다. 많은 부모와 교사들은 아이의 잘못된 행동에 대해 꾸지람하거나 혼내며 심지어 체벌 같은 강압적 방법으로 잘못된 행동을 반복하지 못하게 하려 한다. 그러나 이러한 방법은 아이가 부모의 억누름에 위축되어 일시적 효과를 보이는 것이지 아이의 내적 뉘우침이나 수정하고자 하는 동기에 의한 것이 아니므로 행동 변화가 일어나기 힘들다. 또한, 누군가가 잘못하면 그 대가를 받아야 한다는 생각을 아이에게 심어 주게 되어 자기보다 어린 동생이 잘못하였을 경우 모방한 행동을 그대로 하는 등의 부작용을 갖게 된다. 따라서 이때는 다음의 강화와 처벌을 적절히 사용하여 부정적 행동을 수정하는 게 좋다.

(1) 강화

아이에게 긍정적이거나 바람직한 행동을 더욱더 증가시킬 수 있도록 어떠한 좋은 대가를 주어 마음에 반응이 일어나게 하는 것을 말한다.

① 강화의 종류

가. 정적 강화(적극적 강화)

어떤 긍정적 행동이나 바람직한 행동을 하면 행동한 아이가 좋아하는 것(보상, 칭찬, 인정, 상장 등)을 제공하여 행동을 증가시키는 방법이다.

예 "이 힘든 것을 혼자 다 했어? 역시 든든한 친구야!" 또는 애국가 부르기 대회에서 열심히 노력하여 상장을 받게 되었다.

나. 부적 강화(소극적 강화)

어떤 긍정적 행동이나 바람직한 행동을 하면 행동한 아이가 원하지 않는 것(체벌, 꾸중, 제재, 불편함 등)을 제거하거나 회피시켜 주어 행동을 증가시키는 방법이다.

예 "이야~이걸 네가 정리 다 했어? 네 덕분에 오늘 엄마가 해야 할 일이 줄어 기분 너무 좋은걸, 이제 지난번 정리 안 해서 사용 못 하게 했던 서랍에 있는 재료들을 마음대로 사용해도 된다."

(2) 처벌

부정적이거나 바람직하지 못한 행동을 감소시키거나 억압시키기 위해 행동한 아이가 싫어하는 어떠한 대가를 주어 마음에 반응이 일어나게 하는 것을 말하며, 아이의 잘못된 행동에 대하여 혼내거나 강압을 주기보다 이처럼 처벌하는 것이 더 효과적이며 저항감을 없앨 수 있다.

② 처벌의 종류

가. 제시형 처벌

부정적 행동이나 바람직하지 못한 행동을 하면 행동한 아이가 싫어하는 것(벌점 부과, 청소 등)을 제공하여 행동의 빈도를 감소시키는 방법이다.

예 "네가 그렇게 하니까 친구들이 싫어하잖아? 만약 다음에 또 이런 일이 있다면 넌 친구들이랑 놀이터에서 놀지 말고 선생님과 같이 친구들을 위해 청소해야 해. 알았지."

나. 박탈형 처벌

부정적인 행동이나 바람직하지 못한 행동을 하면 행동한 아이가 좋아하는 것 (특권, 권리, 이득 등)을 제거하여 행동의 빈도를 감소시키는 방법이다.

예 "네가 그렇게 하니까 친구들이 싫어하잖아? 만약 다음에 또 이런 일이 있다면 네가 이번에 인사 상과 함께 받기로 한 상품을 취소하겠다."

CHAPTER 8

성공의 길을 달리기 위해 반드시 성취해야 할 과업

주제: 자연과의 동화(와트만지 위에 수묵채색)

주제: 애착(캔버스 위에 크레파스)

캔버스 위에 밝고 연한 원색 계열의 크레파스로 마음껏 색칠한 뒤 그 위에 검정 또는 검정색 가까운 어두운색으로 다시 골고루 칠하였다. 그런 후 뾰족한 끌로 마지막에 칠한 어두운색을 긁어내면서 엄마와 아이 사이의 정서적 유대감인 애착 상황을 표현하였다.

사람이 주어진 환경에 잘 적응하기 위해서는 각 발달 단계에서 성취해야 할 과업들이 있다. 이러한 발달과업을 잘 성취하면 행복하게 되어 그다음 단계의 발달과업을 원만히 수행할 수 있게 되지만, 반대로 발달과업을 이루지 못한다면 개인적으로 불행해지고 사회적으로 인정받지 못하여 다음 단계의 과업에 어려움이 생긴다. 그러므로 각 발달 단계마다 요구되는 발달 과업은 그 단계에서 반드시 해결하는 것이 중요하다. 본 단원에서는 성공의 길을 달리는 아이가 반드시 성취해야 할 네 가지 발달과업을 서술하고자 한다.

1. 행복한 아이로 만드는 안정 애착

1) 애착이란?

제2차 세계 대전 직후 생겨난 부랑아와 고아들이 많은 사회적 관계에 어려움을 겪자 UN에서는 심리분석가이자 심리치료사인 존 보울비(John Bowlby)에게 이 문제에 관한 문서를 작성하도록 하였다. 이 경험을 바탕으로 보울비는 애착 이론의 토대가 되는 이론을 만들었고, 이 이론은 매리 애인스워스(Mary Ainsworth)나 로버트슨(James Robertson) 등의 자료와 연구로 발전되었다(위키백과, 2018. 9.). 애착이란 개인이 주 양육자와 애정적 친밀감을 가지는 것을 말하며 사람과 사람을 연결하는 깊고 지속적인 정서적 유대감이다. 애착 연구의 초기에는 아기와 양육자 사이의 애정적 유대 관계만을 의미하였으나 현대에 와서는 자녀가 심리적으로나 경제적으로 완전한 독립을 이룰 때까지 부모와의 애착이 필요하다고 인식한다.

애착은 나이에 따라 차이를 보인다. 어린 아기들은 낯선 사람이 나타나거나 놀라게 되면 반사작용으로 엄마를 안으면서 애착을 표현하게 되는데 이때 아기들에게 목표는 자신을 돌보는 사람을 근처에 두고 신체로써 접촉하는 것이다. 즉 애착 대상에게 심리적으로나 신체적으로 근접하여 접촉하는 것이다. 그러다 기어가거나 걸어 다니기 시작할 무렵부터 아기는 친숙한 애착 대상인 엄마를 하나의 안전기지로 이용하기 시작한다. 아이는 이 안전기지를 중심으로 하여 주변을 탐험하고 실험하면서 놀다가 다시 돌아오는 과정을 반복하는 것이다. 엄마가 주는 안정과 보호가 보장되어야 알지 못하는 영역에 도전할 수 있기 때문이다. 아이가 점점 성장하면서 부모는 양육의 역할을 하는 자로서, 아이에게 위안을 주는 자로서, 아이가 나아갈 방향에 대한 인도자로서, 아이에게 삶의 모범을 보이는 모범자로서 정서적 친밀감을 주는 애착을 형성하여야 한다. 그러다 성인이 되면서 점점 심리적 친밀감으로 발전하여야 한다.

2) 최초의 애착

(1) 최초의 애착은 이후 인간관계의 원형이 된다

최초의 애착은 보통 생후 1년간을 말하며 아기를 돌봐주는 주 양육자(엄마)와 애착을 형성한다. 과거 한때는 잘 먹여 배고픈 욕구를 만족시켜 주거나 위생적으로 깨끗하게 해 주면 아기가 잘 자랄 것으로 생각하였던 때가 있었다. 그러나 그렇게 해서 자란 아이들은 병에 잘 걸리거나 발달지연이 나타나는 등 정상적인 성장을 하지 못했다. 아기에게 안정 애착을 형성하기 위해서는 아기가 배고프거나, 기저귀가 젖었을 때, 불편할 때 등의 울음, 몸짓, 표정 등의 신호에 대해서 빨리 알아차리고, 즉각적으로 대처해 주어야 한다. 이때 아기는 자기 욕구를 누군가 들어준다는 생각을 하게 되어 정서적 만족감과 신뢰감을 가지게 된다. 반면 아기가 보내는 신호에 엄마가 민감하게 반응하지 못하고 무시하거나 혹은 아이가 울 때 엄마가 불안해하면서 어떻게 해야 할지를 모른다든가 신경질을 내는 등의 감정적 반응으로 대한다면 아기는 불안정 애착을 형성하게 된다.

아기는 미소, 눈 맞춤, 옹알이 등의 귀엽고 예쁜 표정으로 부모의 관심을 끌어내거나 울음, 붙잡기 등으로 부모의 보호 본능을 자극하여 애착 행동을 한다. 이에 질세라 엄마도 아기를 안아 주면서 미소짓고, 눈 맞춤하고, 말을 건네고,

안아 올려주면서 달래는 등 엄마가 아기 옆에 더욱 가까이 있으면서 아기를 사랑으로 돌보아 주게 된다. 이렇게 아기는 엄마의 애정 속에 생활하다 불안을 느끼게 되면 엄마에게 즉시 안겨 위로를 받게 되어 쉽게 안정을 되찾게 되는데 이때 엄마는 아기가 가지는 스트레스에 완충 역할을 하게 된다. 즉 아기는 자신을 돌보는 사람을 근처에 두고 신체접촉을 하면서 안정을 추구하는 것이다. 만약 그렇지 못해 애착 경험 결핍인 불안정 애착이 형성된 아기의 경우 이러한 스트레스에 완충할 수 있는 현상이나 역할이 없어 불안함으로 인해 두뇌 발달이 저해된다. 그러다 생후 6개월 이후의 아기는 기어 다닐 수 있게 되면서 부모를 안전기지 삼아 주변을 탐색하고 탐험했다가 돌아가는 과정을 반복한다. 이때 부모가 안정 애착 속에 안전기지 역할을 잘할수록 "엄마는 내가 필요로 할 때 언제나 그 자리에 있을 거야."라는 확신에 기초하여 아기는 용기와 자신감을 가지고 경험해 보지 못한 외부 세계를 탐색해 나갈 수 있게 된다.

출생부터 1년까지의 초기 애착은 매우 중요하다. 이 시기 주 양육자와의 관계를 통해 형성된 애정적 친밀감은 아기의 단순한 발달적 특성을 설명하는 개념이 아니라 아이가 자라면서 관계를 맺게 되는 친구 관계나 이성 관계, 부부 관계, 다른 사람과의 관계 그리고 결혼 후 자신의 자녀와의 관계인 다음 세대에까지 영향을 미치게 된다. 즉 이 시기 부모와 아이 간의 최초의 유대 관계가 향후 모든 관계의 토대가 되어 전 생애에 영향을 주게 되는 것이다.

따라서 아이와의 애착에서 부모의 역할은 그만큼 중요할 수밖에 없다. 그 이유는 다음과 같다.

첫째, 부모와의 초기 경험이 아이의 두뇌에 저장되었다가 아이가 자라면서 행동으로 나타나기 때문이다. 평소 엄마는 부드러운 미소와 온화한 얼굴로 눈맞춤하면서 신체접촉으로 즐겁게 놀아준다. '내가 우니까 엄마가 젖을 먹여 주거나 기저귀를 갈아 준다.'와 같이 아기는 자신을 돌보는 엄마가 '자신의 욕구를 얼마나 만족스럽게 충족하여 주느냐?'를 뇌에 저장한다. 이러한 안정감은 엄마에 대한 신뢰감이 형성되도록 하면서 두뇌에 저장되어 이후 긍정적인 행동으로 나타나게 된다. 이처럼 아이는 엄마에게서 받은 초기 경험의 인상을 바탕으로 자신과 다른 사람들을 이해하게 된다. 그 결과 우수한 지능과 풍부한 감정을 갖추면서 타인에 대한 신뢰감과 리더십에 영향을 주게 된다.

이와 같은 부모와의 초기 경험에 따른 아기의 두뇌에 저장된 영구적인 인상들은 아이가 자라면서 생활 속에서 나타나게 된다. 가령, 같이 놀던 아이들이 싫어하는 행동을 하는 친구가 기분 나쁘다며 함께 괴롭히자고 한다. 하지만 어릴 때부터 애착이 잘 충족된 아이는 자신을 믿는 부모에게 실망을 주게 될까 봐 친구를 괴롭히는 것을 불편해한다. 이런 아이는 안정 애착 속에 공감 능력이 발달하였고, 부모의 보살핌에 대한 권위에 보답할 줄 알게 된 것이다.

안정 애착을 형성하는 부모와의 초기 경험	아기의 두뇌에 저장되어 나타나는 행동
아기가 배가 고파 할 때 민감하게 반응하여 먹여 준다.	엄마가 나의 요구를 만족시켜 주기 때문에 다른 사람들의 요구에 긍정적으로 반응하며 믿을 수 있게 행동한다.
아기와 자주 눈 맞춤하면서 대화를 나눈다.	엄마의 얼굴과 대화를 나누게 되면 기분이 좋아지면서 따뜻함을 느끼게 되므로 다른 사람의 감정을 읽고 공감할 줄 아는 따뜻한 정서를 가진다.
아기를 자주 안아 준다.	엄마에게 안겨 있으면 평온해지므로 다른 사람들과 편안하게 친밀감을 형성한다.
아기에게 친밀감과 함께 따뜻한 사랑을 전달한다.	엄마는 따뜻한 사랑으로 행복한 느낌을 주므로 다른 사람과 긍정적 관계를 맺으며 사랑을 전할 줄 알게 된다.

둘째, 부모의 행동이 아이의 정서발달과 성격에 가장 큰 영향을 주기 때문이다. 아기들은 세상을 향해 하나씩 깨달아 가기 위해 노력하고 있음에도 불구하고 부모 중에는 아이가 무엇을 하고자 하면 힘들다고 도와주려 하고, 위험하다고 보호하려 하며, 더러워진다고 보행기 등에 태워 행동을 제한시킨다. 그러나 아이들은 한없이 부지런하여 스스로 움직일 수 있게 되면서부터 쉬지 않고, 무엇인가를 만지고, 두드려 보고, 열어 보고 닫으면서 끊임없이 세상을 알아가기 위해 탐색과 탐구의 실험을 한다. 이처럼 수많은 경험을 통해 아이는 자신을 둘

러싼 세계를 알아가는 자극을 받으면서 발달하고 성장해 나간다. 따라서 부모가 아이들에게 해 주어야 할 것은 스스로 탐구하고 실험할 수 있는 환경을 제공하고 자신의 노력으로 성취하였을 때 칭찬하는 것이다. 이는 아이의 긍정적인 정서발달과 성실성을 갖춘 성격에 영향을 미치게 된다.

셋째, 사람의 두뇌는 태어나 1년 동안 가장 많이 발달하기 때문이다. 세상에 태어났을 때 아기의 많은 뇌세포(뉴런)는 아직 연결되지 않은 상태로 흔들거리고 있다. 아기가 세상을 경험하면서 받는 자극으로 인해 뇌세포의 연결이 매일 무수히 만들어지면서 뇌 신경망은 점점 체계화되면서 정보를 저장해 간다. 이 시기 아이가 경험하는 것 중 가장 큰 영향을 미치는 것은 부모가 아이와 즐겁게 지낼 때 나타나는 정서적 교류이다. 부모가 아이와 함께 상호작용하면서 즐겁게 놀아 주게 되면 아이의 뇌는 건강하게 발달하여 지적 능력과 정서 능력, 사회적 능력이 뛰어난 아이로 성장하게 된다.

(2) 애착의 네 가지 유형

생후 1년, 아기들은 이 시기에 자신을 돌봐주는 사람과 애정적 친밀감인 애착 관계를 형성한다. 그러나 애착 형성을 위해 엄마가 얼마나 헌신하였느냐에 따라 애착 관계는 조금씩 다르다. 가령, 아기가 엄마를 자신의 안전기지로 여기고 있어 힘들고 불안해지면 언제든 엄마 품에 안겨 위로받으면서 안정을 찾을 수 있다고 믿게 되면 안정 애착을 형성한 것이 된다. 그러나 신뢰했던 엄마가 정서적으로 안정을 주지 못하여 안전기지가 되지 못한다면 불안정 애착이 형성된다.

발달심리학자인 애인스워스(Ainsworth)는 '낯선 상황 절차'라는 실험법을 통해 애착유형을 안정 애착, 불안정-회피 애착, 불안정-저항 애착의 세 유형으로 구분하였다. 이후 메인(Main)과 솔로몬(Solomon)은 위의 세 유형에 들어가지 않는 아기들이 있음을 알게 되어 이를 연구한 결과 아기들이 어떤 공통점이 있다는 것을 알고 '불안정-혼란 애착'이라는 이름을 붙였다.

낯선 상황 절차 실험

처음 와본 낯선 놀이방이지만, 많은 장난감을 비치하고 꾸민 안락한 방에 생후 1년여의 아기들을 20분 동안 놀도록 하고 엄마가 있을 때와 없을 때, 그리고 엄마와 떨어지고 다시 만났을 때 아기의 행동을 관찰하였다. 실험결과 애착에는 부모의 양육 태도에 따라서 다음 네 가지 유형으로 나뉘었다.

첫째, 안정 애착

연구대상의 65% 정도가 안정 애착을 보였으며 낯선 상황 절차에서 아이는 엄마를 안전기지 삼아 호기심에 가득 차 주위를 탐색하기 위해 엄마에게서 쉽게 떨어져 장난감을 가지고 놀았다. 엄마가 아이를 두고 밖으로 나가자 안전기지 역할을 하던 엄마가 없어지게 되어 아이는 당황하며 불안함을 느낀다. 하지만 엄마가 돌아와 안아 주면서 위로해 주자 아기는 곧 안정을 되찾아 다시 장난감을 가지고 놀았다. 안정 애착의 아이들은 불안한 상황에서 엄마로부터 위로를 받으려고 하지만 진정되면 곧바로 원래의 놀이를 하게 된다.

→ 아이의 엄마는 아이의 요구에 민감하게 반응하였으며, 아이 스스로 노는 것을 충분히 허용하였다. 따라서 아이는 엄마가 자신의 요구에 반응해 주리라는 믿음을 가지고 있었다.

둘째, 불안정-회피 애착

연구대상의 20% 정도가 불안정한 회피 애착을 보였다. 낯선 상황 절차에서 아이는 엄마에게 별 반응을 보이지 않고 놀았으며, 엄마가 아이를 두고 밖으로 나가도 울지 않았고, 돌아와도 반응 없이 회피하여 엄마와의 정서적 친밀감을 추구하지 않았다. 이는 엄마로부터 거절당했던 기억 때문에 엄마가 자신의 요구에 반응해 주고 안아 주며 위로해 주리라는 믿음이 없기 때문이다. 아이는 낯선 사람에게나 엄마에게나 별 차이 없이 비슷한 반응을 보였다.

→ 엄마는 아이의 요구에 둔감하였고, 아이와의 신체적 접촉이 적었다. 자기

감정을 위로받아 본 경험이 부족한 아이는 또래 관계에서도 어울리려 하기보다 자기표현을 하지 않고 혼자서 노는 경우가 많다.

셋째, 불안정-저항 애착

연구대상의 10~15% 정도가 불안정한 저항 애착을 보였으며 낯선 상황 절차에서 아이는 엄마가 있음에도 불안해하며 엄마 옆에 붙어서 주변 탐색을 별로 하지 않았다. 엄마가 방을 나가자 심한 불안감을 보였으며, 엄마가 돌아와 안아 줘도 안정감을 얻지 못하고 엄마가 주는 장난감도 뿌리치며 저항을 표현하였다. 아이의 요구에 어떤 때는 잘 반응해 주고, 어떤 때는 아이의 요구를 무시하여, 엄마가 일관성 없이 아이를 돌보았을 때 이런 행동을 보인다.

→ 아기는 엄마의 태도가 일관성이 없음으로 인해 항상 반응해 주리라는 확신이 없어 불안하고 화가 나면 엄마에게 안 떨어지려고 매달리는 등의 과장된 애착 행동으로 의사를 표현한다. 또래 관계에서도 쉽게 화를 내거나 자신이 원하지 않는 행동을 하였을 때 공격성을 보인다.

넷째, 불안정-혼란 애착

연구대상의 5~10% 정도가 불안정한 혼란 애착을 보였다. 불안정 애착의 가장 심한 형태로서 회피 애착과 저항 애착이 결합하여 나타난다. 낯선 상황 절차에서 아이는 엄마가 밖에 나갔다가 돌아왔는데도 전혀 반응을 보이지 않거나, 엄마가 다가가더라도 자신의 안전에 혼란을 느껴 저항과 회피 애착이 뒤섞여 곧 화를 내면서 밀치기도 하고 엄마가 돌아온 것이 이상하다는 듯 쳐다본다. 엄마가 안아줬을 때도 무기력하게 몸이 늘어진 상태로 안겨 있다가도 갑자기 엄마를 밀어내기도 하고 화를 내기도 하는 등 감정의 기복이 심하다.

→ 엄마가 과연 위로의 대상인지 혹은 또 다른 불안의 대상인지 어떻게 행동해야 할지에 판단을 못 하는 혼란 상태이다. 또래 관계에 있어 적대적이고, 전반적으로 사회성이 떨어진다. 혼란 애착유형은 아이의 초기 학대,

박탈과 같이 위험에 처한 아이에서 종종 발견되는데 부모가 경제적으로 매우 어렵거나, 극심한 스트레스, 우울증 등의 상황일 때 많이 나타난다.

이처럼 초기에 형성된 부모와의 애착은 아이의 정체성을 좌우하며 이후 사람 관계에 영향을 미쳐 사람 관계의 원형이 된다.

(3) 최초의 애착에서 필요한 이해

이 밖에도 자아 정체성과 사람 관계에 영향을 주는 초기 애착에 대하여 다음과 같은 이해가 필요하다.

첫째, 애착 관계는 반드시 엄마가 양육하는 시간과 비례하지 않는다. 산업사회에 사는 현대의 부모는 맞벌이하는 경우가 많다. 따라서 아이를 가정에서 고용한 양육자나 어린이집에 오랜 시간 맡겨두게 되는 부모로서는 걱정이 많을 수밖에 없다. 그러나 연구결과 하루 8시간 이상 어린이집에 맡기는 직장 여성의 아이들도 안정 애착을 형성할 수 있다고 한다. 따라서 안정 애착 형성이 엄마의 양육시간과 비례하지만은 않다는 것을 알 수 있다.

둘째, 부모 이외 다른 사람에 의해서도 안정 애착을 형성할 수 있다. 아기는 사람과 계속적인 보살핌을 필요로 하므로 안정 애착은 아이가 성장하면서 맺는 가족 이외 다른 사람과의 관계에서도 형성될 수 있다. 따라서 아이가 어린이집이나 가정에서 고용된 양육자에 의해 보살펴지는 경우라도 양육자의 애정적 친밀감에 따라 안정 애착을 형성할 수 있으며, 때에 따라서는 교사와 아이 간의 안정적 애착이 부모와 아이 간의 불안정 애착을 보상할 수도 있다.

셋째, 애착은 과거 완료형이 아니다. 아이가 태어난 1년간의 초기 안정 애착에 실패하였더라도 이후 아이가 보내는 신호에 엄마가 민감하게 반응하면서 애정적 친밀감을 주게 된다면 아이는 안정 애착의 반응을 보이게 된다. 애착은 계속해서 아이에게 주어야 할 애정적 친밀감으로서 과거 완료형이 아닌 것이다.

넷째, 애착은 대물림된다. 아이가 안정 애착을 형성하기 위해서는 무엇보다 부모 자신이 어릴 때 어떤 애착 경험을 하였느냐가 매우 중요하다. 엄마가 불안정 애착으로 자랐으면 아기도 같이 불안정 애착을 형성하게 될 가능성이 크다. 그 이유는 부모 자신의 애착 경험이 자녀의 애착유형으로 대물림되기 때문이다. 그러나 불안정 애착을 경험한 부모가 교육 효과 등으로 안정 애착을 형성하려 노력을 기울인다면 상황은 달라질 것이다.

3) 최초의 애착 이후의 애착

애착을 좀 더 넓게 바라보면 자신과 가까운 특별한 사람과 지속적인 정서적 친밀감을 형성하는 것을 말한다. 그러므로 애착은 부모와 자녀 사이뿐만 아니라 친구와의 관계에서도 존재하며, 심지어 조부모나 이성 친구나 배우자와도 형성된다. 자기의 생존을 부모에게 전적으로 맡겨야 하는 삶의 초기 최초의 애착에서는 부모가 애정적 친밀감으로 접촉하며 근접하여야 하고, 스스로 움직여 이동하게 되면서부터 안전기지의 역할을 하여야 한다. 그러나 아이가 점점 자라면서 애착은 경제적으로나 정서적으로 완전히 독립할 때까지 정서적 친밀감으로 진화하여야 하며, 이후에는 심리적 친밀감으로 발전하여야 한다. 애착 관계가 잘 형성된 아이에게서 부모는 아이가 마음껏 세상을 향해 도전하고 모험할 때 언제나 튼튼하게 받쳐 줄 수 있는 버팀목이어야 하고, 실수나 실패하였을 때 안식과 용기를 줄 수 있는 든든한 울타리여야 하며, 창조적 사고의 원천으로서 믿음을 주는 묵묵한 산과 같은 백그라운드가 되어야 한다. 그러나 현대의 많은 부모는 이러한 부모의 자리를 잃어버리고 부모의 권위를 상실하는 경우가 많다. 이렇게 양육자와의 애착이 점점 멀어지면서 아이들은 부모나 교사, 책임감 있는 어른들이 아닌 절대 부모와 같은 역할을 할 능력이 없는 자기 또래들과 애착을 형성하고 또래들의 방식과 지도를 따르게 된다.

(1) 초기 애착 이후의 애착

사람에게 애착은 모든 부분에서 친밀한 관계를 추구하고 유지하는 것이다. 아이들은 자라면서 부모를 평가하게 된다. 부모는 자녀에게 스마트폰이나 게임을 하지 말고 자기 일에 최선을 다하라고 하지만, 부모는 텔레비전과 같은 감성 만족을 즐기는 것보다 관련 책을 읽거나 정보를 수집하는 등 자기 일의 성취를 위해 최선을 다하고 있는가? 부모는 자녀에게 목표 달성을 위해 열심히 공부하라고 하지만, 부모는 현재 목표 달성을 위해 얼마나 열심히 생활하고 있는가? 이처럼 부모가 자녀에게 요구하는 생활과 부모 자신의 생활 간에 괴리가 높을수록 자녀는 자신의 의무는 등한시하고 권리만 주장하면서 부모와의 애착은 금이 가게 된다. 또한, 가족 간의 대화가 부족하거나 아이와의 정서 소통이 원활하지 않게 되면 애착은 점점 멀어지게 된다. 그러나 아이가 스스로 지향하여 앞으로 나아가기 위해서는 부모와의 애착 형성은 절대적으로 필요하다. 그렇지만 누구에게 이러한 도움을 바랄지는 아이가 누구와 정서 소통을 하고 있느냐가 결정한다.

부모는 아이가 나아갈 방향에 대해 바로 갈 수 있도록 도와줌으로써 아이에게 인도자 역할을 할 수 있지만, 아이가 나아갈 방향을 정하는 데 바른 역할을 할 수 없는 아이의 또래들에게 이러한 인도자 역할이 맡겨질 수도 있다. 그 이유는 인간의 속성상 부모 또는 또래라는 양극에서 애착 대상자를 선택하기 때문이다. 그러므로 애착은 중립을 고수하거나 다양하게 선택할 수가 없어 아이를 누가 어느 정도 지배하느냐에 따라 부모와 애착을 형성하거나 또래와 애착을 형성하게 된다. 이성 친구나 조부모 등과의 애착은 특정한 관계로써 맺어지기 때문에 예외적이다.

다음 표에서 부모와 정서적 애착을 형성한 청소년과 또래와 정서적 애착을 형성한 청소년에 대해 비교 설명하였다.

부모와 애착을 형성한 아이		또래와 애착을 형성한 아이
부모와의 정서적 애착은 아이가 태어나면서부터 자연스럽게 형성되어 온 것으로 부모는 아이에 대한 책임감으로 사랑과 헌신을 준다. 그러면서 부모는 아이의 양육자이자 인도자이며 지원자의 역할을 한다. 이때 아이는 부모를 사랑하고, 부모를 실망하게 하지 않으려 노력한다. 따라서 부모와의 애착은 자연스럽게 아이와의 위계질서를 유지하면서 부모를 존경하고 부모를 닮고 싶어지도록 한다.	특징	아이가 또래들에게 애착을 형성한다는 것은 부모의 잘못된 양육 방식과 함께 현대 산업사회라는 부모 외적인 문제점(p. 212~214 참조) 등으로 정서 소통이 부족하기 때문이다. 부모가 아이와의 애착을 상실하면 자신이 나아갈 방향에 대해 인도할 수 없는 또래들과 애착을 형성하면서, 아이는 부모의 가르침을 따르지 않고 저항하게 된다. 또한, 또래들과의 상호작용에 민감하여 자기의 일을 등한시하게 된다.
부모는 아이의 성장과 발달을 위해 희생과 헌신할 수 있는 사랑의 마음을 가지고 있으며, 아이가 나아갈 길을 바르게 인도하는 인도자의 역할을 할 수 있다. 또한, 아이가 세상을 향해 마음껏 탐구하고 실험하면서 도전하고 모험할 때 부모는 아이의 든든한 울타리가 되어 보호한다. 그리고 실수나 실패, 좌절의 힘겨움에서 마음의 위안을 얻어 새로운 것을 배우고 재충전할 수 있도록 든든한 백그라운드가 된다.	차이점	또래들 자신도 나아갈 방향을 몰라 혼란스러운데도 서로의 인도자가 되어 친밀감을 추구한다. 또한, 또래들은 자신의 감정과 욕구가 우선하므로 또래 중 영향력 있는 아이는 지배하는 자로, 그렇지 못한 아이는 종속자가 되어 위계를 형성한다. 그러다 보니 아이들은 친구 관계에 시간과 노력을 투자하게 되며 심지어 지배력을 행사하는 또래가 자신을 대하는 방식에 따라 다음에 어떻게 행동해야 할지를 결정하기도 한다.
부모와의 애착은 아이의 성장과 발달을 촉진할 수 있도록 도와줌으로써 정서적 · 심리적 안정감 속에 자존감 높은 생활을 하도록 하며, 세상의 도전에서 겪는 스트레스나 정서적 힘겨움에서 완충하는 역할을 한다. 부모에게서 배려, 문제해결 능력, 신뢰, 사랑 등을 배움으로써 긍정적 사고 속에 개인의 대처기술을 증진 시키고, 올바른 인성과 사회적 관계기술에 영향을 주어 원만한 대인관계를 가진다.	결과	또래와 애착이 형성되면 부모의 지시를 거부하거나 저항하는 행동을 한다. 낮은 자기만족에 의해 다른 사람과의 의사소통과 갈등관리 능력이 부족하여 다툼이 잦고 일방적이어서 대인관계가 원만하지 못하다. 심지어 또래들에게 '자기는 답답하게 행동하지 않고 시원시원하다.'라는 것을 보여 주기 위해 또래와 쿨(cool)하게 싸우고, 부모와 어른에게 쿨하게 대든다. 이러한 반항적 행동은 아이의 사회성을 저하하여 공격성과 비행을 부채질하게 된다.

(2) 부모와의 애착이 점점 멀어지는 이유

부모에게는 어떤 노력이나 압력을 행사하지 않아도 아이가 태어나면서부터 자연적으로 주어진 권위와 힘이 있다. 그러나 아이가 자라면서 부모와의 애착이 멀어질수록 그 권위와 힘을 잃어버리고 부모의 말에 대꾸하며 지시에 거부하거나, 태도가 거칠어지면서 반항하게 된다. 사춘기에 접어들면서부터 더는 부모에게 양육과 안식을 구하지 않게 되면서 또래와 애착을 심화하게 된다. 자신이 바로 나아갈 수 있도록 그 역할을 할 수 있는지와 상관없이 현재의 만족을 추구하기 위해 애착 충족의 대상이 부모에게서 또래로 옮겨가게 되는 것이다. 그러나 또래와의 애착은 많은 문제점이 생기게 하여 아이 스스로 이루어내는 성공과 행복의 길과는 거리가 멀어지게 한다. 이러한 문제의 해결을 위해서는 아이의 애착을 또래로부터 부모로 다시 되돌려야 한다. 이것이 부모의 힘을 되찾아 아이가 바르게 성장하는 방법이 된다. 그렇다면 아이와 부모 간 애착이 점점 멀어지게 하는 이유는 무엇 때문일까? 그 내용은 다음과 같다.

① 부모 양육 방식의 문제

가정이 화목하고 부모님이 자녀를 사랑하게 되면 아이는 또래들과 밖에서 나돌지 않고 집에 들어와 부모의 관심과 사랑 속에서 대화하며 소통하려 할 것이다. 집에 오면 항상 사랑으로 대하는 부모님이 계시고, 맛있는 음식과 따뜻한 잠자리가 있다. 그리고 부모는 아이의 말과 표현을 들어 주고 존중하며, 아이의 일에 격려하고 칭찬하면서, 믿음으로 아이의 문제해결에 힘이 되어 준다면 아이는 부모를 존경하고 부모처럼 닮고 싶다는 강한 유대감으로 단단한 애착을 형성하게 된다. 그러나 이와는 달리 집에만 들어오면 가슴이 막힐 정도로 답답함이 밀려오거나, 부모가 자녀에 대해 무관심하게 되면, 부모가 더는 힘을 발휘하지 못하고 애착은 또래로 옮겨가게 된다.

다음은 부모 양육 방식에서 부모와 애착이 멀어지는 이유이다.

첫째, 부모가 바쁘다거나 힘들다면서 아이에 대해 무관심하거나 부모의 일과 생활을 우선하여 아이에 대한 사랑과 상호소통이 부족하게 되면 정서적이고 심리적인 거리감이 생기게 된다.

둘째, 부모가 아이의 말과 표현을 들어 주고 존중하기보다 부모의 생각대로 지시하고 통제하거나 겉으로는 대화하는 것 같지만 결국 '이래야 한다.'라고 부모의 일방적인 의견대로 따르게 하여 정서 소통이 부족하다.

셋째, "내가 너 같은 것을 왜 낳았는지 몰라.", "그것도 머리라고 달고 다니니?"라고 하면서 인격이나 능력에 관한 꾸지람을 하거나 아이의 행동이 바뀌기를 바라는 마음에서 "좋게 말하면 말귀를 못 알아듣니?"처럼 아이를 비난하게 되면 아이는 마음의 상처를 입게 되어 부모의 사랑을 신뢰하지 못하게 된다.

넷째, 부모가 아이와 의사소통을 하기보다 큰소리로 나무라거나 폭언이나 폭력을 행사하게 되면 아이는 낮은 자기 만족감 속에 다른 사람들과의 정서 소통이 부족하고 갈등관리를 잘하지 못하게 된다. 부모가 이러한 태도를 취하는 이유는 아이를 온전한 인격체로 인정하지 않기 때문이다.

다섯째, 부모가 다른 아이와 비교하면서 계속해서 잘할 것을 요구하거나 이루기 힘든 목표를 정해 주면서 성취할 것을 강요하게 되면 아이는 잘하고자 하는 의욕을 잃으며 부모와 점점 거리를 두면서 반항하게 된다.

여섯째, 형제간 차별대우에서 피해를 많이 입게 되면 아이는 부모에게 정서적 반항심을 가지게 되며, 수혜를 입은 아이는 피해받는 아이를 무시하게 된다.

일곱째, 부부간의 잦은 다툼과 갈등의 지속, 부모의 이혼 등과 같이 가족 간 큰일이 생기게 되면 아이는 부모와 정서적 친밀감과 유대감이 부족하여 불안감 속에 자기 표현력과 사회 관계성이 떨어지며 점점 가치관이 왜곡되게 된다.

부모는 자신의 부모에게 양육되면서 자연스럽게 체득된 대물림의 양육 방식을 가지고 있다. 그리고 많은 부모는 이러한 방식대로 자신의 아이에게 양육한다. 이를 다르게 말하면, 자라면서 긍정적인 양육을 많이 경험해 보지 못했다면 어떻게 부모가 역할을 해야 좋은지를 잘 알지 못한 채로 아이를 양육하게 되는 것이다. 따라서 부모 자녀 관계의 양육 방식은 세대를 이어 되풀이될 가능성이 크므로 이러한 대물림의 양육을 끊기 위해서 현재의 부모가 된 자신이 노력하여 바뀌는 것이 가장 중요하다. 사람에 따라서는 과거의 성장 경험을 참고하여 바른 양육을 실천하고 있는 자존감 높은 부모도 많이 있다.

② 부모 외적인 문제

부모 외적인 문제에 의해 부모와 애착이 멀어지는 이유를 살펴보면 다음과 같다.

첫째, 아이들의 정서적 욕구를 채워주는 환경과 관심이 부족하기 때문이다. 현대 산업사회에서는 많은 것들이 바쁘게 움직이는 가운데 부모는 경제적 부를 누리면서 상대적 빈곤에서 탈피하기 위해 집 밖에서 오랜 시간 일을 하여야 한다. 선생님들은 교사 대 아이 비율이 많은 데다 과중한 업무를 감당해야 하므로 아이의 정서교육이나 인성교육보다 가르쳐야 할 과목에 주 관심을 두는 동안 아이들은 자기들끼리 놀면서 관계를 맺고 애착을 형성한다. 또한, 부모들도 경제활동 이후 집에 들어오면 피곤하여 아이들이 부모와 함께하기보다 또래나 형제끼리 놀기를 바라고 아이의 애착과 관련된 관계의 질에 대해서는 별 관심이 없다. 가령, 아이들이 배불리 먹었는가에 관해서는 관심이 많지만 정작 누구랑 어떤 분위기에서 어떤 대화를 나누면서 먹었는지의 관계에 관한 부분에는 별 관심을 보이지 않는다.

둘째, 부모 이외 어른들의 역할이 줄어들었기 때문이다. 조부모와 고모, 삼촌들의 확대가족이라는 울타리가 해체되어 더는 부모 이외의 어른들이 인도자의 역할을 제공하기가 힘들어지게 되었다.

셋째, 개인주의의 영향에 의해서이다. 현대 산업사회로의 변화 속도가 너무 빨라 세대 간의 극명한 차이를 보이게 되면서 전통적 기능인 어른과 아이가 함께하는 문화나 사람과 사람을 이어 주는 전통과 관습은 점점 없어져 가고 컴퓨터나 스마트폰과 같이 개별적인 활동이 주가 되다 보니 부모와의 애착은 점점 멀어지게 되었다.

지금까지 부모와 자녀 간의 애착이 또래들에게 밀려나는 이유에 대해 살펴보았다. 이렇게 또래 아이들에게 부모의 애착 자리를 내어 주면서 그 부정적 그늘은 빠르면 초등학교 2학년부터 생기기 시작하다가 중고등학생이 되면서부터 본격적으로 부모의 권위와 힘을 잃어가게 된다.

주제: 내적 계단식발달(캔버스 위에 크레파스)

캔버스 위에 크레파스로 그림을 그리고 색칠한 뒤, 휴지에 식용유를 묻혀 문질러 색을 부드럽게 하였다. 반면 앞쪽 바위로 된 계단과 풀숲은 크레파스를 가루로 만들어 목공풀과 섞어 두툼하게 붙여 가면서 표현하였다. 한 단계씩 딛고 올라가면서 내적 성장을 이루고자 하는 것을 열심히 한발 한발 바위계단을 딛고 올라가는 아이의 모습으로 표현하였다. 이러한 내적 성장은 자기 주도의 노력으로 스스로 알아차리고 깨달아 가는 것이 바람직하며, 한 계단씩 딛고 올라가면서 발달하는 내적 계단식발달을 이루는 것이 가장 좋다. 오른쪽 바위에 흰색으로 둥근 줄처럼 여러 개 그린 것은 신경전달물질의 분비를 표현한 것으로 내적 계단식발달의 소중함을 나타내고자 한 것이다.

2. 성공을 위한 최고의 동력, 자기 주도성과 내적 계단식발달

영화의 한 장면에서

2015년 3월에 개봉한 영화 〈세계 일주〉는 9살 누나 지호와 7살 동생 선호, 그리고 혼자서 아이들을 돌보지만 어느 부모보다 남매를 사랑하는 아빠의 이야기를 담은 영화이다. 어느 날 아빠가 경찰서에 잡혀 있다는 전화를 받은 두 남매는 위기를 맞은 아빠를 구하기 위해 4호선 상록수역에서 3호선 홍제역(홍제파출소)까지 약 42㎞를 걸어서 가야 하는 긴 여정을 떠나게 된다. 이 과정에서 두 남매는 지갑을 분실하기도 하고, 동네 깡패들에게 쫓기면서 배고픔과 싸우고 체력까지 고갈되는 등 그야말로 험난한 장애물들과 마주하게 된다. 하지만 이러한 과정을 거치면서 남매는 조금씩 세상을 배워가게 된다는 이야기이다.

다음은 두 남매가 파출소에서 극적으로 아빠를 만나 나누는 대화 내용이다.

아빠: 여기 어떻게 왔어?
선호: 걸어왔어.
아빠: (고개를 떨구다 다시 들고는) 이렇게 추운데?
선호: 바지 두 개씩 입고 왔어.
아빠: 밥은?
선호: 어떤 착한 할머니가 떡국 주셔서 먹었어.
아빠: 추운데 집에 있지 왜 여기까지 왔어?
선호: 왜 왔냐고? (라고 말하면서 파출소 밖으로 나간다.)
지호: (눈물을 흘리며) 아빠 못 볼까 봐 왔어. 아빠 우리 집에 가자 응?
아빠: (지호를 더욱 강하게 안으면서 흐느끼며 눈물을 흘린다.)
선호: (파출소 밖에서 서성이다 가늘고 긴 나뭇가지를 찾아 파출소로 다시 들어간다. 그러고는 누나를 안고 있는 아빠를 향해) 종아리 걷어(라고 말한다.)
아빠: (놀란 아빠가 고개를 들면서) 으응
선호: 도둑질했으면 맞아야지. 종아리 대! (하면서 바닥에 앉는다.)
지호: 선호야. 왜 그래?

아빠: (결심한 듯 두 발을 가지런히 하여 바지를 약간 걷어 올리며 종아리를 때릴 수 있도록 대 준다.)

선호: (바닥에 앉아서 아빠 종아리를 한 대 때리면서 훈육을 한다.) 도대체 어떡하려고 남의 물건을 훔쳐. 커서 뭐가 되려고 그래, 나는 뭐 파워레인저 안 갖고 싶은 줄 알아.

아빠: (다짐하는 듯한 약간은 굳은 표정으로) 아빠가 미안하다. 여보! 내가 아이들한테 잘못했어.

선호: 울지 마! 잘못했으면 맞아야지?

지호: 선호야 그만해. 아빠는 엄마 보고 싶어서 그런 거야.

선호: 나는 뭐 엄마 안 보고 싶은 줄 알아. 엄마 있는 애들 보면 부럽고 막 눈물 나. 내가 울면 누나가 얼마나 속상해하는지 알아. 누나는 맨날 엄마 보고 싶다고 울어도 나는 울지도 않고 꾹 참았다고. 나는 파워레인저도 없고, (흑흑) 엄마도 없지만, (흑흑) 아빠랑 누나가 있어서 괜찮단 말이야. 도둑질할 때 누나랑 나랑 생각해 봤어? 감옥에 가면 우린 이제 아빠도 없잖아.

아빠: (서 있는 자세로 흐느끼며) 아빠가 미안하다. 미안하다.

위의 대화에서 우리가 집중하게 되는 것은 '아이답지 않을 정도로 성숙한 선호의 말과 행동' 그리고 '선호의 말에 순응하며 다시는 그러지 않겠다고 다짐하는 아빠'일 것이다. 또한, 선호의 말과 행동에서 '과연 7세 아이가 저렇게 말하고 행동할 수 있을까?'라는 의문이다. 영화의 시나리오를 쓴 작가가 시청자의 감동을 이끌기 위해 나이 이상의 표현을 하도록 한 것은 아닐까? 그렇다면 초등학생 이상이 되면 이처럼 아빠에게 회초리로 종아리를 때리며 어른스러운 훈육을 할 수 있을까?

필자가 아이를 지도한 경험으로 미루어 보건대 아빠를 만나겠다고 춥고 힘든데도 멀리 있는 길을 나서는 7세 아이니까 이런 말과 행동을 할 수 있을 것이라 생각한다. 그 이유는 아이가 아직 유아기로서 두루 생각하지 못하고 그때그때 보는 방식에 따라 결정하는 직관적 사고를 하고, 세상을 자신의 관점에서 바라봄으로써 다른 사람의 생각이나 관점을 반영할 줄 모르는 자아 중심적인 시기이기 때문이다. 그래서 아이는 주변의 시선과 다른 사람의 눈치를 보지 않고 자기의 생각으로 잘못한 아빠를 회초리로 때리면서 훈계할 수 있는 것이다.

그러나 여기에는 두 가지 조건이 있다.

첫째, 평상시 부모는 아이의 말을 들어 주고 수용하며 아이의 의견을 존중하는 아이 중심적인 양육을 하여야 한다. 이때 아이는 자기표현에 자신감을 가지기 때문이다. - 부모가 아이의 일에 어떻게 하라고 가르쳐 주면서 지시 억압하거나, 자신의 생각을 강요하는 것이 아니라, 부모는 늘 아이의 말과 표현을 들어 주고 수용하며 존중하여야 한다. 영화 속 선호가 아빠에게 훈계한 것처럼(평소 자신이 잘못했을 때 훈계한 아빠의 행동을 모방함) 아이는 자기의 말과 행동을 다른 사람이 받아줄 것이라는 확신과 자기의 표현에 주변이 반응해 줄 것이라는 확신이 있게 되어 자신감을 가지고 자기의 생각과 의지를 마음껏 표현하게 된다.

둘째, 평상시 부모는 아이 스스로 선택하여 결정하는 자율성을 허용하여야 한다. 이때 아이는 자기의 일을 적극적으로 주도하여 주어진 과제를 해결하기 때문이다. - 아이가 부모로부터 자율성을 허용받게 되면 자기가 결정한 책임감에 의해 자기 주도적으로 부딪치는 문제를 해결하면서 성취 경험을 가지게 된다. 이는 정서 만족과 함께 내적 발달을 스스로 이루어가게 한다. 따라서 선호가 잘못한 아빠의 종아리를 때리며 훈육한 것도 평상시 허용된 아이의 자율성에 의해 자기 주도적으로 문제를 해결하고자 한 행동이다. 또한, 선호가 아버지에게 한 훈육에서 아이답지 않고 성숙하게 말할 수 있었던 것은 자기 주도적으로 부딪치는 문제를 해결하면서 알아차리고 깨달은 내적 발달 때문에 자기만의 해결기술과 관계기술이 향상되었기 때문이다.

같은 영화에서 두 남매가 사는 집의 주인집 가족이 나누는 말과 행동을 참고해 보자. 주인집의 남자아이는 오후 태권도장에 갔다가 집에 들어오면서 대문을 힘껏 열다 이마가 받혔다. 아이는 신경질을 내면서 열린 대문을 닫지 않은 채 씩씩거리며 집으로 걸어가 현관문을 힘껏 열고 들어갔다.

> 아이: (아픈 목소리를 내며) 엄마 나 다쳤어.
> 엄마: (놀라며) 어머머 누가 그랬어.
> 아빠: (밖에서 이 광경을 지켜보고는 한심하다는 듯이) 우리 집 대문이란 놈이 그랬다.

우리는 여기서 다음과 같은 내용을 짐작하여 알 수 있다.

첫째, 아이는 의존적이고 자기중심적이다. 아이가 현관문을 열고 들어가자마자 엄마에게 일러 주듯이 말한 점과 문제를 해결해 주려는 듯한 엄마의 반응에서 아이가 엄마에게 의존적임을 알 수 있다. 의존적이라는 것은 평상시 엄마가 아이의 일을 도와주고 아이의 일에 개입하여 많은 것을 해결해 주었다는 것을 뜻한다. 이렇게 성장한 아이는 자기 스스로 부딪쳐 문제를 해결한 경험이 부족하여 의존적이게 되면서 낮은 자기만족을 가지게 된다. 또한, 자기가 잘못해서 부딪쳐 놓고는 스스로 화를 못 이겨서 대문이나 현관문을 열어 둔 채 집으로 들어간 아이의 행위와 엄마의 반응으로 보아 자기중심적인 이기성이 발달하였음을 짐작할 수 있다. 이기성은 부모가 아이의 일을 많이 도와주거나 아이의 요구를 무분별하게 들어 주어 자기 것만 알게 하였기 때문이다. 이는 다른 친구와의 원활한 관계성에 어려움이 생기게 한다.

둘째, 아빠는 엄마에게 아이의 양육을 대부분 맡기고 있다. 아빠는 아이의 행동을 그냥 지켜만 볼 뿐 아이에게 일어난 일에 대해 개입하지 않는 부분이나 아이와 엄마의 행동이 마음에 안 든다는 듯한 말에서, 아빠는 아이에게 허용하는 양육을 하지만 엄마가 아이를 돌보아야 한다는 관념적 사고에 의해 아이의 양육을 대부분 엄마에게 맡기고 있음을 알 수 있다. 이는 자칫 '아빠 효과'의 부재로 인해 아이는 아빠에게서 배울 수 있는 문제해결력이나 사회성 등이 부족해질 수 있다.

우리는 지금까지 한 영화 속 두 장면의 대화 내용을 살펴보았다. 여기서 우리는 크게 두 가지를 알 수 있었다. 먼저는 아이에 대한 앞선 걱정 때문에 부모가 과도하게 도와주고 해결해 주는 양육이 아이의 발달에 많은 문제점을 가져다준다는 것이다. 그 다음은 부모가 아이의 말을 들어 주고 수용하며 존중하는 허용된 양육을 하는 것과 아이의 생각으로 선택하고 결정하는 자율성을 허용하여 자기 주도성을 가지게 하는 양육이 아이를 성장시킨다는 것이다. 이러한 자기 주도성은 아이의 성공과 행복에 있어 가장 강력한 동력으로 작용하여 내적 계단식 발달을 이루며 자아를 성장하게 한다.

1) 자기 주도성(personal initiative)

(1) 자기 주도성의 이해

사람의 뇌는 여러 감정을 동시에 느낄 수 없으므로 신나고 즐거울 때 행복 호르몬(기분을 좋아지게 하는 도파민, 기쁨을 느끼게 하는 엔돌핀, 평안한 마음을 주는 세로토닌, 편안하게 잠들게 하는 멜라토닌 등)이 분비되며, 훨씬 더 창의적인 아이디어를 생각해내면서 무엇인가 하고 싶다는 도전 의식이 생기게 한다. 이러한 도전 의식은 흥미와 호기심의 내적 동기를 자극하여 자기 주도적으로 과제를 성취하려 하지만 반면에 아이에게 억지로 시켜서 무언가를 하게 하면 아이의 뇌는 수동적으로 되어 스스로 하고자 하는 의지가 없어진다. 만약 억지로 하는 일이 반복된다면, 아이가 지닌 호기심의 탐구력이나 자발적 행동의 자기 주도성이 부족해지면서 점점 자신감을 잃어가게 된다. 이처럼 사람이 목적이나 성취를 향해 달려가기 위해서는 차의 엔진처럼 강력한 힘이 필요한데 이와 같은 동력의 기능을 하는 것이 '자기 주도성'이다. 자기 주도성은 자기 스스로 생각하여 결정하는 자율성을 허용받을 때 행동으로 나타나는 것이며 그 결과에 대하여 책임 질 줄 아는 능력을 말한다.

어릴 때부터 부모가 자기 주도성을 키워 주게 되면 자신의 행동에 책임을 질 수 있는 아이로 성장하게 되어 어려운 일에도 포기하지 않고 노력하여 진정한 자기 자신으로 살아갈 수 있게 된다. 그러나 많은 부모는 아이가 자율적으로 자기 일을 처리하도록 허용하고 성취동기를 북돋아 자기 주도성을 가지게 하기보다, 아이의 일에 개입하여 도와주거나, 앞선 걱정에 부모의 생각을 강요함으로써 자기 주도성과는 거리가 멀어지게 한다. 이렇게 성장하는 아이는 스스로 하고자 하는 자발 능력이 부족하여 자기의 일에 의욕이 별로 없고, 어려움을 극복하려는 의지나 좌절하지 않고 다시 시도하려는 자신감을 가지지 못한 채 부모에게 의존하게 된다.

자기 주도성이 발달하는 시기는 스스로 몸을 움직여 기어 다닐 수 있을 때부터이다. 아이는 스스로 몸을 움직여 기어가다 전화기를 잡아 귀에 대고 숫자 버튼을 누르고, 그러다 입에 넣어 보고 두드린다. 뭐든지 만지고 두드리려 하며, 입에 넣으려 하면서 세상을 향해 탐구하고 실험한다. 이럴 때 만약 부모가 "위험해, 더러워, 안돼!" 하면서 아이를 통제하거나 못하게 하면 아이는 자기 주도성이 떨어지면서 이 시기에 맞는 발달과업의 성취가 어렵게 된다. 세 살 이후의 아이들이 "아니야, 싫어"라고 하거나 "내가, 내가" 하는 것도 이제는 자기가 하고 싶다는 자기 주도성을 표현하는 것이다. 전문가들에 따르면 자기 주도성은 만 2세부터 훈련할 수 있다고 하며 대개 만 6세가 되면 대부분 형성되고 만 12세까지 완성된다고 한다.

아이의 자기 주도성을 가장 방해하는 양육 방식은 지나치게 아이의 일을 도와주는 과잉보호와 아이의 일에 개입하여 문제를 해결해 주는 과잉 개입, 부모의 생각대로 아이를 당기는 부모의 과잉 통제, 그리고 부모의 무관심과 지나치게 엄격한 교육 등이다. 이는 아이의 자율적 사고와 자기 주도적 행동을 부족하게 하여 자신감이 떨어지고 독립심이 부족하게 한다.

자기 주도성을 가진 아이의 특징을 살펴보면 다음과 같다.

첫째, 자신의 의지인 자율성을 바탕으로 성취하려 한다. 자기 주도성은 누군가가 시켜서 하거나 강제적으로 하는 것이 아니라, 자신의 의지로써 선택하는 자율성을 바탕으로 할 때 책임감에 의해 나타난다. 이때 아이는 자기 주도성에 의해 주어진 과제에 몰입하게 되며 이러한 몰입은 부딪치는 문제를 해결하기 위해 새로운 아이디어를 끊임없이 만들어 내면서 성취하게 한다. 따라서 자기 주도성이 좋은 아이들은 창의성과 창의적 문제해결 능력과 자신감이 높다.

둘째, 주변의 시선과 환경에 위축되지 않고 자신 있게 과제를 수행한다. 자기 주도성이 높은 아이들은 실수나 실패에 대한 염려나 남들의 부정적 시선이나 태도에 얽매이거나 위축되지 않고 자기가 해야 할 과제는 의지를 가지고 자신 있게 수행한다. 자기 스스로 성취하는 자기 주도적인 아이는 새로운 정보와 변화에 순응하기보다 자기 주도적으로 환경을 변화시키고 바꾸려 한다.

셋째, 자기의 감정을 상황에 맞게 잘 조절한다. 아이들은 자기 중심성이 강하고 인지적 사고보다 자기의 감정과 행동이 앞서므로 무언가를 할 때 자기의 감정에 사로잡혀 행동하는 경우가 많다. 그러나 자기 주도성이 뛰어난 아이들은 또래 관계에서 화가 나더라도 곧 그 마음을 가라앉히면서 다시 그 일을 주도하기 위해 노력하는 것처럼 자기의 감정을 상황에 맞게 잘 다스려 스스로 주도하려 노력한다.

넷째, 노력의 소중함을 안다. 어떤 일을 잘하고 못 하는 것이 자기가 가진 능력이라고 생각하게 되면 어려움이나 좌절에서 더 잘할 수 있다는 동기가 부족하게 된다. 그러나 자기 주도적인 아이는 잘하고 못하는 것은 노력이 중요하다는 것을 깨닫게 되어 힘겨움이나 좌절에서도 주어진 과제를 완성하기 위해 최선의 노력을 다하게 된다.

다섯째, 자신의 경험에서 오는 많은 깨달음으로 내적 발달을 스스로 이루어 간다. 자기 주도적인 아이는 자기의 생각으로 선택하고 판단하였으므로 책임감 속에 과제를 수행하여 자신과 타인과의 관계, 자신과 주변 환경과의 관계에서 다양하고 폭넓은 경험을 하게 되고, 거기에서 오는 어려움이나 힘겨움, 실수나 실패 등에서 얻은 많은 깨달음을 자신의 내적 발달에 활용하기 때문에 또래와 비교해 성숙하면서도 책임감 있는 행동을 하게 된다.

여섯째, 다른 사람들과 소통 능력이 뛰어나게 된다. 아이들은 자기의 경험으로 생각하고 판단하는 자율적 행동을 하거나 성취 경험에 의한 유능성이나 사회 관계에 의한 동기로써 자기의 일을 주도하다 보면 다양한 경험 속에서 다른 친구들에게 자기를 표현하면서 상대의 표현을 들어 주게 된다. 이러한 가운데 아이는 알아차리고 깨닫게 되어 자기의 생각과 내면을 키우면서 자기표현 능력과 함께 상호소통이라는 관계성 발달을 이루어가게 된다.

자율성

자율성은 아이가 허용적인 분위기에서 무언가를 행하다 보면 저절로 길러지게 되는 것이다. 자율성은 스스로 생각하여 선택하거나 판단하여 결정짓는 것과 직결된다. 사람의 삶은 선택이나 판단의 연속이어서 끝없이 사유작용을 하여야 하므로 선택과 판단은 그만큼 중요한 하나의 능력이라 할 수 있다. 아이 스스로 읽고 싶은 책을 선택하고, 어느 것이 좋은지를 판단하며, 무엇을 하고 어떻게 할 것인지를 스스로 선택하거나 판단하여 결정할 때 아이는 그 책임에 의해 자기 주도성을 가지고 성취하려 한다. 따라서 자율성은 성공의 경험을 가지기 위한 동기에 매우 중요하게 작용하며 능동적이고 적극적인 아이로 성장하는 데 이바지한다. 따라서 아이가 부모의 바람과 다르게 선택했더라도 자녀의 선택과 결정을 존중해 주어야 한다. 부모가 아이를 과잉보호하거나, 아이에게 조건 없는 제한과 통제를 하거나, 부모의 생각대로 아이가 따르도록 하거나, 아이 스스로 하는 것을 답답해하여 대신해 주게 되면 아이의 자율성은 자라지 못하게 된다. 만약 아이에게 자율성이 허용되지 못한다면 스스로 부딪쳐 성취한 경험이 적어 과제 수행능력이 부족하고 자기 만족감이 낮아 다른 사람에게 의존하면서 자존감이 떨어지게 된다.

(2) 자기 주도적인 아이로 키우기 위한 부모의 역할

자기 주도성은 부모의 개입을 최소화하여 자기의 문제를 스스로 해결하기 위해 끈기 있게 노력하는 것이다. 그러므로 자기 주도성은 어떤 일이든 스스로 알아서 하려는 태도의 자발성과 자신만의 생각을 마음껏 표현하는 창의성의 자율적 습관이 몸에 배어 있음을 뜻한다. 우리는 호기심을 갖고 매사에 적극적으로 노력하는 자기 주도적인 성향의 아이를 '자기 주도적인 아이'라 부른다. 자기 일을 주도한 아이는 자기 스스로 주도하여 선택한 것이 문제가 생기더라도 부모나 다른 사람을 탓하지 않고 스스로 그 문제를 헤쳐 나간다. 그러므로 자기 주도는 시행착오를 동반하게 되며 이러한 시행착오는 자아 성장의 밑거름이 된다.

자기 주도적인 아이로 키우기 위한 부모의 역할에 관한 내용은 다음과 같다.

첫째, 일상에서 해야 하는 일부터 스스로 하여 성취 경험을 가지게 한다. 부모가 아이의 일을 많이 도와주고 해결해 주게 되면 스스로 하고자 하는 자기 주도성이 부족하여 자립심을 기르지 못하고 남에게 의지하는 마음만 커지게 된다. 따라서 부모는 평소 스스로 하고자 하는 아이의 자발성을 존중하여 혼자 세수하기, 옷 입기, 신발 신기, 단추 잠그기 등 일상에서 해야 하는 작은 일부터 시작하여 준비물 챙기기, 책상 정리하기, 스스로 숙제하기, 방 청소하기와 같은 생활 속 일들을 스스로 주도하여 성취할 수 있도록 하여야 한다. 이때 부모가 해야 할 가장 중요한 것은 아이에게 잘할 수 있다고 격려하고 스스로 해내었을 때 칭찬하는 것이다. 아이는 조금씩 성취 경험이 생길 때마다 자신감이 상승하고 이러한 자신감은 다시 또 그렇게 하고자 하는 동기로 작용하게 된다.

둘째, 아이의 생각을 존중하여 스스로 선택하고 결정할 수 있도록 허용해 주어야 한다. 자기 주도성은 자기의 생각과 의지로써 하고자 하는 자율성을 허용해 줄 때 책임감과 함께 나타난다. 사람은 누구나 자기의 생각으로 사고하고 행동하고자 하는 본능을 가지고 있으므로 누군가의 지시나 요구, 강압 때문에 행동하는 경우 스스로 하고자 하는 내적 동기가 부족하여 자기 주도가 활성화되지 못한다. 따라서 자율성은 아이의 내적 동기를 강화하여 적극적으로 과제를 수행하게 하는 자기 주도에 매우 중요하게 작용한다. 최근에는 학생들이 '자기 주도학습을 하여야 한다.'라면서 그 중요성을 강조한다. 자기 주도학습이란 가르치고 배우는 지배적 학습에서 벗어나 스스로 계획하고 실행하며 평가하여 수정하는 자율적인 자기 학습자로 변화하는 공부를 말하는데 그 근본은 아이의 생각을 존중하는 자율성의 허용에 있다.

셋째, 아이의 호기심에 따른 탐색과 탐험의 도전 정신을 존중하여야 한다. 아이는 호기심을 가지고 세상을 탐색하고 탐험하려는 도전 정신이 있다. 따라서 부모는 이를 존중하고 허용해 주는 양육을 할 때 자기 주도성을 향상하게 된다.

그러나 부모가 성격이 급하거나 자기의 감정이나 성질이 우선하게 된다면 아이의 도전행위를 기다려 주거나 여유를 가지고 지켜봐 주지 못하는 경우가 많다. 또한, 삶의 경험이 많은 부모는 아이가 할 수 있는 영역의 울타리를 쳐서 그 안에서만 할 수 있도록 하거나 안전을 생각하여 아이에게 못하게 제지한다. 그러나 이처럼 보이지 않는 울타리가 아이의 가시적 효율성과 안전에는 도움이 될 수 있지만, 행동의 주체자인 아이 자신의 시각으로 세상을 바라보면서 탐색하고 탐구한 경험으로 스스로 내적 발달을 이루어가는 데 어려움이 생기게 한다. 더구나 부모의 시각에 따른 구속으로 이어져 아이의 다양한 경험과 자발적 도전정신을 가로막는 결과를 가져오게 된다.

넷째, 다양하게 경험하고 체험하는 산 지식을 쌓아가야 한다. 아이는 세상의 모든 것에 대해 알고 싶어 하고 경험하고 싶어 하지만 부모의 요구나 강요에 의해서가 아니라 스스로 경험하고 체험해 본 일이 많을 때 자기 의지와 계획대로 자기 주도하는 아이가 된다. 그런 점에서 다양한 놀이는 아이들이 자기 주도성을 키워 가는 최고의 활동이 된다. 아이는 놀이를 하면서 호기심에 따른 새로운 경험을 쌓고, 세상을 향한 탐색과 실험으로 체험하여 산 지식을 쌓아 가면서 시야를 넓혀 가기 때문이다. 우리가 학습을 통해 알게 된 내용은 반복하여 익히지 않으면 잊어버리게 되고, 말과 행동, 실습으로 체험하거나 경험하지 않으면 살아 있는 지식으로 활용하는 데 한계가 생긴다. 따라서 아이는 학습으로 배운 내용이나 새롭게 알게 된 지식을 대화를 통해 아는 것과 모르는 것을 구별하여 보완하는 메타(meta)인지나 학생들과의 상호작용으로 거꾸로 수업하는 플립러닝(flipped learning)과 같이 다양하게 경험하고 체험하여 산 지식을 쌓아가는 것이 중요하다(p. 229~231 참조).

다섯째, 아이가 문제를 해결할 때까지 믿고 기다려야 한다. 아이도 자신이 하고자 하는 일이 뜻대로 잘되지 않거나 직면한 문제가 잘 해결되지 않으면 곰곰

이 생각하면서 되돌아볼 시간이 필요하다. 또한, 아이는 아직 경험이 부족하여 실수나 실패를 하는 것이 정상이므로 거기에서 배워 다시 성공의 경험을 가지는 데는 많은 시간이 필요하다. 그러므로 아이의 실수나 실패에 부모가 실망하는 말이나 꾸지람을 하게 되면 이것이 오히려 큰 장애물로 작용하여 자기의 일을 주도하지 못하게 된다. 따라서 부모는 스스로 문제를 해결하기 위해 노력하는 우리 아이를 믿고 기다려 주게 되면 아이는 반드시 그 믿음에 보답하기 위해 최선의 노력을 다하게 된다.

여섯째, 부모는 아이의 든든한 지원자이자 지지자로서 믿어 주어야 한다. 사람은 누구나 자기를 사랑해 주고 믿어 주는 사람에게 애착을 두고 실망하게 하지 않으려 노력한다. 특히 그 대상이 부모일 때 아이는 더욱 인정받으려 하면서 그러하게 된다. 부모로부터 '잘할 수 있다.'라고 지지받고 믿음을 받는 아이는 자신을 긍정적으로 바라보게 되어 자기 주도적인 생활로써 자신감과 독립심을 가지게 된다. 따라서 자기 주도적으로 성취하고자 하는 욕구가 강한 시기에 부모는 아이의 든든한 지원자이자 아이의 의견을 들어 주고 존중하는 지지자의 역할로서 자녀를 온전히 믿어 주어야 한다.

메타인지(Metacognition)

메타인지는 발달심리학자인 존 플라벨(J. H. Flavell, 1970)에 의해 만들어진 용어로서 '내가 무엇을 알고 무엇을 모르는가?', '내가 할 수 있는 능력과 내게 부족한 능력은 무엇인가?' 등의 문제점을 찾아내어 보완하거나 그 문제를 해결하여 자신의 학습 과정을 조절할 줄 아는 능력을 말한다. 가령, 한 아이가 자기의 생각을 조리 있게 발표하는 능력이 부족하여 이를 해결하고자 책을 읽고 난 뒤 자기의 생각을 정리하여 부모님 앞에서 발표하였다. 이때 자기에게 부족한 것은 무엇이고 이 부족한 것을 해결하기 위해서는 어떻게 해야 하는지를 알기 위해서 메타인지가 사용된다. 메타인지 능력이 높다면 자신의 능력과 부족한 부분을 정확하게 파악해 시간과 노력을 유용한 곳에 투자하게 되므로 학습속도가 빠르고 효율성도 높아진다.
교육학자들은 이러한 메타인지가 상위 0.1%에게 공통으로 보이는 능력이자 결정짓는 요인이라고 말한다. 국내 모 방송사에서 방영했던 '0.1%의 비밀'이라는 프로그램에서 이를 확인한 바도 있다. 2020학년도 대학수학능력시험에서 김해외고 3학년 송영준 군은 고등학교 전교생 최하위 성적에서 학원이나 과외 등 사교육을 단 한 번도 받아본 적도 없이 만점을 받아 세간의 화제가 되었다. 학원을 거의 다니지 않으면서도 좋은 성적을 유지하는 학생들은 자기 주도성과 함께 메타인지가 높다고 볼 수 있다.

메타인지는 유대인 교육의 비밀인 하브루타와 관련되는데, 이는 1:1 방식으로 진행되는 '짝 대화'로 이루어진다. 이렇게 짝 대화로 설명을 하면 말할 수 없으면 모르는 것이 되어 내가 아는 것과 모르는 것의 구분이 명확해지게 되고 알고 있는 지식의 원인과 결과의 관계를 정리할 수 있기 때문이다. 따라서 메타인지를 향상하는 가장 효율적인 방법은 하브루타인 것이다.
아이들은 내가 공부한 것에 대해서
- 해당 내용에 대해 모르는 것과 알고 있는 것은 무엇인지를 완전히 알고 있는가? 모르는 것을 해결하기 위해서는 어떻게 해야 하는가?
- 내가 선생님이 되어 해당 내용을 설명할 때 처음 듣는 사람이 이해할 수 있을 정도로 설명할 수 있는가?

등의 관점으로 바라보고 그 내용을 짝할 수 있는 사람이거나 또는 여러 사람에게 설명할 수 있어야 한다. 또는 엄마는 학생이 되고 아이가 선생님이 되어 선생님이 수업하듯이 아이가 해당 내용을 설명하고 학생이 된 엄마는 이를 들어 주면서 필요에 따라 질문한다. 만약 사람이 없는 경우에는 공부한 것을 인형에게 설명하는 것도 좋은 방법이 된다.
전문가들에 따르면, '메타인지능력은 5~7살 무렵 발달하기 시작해 학령기 동안 꾸준히 향상되는데, 공부를 잘하는 학생들은 자신의 장·단점을 알고 스스로 효율적인 학습방법을 찾고 조절하여 자기만의 학습방법을 찾아 발전시켜 가는 반면 그렇지 못한 학생들은 모르는 것도 그냥 넘어가 버리거나 문제의 원인을 즉흥적으로 찾는 등 메타인지를 잘 활용하지 않는다.'라고 한다. 아이들은 모두 자기 주도적 학습능력으로 전략적 사고를 할 수 있음에도 불구하고 아이를 믿지 못해 부모가 개입하여 가르쳐 주거나 도와주면서 부모의 생각을 강요하게 되면, 아이의 자기 주도성과 메타인지는 퇴보하게 된다.

플립러닝(flipped learning)

기존의 강의식 수업과는 달리 학생과의 상호작용에 수업시간을 더 할애하는 플립러닝을 흔히 역진행 수업이라 부른다. 전통적인 수업 방식에서는 학생들이 수업시간에 배울 내용을 미리 읽어 보고 다음 날 수업시간에 배우게 되며 수업 후, 배운 학습 내용을 숙지하기 위해 복습하거나 숙제를 하였다.

예습	→	교사 주도의 수업	→	복습, 숙제

그러나 플립러닝 수업 방식은 이와는 달리 거꾸로 진행하여 기존의 교사 주도의 진도식 수업에서 벗어난다. 학생들은 수업에 앞서 수업할 내용을 교사가 제작한 강의 자료를 온라인 동영상을 통해 미리 학습한 뒤, 교실수업에서는 미리 학습한 내용을 학생이 직접 선생님이 되어 설명하는 것으로 선생님은 그 설명에 맞춰 적절한 피드백을 주는 것이다. 또한, 교사와 학생들이 토론하면서 실제적인 과제를 연습하거나 검정하면서 결론을 내리는 탐구학습 등으로 지식을 함양한다. 따라서 플립러닝 수업 방식은 수업시간이 일반 칠판식 수업에 의한 수동적인 것이 아니라, 설명하는 주체가 학생이기 때문에 학생들끼리의 상호작용으로 배운 내용을 자기 것으로 만들면서 더 깊은 수준으로 발전하는 시간이 된다. 이때 교사는 학생들의 학습을 이끄는 데 더 많은 시간을 할애하고 새로운 아이디어 촉진에 주된 역할을 하게 된다.

미리 준비된 자료로 학생 스스로 학습	→	학생: 학습한 내용을 발표, 토론하거나 탐구학습으로 지식을 함양한다.	→	교사: 부족한 부분을 코칭하고 새로운 아이디어를 촉진한다.

이러한 플립러닝에 주목하는 건 주입식 강의로는 미래형 인재를 키우기 어렵기 때문이다. 플립러닝 방식의 수업을 한 학생들의 특징은 다음과 같다.

① 자신이 직접 발표하고 탐구하면서 학습의 주인공이 되므로 학습 성취가 분명하다.

② 선생님과 친밀도가 올라간다. 일반수업에서의 선생님은 지식을 전달하고 주입하는 역할을 하여 다소 강압적이지만, 플립러닝 환경에선 학생의 학습을 도와주는 역할을 하므로 상호소통으로 친밀도가 높아진다.

③ 실력 향상을 보인다. 아이 스스로 강의하고 토론하며 탐구하게 되면 스스로 생각하는 힘을 키우게 되어 문제해결력이나 자기 주도학습력이 높아진다.

④ 학습의 주인공이 자기이므로 자기 삶에 대한 비전을 스스로 주도하는 아이가 된다.

개인적인 삶이나 사회에서는 스스로 개척하고 도전해 나가 미래 사회를 변화시킬 수 있는 자기 주도적인 인재를 원하고 있다. 따라서 부모들은 평상시 아이 스스로 생각하고 아이의 의지로 행동할 수 있도록 자율적인 사고를 허용하여 자기의 일을 적극적으로 수행할 수 있도록 하여야 한다. 또한, 아이가 도전하는 과정에서 일어나는 실수나 실패의 경험에서 배워 자기 계발로 활용할 수 있도록 부모는 격려와 칭찬으로 아이를 믿고 기다려 주어야 한다.

2) 내적 계단식발달

발달은 우리가 살아가야 할 환경에 적응하기 위해 신체적으로나 정신적으로 계속해서 변화하는 과정을 말한다. 이에 대해 코프카(Kurt Koffka, 1886~1941)는 "발달이란 유기체의 기관이 양적으로 증대하고, 구조적으로 정밀화되며, 기능상 유능화되는 것"이라고 하였다. 아이가 키가 크고 몸무게가 늘어나고 사고력과 창의력이 발달되었다는 것을 양적 증대라고 할 수 있으며, 자라면서 인체의 각 기관과 사유작용이 점차 정교하고 정확하게 되어 가는 변화를 구조적 측면에서 정밀화되었다고 할 수 있으며, 각종 신체적·정신적 기능이 더욱 효율화되어 가는 것을 기능적으로 유능화되었다고 할 수 있다. 현재 발달은 이전 단계의 발달 때문에 이루어짐과 동시에 다음 단계의 기초가 되는 것처럼 아이의 발달은 일정한 순서와 방향으로 발달하지만, 이는 아이의 생물학적 변화와 유전성에 의한 성숙의 요인과 다양한 경험과 지식습득으로 나타나는 환경의 요인에 의해 개인 차이가 나타나게 된다. 또한, 발달은 독립적으로 이루어지기보다 지적·신체적·정서적·사회적인 상호 관련성을 가지고 있어 지적으로 잘 발달한 아이가 운동도 잘하며, 밝고 긍적이면서도 또래들과 잘 어울리는 경향을 보인다.

아이의 발달에는 외적인 발달과 내적인 발달로 나뉘는데, 외적 발달은 다시 외적 형상과 외적 평가로 나눈다. 외적 형상은 겉모습을 말하며 키, 몸무게와 같이 신체적 발육과 성장으로 나이가 증가함에 따라 자연적으로 나타나는 변화를 말한다. 이러한 발달은 유전 때문에 선천적으로 타고나게 된다. 그리고 외적 평가는 세상의 기준으로 아이를 평가하는 학습 성취와 시험 점수, 기록, 실력 등을 말한다. 내적 발달은 질적인 변화로서 정신이나 마음의 작용에 관한 것으로 외부환경에 대한 자극이나 학습, 경험 등을 통해 성숙하는 것이다. 하고자 하는 의지와 의욕, 성취하고자 하는 욕구와 노력, 사회성 향상 등을 말한다. 중요한 것은 외적 평가가 내적 발달 때문에 성취된다는 것이다. 가령 학교에서 50점만을 받던 아이가 열심히 공부하고자 하는 의지를 다지고 노력하여 90점을 받았다고 한다면, 아이는 성적에서 외적 발달을 이룬 것이 되며, 자신의 의지와 노력, 자기 주도성이라는 내적 발달을 함께 이룬 것이 된다.

우리 아이에게 진정으로 중요한 것은 눈으로 드러나는 외적 발달보다 내적 발달인데도 불구하고 많은 부모는 아이의 내적 발달보다 외적 발달에 관심을 가지고 표현한다. 문제해결 능력, 자아존중감, 자기조절 능력, 사회 관계성 등 올바르고 긍정적인 내적 자아발달은 아이의 바른 인성을 형성하고, 자아를 성장하여 아이 스스로 이루는 성공과 리더십 있는 사회적 성장에 이바지하게 된다.

다음은 아이에게서 내적 발달을 일으키는 중요한 요소와 효과이며 그 내용은 다음과 같다.

성공의 경험

아이가 신나고 즐거워 더 많이 웃게 되면 감정의 뇌가 활성화되어 스스로 하고자 하는 일에 관심을 가지면서 동기부여의 역할을 하게 된다. 이러한 동기부여는 아이의 생각과 의지로써 과제를 수행하고자 하는 자율성을 가지게 한다. 이렇게 허용된 자율성은 책임감에 의해 자기의 일을 적극적으로 주도하면서 모든 정신을 한 곳에 집중하는 몰입을 하게 되고 이러한 몰입으로 문제를 해결하면서 과제를 완수(완성)하게 된다. 이와 같은 과제 완수라는 성공의 경험은 아이에게 기분 좋은 경험으로 남아 다시 과제를 완수하고자 하는 동기로 이어져 성공의 경험을 반복하려 한다.

내적 발달의 효과: 아이가 즐거워지면 감정에 관여하는 뇌들이 활성화되면서 집중력이 높아지고 인지적 활동이 활발해진다. 이는 아이가 하고자 일에 흥미와 호기심을 가지게 하면서 동기를 부여하게 된다. 이때 아이는 스스로 하고자 하는 자발성과 자기의 생각과 의지로써 이루고자 하는 창의성의 자율적 행동을 하고자 한다. 아이의 자율성은 부모가 어떻게 하라고 지시하거나 개입하여 도와주려고 할 때 생기는 것이 아니라 자기의 생각으로 선택하거나 판단할 때 나타나는 것이다. 그러므로 자율성은 긍정적 자아개념에 도움을 주게 된다. 아이가 자율성을 가지고 과제에 임하게 되면, 자기 주도적으로 과제를 수행하려고 한다. 이는 어떤 일이든 스스로 알아서 하려는 태도의 자율적 습관을 길러 주게 되어 자신감이 강화되면서 책임감이 증진된다.
자율성의 허용은 아이에게 스스로 결정한 책임감을 느끼게 하여 자기 주도적으로 과제를 완수하기 위해 집중하게 된다. 이러한 집중력인 몰입은 모든 정신을 한 곳으로 모아 최고의 성과를 내게 해 주어 부딪치는 문제를 창의적으로 해결하게 된다. 이처럼 부딪치는 문제를 해결하였을 때 마침내 과제를 완수하게 된다. 이렇게 완수한 성공의 경험은 아이에게 기분 좋은 정서 만족과 함께 자신감을 상승시키며 창의적 문제해결 능력을 향상한다. 이러한 창의적 문제해결 능력 향상은 아이가 생활 속에 만나게 되는 다양한 문제를 스스로 해결하면서 새로운 방향을 설정하고 자기 이해의 증진에 따른 내적 발달을 이루게 된다. 또한, 이러한 만족감은 기분 좋은 경험으로 남아 다시 과제를 완수하고자 하는 동기로 이어져 성공의 경험을 반복하려 한다. 이러한 성공의 경험 반복은 아이의 자존감 상승으로 이어져 자아를 성장하게 된다.

실패의 경험

아이는 과제를 완수하기 위해 주도적으로 노력하였으나 아직 경험이 부족하여 많은 부분 실수나 실패의 경험을 가진다. 그러나 아이는 이러한 실패가 누구나 겪을 수 있는 일로 생각하여 위축되기보다 그렇게 된 원인에서 깨달아 다음에는 성공의 경험을 가지기 위해 더욱 노력하였다.

내적 발달의 효과: 사람들은 누구나 성공의 경험을 가지고 싶어 하지만 그 밑바탕이 되는 실수나 실패에 대해서는 회피한다. 이는 실패를 부정적으로 받아들여 두려워하기 때문이다. 그러나 실패는 지극히 정상적인 현상이며 성장하기 위한 일반적인 과정이다. 따라서 실패에서 무엇이 잘못되어 그렇게 되었는지 원인을 파악하고, 다시 같은 실패를 반복하지 않으려면 어떻게 해야 좋을지의 효과적인 방법을 찾아 평가한 뒤 다음의 비슷한 상황에서는 성공의 경험을 가지기 위해 노력하여야 한다. 이러한 실패를 통한 성공의 경험은 실제 작용할 수 있는 자신의 능력에 대한 한계치를 느끼게 되어 겸손해지게 하며, 다시 도전할 용기와 추진력을 배우게 되어 인격적으로 성숙해지게 한다. 따라서 부모는 아이가 실패를 부끄럽게 생각하지 않기 위해 좋은 결과물만을 요구하거나 실패했을 때 벌을 주고 혼을 내기보다 노력하는 우리 아이를 믿어 주면서 지켜봐 주어야 한다.

아이는 세상을 대상으로 한 탐구와 실험의 다양한 경험 속에서 자기가 적극적으로 주도한 성공의 경험과 실수나 실패에서 깨달은 성숙의 경험 등으로 내적 발달을 이루고 외적으로 성장한다. 이러한 발달은 아이가 한 계단씩 딛고 정상을 향해 올라가듯 발달하는 내적 계단식발달을 이루게 된다. 이러한 발달은 평행선과 같이 비슷비슷한 듯 정체되어 있다가 어느 순간 한 단계 향상되어 스스로 성장한 모습을 보게 되어 아이의 가장 바람직한 발달이 된다. 이러한 평행선의 기간은 시간과 노력을 응집시켜 다양한 경험을 쌓는 시기로서 만약, 이때 이러한 인고의 시간을 가지지 못하거나 견디지 못하게 되면 발달에 문제가 생기게 되는 것이다. 따라서 내적 계단식발달은 튼튼한 기초 속에 자아를 성장시키고 성적이나 실력, 성취 같은 외적평가를 더욱 좋아지게 하고 향상되게 한다.

몰입(flow)

아이들이 무엇을 성취하려 하거나 문제를 해결하기 위해서는 몰입의 시간이 필요하다. 자기의 일을 적극적으로 주도하여 과제를 수행하게 되면 자연스럽게 집중하여 몰입하게 되는데 이때 단시간에 효율성 있게 문제를 해결하게 된다. 그러나 반대로 관심이 없거나 부모나 교사의 요구나 억압 때문에 어쩔 수 없이 하게 되면 집중도가 떨어지고 해결할 의지가 부족하게 되어 과제 수행에 어려움이 뒤따른다. 따라서 몰입은 자신이 하고자 하는 어느 한 곳에 모든 정신을 집중하는 것을 말한다. 이러한 몰입의 집중력은 과제 완성에 방해되는 모든 생각이나 방해요소를 차단하고 자기의 생각과 사고로 부딪치는 문제를 해결하는 창조적인 과정이라는 영역으로 옮겨놓고, 마지막에 이르러서는 원하는 결과물을 이루어내게 된다. 이에 대해 칙센트미하이(Csikszentmihalyi, 1975)는 "인생에서 행복감을 느끼기 위해서는 삶의 순간순간 '몰입'이 필요하다."라고 하였다. 또한, 그는 "몰입 때문에 오는 행복은 자신의 힘으로 만든 것이므로 더 값지다."라고 하면서 "자신의 능력에서 적당한 과제를 수행하면서 몰입할 때 최고의 성과가 나타나며, 우리는 몰입을 통하여 삶의 질을 높일 수 있다."라고 하였다. 이러한 몰입은 내적 동기나 자율성에 의해 자기 주도적으로 과제를 성취하고자 할 때 가장 활성화되며, 몰입한다는 것은 자기와의 대화로써 창의적으로 문제를 해결하기 위해 노력하고 있다는 뜻이 되므로 결국에는 과제를 완성하여 성공의 경험을 가지게 한다.

주제: 자기조절 능력(캔버스 위에 크레파스)

캔버스 위에 크레파스로 그림 그리고 색칠하였다. 그림에서 위쪽 부분의 배경은 크레파스로 색칠한 뒤 그 위에 크레파스 가루를 떨어뜨리고 종이를 올린 후 다리미로 다려 크레파스 가루를 녹여 가며 표현하였다. 산업사회를 살아가는 현대의 많은 부모는 아이에게 즉각적인 만족을 하게 하는 경우가 많고, 아이와의 신뢰가 부족하여 충동성이 높아 아이들은 자기감정을 조절하는 능력이 부족하다. 자기조절 능력은 감정을 적절하게 조절하여 사회적 상황에 맞게 잘 표현하는 능력이라 할 수 있으며 이는 아이의 성공에 큰 역할을 하게 된다. 이러한 자기조절 능력을 키우는 데는 부모와의 신뢰 관계가 중요하다. 아이를 사랑으로 대하고 감정을 잘 수용하면서 약속을 잘 지킬 때 아이는 기다리는 힘을 키우게 되고 자기조절 능력을 향상하게 되어 작품과 같이 나중에는 웃는 사람이 된다.

3. 만족을 지연하여 더 큰 만족을 성취하는 자기조절 능력

1) 자기조절(self-regulation) 능력에 대한 이해

우리 아이들은 '지금은 쉬고 나중에 해야지.', '오늘은 놀고 내일부터 해야지.'와 같이 당장 만족을 누릴 것인지, 아니면 '내가 조금 양보하더라도 친구들과 친하게 지낼거야.', '지금 힘들더라도 과제를 완성할 것이다.'와 같이 지금 좀 힘들거나 양보하더라도 앞으로의 더 큰 만족을 누릴 것인지에 대해 생각하면서 생활하고 있다. 그러나 산업사회를 살아가는 현대의 많은 부모는 아이의 자기조절 능력이 부족하도록 양육하여 교육기관에서의 생활이나 또래 사이에서 문제를 일으키는 경우가 늘어나고 있다. 핵가족 속에 완성된 현란한 장난감이 즉시 만족을 누리도록 아이를 유혹하고, 텔레비전, 컴퓨터, 스마트폰과 같은 전자기기가 아이들의 호기심을 자극하면서 아이가 원할 때마다 즉각적인 만족을 가지게 한다. 또한, 바쁜 산업사회를 살아가는 부모들은 아이와의 약속을 지키지 못하는 경우가 많이 생기며, 출산율이 낮은 것도 이유가 되지만 아이가 사랑스럽다고 버릇없이 마음대로 행동하여도 내버려 두거나 아이가 원하는 요구를 무분별하게 즉각적으로 들어주어 참고 기다리지 못하는 이기적인 성격으로 발전하게 한다. 그러나 이러한 양육들은 눈앞의 어려움이나 당장 만족을 참지 못하도록 하여 자기를 조절하는 능력을 부족하게 하는 요인으로 작용하게 된다.

아이들도 만족을 지연하여 자기를 조절할 수 있다는 것을 증명한 실험이 1966년 미국의 스탠퍼드대학의 심리학자인 월터 미쉘(Walter Mischel) 박사가 시행한 마시멜로 실험이다. 스탠퍼드대학 부설 유아원에 다니는 4살 아이 653명을 대상으로 실험을 하였는데 3시간 정도 공복을 유지하게 해서 배가 고픈 아이들에게 마시멜로를 하나씩 주었다. 그리고 15분간 먹지 않고 기다리면 상으로 마시멜로 1개를 더 주겠다는 보상을 약속하였다. 이렇게 선택권을 주고 아이들만 방 안에 둔 채 어른은 밖으로 나왔다. 어른이 나가고 시간이 흐르면서 여러 명의 아이는 먹고 싶은 충동을 참지 못하고 마시멜로를 먹게 되지만 전체 1/3 정도의 아이들은 마시멜로를 먹지 않고 15분을 기다려서 또 다른 마시멜로를 상으로 받았다. 미쉘 박사는 이렇게 당장 먹고 싶은 욕구를 지연시키는 것을 '만족지연(delayed gratification)'이라고 표현하였다. 이 실험에 참여했던 아이들을 15여 년이 지나 다시 관찰한 결과 마시멜로를 금방 먹어버린 아이들과 15분을 기다린 아이들 사이에는 커다란 차이가 나타났다. 잘 기다린 아이들은 그렇지 못한 아이들에 비해 삶 전반에서 훨씬 우수하였기 때문이다. 원만하고 넓은 대인관계를 이루고 있었으며 미국의 대학 입학시험인 SAT에서도 훨씬 높은 점수를 받았다고 한다. 이는 당장의 충동과 감정을 얼마만큼 잘 조절할 수 있느냐 하는 만족 지연능력이 아이의 성공적인 삶을 영위하는 데 굉장히 중요한 요소가 된다는 것을 알 수 있게 하였다.

자기조절 능력이란 무조건 잘 참고 잘 견뎌내는 것이 아니라 사회적 상황이나 자신의 목적에 맞게 자기의 욕구와 감정, 행동을 적절하게 조절하여 표현하는 정서적이고 심리적인 능력을 말한다. 즉 화가 나더라도 소리 지르거나 욕하며 폭력을 행사하기보다 그 상황에 맞게 스스로 감정을 조절하여 표현할 수 있는 능력이고, 사회적 상황에 맞게 행동을 조절할 수 있는 능력이다. 또한, 현재 하고 싶은 욕구를 자제하고 목표 달성을 위해 자신이 해야 할 일에 집중하는 능력이며 부딪히는 수많은 상황에서 지혜롭게 대처할 수 있는 능력을 말한다. 자기조절이 쉬운 것은 아니다. 그렇지만 이러한 자기조절 능력은 아이로 불리는 시기에 형성되어 전 생애에 걸쳐 바른 인격과 사회적 능력 함양에 영향을 준다.

자기조절이 잘 되면, 만족을 지연하여 더 큰 만족을 추구할 줄 알고, 목표를 달성하기 위해 지속해서 노력하며, 스트레스와 같은 부정적 감정을 잘 조절하여 더욱 안정적인 친 사회적 행동으로 리더십을 발휘하게 된다. 반면 자기조절 능력이 부족하게 되면 무절제한 생활과 무계획적인 행위가 많아져 사람과의 관계가 원만하지 못하고 사회적으로 위축되어 각종 문제 행동을 일으키기도 한다. 따라서 개인적이거나 사회적이거나 대부분의 문제 행동은 자기조절 능력의 부족과 관련된다고 볼 수 있다. 순간적으로 화를 참지 못하는 사람들은 감정을 사회적 상황에 맞게 조절하지 못하는 것이고, 다툼이 생기더라도 순간의 이익을 좇는 사람은 만족 지연능력이 부족하기 때문이다. 또한, 술, 흡연, 약물 사용의 문제는 즐거움과 쾌락을 좇는 바람에서 자기를 조절하지 못한 것이고, 거짓말, 도둑질, 폭력, 강간과 같은 반사회적 행동은 충동성과 공격성에서 자기를 조절하지 못한 것이기 때문이다.

아이들도 마찬가지로 자기조절이 잘 되는 아이가 있고 잘 안 되는 아이도 있다. 머리는 좋은데 끈기가 부족한 아이, 게임을 오래 하는 아이와 컴퓨터를 늦은 시간까지 하는 아이, 짜증이나 화를 자주 내거나 자기 기분 내키는 대로 행동하는 아이, 말로 해결하려 하기보다 짜증이나 폭언 폭력을 행사하는 아이, 떼를 자주 쓰는 아이 등의 공통점은 바로 '자기조절 능력'이 부족하기 때문이다.

2) 자기조절 능력과 전자매체

부모는 아이의 첫 사회성 형성의 모델이 되고 아이의 놀이는 세상을 탐색하고 탐험하며 또래와 관계를 맺기 때문에 사회적 능력을 향상하게 하는 기본이 된다. 그러므로 부모가 아이와 같이 놀아 주는 시간이 많을수록 아이에게 정서적 심리적 안정감을 주고 가까이서 오랫동안 관찰할 수 있으므로 자기통제력과 자기조절 능력을 향상할 수 있다.

그런데도 많은 부모는 아이를 양육하면서 당장 만족을 추구하거나 아이의 요구 때문에 스마트폰이나 아이를 위한 교육용 영상콘텐츠, TV, 컴퓨터 등 전자매체의 사용시간을 늘려나가고 있다. 특히 과학기술정보통신부와 NIA 한국정보화진흥원이 2019년 2월 발표한 '2018년 스마트폰 과의존 실태조사 결과'에 의하면 우리나라 유아동의 과의존은 20.7%로 나타났으며 고위험군은 2.0%, 잠재적 위험군은 18.7%로 나타났다. 많은 아이가 스마트폰의 유혹에 빠지고 있다는 증거이다. 그러나 전문가들은 이러한 전자매체를 아이에게 될 수 있는 대로 접하게 하지 말라고 강조하고 있다(p. 61 참조). 전자매체의 영상은 서로 소통하는 쌍방향이 아닌 일방적으로 전달을 주기 때문에 아이의 뇌 발달에 도움을 주지 못하고, 자기통제에 실패하게 되어 자기조절 능력 형성에 나쁜 영향을 주기 때문이다. 따라서 아이가 전자매체를 더 보려고 떼를 쓰게 되면, 먼저 아이의 욕구에 공감하고 왜 안 되는지에 대해 이해시키면서 아이의 발달에 도움을 주는 여러 대안적 놀이를 제시하는 방법으로 통제해 주어야 한다. 부모는 무엇보다 사람 관계에서 아이가 즐거움과 만족감을 찾을 수 있도록 아이와 자주 놀아 주면서 정서적 애착 형성에 노력하여야 한다.

전자매체의 유혹에서 벗어나기 위한 가장 좋은 방법은 아이에게 관심을 가지고 부모와 아이가 함께 노는 시간을 늘리는 것이다. 함께하는 시간에는 TV도 끄고 스마트폰도 내려놓아야 한다. 아이와 함께 책을 읽으면서 책 내용과 대화를 나누고, 아이가 느낀 생각을 그림 그리고 만들기를 한다. 또는 간지럼 태우기, 말타기하기, 공놀이 등 몸으로 부딪치는 신체 놀이를 하거나 음악에 맞춘 신체 표현과 음악놀이 등을 하면서 부모의 개입은 최대한 줄이고 아이가 주도하는 놀이가 되도록 한다. 이처럼 아이와 함께하는 시간이 많으면 많을수록 아이는 긍정적인 정서 만족 속에 함께하기 위한 규칙과 사회적 기술을 자연스레 터득하면서 자기조절 능력과 사회성을 키워나가게 된다.

다음 표는 자기조절이 잘 되는 아이와 부족한 아이의 차이점을 정리한 것이다.

<table>
<tr><th>자기조절이 잘 되는 아이</th><th></th><th>자기조절이 잘 안 되는 아이</th></tr>
<tr><td>다음의 더 좋은 것을 얻기 위해 현재의 만족을 양보할 줄 알고 기다릴 줄 안다.</td><td rowspan="5">행동</td><td>충동성이 높아 기다리거나 양보할 줄 모르고 감정에 따라 즉각적으로 행동한다.</td></tr>
<tr><td>다른 아이의 말을 수용하여 협상하고 타협할 줄 안다.</td><td>눈앞의 이익을 추구하려 떼쓰기 때문에 협상하고 타협하는 것이 힘들다.</td></tr>
<tr><td>주어진 과제를 자기가 주도하여 해낸다.</td><td>주어진 과제에 대해 뜻대로 되지 않으면 포기한다.</td></tr>
<tr><td>자신의 행동이 어떤 결과를 가져오리라는 것을 고려한다.</td><td>자신의 행동 결과를 고려하기보다 눈앞에 있는 당장 만족을 추구한다.</td></tr>
<tr><td>해야 할 것과 하지 말아야 할 것을 잘 구분하고 적절히 협상할 줄 안다.</td><td>해야 할 것과 하지 말아야 할 것을 구분하기보다 현재의 욕구를 우선한다.</td></tr>
<tr><td>신경질 나거나 화가 나는 등의 부정적 감정을 적절하게 처리한다.</td><td rowspan="2">정서</td><td>감정조절이 잘 안 되어 부정적인 감정을 그대로 표현한다.</td></tr>
<tr><td>자신의 감정을 알고서 조절하며 다른 사람의 감정도 이해하려 한다.</td><td>자신의 감정도 잘 조절하지 못하므로 다른 사람의 감정에는 관심을 두지 못한다.</td></tr>
<tr><td>공감 능력이 좋아 친구들에게 믿음을 주어 리더십을 갖춘 사회성으로 튼튼하게 뿌리내리면서 성장한다.</td><td>결과</td><td>자신의 욕구와 사회적 기대나 규칙이 부딪칠 때 짜증을 내는 등 감정조절이 어려워 사회관계를 잘 맺지 못하면서 성장한다.</td></tr>
</table>

3) 자기조절 능력 키우기

(1) 자기조절 능력의 형성

자기의 감정을 조절한다는 것은 전적으로 아이들이 발휘하는 자기의 능력처럼 보이지만 사실은 주변 어른들의 영향이 매우 중요하게 작용하여 행동으로 나타난다. 자기조절 능력을 갖춘 아이들은 마시멜로 실험과 같이 만족을 지연할 수 있는 능력, 즉 기다릴 수 있었던 아이들이었다. 앞으로의 더 큰 이익을 위하여 지금 참고 기다릴 수 있는 이러한 능력은 부모를 믿는 믿음에서 시작하며 부모와 따뜻하고 신뢰 있는 관계를 형성한 아이들에게서 나타난다.

부모를 믿는 믿음은 '안정 애착을 형성하였느냐?'와 '평소 부모의 말과 행동을 믿고 신뢰하느냐?'가 매우 중요하다.

자기조절 능력이 형성되는 이유는 다음과 같다.

첫째, 부모는 아이와 안정 애착을 형성하였다.

부모가 아기에게 온화한 눈 맞춤으로 놀아 주면서 보내 준 따뜻한 사랑과 아기의 다양한 요구에 민감하게 반응하여 충족하여 주는 안정 애착은 '엄마 아빠를 믿을 수 있으므로 다른 사람도 믿을 수 있다.'라는 아이의 내면화에 저장되어 아이의 긍정적인 사고형성과 자기조절 능력 등 다양한 부분에서 중요한 요인으로 작용한다. 아이는 이처럼 자신의 두뇌에 저장된 엄마에 대한 인식을 바탕으로 자신과 다른 사람들을 이해하게 되어 타인에 대한 신뢰감 형성에 영향을 미치게 된다.

둘째, 부모는 평상시 아이와 한 약속을 잘 지켰다.

아이가 부모의 말을 믿느냐는 부분에서 가장 중요한 것은 '부모가 평소 아이와 한 약속을 잘 지켰느냐?'는 것이다. 건성으로 아이에게 보상을 약속하고는 지키지 않거나, 아이와 약속하고는 바쁘다는 이유로 잊어버리는 경우가 반복된다면 아이는 그다음에 만족을 지연시킬 이유를 찾지 못해 자기조절 능력을 키울 수 없게 된다. 이는 아이에게 기대감이나 신뢰를 제대로 형성되지 못하게 하고 오히려 만족을 지연시키기 위해 기다리면 손해 보게 된다는 생각을 가지게 한다.

셋째, 부모는 아이의 감정에 따른 욕구를 수용하고 존중해 주었다.

자기조절 능력은 아이가 자기의 감정에서 비롯되는 욕구를 해결할 수 있도록 부모가 배려해 줄 때 길러진다. 부모 중에는 아이 말을 들어 주고 존중하기보다 부모의 생각을 강요하거나, 지나친 훈육과 억압으로써 통제하고 제한한다. 그렇게 되면, 아이들은 자신이 느끼는 감정이 억제당하거나 무시당하게 됨으로써 구속과 속박감으로 갈등이 생기면서 부모를 신뢰하지 못하고 자기를 잘 조절하지 못하여 부정적 행동을 하게 된다. 그러므로 아이의 자기조절 능력향상을 위하여 부모는 아이의 감정을 무시하기보다 읽어 주고 수용하며 그 감정에서 나타나는 욕구를 적절하게 해결할 수 있도록 배려해 주어야 한다. 가령 아이는 블록으로 지난번 완성하지 못했던 공룡을 만들고 있었는데 동생이 와서 자꾸 만지려 하여 '그렇게 하지 마! 넌 이 블록 가지고 놀아.'라고 하였다. 이때 부모가 이를 알아차리고 아이가 욕구를 충족할 수 있도록 배려해 주게 되면 즐거운 긍정적 정서를 경험하면서 자기를 조절할 수 있게 된다. 그러나 이러한 아이의 욕구를 이해하지 못한 채 '동생을 울린다.'라면서 꾸중을 듣게 되면 부정적 정서가 쌓이면서 부모에 대한 신뢰감을 가지지 못하고 자기조절 능력이 떨어지게 된다.

자기조절 능력을 관장하는 곳은 뇌의 앞부분에 해당하는 전전두엽으로 이곳은 대단히 유연성을 가진다. 따라서 자기조절 능력은 선천적으로 많이 결정되는 외모나 기질과는 달리 나이가 들어서도 생길 수 있는 후천적인 능력이다. 따라서 부모는 아이가 자기조절 능력이 부족하다고 실망하기보다 이제부터 가르치고 훈련시키면 된다는 마음으로 적절한 시도와 노력을 꾸준하게 할 수 있어야 한다.

(2) 아이의 자기조절 능력 키우기

자기조절 능력이 부족한 아이는 당장 원하는 것을 얻고자 자신의 감정을 조절하지 못하고 자기 욕구가 우선하는 행동을 하게 된다. 그러므로 자기조절 능력이 부족한 아이는 자기의 잘못된 판단에 대하여 둔감하여 내적 발달이 더디게 된다. 반면에 당장 만족보다 더 좋은 것을 얻기 위해 기다릴 줄 아는 자기조절 능력이 뛰어난 아이는 자기 주도로써 부딪치는 문제를 창의적으로 해결하므로 내적 발달을 스스로 이루어가게 된다. 아이의 이러한 자기조절 능력은 전전두엽이 발달하면서 생기게 되므로 4~9세는 자기조절 능력을 키우는 데 중요한 시기가 된다. 이 시기의 부모는 아이의 자율적 사고와 행동을 허용하여 자기의 일을 스스로 주도할 수 있는 아이가 될 수 있도록 배려하여야 한다. 또한, 상황에 따라서 하고 싶은 것을 참고 기다려야 하고, 필요에 따라 나누어 사용하며, 하기 싫은 것을 하여야 할 때도 있어, 아이가 다양한 사회적 상황에서 자신의 감정이나 욕구를 조절하여 적절하게 행동하고 표현할 수 있어야 한다. 이를 위해 오늘은 안 된다고 했다가 며칠 뒤에는 별다른 이유 없이 허용하는 것과 같이 부모가 일관성 없이 아이를 대하거나, 엄마는 안 된다고 했는데 아빠는 허용하는 것처럼 보호자의 양육 태도가 일치하지 않는다면 아이의 자기조절 능력은 발달시키기 어렵게 된다.

다음은 자기조절 능력이 부족한 아이를 위하여 부모가 실천하여야 할 내용에 대하여 설명한 것이다.

첫째, 규칙을 아이와 함께 정하고 일관되게 적용한다.

아이스크림은 하루에 한 개만 먹기, 컴퓨터나 TV, 스마트폰은 합쳐서 하루 1시간만 하기, 장난감은 2개월에 한 번만 사기와 같은 규칙을 부모와 아이가 함께 정하고 이를 일관되게 실행하여야 한다. 아이가 먹고 싶고, 하고 싶고, 갖고 싶은 욕구를 스스로 통제하여 조절하기란 쉽지 않다. 그러나 아이의 요구에 당장 만족을 주기보다 이러한 과정을 거치게 되면 아이는 욕구를 통제하고 절제할 수 있는 조절력을 키우게 된다. 여기서 규칙은 아이의 의견을 존중한 가운데 서로 합의하여 정한 규칙인지 아니면 "이렇게 하는 것이 좋으니 이렇게 하자."라며 알게 모르게 강요 속에서 합의를 한 규칙인지가 중요하다. 아이의 의견이 충분히 수용되어 합의된 규칙이라면, 아이는 자신의 의견이 존중받음으로 인해 그 규칙을 지키려 최선의 노력을 다하게 된다. 가령 아이는 하루에 2시간씩 컴퓨터를 하고 싶다고 하지만 부모님은 30분만 했으면 좋겠다고 말한다. 아이는 왜 2시간을 해야 하는지를 말하고 부모는 왜 30분만 해야 하는지에 대해 아이에게 설명한다. 이처럼 협의하다 합의 본 내용은 하루 1시간 10분을 컴퓨터를 하되, 매일 하는 것이 아니라 토·일요일에 모아서 하기로 서로 협의하였다. 원래는 매일 1시간으로 합의하였으나 부모님이 10분을 더하도록 하는 대신 토·일요일에 모아서 하기로 협의한 것이다. 필요에 따라서는 아이와 합의한 내용을 글로 적고 서로 손도장도 찍어 게시할 수도 있다. 만약, 부모가 당장 만족으로 아이의 요구를 계속해서 들어주게 되면 아이는 즉각적인 만족을 위해 충동성이 높아지고, 공격성이 생기며, 분노 조절도 어려워질 수 있다.

둘째, 스스로 선택하여 결정하게 한다.

많은 부모는 우리 아이를 불안하게 생각하여 도와주거나 문제를 해결해 주는가 하면, 다른 사람이 있는 데서 실수하지 않기 위해 개입하여 가르쳐 주면서 그렇게 하도록 강요하거나 어떻게 하라고 지시하고 통제한다. 그러나 이는 아이의 자율적 사고로써 행동할 수 없도록 만들어 평상시 아이 스스로 부딪쳐 문제를 해결한 경험이 부족하게 하여 아이가 점점 의존적으로 되면서 자기의 생활을 관리하고 조절할 수 없게 된다. 따라서 부모는 아이의 생활 속에서 "너는 어떻게 생각하니?"라고 자주 물어보고 "이건 네가 할 수 있으니 한번 해 볼래?", "힘들지만 너는 분명 잘할 수 있을 거야."라며 격려해 주어 아이 스스로 생각하여 선택하고 결정할 수 있도록 허용해 주어야 한다. 아이가 부모로부터 자율성을 허용받아 자기의 일을 주도하게 되면 아이는 자기의 감정에 따른 욕구를 해결하게 되어 기다리면서 더 큰 만족을 위해 자기를 조절할 수 있게 된다.

셋째, 결과보다 과정을 칭찬한다.

아이에게 결과에 대한 만족으로 칭찬하는 것보다 과제의 과정과 열심히 한 노력을 더 중요하게 여기는 환경을 만들어 주어야 한다. 결과에 대한 칭찬은 성취하기 위한 과정의 중요성을 가볍게 여기고 지나친 경쟁으로 인해 기다리는 인내심이 부족해지게 하기 때문이다. "정말 잘 그렸네. 훌륭하다!", "일등 했다니 축하해!"라고 아이의 결과를 칭찬하기보다 "네가 이것을 생각했어. 멋있는

데!", "빌려주다니 친구가 좋아하겠는걸", "힘들게 노력하더니 드디어 좋은 결과를 내었구나"라고 하면서 구체적으로 잘한 내용이나 행위의 과정에서 잘한 점, 과제 완성을 위한 노력에 대해서 칭찬하여야 한다. 이때 아이는 자기의 행동에 대한 만족감과 함께 자신감을 향상하면서, 충동적인 욕구를 조절하고 문제가 해결될 때까지 기다릴 줄 알게 되어 다음에 또 그 칭찬의 이유대로 하고자 하는 동기를 가지게 된다.

넷째, 책임감을 키워 주어야 한다.

대충하고는 다 했다고 하면서 오래 참지 못하거나 자신의 욕구나 충동을 현재 상황에 맞게 조절하지 못하여 자기조절 능력과 책임감이 부족한 아이들이 있다. 책임감은 건강한 인격의 기초이므로 책임감이 부족하면 건강하게 성장하기 어렵게 된다. 이를 위해서 부모는 아이 혼자 힘으로 할 수 없는 어려운 일이나 아이의 보호를 위한 것 등을 제외하고는 아이 스스로 할 수 있는 일을 대신해 주어서는 안 된다. 자기의 일을 스스로 할 수 있도록 격려하고 위로하여 성취 경험을 가지게 하고, 자기의 생각과 판단으로 할 수 있도록 하여 스스로 문제를 해결하게 한다. 이때 아이는 자기를 조절하면서 그 결과에 대해 책임질 수 있게 된다. 또한, 아이의 행동에 따른 결과를 알게 하여 자기의 행동에 책임지는 법을 배울 수 있도록 하여야 한다. 이때 아이는 자신이 해야 할 일과 하지 말아야 할 일을 분별할 수 있고 신중하고 진지하게 행동하는 습관을 기를 수 있게 된다.

다섯째, 아이가 그렇게 행동하게 된 이유를 알고 그 마음에 공감하여야 한다.

아이는 자기 스스로 행동하여 성취하고 싶어 하고 자기의 생각을 표현하면서 스스로 문제를 해결하고자 하며 자기를 표현하면서 친구들과 관계 맺으려 하는 본능적이고 심리적인 욕구를 가지고 있다. 그런데도 아이가 부모의 생각을 강요받거나 부모 생각대로 행동하게 된다면, 아이는 자기의 생각과 감정을 존중받지 못해 이유 없는 부정적 행동을 하게 된다. 부모와 갈등이 생기면서 자기를 잘 조절하지 못하고 점점 내성적으로 되거나 거친 아이로 변하게 되는 것이다. 또한, 아이의 잘못된 행동에도 이유 없는 것이 없으므로, 아이에게 훈육하거나 꾸지람하기 전에 먼저 아이가 왜 그렇게 행동하였는지 그 이유를 알고, 그렇게 하게 된 아이의 마음에 공감하면서, 그렇게 하면 안 되는 이유에 관해 이해할 수 있도록 차분히 설명해 주어야 한다. 가령 “자동차를 가지고 놀고 싶었어? 자동차를 좋아하는 모양이구나. 그렇지만 친구가 가지고 놀고 있는 것을 뺏으면 잘못한 거야. 뺏긴 친구가 얼마나 속상하겠니? 친구에게 이제 내가 가지고 놀면 안 될까?” 하면서 물어보거나, “다 놀고 나면 나에게 줘. 하면서 부탁하는 거야.” 라고 말해 주는 것이다. 이러한 훈육의 과정을 통해 아이는 할 수 있는 것과 기다려야 하는 것, 포기해야 하는 것을 구분할 수 있게 되어 자기를 조절하게 된다.

여섯째, 부모와의 정서적 애착 속에 또래들과 마음껏 놀아야 한다.

아이의 또래 관계에서 무엇보다 중요한 것은 부모와 아이가 정서적 애착이 밑바탕에 잘 형성되어 있어야 한다는 것이다. 집에서는 부모의 품에서 건강하게 애착 관계를 맺다가 밖에서는 또래와 함께 마음껏 놀며 세상을 향해 도전하여 탐험하고 탐구하면서 많은 것을 경험하고 깨달아야 한다. 그런 후 아이가 집으로 들어가면 다시 부모와의 애착 안에서 정서 만족을 누리며 생활해야 한다. 따라서 부모는 아이가 자신 있게 생활할 수 있도록 하는 생활의 활력소이자 평안을 주는 안식처로서의 든든한 울타리가 되어야 한다. 이때 아이는 부모에게 실망을 주지 않으려 하고 인정받으려 노력하게 되므로 자신의 감정과 욕구를 통제하면서 자기를 목적과 상황에 맞게 잘 조절하게 된다. 이러한 아이는 친구와 신나게 놀면서 생기는 많은 감정의 변화를 타협하고 협상하면서 유익을 가져오기 위한 방향으로 스스로 조절하게 되므로 공감 능력과 자기조절 능력이 향상되면서 사회성이 뛰어나게 된다.

일곱째, 평상시 부모는 아이에게 믿음을 주면서 하나씩 문제를 해결할 수 있도록 방법을 가르쳐 주어야 한다.

자기조절 능력이 부족한 아이들은 자기중심적이어서 자기 뜻대로 되지 않으면 서둘러 대충하거나 화를 내면서 짜증을 낸다. 이는 자기의 순간적인 감정에 빠져들게 되어 인지적 생각보다 자신의 감정이나 욕구에 따른 행동을 우선하기 때문이다. 이를 위하여 부모는 평상시 아이와 한 약속은 반드시 지키고 아이의 감정에서 나타나는 욕구를 적절하게 해결할 수 있도록 배려해 주어 아이에게 일관되게 믿음을 주어야 한다. 그래야만 아이는 다른 사람을 믿는 신뢰가 생겨 자신의 노력이 보상받으리란 믿음을 가지게 된다. 그리고 과제를 해결하는 데 있어서 아이가 서둘러서 대충하거나 자신의 감정에 따른 행동을 하게 되는 경우, 이를 나무라기보다 문제가 되는 부분이 있다면 아이가 순서대로 하나씩 풀어나갈 수 있도록 방법을 가르쳐 주어야 한다.

필자 노트 plus 10

아이의 훈육

아이의 훈육은 엄마와 아이는 모든 것을 공유하는 한 몸 같은 존재라는 생각에서 벗어나 분리된 개별적인 존재임을 인식할 수 있게 되거나, 평상시 사랑을 주는 좋은 우리 엄마/꾸지람하여 싫은 우리 엄마. 이러한 엄마의 두 얼굴이 겹쳐질 때 '그래도 엄마는 나를 사랑한다.'라는 것을 깨닫는 '대상 항상성'이 생겼을 때 가능하다. 이러한 분리 개별화와 대상 항상성은 24개월이 지나면서 가능하게 되는데 이때는 언어발달도 가장 왕성하게 이루어지는 시기이다. 아이가 양심에 가책을 받는 나쁜 행동을 저질렀을 때 만약, 부모의 시각에서 그것 자체가 작게 보여 제재나 훈육하지 않고 넘어가게 된다면, 아이의 행동은 앞으로 훨씬 더 나쁘게 이어질 수 있다. 또한, 부모는 아이를 지도하고 훈육해야 할 책임이 있으므로, 훈육에서 아이와 신경전을 벌이거나 훈육 도중 아이의 고집에 져 포기하여서는 안 된다. 만약, 부모가 아이의 고집에 훈육을 포기하게 된다면 아이의 고집은 점점 강화되고 부모의 통제감은 점점 더 무력해지게 된다.
아이에게 훈육해야 할 때는 다음의 원칙에서 이루어져야 한다.

첫째, 화부터 내기보다 먼저 아이를 이해시켜 주어야 한다.
훈육할 때는 먼저 감정을 진정시킨 후 훈육을 할 수밖에 없는 이유에 대해 아이가 이해할 수 있도록 설명해 주어야 한다. 만약, 부모가 목소리를 높여 화를 내면서 훈육하게 되면 아이는 위축되어 부모의 화난 모습에만 집중하게 되고 내가 무엇을 잘못했는지 부모가 왜 화를 내는지 이해하지 못하게 되거나, 구속감으로 이어져 아이에게 반항심을 심어 주게 된다. 만약 부모가 감정을 진정시켜 훈육하지 않으면 자칫 과한 말과 과잉행동이 나오게 된다. 가령, 아이가 게임을 한 시간만 하기로 약속해 놓고는 이를 지키지 않는 일이 빈번할 때 "네가 또 약속을 안 지키니까 엄마가 너무 속상하다."라고 말할 것을 "내가 미쳐 너 같은 아이를 낳아서"라며 흥분하게 되는 것이다.

둘째, 충동적으로 하지 않고 일관성을 유지하여야 한다.

아이의 문제 행동에 대해 어떤 때는 훈육하고 어떤 때는 하지 않는 등 충동적으로 훈육하거나, 같은 문제를 가지고 기분이 좋으면 훈육하지 않다가 기분이 나쁘면 훈육하거나, 엄마와 아빠가 교육에 관해 서로 다른 말을 하는 등 훈육에서의 일관성이 부족하다면 아이는 자기가 해야 할 기준에 대해 혼란을 느끼게 되어 부모와의 신뢰에도 금이 가는 등 다양한 부정적 결과가 생기게 된다. 그러나 일관성을 가지고 아이를 훈육한다는 일은 생각보다 쉬운 일은 아니다. 가족의 어른마다 생각이 다르고, 누구나 좀 더 쉽게 해결하고 싶어 하기 때문이다. 이를 위해 아이의 개성과 특성을 고려하여 가족 구성원 간 양육 태도를 협의하여 기준선을 정하는 것이 필요하다.

셋째, 정확한 기준으로 훈육하되 훈육의 목적을 달성하여야 한다.

부모는 아이에게 "이렇게 할 때 엄마 아빠는 널 훈육할 수밖에 없다"라는 기준을 미리 공지하면 효과적이다. 또한, 아이가 왜 그렇게 해야 하는지를 정확한 기준으로 설명하여 아이가 이해할 수 있도록 하여야 한다. 정확한 기준에서 하는 부모의 말에는 대부분 아이가 순종하기 마련이다. 만약 훈육 도중에 아이가 고집을 부리며 자기의 욕구를 관철하려 하거나, 떼를 쓰면서 훈육을 거부하는 경우(평소 아이의 고집이 강화되었을 경우 바닥에 드러누워 울거나 토를 하기도 한다.) 부모가 훈육 도중에 그만두거나 아이의 요구를 들어주는 것은 좋지 않게 된다. 즉 부모가 훈육하려 하였으면 반드시 그 목적을 달성하여야 한다는 것이다. 그 이유는 훈육 도중 그만두고 아이의 요구를 들어주게 되면 훈육하여 바로잡겠다는 부분에 고집이 강화되면서 비합리적 사고가 자리 잡아 다음 발달에 부정적 영향을 주기 때문이다. 가령 자기 뜻대로 되지 않으면 책상 밑이나 구석으로 들어가 울면서 나오질 않는 아이가 있다. 부모가 더는 이래서 안 되겠다 싶어 훈육하고자 아이의 팔을 당겨 밖으로 나오게 하였다. 그러자 아이는 구석에서 나오지 않으려 더 크게 울면서 과한 행동으로 고집부렸다. 이에 부모는 이렇게 하다 잘못되겠다 싶어 훈육을 포기하고 아이를 달래 주게 되었다. 이후 아이는 자기 고집이 강화되어 '뜻대로 되지 않으면 구석에서 울면 된다.'라는 비합리적 생각을 가지게 되어 유치원에서도 뜻대로 되지 않으면 구석에 혼자 울면서 요구가 관철될 때까지 고집부리게 되었다. 이러한 아이의 고집은 자기중심의 생각을 강화하여 다른 아이들과 함께하지 못하고 전반적 발달에 부정적 영향을 주게 되었다.

넷째, 훈육하기 전 그렇게 행동하게 된 아이의 생각이나 이유를 먼저 들어 주어야 한다.

아이들도 자기의 생각을 표현하고 그 문제를 해결할 능력이 있으므로 훈육하기 전 왜 그렇게 행동했는지에 대한 이유를 아이에게서 먼저 듣는 것이 중요하다. 만약 부모가 현재 보이는 상태나 이유만으로 혼내면서 훈육하게 되면 자칫 아이의 마음을 이해하지 못하거나 오해가 생기게 되어 마음의 상처를 주게 된다.

다섯째, 훈육하는 과정에서 다른 사람과 비교하여서는 안 된다.

사람은 누군가와 비교당하면 기분이 상하게 된다. 따라서 부모는 아이가 한 실수나 문제가 된 부분을 다른 어른에게 말하거나 다른 아이와 비교하면서 말하여 모멸감을 주어서는 안 된다. 이는 아이에게 열등감을 조장하고 부모에게 반발심을 불러일으키게 한다. "형은 100점 받는데 넌 누굴 닮아 그러니?", "동생 반만 닮아라."라는 식의 형제간 비교는 부모가 형제간 갈등을 조장하고 형제 사이의 우애를 갈라놓게 한다. 칭찬받는 아이는 자만심과 함께 다른 형제자매를 무시하게 되고, 칭찬받지 못하는 아이는 칭찬받는 아이를 싫어하게 되고 시기하게 된다. "형이 노력하더니 드디어 성적이 올랐네. 형은 성적이 오르고, 동생은 운동을 잘하고, 너희들 덕분에 엄마는 너무 행복하구나."처럼 부모는 자녀들의 장점을 찾아 칭찬해 주어 차별 대우하지 않아야 한다.

여섯째, 훈육은 그 자리에서 바로 잡아 주되 사람이 많은 곳은 피한다.

훈육은 잘못하고 있는 그 자리에서 바로 잡아 주는 것이 효과적이다. 시간이 지난 후 훈육하게 되면 아이는 무엇을 잘못했는지 잘 기억하지 못하며, 감정적으로 이미 이완되어 있어 훈육의 효과가 떨어지게 된다. 또한, 아이에게도 수치심이 있고 자존심이 있으므로 사람이 많은 곳에서 훈육하거나, 경쟁 구도에 있는 형제자매나 친척 아이들 앞에서의 훈육이나 또래들 앞에서의 훈육, 발표회장처럼 공개적인 장소에서의 훈육 등은 유의하여야 한다. 만약 이러한 장소에서 훈육 받게 되면 아이는 자신을 부끄럽게 생각하는 수치심으로 인해 스트레스를 받고 위축된다.

일곱째, 훈육은 사랑으로 끝맺어야 하며 뒤끝이 없어야 한다.

훈육한 후 마지막에는 아이를 안아 주면서 "네가 그렇게 했을 땐 마음이 아팠단다. 지금은 네가 무엇을 잘못했는지를 아니까 기분이 좋구나. 엄마는 너를 사랑한단다."라면서 사랑의 마음으로 끝맺어야 한다. 이때 아이는 엄마의 사랑을 느껴 다음에는 그렇게 하지 않으려는 내적 동기가 생기면서 혹시라도 있을 아이 마음의 부담감이나 상처를 없애 준다. 그리고 훈육을 마쳤을 땐 다시 좋은 관계로 빨리 되돌아가야 한다. 아이가 이미 반성하였음에도 불구하고 부모는 여전히 화가 안 풀린다고 같은 내용의 꾸지람을 반복하면서 뒤끝을 보이는 것은 주의해야 한다.

올바른 훈육의 방법에 대해서 살펴보면 다음과 같다.

부드럽게 전하는 대화 "왜 친구를 약 올리고 그러니."라며 혼내는 말보다 "생각 잘하는 아이가 왜 친구를 약 올리지."처럼 긍정에서 출발하는 말로 시작하면 대화 내용도 부드러워지고, 수정하고자 하는 동기도 생기게 된다.

감정을 전달하는 대화 아이가 말로써 설득 가능하다면 '나 전달법(I-message)'을 사용할 수 있다. 일반적으로 앞 문장의 주체가 아이(너)였다면 나 전달법에서의 주체는 말하는 엄마(나)가 되는 것이다. 이는 부모의 요구나 감정을 아이가 이해할 수 있도록 표현하는 방법이며 아이의 감정이 상하지 않으면서도 스스로 행동을 수정하고자 하는 동기가 생기도록 하는 표현방법이 된다. 아이에게 "너는 어질러 놓고 왜 매번 정리 안 하니?"라고 문장의 주체가 '너'가 되어 말하게 되면 아이의 감정에 상처를 주게 된다. 그러나 "그렇게 어질러 놓으면 엄마가 너무 힘든데 엄마 좀 도와줄래?"라고 말한다면 엄마를 대화의 주체로 두어 아이에게 엄마의 마음을 전달하게 되므로 아이가 부모 말에 저항이나 반발 없이 문제 행동을 수정하고자 하는 동기가 생기게 된다. "저리 좀 가서 놀아라." vs. "엄마가 피곤해서 혼자 있고 싶어." / "너는 어떻게 된 애가 이 늦은 시간까지 전화 한번 없니?" vs. "엄마는 네가 무슨 일이 생긴 것은 아닐까 걱정했단다. 미리 전화 좀 해라."

단호하게 전달하는 대화 아이의 고집강화로 떼가 심하여 대화가 안 될 때 부모는 아이를 단호하게 훈육하여야 한다. 이때 부모는 아이에게 자세하게 설명하기보다 아이의 어깨를 두 손으로 잡고 앞쪽으로 당겨 서로 눈을 마주하며 짧고 단호하게 의사를 전달한다. "안돼! 지난번 자동차도 한번 가지고 놀고는 장난감 통에 넣어뒀잖아! 그렇게 자꾸 고집부리면 너를 용서할 수 없다." (대안, "집에 가서 엄마랑 자동차 만들기 할래? 우리 멋있게 만드는 거야."라며 아이랑 같이 다양한 재료로 자동차 만들기를 한다. 또는 행동수정에서의 처벌을 활용한다(p. 197 참조).

아이의 감정을 위로하고 스스로 문제를 해결하도록 하는 대화

사례 1

"넘어져서 아픈가 보구나." (아이의 감정을 알아주기)
"네가 아프다고 하니 엄마도 마음이 아프네." (아이의 감정에 다가가기)
"그런데 친구들이 있는 데서 울면 친구들이 싫어할 텐데, 어떡하지 그러지 말고 친구들과 재미있게 놀면 어떨까?" (아이 스스로 문제 해결하기)

사례 2

"안 좋은 일이 있었구나?" (아이의 감정 알아주기)
"속상했을 것 같은데 어떻게 하지?" (아이의 감정에 다가가기)
"그런데 네가 우니까 너도 기분이 안 좋지만, 엄마도 기분이 안 좋아지려 하는데 어떻게 하면 좋지?" (아이 스스로 문제 해결하기)
"나중에 기분이 풀리면 왜 울었는지 말해 줘."

이러한 훈육은 '감정을 위로받은 아이는 마음이 안정되어 문제를 스스로 헤쳐 나간다.' 라는 사고에 바탕을 둔다. 모든 아이는 스스로 문제를 헤쳐나갈 수 있는 능력을 갖추고 있기 때문이다. 그러나 아이의 미술활동에서 창의성이 중요하다고 하여 아이에게 재료만 주고 작품을 만들어 보라고 한다면, 아이는 부담감 속에 생각이 위축될 수 있지만, 부모나 교사가 창의성의 시발점(始發點) 역할을 하게 된다면 아이는 자신감을 가지고 창의성에 날개를 달게 된다.

가령 “너희들은 이 종이컵과 종이상자로 무엇을 만들 수 있을 것 같니?”라고 선생님이 질문만 하여도 아이는 “자동차를 만들 수 있어요.”, “목이 기다란 기린을 만들 수 있어요.”라면서 다양한 자기만의 창의적 생각을 나타내게 된다. 마찬가지이다. 위 사례 1, 2처럼 ‘아이 스스로 문제 해결하기’할 때는 부모가 아이에게 스스로 문제를 해결할 수 있는 시발점의 역할을 하는 것이다. 가령, ‘지금 울면 다른 사람이 어떻게 생각할까?’, ‘이렇게 할 수도 없고 저렇게 할 수도 없는데 어떻게 하지?’, ‘네가 형인데 어떻게 하는 것이 좋을까?’와 같이 부모가 문제해결에 대한 시발점의 역할을 하되 그 문제는 아이 스스로 헤쳐나갈 수 있도록 하는 것이다.

격한 반응을 하는 아이의 훈육 아이가 잘못된 고집을 부리며 격한 반응을 보일 때, 엄마는 단호한 목소리로 아이를 엄마의 앞쪽으로 오게 하여 세운다. 만약, 이때도 아이가 고집을 부리며 격하게 행동할 때는 아이가 다치지 않도록 주의하며 머리가 땅으로 향하도록 하여 엎드리게 만든 뒤 엄마가 아이 위에서 끌어안아(아이의 등이 엄마의 얼굴 아래로 오게 하여) 꼼짝 못 하게 한다. 조금 기다리다 아이의 고집이 꺾였을 때 엄마 앞에 바로 서게 한다. (아이들은 꼼짝하지 못한 채 그대로 있게 되면 금방 고집을 꺾게 된다.)

엄마: 너 이러 이러하게(잘못한 내용을 말한다) 잘못했지. 그렇게 되면 친구들은 어떻게 되겠니?

아이: 죄송해요. – 많은 부모는 이 단계에서 훈육을 끝맺는다.

엄마: 지금 무엇을 잘못했는지 다시 한번 생각해 봐. (잘못을 알고 뉘우치는 시간을 짧게 준다)

엄마: 오늘 무엇을 잘못했니? (잘못한 내용을 제대로 알고 있는지 확인한다.)

아이: 이러 이러하게 잘못했습니다.

엄마: 다음부터는 어떻게 할 거니? (다짐을 받는다.)

아이: 이러 이러하겠습니다.

엄마: 네가 그렇게 했을 때 엄마는 매우 속상했단다. 그런데 지금은 네가 무엇을 잘못했다는 것을 아니까 이젠 기쁘구나. 엄마는 너를 사랑한단다. (손을 잡아 주거나 안아 주면서 사랑으로 훈육을 끝맺는다.)

주제: 자아존중감(캔버스 위에 크레파스)

캔버스 위에 크레파스로 그림을 그리고 색칠하였다. 그림에서 아래쪽 부분의 바위는 크레파스로 색칠한 위에 크레파스 가루를 떨어뜨리고 이를 목공용 풀과 섞어가며 으깨어 두텁게 표현하였다. 그림의 아래쪽은 갯바위에 격하게 파도치는 바닷가 풍경을 그려 왕성한 활력을 나타내었으며 뒤쪽 도시 풍경과 금색 탑의 동상은 산업화로 우상화된 현대 도시를 표현하였다. 주먹을 쥐고 팔을 든 사람은 이러한 환경 속에서 함께 어울려 생활하면서도 높은 자존감이 있어 성공의 삶을 스스로 이루어가고 있음을 표현하였다.

아이가 수행해야 할 과제를 스스로 노력해서 마침내 해결했던 성공의 경험, 자신이 이뤄놓은 결과에 대해 칭찬을 듣고 자신을 뿌듯하게 생각했던 경험, 이러한 경험들이 반복적으로 이루어질 때 자존감은 상승하고 자아도 성장하게 된다.

4. 성공의 길로 달리게 하는 자아존중감

1) 자아존중감(self-esteem)의 개념

자아존중감 혹은 자존감이라는 용어는 1890년 미국의 의사이자 철학자인 윌리엄 제임스(William James)가 처음 사용하였다. '자신은 사랑받고 존중받을 수 있는 소중한 존재'라는 긍정적인 자기 가치와 '어려운 일이 있어도 그것을 헤쳐 나가 좋은 성과를 이루어낼 수 있는 유능함이 있다.'라는 내적 신념을 자존감이라고 말한다. 따라서 자존감은 객관적이기보다 주관적으로 느껴지는 느낌이다. 이를 아이들 관점에서 보면 '나는 하고자 하는 일을 잘 해낼 수 있다.', '나는 주어진 과제를 성취할 수 있다.'라는 자신감을 가진 아이이며, 다른 아이들과 어른에게서 '관심과 인정, 사랑받을 만한 가치가 있다.'라는 마음을 느끼는 것이다. 따라서 아이의 자존감은 자신의 능력에 대해 깨닫게 하고 자기 가치를 알게 한다.

자존감이 높은 아이는 지난번처럼 잘할 수 있다는 생각으로 자신감을 가지고 행동하게 되고, 지난번에 해내었던 기분 좋은 경험의 만족감은 다시 또 해내고자 하는 동기를 가지게 한다. 이러한 자존감에 대한 내적 요인인 기쁨과 만족감의 기분 좋은 경험과 해낼 수 있다는 자신감을 심어 준다. 이것은 아이의 정서와 신뢰에 긍정적으로 영향을 주게 되어 아이가 더욱 밝고 건강하게 생활하는 가운데 자신을 믿는 믿음으로 다음 행동을 하게 된다. 따라서 자존감은 아이의 생활과 학습, 리더십, 위기극복 능력, 자기표현과 대인관계 등 생활의 전반적 영역에 영향을 미친다. 그러므로 자존감은 아이 스스로 이루어내는 성공의 삶에 있어서 꼭 필요한 요소이자 핵심 키워드가 된다.

자존감은 어린 시절인 유아기에 그 기틀을 마련하게 되는데 이 시기는 부모에 대한 의존도가 높아 부모가 어떻게 행동하였으며 부모가 아이를 어떻게 대했느냐의 양육 방식이 아이의 자존감에 큰 영향을 끼치게 된다. 이렇게 형성된 어린 시절의 자존감은 성인이 되어도 계속해서 영향을 주게 되므로 매우 중요하다. 자존감이 높은 아이는 과정의 힘겨움보다 성취의 기분 좋은 만족을 생각하므로 자신이 하고자 하는 일에 자신감이 있다. 또한, 아이는 최선의 노력으로 좋은 결과를 만들어 내고자 하므로 어려운 일을 만나도 그 문제를 해결하기 위해 노력하는 도전의 마음을 가지고 있다. 만약 실패나 실수 등의 잘못을 하더라도 열심히 노력한 자신을 긍정적으로 받아들이며 그 원인에서 깨달은 지혜를 다음 도전의 성취에 활용하게 된다. 그리고, 책임감과 배려심이 있어 다른 사람과 잘 어울려 원만한 대인관계를 유지한다. 따라서 자존감이 높은 아이들은 생활에서의 만족도가 높고, 학업 성취도도 높으며, 위기극복 능력과 대인관계 능력이 좋아 자기 표현력과 사회 관계성 등 삶의 많은 영역에 긍정적 역할을 하게 된다.

2) 자아존중감의 형성과 변화

자존감은 유전적으로 가지고 태어나는 것이 아니므로 후천적 개념에 해당한다. 부모가 아이를 대하는 태도에서부터 출발하는 자존감은 영유아기부터 만들어지면서 정신적·심리적인 요소와 환경적·사회적 요소가 함께 작용하여 발달한다. 특히 아이라 불리는 시기의 자존감은 부모의 가치관과 부모가 아이를 대하는 태도, 가족과의 상호작용과 주변적 환경에 의해 영향을 받게 된다. 특히 부모와의 상호작용은 아이의 자존감 형성에 가장 절대적이다.

아기는 자기의 의사를 말로 표현하지 못하고 말을 알아듣지도 못하지만, 엄마가 자신을 어떻게 생각하고 대하는지를 느낌이나 감정으로 알게 되어 이를 뇌세포에 저장하게 된다. 즉 자신에 대한 느낌을 다른 사람이 자신을 대하는 행동으로 알게 되는 것이다. 가령, 아기의 귀여운 행동에 엄마가 웃으면서 좋아하는 반응을 보이면, 아기는 자기표현에 자신감을 가지면서 엄마를 기쁘게 했다는 만족감으로 자신의 가치를 높게 생각하게 된다. 따라서 부모는 늘 사랑으로 아이의 요구에 민감하게 반응하며 눈 맞춤으로 소통하는 순수한 애정의 안정 애착을 형성시켜야 한다.

이러한 부모의 반응에 따라 아이의 자존감이 달라지기 때문이다. 안정적인 애착은 정서안정과 발달에 도움을 주고, 자신에 대한 긍정적인 이미지로서 세상에 대한 신뢰를 형성하지만 불안정한 애착은 위축된 정서로서 아이가 세상에 대한 신뢰감을 형성할 수 없어 자존감 형성에 부정적 영향을 주게 된다. 따라서 이 시기 아이들에게서 가장 중요한 것은 부모와의 관계에서 오는 '안정'이다. 그러므로 엄마에게 필요로 하는 것은 아이를 잘 먹이고 깨끗하게 입히는 것이 아니라 아이 자신에게서 일어나는 경험이 '편안하고 안정하며 만족하다.'라는 생각을 뇌에 저장할 수 있도록 하여야 한다. 이를 위해 엄마는 신체접촉으로 근접하면서 아이의 요구에 대해 민감하게 생물학적인 욕구나 불편감을 해결해 주어야 하며, 엄마의 눈 맞춤과 온화한 미소로 대화하여야 한다. 이것이 자존감에 대한 생애 최초의 기초 공사를 하는 것이다.

아기는 첫걸음마를 떼는 동안 뒤집기하고, 배밀이 하며, 앉았다가 기어가고 벽 잡고 일어섰다가 스스로 일어서기까지 그 모든 발달과업을 자신의 노력으로 문제를 헤쳐나가 성취한다. 그러나 부모의 손에서 떨어져 자신이 스스로 움직여 다니는 순간부터 부모의 육아 방식은 달라지기 시작한다. 현명한 부모는 생후 1년의 육아 방식을 그대로 이어받아 아이 스스로 자신의 길을 헤쳐나갈 수 있도록 바탕을 마련해 주고 새로운 도전을 할 수 있는 환경을 만들어 준다. 반면에 어떤 부모는 아이가 여러 물체를 만지고 체험하는 경험들이 위생상 좋지 않다고 생각하여 과민반응하여 씻기거나 만지지 못하도록 한다. 또한, 행여나 아이가 넘어져 다칠까 염려되어 아이의 손을 잘 놓지 않거나, 위험할까 싶어 아이 뒤를 졸졸 따라다닌다. 어떤 부모는 아이를 불안하게 생각하여 아이의 일을 앞서서 도와주거나 해결해 준다. 아이의 첫걸음마 이후 이러한 부모의 육아 방식에 의해 아이의 내면에는 자존감의 싹이 터 잘 자라는가 하면 자존감의 싹이 자라지 못하도록 할 수도 있다.

아이는 18개월이 지나면서 '내 것'에 대한 소유개념과 함께 '세상을 향한 탐색과 실험'이 왕성해진다. 따라서 이때는 소유의식에 의해 나와 주변 환경, 나와 다른 사람을 분리할 수 있으며 무엇이든 직접 탐색하고 탐험하면서 실험하려 하여 이전보다 더욱 용감해진다. 이때에도 부모가 어떤 양육 방식을 취하느냐에 따라 아이의 자존감과 독립심은 한층 더 발전하게 된다. 부모는 아이가 하고 싶은 대로 무조건 내버려 두거나, 아이의 일을 도와주고 대신해 주어 '엄마에게 말하면 된다.'라는 의존적인 생각을 하도록 만들거나 일방적이고 강압적인 태도를 보이게 되는 것은 이 시기 바람직한 양육이 되지 못한다. 대신에 풍부한 환경 속에서 아이 스스로 다양한 경험의 탐색과 실험을 하고, 그 경험 속에서 느끼고 깨닫는 자극이 많아질 수 있도록 하는 것이 중요하다. 또한, 아이가 스스로 무엇을 하고자 할 때 '잘할 수 있다.'라고 격려하고, 하지 못할 때는 방법을 가르쳐 주며, 성취하였을 때 아낌없이 칭찬하여 '나는 할 수 있다.'라는 용기와 자신감을 심어 주는 양육 방식은 아이의 자존감 상승에 크게 이바지하게 된다.

아이가 3세부터는 '나'에 대한 자아개념이 발달하게 되면서 자신의 생각과 의지를 표현하는 자율성이 자라 극대화된다. 동화책을 스스로 선택하여 가져오거나, 갖고 싶은 것을 스스로 선택하는 것처럼, 이 시기의 부모는 허용적인 분위기에서 스스로 생각하여 선택하는 아이의 자율성을 존중하여야 한다. 만약 아이가 스스로 선택하여 무엇을 하고자 할 때 부모가 나서서 도와주거나 대신해 주는 일이 반복된다면 스스로 노력하지 않고 부모에게 의존하는 아이가 된다. 또한, 부모는 아이의 말과 표현을 들어 주고 공감하면서 늘 따뜻한 마음과 정서 속에서 대화하고 소통하여야 한다. 이때 아이는 부모의 관심과 사랑을 듬뿍 받는다고 느끼게 되어 자기 자신이 사랑받을 만한 가치가 있다고 생각하게 된다.

아이는 점점 자라면서 스스로 화장실을 가고 스스로 신발을 신는 것처럼 주변 생활의 일을 주도적으로 해내고, 자기의 일을 적극적으로 주도하여 성취하면서 '나는 해낼 수 있다.'라는 자신감을 가지게 된다. 이처럼 부모는 아이 스스로 할 수 있는 환경을 만들어 주고 이러한 환경 속에서 자기 주도적인 독립심을 가질 수 있도록 아이의 자기표현과 자율성, 자기 주도성, 성취경험을 존중하여 높은 자존감이 형성되도록 하여야 한다. 이때 부모는 한 걸음 뒤에 물러서서 우리 아이를 믿고 기다려 주는 것이다.

아이가 초등학교에 들어가게 되면 유아기 때와는 다른 환경에 의하여 잘 적응하지 못해 어려움을 겪을 수 있다. 항상 자신의 편에서 도와주던 엄마와 장시간 떨어져 생활하여야 하고, 아이의 많은 부분을 관심과 사랑으로 보살펴 주던 유아교육 기관과는 달리 자율성이 강화된 새로운 규칙 속에서 단체 생활을 하여야 한다. 또한, 많은 사람과 또래 아이들을 만나 이기적인 경쟁을 하면서도 함께하는 관계성을 가지며 생활하여야 한다. 이러한 변화된 환경에서의 모든 적응능력도 결과적으로는 아이의 자존감이 좌우하게 된다. 따라서 이 시기 부모는 아이의 자존감 향상을 위해 아이의 의지로 선택하고 결정하는 허용된 양육을 하여 아이 스스로 목표를 세우고 적극적으로 실천하여 성취할 수 있도록 하여야 한다. 아이 자존감의 핵심은 이렇게 허용된 자율성을 통해 자기 주도적으로 성취하여 성공의 경험을 가지는 것이다. 이때 성공의 경험은 풍부한 환경과의 경험, 사람과의 경험, 학습을 통한 경험 등 다중적인 경험이어야 하므로 아이는 노력하면 실현 가능할 수 있는 다양한 목표를 세워 작은 성공의 경험을 반복하여야 한다.

또한, 이를 위해 부모는 학습적이든 교육적이든 아이에게 새로운 경험을 많이 제공하여야 한다. 아이는 새로운 경험에 따른 자극에 흥미와 호기심이 생겼을 때 자기 주도적으로 과제에 집중하여 성취 경험을 가지기 때문이다. 따라서 아이는 새로운 것을 배우고 익히는 것이 자기를 발전시키는 좋은 기회라고 생각하여, 노력을 중시하는 학습의 과정에 가치를 둘 수 있어야 하고, 실패에서 배워 자기 발전을 이룰 수 있도록 실패를 두려워하지 않아야 한다. 부모는 아이가 성취 과정에서 노력한 부분이나 구체적으로 잘하거나 뛰어난 부분을 즉시 공개적으로 칭찬하면서 긍정적인 피드백을 주게 될 때 아이의 자존감은 더욱 향상된다.

(1) 부모와의 관계와 자존감

가족과의 상호작용은 아이의 자존감 형성에 많은 영향을 주게 되는데 특히 부모와의 관계는 아이의 자존감 형성에 가장 지대하다. 한 연구에 의하면 부모들의 자존감과 그 아이들의 자존감을 비교해 볼 때 일치하였다고 한다. 부모가 자존감이 높으면 그 아이도 자존감이 높고, 부모가 자존감이 낮으면 그 아이도 자존감이 낮다는 것이다. 엄마의 뇌 활동을 살펴보면, 엄마가 자신을 생각할 때 활성화되는 뇌의 영역과 다른 사람을 생각할 때 활성화되는 뇌의 영역은 달랐지만, 자녀에 대해 생각할 때 활성화되는 뇌의 영역과 엄마 자신을 생각할 때 활성화되는 뇌의 영역은 같은 곳이었다. 이는 엄마가 아이를 자신과 같이 여기기 때문이다. 이러한 현상은 아이에 대한 무한한 사랑으로 연결되지만, 무한한 통제로도 연결되게 된다(EBS 다큐 마더쇼크 2부, 2012. 04. 03.). 따라서 아이는 엄마의 가치관을 내재화하고 엄마의 자존감과 같은 삶을 답습하게 되는 것이다. 가령 한 아이는 화를 잘 내어 또래와 잘 지내지 못하고 낮은 자기 만족감으로 자존감이 낮다. 이러한 아이의 행동은 엄마가 평상시 아이를 따뜻하게 대하면서 소통하기보다 자신의 감정을 조절하지 못하여 자주 화를 내었기 때문이다. 이러한 엄마의 행동은 어릴 적 친정엄마가 자신에게 했던 말과 행동을 무의식적으로 자신의 아이에게 하였기 때문이다.

부모는 자신의 자녀가 높은 자존감 속에서 성공의 삶을 살아가게 하기 위해서는 부모가 가진 과거의 열등감이나 좋지 않은 경험의 트라우마, 낮은 자존감에 대한 부정적인 대물림을 끊어야 한다. 이를 위해 현재의 부모인 자신은 부모님을 이해하고 자신이 바뀌려 다음과 같이 노력하여야 한다.

첫째, 자신에게 부정적 자존감을 물려 준 부모를 이해하여야 한다. 어떤 사람이 큰 잘못을 저질렀다고 가정하자. 이 잘못을 깊게 보면 그 사람이 자라온 환경과 사회적 억압 등이 그렇게 되도록 한 것이지 모든 것을 그 사람의 잘못이라고만 할 수 없는 것이다. 그러므로 현재 부모의 낮은 자존감도 부모님의 잘못이라고 말할 수 없으며, 이를 대물림해 준 현재 부모의 부모님도 잘못이라고 할 수 없는 것이다. 그러므로 현재 부모는 자신의 부모님을 부정적으로 보고 야속하다거나 원망스럽게 생각하기보다 부모님이 처했던 당시 가정환경과 성장환경, 지금과는 다른 그 당시의 여건과 상황, 관습 등을 이해하려는 노력이 필요하다. 그렇지 않으면 대물림의 늪속에서 벗어날 수 없게 된다.

둘째, 부모의 어린 시절을 되돌아보면서 자신에게 문제가 있음을 인지해야 한다. 부모는 자신이 어린 시절 겪었던 부정적 경험이 현재의 자식에게 어떻게 영향을 주고 있는지를 되돌아 살펴보고 만약 있다면 이는 아이의 잘못이 아니라 자신에게 문제가 있음을 인지해야 한다. 가령, 엄마가 자신의 감정과 성질을 우선하게 되면 아이의 말과 표현을 들어 주기보다 엄마의 생각을 강요하고 아이가 해낼 때까지 기다려 주지 못하게 된다. 그 결과 아이는 자기 표현력과 자신감이 부족해지게 된다. 이러한 원인은 엄마가 어린 시절 겪었던 좋지 않은 경험들이 미완성된 과제(자연스럽게 해소되지 못하고 마음속에 원망과 슬픔, 안타까움, 불만 등의 감정으로 쌓여 있는 과제)로 남아 현재 부모가 된 지금까지 영향을 주기 때문이다. 따라서 이러한 자기 표현력과 자신감 부족은 아이의 잘못이라기보다 엄마가 사람에 대한 믿음과 공감 능력이 부족하여 감정조절을 잘하지 못하기 때문이다.

셋째, 부모에게 대물림된 부정성을 끊으려는 노력이 필요하다. 현재 부모의 양육 방식과 부모의 부모님 양육 방식에서 대물림되는 부정적인 부분을 인식했다면 그 대물림을 끊어버리기 위해 과감히 노력하여야 한다. 그러나 대부분 부모는 자연스럽게 체득된 기존의 양육 방식을 유지하려 하지 대물림을 끊고 변화하려는 노력은 게을리한다.

아이 중심의 창작 미술 활동과 자존감

아이 중심의 창작 미술 활동은 일반적으로 워밍업 → 주제 선정 → 작업 진행 → 스토리텔링의 순서로 이루어진다.

- **워밍업**: 작품제작에 임하기 전 10여 분간 재미있는 몸 놀이로 신나고 즐거운 시간을 가진다. 이러한 정서 만족은 무엇을 하고자 하는 흥미와 호기심의 내적 의욕을 불러일으키며, 미술 활동을 지속시켜 준다. 또한, 부정적 감정을 순화시켜 자기 표현력과 함께하는 즐거움의 사회성을 발달시킨다.
- **주제 선정**: 자신에게 주어진 재료로써 무엇을 할지를 스스로 정하는 오픈식 방법을 기본으로 하나 아이의 상상력과 창의력이 마음껏 표현된다면 주제를 의도적이고 지시적으로 제공하여도 좋겠다. 좋은 주제는 작업의 방향을 주는 것이고 창의성과 상상력을 자극하는 것이어야 한다.
- **작업 진행**: 흥미와 호기심에 의한 내적 동기로써 작업할 내용과 작업할 재료를 스스로 선택하고 결정하여 미술 작업에 임하였다.
  - 교육적 효과와 자존감: 흥미와 호기심에 의해 스스로 작업할 내용을 생각한다는 것은 탐구력이 발달하며 새로운 시각으로 사물을 바라보는 능력이 향상되었음을 뜻한다. 또한, 작업할 재료를 스스로 선택하여 결정한다는 것은 많은 것 중에서 자기가 필요한 부분을 스스로 선택할 줄 아는 선택과 분별의 능력과 매체 탐색능력, 인과 관계에 대한 이해력이 향상되고 있음을 의미한다.

작업할 내용을 스스로 결정한 책임감에 의해 자기 주도로써 작업에 집중하여 몰입하였고 이러한 몰입으로 부딪치는 문제들을 창의적으로 해결하면서 마침내 작품을 완성하였다.

- 교육적 효과와 자존감: 아이 스스로 선택하고 결정하게 되면 책임감에 의해 적극적으로 작업에 임하는 자기 주도성을 가지게 된다. 이러한 자기 주도성은 작품을 완성하기 위한 작업에 집중하여 몰입하게 되고 이러한 몰입은 최고의 성과가 나타나도록 모든 정신을 한 곳으로 모아 부딪치는 문제들을 해결하면서 마침내 작품을 완성하게 된다. 이처럼 창작 작품을 완성하기까지의 제작과정은 창의성과 창의적 문제해결 능력을 향상하고, 전인적 발달을 촉진시키며, 작품의 완성이라는 성취 경험은 유능성의 좋은 경험으로 남아 다시 성취하고자 하는 동기로 이어지게 하여 이러한 성공의 경험을 반복하려 한다. 이는 높은 자존감을 형성하고 자아 성장에 이바지하게 된다.

- 스토리텔링: 완성된 작품에 대해서 선생님과 아이가 대화를 나누는 스토리텔링(storytelling)의 시간을 갖는다.
  - 교육적 효과와 자존감: 아이들은 자신의 노력으로 완성한 이미지에 대해 말할 기회를 얻는 것 자체만으로도 자기 표현력과 함께 여러 교육적 효과를 가진다. 또한, 완성된 작품을 바탕으로 개방식 질문과 답변으로 대화의 시간을 가지게 되면 아이는 알아차림과 깨달음으로 자기의 생각을 재구성하면서 내적 발달에 이바지하게 된다.

자기 주도적으로 작업에 몰입하고 있는 아이들

넷째, 부모 자신의 삶을 열심히 살아야 한다.

부모가 아이에게 도움을 주려 하거나 무엇을 더 해 주려고 애쓰기보다 보람을 가지고 열심히 생활하는 부모의 모습을 보여 주는 것이 아이의 자존감을 높이는 것이며 가장 좋은 교육이 된다.

다섯째, 부모는 아이의 기질과 성향을 이해하고 배려하여야 한다.

유전자에서 나오는 기질은 사람이 가지고 태어나는 성격이므로 변하기 어렵지만, 성격은 기질에 후천적인 양육환경과 교육 효과가 더해져 형성되는 것이어서 달라질 수 있다. 부모는 아이의 타고난 기질이나 성향을 잘 이해하지 못하고 자신에게 대물림되어 체득된 양육방식으로만 하게 된다면 아이의 건강한 발달 욕구를 무시하게 되거나, 같은 일에도 마찰이 생겨 아이의 자존감에 상처를 주게 된다. 그러므로 부모는 아이의 타고난 성향을 이해하여 단점을 배려하고 장점을 찾아 칭찬하여야 하며 '반드시 잘 해낼 수 있다.'라는 격려와 칭찬으로 아이의 자존감을 높여 주어야 한다.

상반된 기질과 성향

엄마와 아이가 상반된 기질을 가지고 있을 때 자칫 자신을 대변하기 힘든 아이는 낮은 자존감 속에서 생활하게 되므로 아이의 표현을 존중하고 배려해 주어야 한다.

1. 외향형과 내향형

외향형: 에너지를 바깥쪽으로 표현하기 때문에 개방적이고 활동적이어서 다양한 친구들을 사귀며 다른 사람들 앞에서 주목받길 원한다.

내향형: 에너지가 안쪽으로 흐르기 때문에 조용하고 신중하며 다양한 친구보다 단짝 한 친구와 깊이 사귀며 다른 사람 앞에서 주목받는 것을 싫어한다.

외향형 엄마는 내향형 자녀에게: 다른 아이에 비해 신중하다 보니 자기표현이 늦어질 수 있으므로 기다려 주어야 한다. 아이의 표현과 요구를 존중하고, 꾸지람하기보다 대화로써 풀어나가야 하며, 격려와 칭찬을 받게 되면 자기의 일을 알아서 잘한다.

내향형 엄마는 외향형 자녀에게: 아이가 산만하다고 꾸지람하기보다 아이의 장점을 찾아 칭찬하여야 한다. 아이의 행동에 따른 결과가 어떻게 되는지의 인과 관계를 잘 이해시키게 되면 아이의 행동조절에 많은 도움이 된다.

2. 현실형과 이상형

현실형(감각형): 실현 가능성 유무에 초점을 두어 의사를 결정하며, 일 처리가 정확한 것을 선호하여 논리적이고 분석적이다.

이상형(직관형): 자유로운 사고로 상상력과 창의적 사고는 뛰어나지만, 구체적으로 분석하거나 반복적으로 설명하면 지겨워한다.

현실형 엄마는 이상형 자녀에게: 자유분방한 사고를 하므로 엉뚱한 생각과 행동을 이해하여야 한다. 아이는 반복적 생활을 지겨워할 때가 많으므로 새롭고 다양한 경험을 제공하여야 한다.

이상형 엄마는 현실형 자녀에게: 아이에게 모호하게 말하거나 "몰라 알아서 해."라는 불분명한 말과 행동을 하기보다는 구체적이고 순서에 맞게 설명하여야 한다. 엄마는 주어진 일을 정확히 하려는 아이를 답답하게 여기기보다 노력을 칭찬하여야 한다.

3. 사고형과 감정형

사고형: 의사결정에 있어 합리적이고 원칙적이어서 비판적인 성향이 강하고, 일 중심으로 성취하고자 하므로 공정한 것을 선호한다.

감정형: 사람 관계에 민감하여 의사를 결정할 때 그것이 나에게 어떤 의미를 주느냐를 중요하게 생각하며, '사람이 그렇게 하면 안 되는 거야.'처럼 주관적인 동정심이 많지만 우유부단한 모습을 보일 수 있다.

사고형 엄마는 감정형 자녀에게: 상대 아이의 마음을 배려하다 보니 우유부단할 수 있다. 부모는 아이가 대화로써 타협할 줄 알고 갈등을 원만하게 중재하여 조화로운 또래 관계가 되도록 재촉하지 말고 믿고 기다려 주어야 한다. 또한, 아이의 감정을 판단하기보다 공감해 주는 것이 중요하다.
감정형 엄마는 사고형 자녀에게: 아이의 일에 개입하여 도와주려 하기보다 혼자 하려는 아이의 자율적 행위를 허용하고 자기의 일을 주도하고자 하는 것을 존중하여야 한다. 아이가 따지거나 고집 피울 땐 왜 그렇게 되는지를 논리적으로 설명하여 이해시켜야 한다.

4. 정리형(판단형)과 개방형(인식형)

정리형(판단형): 일상에서 정리정돈을 잘하고, 세부적인 부분에 민감하여 일 처리를 꼼꼼하게 하며, 시간 개념이 철저하다. 계획된 순서대로 생활하면서 일의 완성을 즐기므로 자기 자신을 통제한다.
개방형(인식형): 시간에 구애받지 않는 자유로운 환경을 선호하여 약속을 지키지 않거나 잘 잊어버린다. 창의적이어서 자신만의 사고방식을 중시하며, 정리정돈이 되지 않아 책상 서랍 속에는 뒤섞여 있으며 뭐가 들어 있는지도 잘 모른다.
개방형 엄마는 정리형 자녀에게: 아이는 계획된 순서대로 하지 않으면 힘들어하기 때문에 부모는 계획한 순서대로 일을 진행하되 계획이 변경된다면 아이에게 미리 말해 준비할 시간을 주어야 한다. 또한, 아이는 약속 어기는 것을 싫어하므로 잘 지켜야 한다.
정리형 엄마는 개방형 자녀에게: 세부적인 정리정돈이 안 된다는 것을 인정하고 한 가지씩 차근차근 정리하는 연습을 해야 한다. 계획성이 부족하더라도 야단치기보다 할 수 있는 계획부터 하나씩 세워 실천하여 성취 경험을 가지도록 한다.

(2) 아이의 경험과 자존감

① 현재의 경험

일상생활에서 겪는 현재의 경험은 아이의 성격 형성과 자존감에 큰 영향을 준다. 아이가 평소 생활에서 어떠한 긍정 경험을 하였고 부정 경험을 하였느냐에 따라 자존감은 달라진다. 아이의 생활 가운데 새로운 것을 많이 접하고, 자신의 자율적 행위가 존중되며, 자기가 주도하여 성취한 성공의 경험이 많을수록 아이의 자존감은 높다. 그러나 부모가 아이에 대해 무관심하거나, 지나치게 과잉보호하고 과잉 개입하거나, 지적·지시·억압·통제로써 구속하여 부정적 경험이나 여러 트라우마가 많게 되면 아이의 자존감에 큰 상처를 주게 된다.

② 과거의 경험

어린 시절 부모와 긍정적 경험을 하고 상호소통하게 되면, 자존감이 높아 밝고 건강하며, 다른 사람과의 관계성도 좋은 사람이 된다. 그러나 어린 시절 부모와 좋지 않은 경험으로 상호소통을 잘 하지 못했다면, 공감 능력이 부족하여 자기중심적이게 되며 감정표현을 잘 하지 못하여 필요 이상으로 화를 내어 현재의 생활에 힘겨워하는 사람이 될 수 있다. 사람은 누구나 과거 실수나 실패가 생기도록 한 잘못된 판단이 현재 자신의 판단을 교정하고 수정하는 데 영향을 미치게 된다. 이처럼 사람의 행위가 아무리 복잡하여도 다소의 차이는 있지만 같은 원인으로부터 같은 결과가 발생하는 것이 대부분이므로 우리는 과거의 경험으로부터 미래의 생활을 추론할 수 있으며, 현재의 행동에서 과거의 생활과 미래의 생활을 추론할 수 있다. 그러나 사람들은 과거의 경험이 현재의 생활을 결정짓도록 내버려 두기 때문에 과거 자신의 경험에서 생긴 굴레에서 잘 벗어나지 않으려 한다. 그래서 사람은 과거와 무관하지 않은 생활을 하거나 과거에 얽매인 생활을 한다. 그러나 자존감이 높은 사람은 그것이 긍정적이거나 부정적이거나 과거의 경험을 바탕으로 현재의 생활이 더 아름답고 행복할 수 있도록 노력하는 삶의 태도를 보인다.

(3) 또래와의 관계와 자존감

자신의 가치는 사람들과의 관계에서 '사랑받고 있다고 느끼는 것'과 '자신 있게 해낼 수 있다고 느끼는 것'에서 기인한다. "친구들이 싫어, 모두 이해가 안 돼! 나 혼자였으면 좋겠어."라고 말하거나 친구와의 갈등을 슬기롭게 말로 풀지 못하고, 화내거나 밀치며 공격적인 태도로 대한다면 또래들과 더불어 생활해야 하는 아이에게는 또래 관계에서의 자존감을 생각해야 한다. 교육학자들의 연구에 의하면 '자존감이 낮을수록 사람과의 관계에서 오는 자신의 상실감을 물질로 채우려는 심리 현상이 있어 물질에 대한 소유욕이 높아지게 된다.'라고 하였으며, '자존감이 높을수록 또래들과의 원만한 관계는 정비례하는 모습을 보였다.' 고한다. 아이는 또래 관계에서 발달을 가져와야 하고, 다른 아이들과 관계를 맺으면서 서로 이해하고 공감하여야 하며 함께 성장하고 발전하는 관계를 맺어야 한다. 사람은 사회적 동물이므로 당연한 결과이다.

따라서 아이들은 부모와의 정서적 애착 속에 또래 관계를 통해서 다른 아이의 말을 들어 주고, 다른 아이의 상황을 이해하며, 다른 아이와 함께 참여하여 나누고, 인내하는 것을 배워 올바른 사회적 기술을 형성하기 시작한다. 자존감 낮은 아이들은 또래와의 관계성에서 '그 친구하고는 친하게 지내지 않을 거야. 그 친구랑 안 놀면 그만이야.'라고 합리화하면서 또래 관계를 가로막는 경우가 많다. 자존감 낮은 아이의 이러한 합리화는 자신에게 유리한 변명으로 덮어 방어하기 때문에, 문제의 본질을 깨닫지 못하게 되므로 다른 친구들과 어울려 함께 지내지 못하여 사회성이 부족하게 된다.

3) 자존감이 높은 아이와 낮은 아이

부모들에게는 아이의 자존감을 위해 우리 아이에 대한 현실적인 인식이 필요하다. '우리 아이도 나처럼 부족할 수밖에 없는 사람이며, 지금 이렇게 해내는 것도 잘하는 것이다. 그러므로 아이가 더 잘하길 바라기보다 아이의 말을 들어 주고 믿어 주어 스스로 해낼 때까지 기다려 준다.'라고 더욱 너그럽게 대해 줄 필요가 있다. 그리고 사람이 항상 잘한다는 것은 불가능하므로 완벽해지려 할 필요가 없으며, 실패나 좌절은 누구나 겪는 것이므로 당연하게 받아들여야 한다. 실패에서 깨달아 앞으로의 생활에 도움 주면 되고, 아이가 '지난번보다 더 노력했으면 됐지.'라고 생각하면 된다. 따라서 부모는 아이의 이미지를 다른 사람으로부터 칭송받게 만들려는 집착이나 욕심을 내려놓아야 한다. 그래야만 아이는 자기 자신을 좋아하게 되고 자존감이 높아지면서 행복하게 생활하게 된다.

다음은 자존감이 높은 아이와 자존감이 낮은 아이와의 차이점에 대한 표이다.

자존감이 높은 아이		자존감이 낮은 아이
모든 활동에 적극적으로 참여한다.	아이의 활동	친구들과 잘 어울리지 못하여 활동이 소극적이고 의욕이 부족하다.
"할 수 있어요.", "감사합니다.", "미안해." 등의 긍정적인 말을 자주 사용한다.	자주 사용하는 언어	"너무 어려워요.", "안 할래요.", "싫어." 등의 부정적인 말을 자주 사용하며 불평이 많다.
밝음, 기쁨, 자신감, 우월감 등 긍정적 심리를 많이 경험하며 부정적 심리를 경험하더라도 쉽게 극복한다.	경험하는 심리	우울, 불안, 열등감, 분노 등의 부정적 심리를 경험할 가능성이 크다.
책임감이 강하여 자기의 일을 주도적으로 해결하려 하며, 자신이 한 일에 대한 성취감으로 정서 만족과 자신감이 높다.	자기의 일	스스로 할 수 있는 일도 다른 사람이 도와주기를 바라며, 자기가 한 일에 대해 확신이 부족하여 "이렇게 하는 것이 맞아요?"처럼 누군가에게 확인받으려 한다.
어려운 과제에도 성취 경험의 만족감을 생각하여 최선의 노력을 다하며, 만약 실수나 실패하더라도 그것에서 배워 다음 도전에 성취하려 한다.	어려운 과제가 주어졌을 때	과제의 어려움을 먼저 생각하여 완수하지 못하는 경우가 많으며, 실패하면 방어기제(변명, 합리화 등)를 사용하여 다음 발전으로 이어지지 못한다.
주도적인 노력으로 합리적 의사결정을 한다.	의사 결정	의존적이거나 불확실한 태도로 의사결정을 하는 경우가 많다.
다른 사람의 마음을 이해하는 공감 능력이 발달하여 친구의 이야기를 잘 들어 주면서도 신뢰가 있어, 친구들이 항상 같이 놀기를 원한다.	친구와의 관계	친구와 교사, 부모 등에 의존적이고 친구의 작은 실수에 쉽게 실망한다.

4) 자아존중감에 대한 오해

(1) 자신감과 자존감과의 차이

자존감의 개념을 자신감과 혼동되어 사용하는 경우가 많으나 이는 분명 다르다. 자신감은 어떤 능력에 대한 신뢰로서 자신을 믿는 감정이다. 이는 용기에 포함되며, 실력과 경험에서 나온다. 자신감은 능력에 대한 평가지만 반드시 비교 우위를 통해서 획득하는 것이다. 자신의 능력에 비교하여 해결해야 할 과제가 어렵다면 자신감이 떨어지고, 자신이 할 수 있는 능력보다 해결해야 할 과제가 쉽다면 자신감이 올라가기 때문이다. 또한, 다른 사람들과 비교해서 우위에 있는 자산이나 능력이 있다면 우월한 감정으로서 자신감을 가지게 된다. 가령 공부를 잘하거나 축구를 잘하거나 부자가 된다면 자신감이 생기게 되는 것이다. 자신감이 많은 사람은 대범하게 행동하기 때문에 결과 도출이 빠른 편이지만 자신감이 부족하면 고백하거나 발표, 시험 등을 볼 때 어려움을 겪는다. 따라서 자신감은 크면 클수록 좋으나, 상대방에 대한 배려나 예절이 없고, 능력을 실제보다 과대평가하게 되면 자만심이 생겨 근거 없는 자신감이 높아지게 된다. 아이의 자신감은 해결하여야 할 과제가 자기가 할 수 있는 능력보다 약간 어렵거나 한 번 도전해 볼 만하다고 생각하는 과제를 스스로 해결하였을 때 가장 극대화된다. 그러나 이러한 자신감은 상대적이어서 얼마든지 변하므로 늘 불안하고 흔들릴 수밖에 없는 취약한 감정을 지니게 된다. 그러다 보니 자신감의 뒷면인 열등감은 서로 붙어 다닌다고 할 수 있을 것이다. 가령 스스로의 노력으로 과제를 성취하여 높은 자신감이 생겼지만, 자신이 성취한 것이 다른 사람의 성취에 비해 왜소하다고 느끼게 되면 자신감이 떨어져 열등감이 생길 수 있다.

반면 자존감은 그렇지 않다. 자존감은 자기 존재를 있는 그대로 존중하며 스스로 해낼 수 있다는 자신의 유능함을 믿는 신념이므로 오랜 시간을 이어오며 자기 스스로 세운 것이므로 외부적인 조건에 따라 흔들릴 일이 없는 것이다. 따라서 자존감이 높은 아이는 자신의 현재 환경이나 능력과 관계없이 자기 주도로써 성취하고 스스로 만족하며 남들에게 부끄러움 없이 자기 존재를 드러낼 수 있게 된다.

(2) 자존심과 자존감의 차이

자존감과 자존심은 자신을 긍정적으로 평가하고 존귀하게 여긴다는 점에서 공통점이 있지만, 자존감은 '자신을 있는 그대로 존중하는 것에 대한 긍정'이며 자존심은 다른 사람과의 경쟁 속에서의 긍정으로서 '남에게 굽히지 아니하고 자신의 품위를 스스로 지키는 마음'을 말한다(표준국어대사전).' 비슷한 단어로는 자부심이 있는데 '자기 자신 또는 자기와 관련되어 있는 것에 대하여 스스로 그 가치나 능력을 믿고 당당히 여기는 마음'을 말한다(표준국어대사전). 자존감은 자신을 소중히 여기는 것과 해낼 수 있다는 스스로의 믿음이기에 경쟁 상황에 따라 급격하게 변하지 않는다. 반면 자존심은 다른 사람에게서 존중받고자 하는 품위를 스스로 지키려는 의지이기 때문에 다른 사람으로부터 자신의 가치를 평가받는 입장이다. 따라서 자존심은 다른 사람과의 경쟁에서 이길 수 있어야 존재할 수 있지만, 만약 밀리게 된다면 급격한 내리막을 달리게 된다.

자존심에 상처를 입었다고 하면 '내가 존중받고 싶은 품위에 상처를 받았다.'라고 할 수 있다. '자존심만 세다.'라는 말처럼 자존심이 너무 강하면 허영심을 갖기 쉽고 사회생활이 힘들어진다. 자신의 자존심을 지키려다 다른 사람들이 요구하는 행동을 거부하고 고집을 부리게 되어 전체에 피해를 줄 수도 있다. 반대로 자존심이 낮으면 '내가 참으면 되지'라며 자기희생을 핑계로 손해 보게 되는 것처럼 자기 관리를 잘 못 하고 다른 사람의 설득에 잘 넘어간다.

5) 아이의 높은 자존감을 위한 양육

(1) 부모의 자존감이 아이의 자존감을 키운다

부모의 자존감이 중요한 이유는 부모의 자존감이 자녀의 자존감에 가장 직접으로 영향을 미쳐 아이의 자존감이 곧 부모의 자존감이 되기 때문이다. 부모의 자존감이 그대로 사랑하는 자기 아이에게 대물림되는 것이다. 따라서 부모는 아이의 행복을 찾으려 노력하기보다는 엄마의 행복을 먼저 찾아야 아이도 엄마도 모두가 행복해지게 된다. 아이가 자라면서 부모와 주변 사람에게 충분히 인정받고 사랑받으면서 자기의 노력으로 성취한 성공의 경험이 많았다면 자존감이 높아 자기 스스로에 대한 만족도가 높지만, 반대로 어릴 때 부모님으로부터 충분한 인정과 사랑을 받지 못하고 자랐다면 자존감이 낮아 주변 사람들에게 의존하거나 다른 사람의 시선을 신경 쓰게 된다. 그러나 자존감은 자신의 노력을 통해 얼마든지 바뀔 수 있으므로, 아이의 자존감을 높이기 위해서라도 부모의 자존감부터 높이는 노력을 등한시하지 말아야 한다.

아이의 높은 자존감을 위해 부모는 다음과 같은 노력을 할 필요가 있다.

첫째, 부모가 먼저 자존감을 높여야 한다.

아이의 자존감은 공감 능력을 높여 주고 성취도를 높여 아이를 성공의 길로 달리게 하면서도 보다 행복하게 생활하게 한다. 따라서 부모들은 아이의 자존감 향상을 위하여 큰 노력을 기울여야 한다. 그러나 아기 때 부모와의 원활한 애착에서부터 시작하는 아이의 자존감에서 정작 양육을 담당하는 부모의 자존감 문제는 그 중요도에 비해 소홀히 한 경우가 많았다. 아이의 자존감에 있어서 부모의 자존감이 중요한 이유는 먼저 부모들의 자존감이 아이의 자존감이 되기 때문이다. 왜냐하면, 부모 자신이 과거에 양육된 방식대로 자녀에게 그렇게 양육할 가능성이 크기 때문이다. 가령, '엄마로부터 잔소리를 많이 듣고 자란 아이는 커서 엄마가 되었을 때 그렇게 하지 않으리라 하면서도 어느 순간 되돌아보면 자기 자녀에게 잔소리를 많이 하는 것을 알게 된다.' 다음으로는 부모의 낮은 자존감이 아이에 대해 낮은 기대를 하게 만들어 아이를 위한 노력을 등한시하도록 하기 때문이다. 따라서 부모는 내 아이에 대한 양육에 자신감을 가지고 자신의 자존감을 높이기 위해 끊임없이 노력하여야 한다.

자존감이 낮은 부모의 행동

	자존감이 낮은 부모의 행동	부모의 자존감을 높이기 위한 제언
1	남에게 의지하여 도전하지 않으려 하므로 삶을 편하고 쉽게 살려고 한다.	• 온실 속의 화초처럼 생활하고 있다면, 세상과 부딪쳐 삶의 주체자로 생활할 각오를 다져야 한다. • 자존감은 남에게 의지하지 않고 자기 주도로써 우뚝 서 자립한 상태일 때 바로 서게 되는 것이다. • 지금의 상황에서 노력하면 성취할 수 있는 작은 것부터 목표를 세워 실천하여 작은 성공의 경험을 반복하여야 한다. 이렇게 노력하다 보면 자존감은 조금씩 높아지게 된다.
2	자기 아이를 다른 아이들보다 잘하게 하려고 많은 정성과 시간을 쏟아부으면서 자신을 희생한다.(자기희생적인 마음에는 희생의 대가를 원하기 때문에 이는 부모뿐만 아니라 아이에게도 나쁜 영향을 미친다.)	• 부모로서의 삶뿐만 아니라 부모 자신만의 인생이 있으므로 부모도 사회관계 속에서 친구를 만나고, 하고 싶은 공부나 일을 하면서 자신의 자아실현을 위해 노력하여야 한다. • 이처럼 부모가 자기실현을 위해 노력할 때 아이는 부모의 가치 있는 삶을 모방하여 자존감 높은 생활을 하게 되며, 부모도 이러한 에너지로 인해 아이를 더 깊이 사랑할 수 있게 된다.
3	자기의 주관이 부족하여 다른 사람의 말에 의해 좌우되며, 귀가 얇아 남의 말에 잘 흔들린다.	• 어떤 결정을 해야 하거나 문제가 생길 때 삶의 주체자가 되지 못하고 다른 사람의 말에 좌우된다. • 자존감은 남에게 의지하지 않고 독립심을 가질 때 바로 서게 되므로 깊이 있게 생각하고 객관적으로 판단하는 훈련을 통해 주관을 가지고 문제를 해결하여야 한다. 이때 문제해결 능력이 향상되어 점점 자아가 성장한다.
4	다른 사람과의 관계 속에서 돈, 권력, 명예 등을 자랑하여 자기과시를 즐긴다. 가령 "내가 국회의원 누구와 동창인데 걔가 지금 도 전화 온다.", "이번에 어디가 개발될 것 같아 땅을 조금 샀더니 몇 배는 올랐더라."	• 자기 과시는 스스로의 힘만으로는 자기존중을 받을 수 없기 때문에 그 결핍된 욕구를 충족하고자 하는 것이다. 그러나 이러한 행위로는 마음속 공허함을 채울 수 없으므로 스스로 자존감을 높여야 한다. • 높은 수준의 포부나 목표가 아니라 적당한 수준의 포부를 가지고 자신의 능력인 우월감을 축소시키지 않아야 한다. 또한, 노력하면 실현할 수 있는 계획을 세우고 행동으로 옮겨 자신감을 향상하여야 한다.

	자존감이 낮은 부모의 행동	부모의 자존감을 높이기 위한 제언
5	아이의 성적을 부모인 자신의 능력을 검증받는 것으로 생각하거나, 아이의 좋은 성적, 전교 회장이 되는 것 등과 같이 자기 아이를 다른 사람으로부터 칭송받게 만들어 자신의 자존감을 높이려 한다.	• 가장 잘못하고 있는 부모는 부모의 노력과 헌신으로 자녀가 다른 사람으로부터 칭송받게 하고 높여지게 하여 자신의 자존감을 높이려 하는 사람이며, 가장 현명한 부모는 부모의 삶과 노력에 대해 자녀가 부모를 본받고 싶어 하고 존경하고 싶어 하게 하는 것이다. • 아이를 잘되게 하여 부모의 자존감을 높이려 한다면, 아이는 '반드시 성취해야 한다.'라는 강박관념으로 자기 자신은 없고 주위에 휘둘린 채 살아가게 된다. 아이의 자존감을 높이려면 아이의 자기 주도적 독립심을 존중하여야 한다.
6	자신의 잘못이 다른 사람 때문이라면서 남 탓을 하거나, 다른 사람을 험담하면서 자신은 그렇지 않다는 것을 주지하려 한다. 또한 "신랑과 같이 골프장에 가기로 했는데 오늘 모임 때문에 어쩔 수 없이 못 갔다."라며 자신을 높이기 위해 다른 사람들 앞에서 거짓말을 한다.	• 잘못에 대해 남 탓을 하거나 합리화를 하게 되면 자신의 문제점이나 문제의 본질을 이해하지 못해 자기 발전을 저해한다. • 험담은 말을 한 사람과, 듣는 사람, 험담의 대상자까지 관계를 나빠지게 하므로 언제나 조심하여야 한다. 말은 모든 관계의 시작이기 때문이다. • 거짓말은 자신에게 당당할 수 없게 만들어 결국에는 자신에게 돌아와 상처를 주게 된다. 따라서 정직한 생활로써 다른 사람의 단점까지도 인정하고 수용해 줄 수 있는 인격을 갖추려 노력하여야 한다. '자존감은 다른 사람의 바람직한 장점을 솔직한 마음으로 칭찬하는 것만으로도 높아지기 때문이다.

둘째, 아이가 성장하는 만큼 부모도 함께 성장해야 한다.

처음 태어날 때의 아기는 엄마 몸에서 분리되어 불안한 상태이지만 엄마가 따뜻한 마음으로 안아 주고, 사랑의 눈길로 속삭여 주며, 아이가 요구하는 필요를 부모가 즉각적으로 반응하여 주는 것을 통해 부모에 대한 믿음을 가지게 된다. 이러한 믿음은 '부모님을 믿으니 다른 사람도 믿을 수 있다.'라는 신뢰로 발전하게 된다. 4세가 되면서부터 아이는 점점 자존감이라는 개념이 내재하게 되어 행동으로 이어지게 된다. 이때 아이들은 다양한 경험 속에서 대소변 가리기, 혼자서 밥 먹기, 장난감 정리하기, 혼자서 옷 입기, 친구와 함께하기 등 점점 아이 스스로 성취해 나가는 것들이 많아지게 된다. 따라서 이 시기의 부모는 아이 스스로 하고자 하는 자발적 행동과 자기의 생각을 나타내고자 하는 창의적 사고를 존중하여 아이 스스로 선택하고 판단할 수 있도록 하여야 하고, 자기의 의지로써 주도할 수 있도록 하여야 한다. 그리고 아이의 자기표현과 함께 또래와 긍정적인 관계를 맺을 수 있어야 한다. 더 나아가 학령기부터는 아이와 정서적으로 소통하며 자기 주도적인 독립심을 키워나갈 수 있도록 하여야 한다. 스스로 일을 계획하고 실천하면서 성공의 경험을 반복하여야 하고 실수와 실패의 경험에서 깨닫고 배워 다음의 경우에는 성공의 경험을 가질 수 있도록 역할을 하여야 한다.

이처럼 아이가 성장하는 만큼 부모의 양육방식도 성장하여야 함에도 많은 부모는 과거 영유아 초기 양육방식에 머물러 있거나 자연스럽게 체득된 대물림의 양육방식에 머물러 있는 경우가 많다. 4세 이후의 아이를 절대적 의존기인 아기 때처럼 엄마가 즉각적으로 반응하여 도와주고 해결하여 준다면 아이는 어떻게 발달하고 성장할 것이며, 학령기 아이를 유아기 때처럼 대하면 아이는 또 어떻게 성장하고 다른 아이와 관계 맺을까?

셋째, 부모의 불안함을 강요하거나 자신의 실패를 아이에게 적용해서는 안 된다.

자존감이 높은 부모는 현재 자신의 생활에 감사하고, 가족에 만족하여 가정을 지키기 위해 노력하며 친구나 주위 사람들과 원만하게 지낸다. 모든 부모는 자신의 아이가 자기보다 더 나은 삶을 살기를 바라며 자녀가 잘되기를 바라는 마음을 갖는 것은 당연하다. 그러나 부모가 못 이룬 꿈을 아이를 통해 대신 성취하려 하거나, 아이를 위한다면서 실제로는 자신의 욕심으로 아이의 미래를 재단하고 있지는 않은지, '다른 사람보다 잘해야 대접받는다.', '공부 잘해야 성공한다.'라고 말하는 등 현재 부모의 생활에서 느끼는 여러 불안함을 아이에게 강요하고 있지는 않은지 되돌아봐야 한다.

또한, 부모의 어린 시절과 같은 부족한 점이나 약점을 아이에게서 찾게 되면 '내가 그랬으니, 너도 그럴 것이다'라는 예측으로 아이를 자꾸 도와주려 하거나 고쳐 주려 해서는 안 된다. 그 이유는, 아이는 부모인 나와는 다른 사람이고 다른 인격체이기 때문이다. 아이의 생각과 꿈, 환경이 부모의 어린 시절과 같을 수 없음에도 불구하고 아이에게 강요하거나 도와주게 되면, 아이는 정서적 심리적 속박과 함께 자기의 일을 스스로 헤쳐나가 문제를 해결해 나가는 자립심을 위축시켜 자존감을 떨어뜨리게 된다. 또한, 공부 잘해야 하고 다른 사람과 경쟁해서 이겨야 하는 것은 다른 사람과의 끝없는 비교 우위 때문에 자신의 생활에 만족이 없고 어차피 이룰 수 없는 목표라고 생각하여 포기하게 하거나 좌절하게 할 수 있다. 따라서 이처럼 부모와 아이를 동일시하는 생각과 행동, 부모의 불안함을 강요하거나 자신의 실패를 아이에게 적용하려는 행동은 결국, 아이에게 자신과 똑같은 실패를 겪게 만드는 원인이 되어 자존감을 대물림하게 된다.

넷째, 부모는 최고의 인생 롤 모델이므로 성실하게 최선을 다해야 한다.

자녀가 자라서 가장 존경하는 인물을 자신의 부모라고 말한다면 그 부모는 아이의 인생에서 롤모델(role model) 역할을 잘하였다고 할 수 있을 것이며, 부모로서는 가장 보람된 일이 될 것이다. 학자들은 부모 자녀의 관계가 가장 밀접하여 개인의 성격과 행동 양식의 형성 과정에서 중요한 의미를 지닌다고 하였다. 아이는 부모의 모습을 모방하고 학습하며, 부모가 아이를 어떻게 대했느냐에 따라 다음 행동을 결정짓고, 부모가 어떤 환경을 제공하였느냐에 따라 자신의 미래를 계획하여 실천해 나가므로 부모는 아이에게서 최고의 인생 롤 모델이 된다. 가령, 아빠가 아이에게 무신경하고 무질서한 생활을 하여 아이와 정서적 소통이 부족하다고 하면, 아이가 커서 부모가 되어도 아빠와 같이 아이와 정서적 소통이 부족하고 무신경하게 될 가능성이 크다. 반면에 아빠가 아이에게 다정다감하여 아이의 말을 잘 들어 주고 잘 놀아 주었다면, 아이가 커서 부모가 되었을 때도 자기의 아빠처럼 아이와 잘 놀아 주면서 정서적으로 소통을 잘할 것이다. 이처럼 아이가 자라 부모와 똑같은 모습을 반복할 가능성이 큰 것은 부모는 아이의 최고 인생 모델이기 때문이다. 그러므로 부모는 아이 삶의 첫 학습 모델이 되어 아이의 성격 형성과 가치관, 인지·정서·사회 관계적 능력 등에 중대한 영향을 미친다.

부모의 행동은 아이의 거울이 되므로 좋은 부모가 되기 위해서는 부모가 먼저 올바른 가치관을 가져야 한다. 아이에게서 나는 어떤 이미지로 자리 잡고 있으며 아이가 바른 모델로 삼을 정도로 내가 올바르게 행동하고 있는지 자신의 모습을 되돌아볼 필요가 있다. 그러나 부모도 사람인지라 모든 부분에 모범을 보일 수는 없으므로 자신이 해야 하는 일에 성실하게 최선을 다하는 모습을 보이는 것이 가장 중요하다.

(2) 독립적인 인격체로 존중하여야 한다

해피엔딩(happy ending)으로 결말짓는 동화 대부분은 그 전개에 있어 '주인공은 충격적인 사건이나 불행한 일이 생기더라도 결국에는 행복하게 잘 살았다.'라는 내용으로 끝맺음하게 된다. 여기서 행복하게 잘 산다는 것은 그냥 얻어지는 것이 아니라 주인공에게 당면한 모든 불행이나 어려움을 극복하고 독립된 인격체로 우뚝 섰을 때이다. 이처럼 부모가 자녀를 키운다는 것은 독립적인 인격체로 자신의 삶에 대한 지휘권을 지휘할 수 있도록 자기 주도적 힘을 길러 주는 일이다.

독립적인 인격체로서 아이의 자존감을 키워 주기 위해서 부모는

첫째, 아이를 믿고 지켜봐 주는 인내심이 필요하다.

아직 경험이 부족한 아이가 스스로 무엇을 한다는 것은 경험이 많은 부모의 시각으로 보았을 때는 답답하고 어설프게 느껴진다. 심지어 아이의 행위가 부정적 결과를 가져온다는 것을 예상하게 된다면 부모는 자녀를 답답하게 생각하여 잔소리까지 하면서 간섭하게 된다. 그러나 아이는 다양한 경험 속에 스스로 깨

달아가는 자극이 많을 때 왕성한 뇌 발달을 이루고, 자기의 생각을 존중받을 때 자기 주도적으로 과제를 수행하여 성취 경험을 가지게 된다. 이러한 발달적 요소는 세상을 향한 다양한 탐구와 실험이 허용될 때 가능하며 아이의 자율적 사고와 행동이 존중받을 때 이루어지게 되므로 아이에게 지나치게 간섭하거나 잔소리하는 것은 결국 아이의 문제해결에 도움이 되지 않으며, 오히려 아이의 독립심과 자존감을 떨어뜨리는 결과를 가져오게 된다. 따라서 부모에게는 아이를 믿고 아이의 행동을 지켜봐 주는 인내심이 필요하다.

둘째, 아이에게 휘둘리는 부모가 되어서는 안 된다.

지나다 보면 부모와 아이가 기 싸움을 하는 광경을 가끔 보게 된다. 아이는 자기의 욕구를 달성하기 위해 엄마에게 지지 않으려 우기고, 엄마는 아이에게 안 된다면서 힘으로 권위를 세워보려 하지만, 부모의 뜻대로 잘 되지 않아 생기는 일이다. 그러나 아이에게 있어 부모는 기 싸움하는 대상이 아니라 아이가 바로 서고 바로 갈 수 있도록 사랑으로 가르치고 훈육하여야 하는 존재인 것을 잊지 않아야 한다. 만약, 이러한 기 싸움에서 아이가 이겨 욕구를 달성하게 되면 아이는 그만큼 자기의 고집이 강화된 행동을 하게 된다. 또한, 부모 중에는 "아이가 아직 뭘 압니까. 아이가 어려 애처로워 보이잖아요."라면서 아이의 투정, 울음, 애교, 애원 등의 방법에 지게 되는 경우가 많다. 아이는 어른보다 아직 경험이 부족하고, 다양하게 생각하여 표현하지 못하지만, 뇌의 왕성한 활동과 함께 자신에게 유리한 방법을 잘 알고 있으며, 부모가 무엇에 약하고, 그것을 어떻게 해야 목적을 달성할 수 있는지를 알고 있다. 따라서 부모가 아이에게 휘둘리지 않고 바른 가치관을 심어 주기 위해서는 아이의 행동이나 말에 대해 어제와 오늘 또는 기분 좋을 때와 기분 나쁠 때 다른 반응이나 처벌을 하지 않는 일관된 양육을 하여야 한다. 또한, 해야 할 것과 하지 말아야 할 것에 대한 기준을 잘 세워 실천하여야 하며, 엄마가 안 된다면 아빠도 안 되는 태도를 취하여 훈육의 일관성을 유지하여야 한다. 여기서 일관성이라는 말은 엄마가 안 된다면서 꾸지람하였을 때, 아빠도 똑같이 꾸지람하는 것이 아니라 아빠는 아이의 마음을 읽어 준 후 "그것은 안 되는 것이니까 엄마에게 떼쓰기보다 어떻게 하면 좋을지 다른 방법을 강구해 보자."라는 문제해결 방식으로 훈육의 일관성을 유지하는 것을 말한다.

셋째, 아이의 의사결정을 존중하여야 한다.

아이 스스로 생각하여 결정한 내용을 부모가 존중해 준다면, 아이는 부모로부터 자기의 생각을 존중받게 되어 책임감을 느끼고 자기의 일을 적극적으로 주도하여 수행하게 된다. 아이들은 스스로 선택하고 결정한 일에는 능동적이고 적극적이지만 누가 시켜서 하는 일에는 수동적으로 된다. 따라서 사람은 원래 능동적이고 성장 지향적인 존재이므로 스스로 선택한 아이의 의사결정을 존중받으며 자란 아이들은 어른이 되어도 더욱 주도적으로 의사 결정하여 자기 만족도와 자존감이 높은 삶을 살 가능성이 크다. 부모 중에는 아이를 존중하는 의미에서 존댓말을 사용하는 예도 있다. 존댓말을 사용한다는 것은 그만큼 긍정적 의미로 받아들여지나 존댓말을 사용하면서 실제로는 아이의 자율적인 생각이나 의지를 존중하기보다 아이의 행동에 간섭하여 자기의 기준에 맞추려는 경우가 많다. 이렇게 되면 자기의 생각이나 의사가 전달되지 않아 구속감 속에 수동적으로 되어 자기 표현력이 떨어지고 정서소통이 부족하게 된다. 가령 "이제 간식을 다 먹었으니, 공부해야죠? 오늘은 어제에 이어 약속한 대로 문제지 두 장을 풀면 되겠네요. 잘할 수 있겠죠?"라고 말하는 엄마와 "간식 다 먹었네. 이제 뭘 하려고 하니? 그 책을 읽고 싶었어. 다 읽고 난 뒤에 어떤 내용인지 설명해 줄래? 네가 설명해 주는 것을 듣고 있으면 엄마는 기분 좋더라."라고 말하는 엄마 중 누가 더 아이의 의사결정을 존중하고 바람직한 양육을 하는 것일까? 부모가 아이의 결정을 수용하고 존중해 주게 되면 아이는 독립심과 함께 자존감을 키워가게 된다.

넷째, 아이 스스로 성취 경험을 쌓아갈 수 있도록 하여야 한다.

아이가 할 일을 부모가 개입하여 도와주거나 문제를 대신 해결해 주게 되면 아이의 발달에 많은 문제점이 생긴다. 아이들은 부모의 도움이나 개입으로 지적·지시의 지휘를 받기보다는 자기의 생각을 들어 주고 수용해 주며, 자신의 말에 귀 기울여 주는 관심을 원한다. 이때 아이는 긍정적 정서 속에 자기 표현력과 함께 자신감이 향상된다. 세상 경험을 많이 한 부모는 어떤 것이 더 좋은 방법인지 대부분 한눈에 알게 된다. 그렇다고 해서 그 방법을 아이에게 계속 가르쳐 주고 강요하게 된다면 아이의 창의성 발달은 더디어지고 스스로 판단하거나 결정짓지 못하는 아이로 자라 자존감이 부족하게 된다. 이처럼 혼자서 성취한 성공의 경험이 없는 아이는 모든 일에 부모의 능력에 의존하게 되어 독립심과 자존감을 키울 수 없게 된다. 부모는 아이 스스로 선택하여 결정할 수 있도록 허용하여 자기의 과제를 주도적으로 수행할 수 있도록 하여야 한다. 이를 위해 아이에게 "잘할 수 있다."라고 격려하고, 열심히 노력하면서 과제 수행에 집중할 땐 "힘든데도 열심히 노력하다니 대견한데"라고 위로하며, 아이 스스로 문제 해결하는 것을 어려워할 땐 "이렇게 한번 해 봐, 이젠 잘 될 거야."라고 방법을 가르쳐 주며, 문제를 해결하여 성취하였을 땐 "이야 드디어 해냈구나! 역시 네가 해 낼 줄 믿었단다. 엄마도 기분 최고인데"라고 칭찬으로 강화를 주어야 한다.

(3) 아이의 감정을 수용하고 아이의 마음과 조율하여야 한다

부모가 아이의 감정을 수용하고 공감해 주면서 아이의 현재 마음과 조율하여 주면 아이는 자신이 사랑받고 있으며 앞으로도 사랑받을 것이라 여기게 되어 정서 만족과 함께 자존감이 높아진다. 이처럼 부모로부터 자신의 감정을 존중받은 아이들은 나의 감정뿐 아니라 다른 사람의 감정도 잘 알아차리게 되므로 자신의 행동을 적절하게 조절하게 된다. 따라서 자존감이 높은 아이는 다른 사람을 이해하는 공감 능력이 높다고 할 수 있으며, 자존감이 낮은 아이는 공감 능력이 떨어진다고 할 수 있다. 부모가 어릴 때부터 아이의 말에 귀 기울이고 아이의 감정을 수용하며 그 마음을 잘 헤아려 주게 되면 아이는 이러한 경험을 바탕으로 또래 아이들을 잘 이해하게 되어, 다양한 사고와 생각을 인정할 수 있게 되며, 함께 발전해 나갈 방향과 에너지를 제공해 주게 된다. 따라서 이러한 부모와의 어릴 적 공감 경험은 다른 사람의 처지를 잘 이해하여 사람 관계에서의 공감 능력을 발달시키며, 또래 관계에서의 고민이나 갈등에서 상대의 마음에 다가갈 수 있는 조율능력을 발휘하여 원만하게 타협하거나 중재할 수 있는 사회 관계성이 발달하게 된다. 이처럼 자존감이 높은 아이의 수용 능력과 공감 능력은 결국 자신의 감정을 수용해 주고 공감해 주는 부모를 모방하면서 배우게 되는 것이다.

(4) 아이의 자율적 선택을 존중하되 '해야 할 것과 하지 말아야 할 것'을 구별하여야 한다

3~5세가 되면 모든 것을 부모에게 의지하던 아이들이 통합적으로 전인 발달을 이루면서 자기 자신에 대해 인식하는 자아의식이 강해진다. 그러므로 이 시기는 대부분을 부모에게 의존하면서도 조금씩 독립하려고 하여 '의존성'과 '독립성'을 동시에 갖는다. 아이는 '어떻게 해야 하는지, 행위의 결과가 어떻게 되는지'를 모르면서도 자신의 자아의식에 따른 독립성에 의해 "내가(내가 할 거야)" 하면서 스스로 하려 한다. 가령, 밥을 자기가 먹는다고 고집을 피워서 내버려 두면 여기저기 다 흘려놓거나, 콜라 거품이 올라와 주변을 적실 게 뻔한데도 콜라병 뚜껑을 자기가 따려고 떼를 쓴다. 3세 아이는 모든 영역의 발달이 폭발적으로 이뤄지는 복잡하고 중요한 시기이지만 아직 언어소통이 완전하지 않아 자기의 요구나 불만이 있으면 울음이나 행동으로 표현한다. 그러나 부모와 분리된 자아를 인식하면서 자신의 감정과 욕구 때문에 엄마와 다른 자신만의 생각을 표현하기 시작하면서 5세까지 부모의 요구나 말에 "싫어", "안돼", "미워"라는 식으로 부정적인 단어를 많이 사용하게 된다. 이는 아직 아이가 참는 방법이나 기다릴 줄을 모르기 때문에 자기를 내세우게 되는 것이다. 따라서 어른이 보기에는 이것이 '반항'으로 보이고 쓸데없이 고집부리는 아이로 보인다. 그러나

반항으로 보이는 이러한 고집은 아이의 자아의식 성장에서 나타나는 것이므로 이는 정상적인 사회화 과정이라는 점에서 긍정적이다. 따라서 아이가 "싫어"라고 부정을 말할 땐 아이의 자아의식에 의해 '독립된 존재로 인정받고 싶어 하는구나!'라고 생각하여 아이의 욕구를 존중하여야 하며, "미워"라며 부정을 말할 땐 아이의 자아의식에 의해 '아이에게 관심이 필요하구나'라고 이해하여 애정을 주어야 한다.

또한, 인지적 생각만 바뀌어도 자신의 감정과 행동을 조절하는 어른과는 달리, 3세 아이부터는 부모가 가르쳐 주고 설명해 주어 인지적으로 이해시켰어도 자신의 감정과 행동을 우선하게 된다. 가령, 아이가 30분 이상 스마트폰을 하면 안 된다는 것을 이해하고 있지만, 부모 몰래 한다. 이러한 행동은 아이가 현재의 감정에 휩싸여 자신의 욕구 충족인 정서 만족이나 행동을 우선하고 있음을 말해 준다. 이러한 행동은 아이가 말을 안 듣는다고 생각하게 하고 엄마와 주변 사람들을 힘들게 하며 때로는 문제 행동을 하는 아이로 낙인찍히기도 한다. 하지만, 아이는 이유 없는 행동을 하지 않기 때문에 아이를 다그치거나 혼내기보다 왜 그렇게 행동하는지 이유를 파악하여, 허용되는 부분과 안 되는 부분을 구별하여 도움을 주려는 자세가 필요하다.

말을 할 수 있게 되는 4~5세가 되면 아이는 자신의 힘으로 움직이고 이동한다. 그러나 스스로 경험하여 알게 되는 것들에 대한 이해가 부족하여 말썽을 잘 일으키거나 잘 다친다. 가령, 컴퓨터 뒤에 빨간색 불이 들어와 있는 멀티탭 스위치가 아름다워 호기심에 눌렀더니 주변에 있는 컴퓨터랑 전자제품의 전기가 나가버려 엄마에게 혼이 났다. 또한, 이 시기 아이는 블록으로 만들기를 하거나, 종이를 오려 붙여서 표현하는 등 단순하지만 스스로 무엇인가를 만들어 내어 성취하려 한다. 이렇게 스스로 해내는 경험이 많아지면서 아이는 자신감이 생겨 "나도 형처럼 잘할 수 있어요.", "혼자 다 했어요."라고 말하고자 한다. 그래서 놀이에서 지지 않으려 하거나, 스스로 다한 것을 자랑하게 된다. 그리고 아이들과의 관계가 늘어나면서 함께하는 관계성도 발달하게 된다. 자기 마음대로 하려는 경우도 줄어들게 되고, 다른 사람의 기분도 어느 정도 헤아리고 참는 방법도 알게 된다. 또한 "이건 내 거야!"라면서 자기 소유를 분명히 나타내고 "내 인형 만지지 마"라는 식으로 다른 사람이 사용하지 않도록 하는 방법도 알게 된다. 또한, 친구에게 필요한 것을 요구하거나 친구의 요구에 빌려줄 줄 알고, 친구가 사용하고 있으면 기다릴 줄 알며, 사용하고 있는 친구에게 '다 사용하고 나면 나에게 줘.'라며 부탁할 줄도 알게 된다.

아직 부모의 헌신적인 도움 없이는 생활하기 힘든 아이가 스스로 하고자 하는 자율성과 주도성을 가지게 되면서 살펴본 것처럼 대부분 부모는 힘들어지고 피곤해진다. 이때 부모의 양육 태도는 세 가지 형태로 나타난다. 첫 번째는 '아직 네가 뭘 안다고'라는 생각으로 아이의 일을 도와주고 가르쳐 주며 해결해 준다. 두 번째는 '네 마음대로 해라'라면서 아이에게 아무런 제한을 두지 않고 허용하는 것이며, 세 번째는 아이의 생각으로 선택하여 자기의 일을 주도하도록 하는 것이다. 첫 번째의 경우에는 아이의 자율성을 빼앗아 구속하므로 낮은 자존감을 형성하게 하고, 두 번째의 경우에는 방임으로 흘러 아이의 자존감 발달에 도움을 주지 못하며, 세 번째의 경우에는 아이의 자율성을 바탕으로 스스로 주도하여 성취하게 하므로 아이 자존감에서 가장 바람직한 양육 태도이다. 이러한 양육 태도는 스스로 놀이를 고안하여 어떻게 놀이를 하면 재미있을까를 스스로 결정하고(자율적 선택과 결정), 다른 사람의 도움 없이 스스로 놀거나 다른 친구들을 끌어들여 함께 즐겁고 신나게 놀이를 하게 된다(주도적 성취). 이처럼 성취하는 성공의 경험이 많아지게 되면 아이는 자존감을 높이고 긍정적인 자아개념이 발달하게 된다. 이때 부모는 아이의 자율적 선택과 결정을 존중하되, '해도 되는 것과 안되는 것의 경계'를 구분하여 명확히 가르쳐 주고 일관성 있게 반응하여야 한다. 해도 되는 일은 빨리 허용해 주고, 안 되는 일은 아무리 떼를 써도 허용하지 않아야 한다.

(5) 안전하게 자기의 감정을 표현할 수 있어야 한다

아이들은 감정을 통해서 세상을 알아가며 다른 아이들과 만나 함께 익숙해지면서 감정 처리하는 기술을 배워간다. 사람의 감정에는 감사하다, 기쁘다, 사랑스럽다, 즐겁다, 행복하다 등의 긍정적인 것만 있는 것이 아니라 미안하다, 슬프다, 외롭다, 우울하다, 화난다 등의 부정적인 것도 있다. 아이는 아직 성숙하지 못해 자신의 감정을 잘 조절하지 못하고 있는 그대로 느끼고 표현한다. 부정적 감정은 자기 자신의 욕구표현에서 비롯되는데 이러한 욕구를 표현하는 것이 잘못되었다고 하거나 불편해하며 혼을 내게 되면 아이는 스스로 욕구 자체를 줄이게 되거나, 욕구를 표현하지 않음으로 인해 스스로 욕구를 조절하여 절제할 수 있는 성숙의 힘이 자랄 수 없게 된다. 따라서 부모는 아이가 느끼고 표현하는 마음과 자신의 욕구표현에서 나타나는 부정적 감정을 인정해 주고받아 주는 양육을 하되 아이의 행동에 대해서는 필요에 따라 제한하여야 한다. 가령 "싫단 말이야, 엄마 미워"라며 자신의 속상한 감정을 있는 그대로 표현하는 그 자체는 인정해 주고 감정을 읽어 주되, 그 부정적 감정이 행동으로 연결되는 경우에는 감정이 격해지면서 자신을 표현하고 절제하는 법을 배울 수 없게 되므로 적절하게 제어하여야 한다. 즉 아이의 감정은 받아 주고 인정해 주되 행동은 통제하는 것이다.

감정은 사라지는 게 아니므로 자신의 감정을 제대로 표현할 수 있어야 한다. 만약 그러지 못해 감정이 쌓이게 되면 절제력이 약하여 자기조절 능력이 부족해지거나 아이의 내면에 분노가 점점 쌓여 또래와 애착을 형성하면서 부모에게 저항하거나 반항적인 행동을 하게 된다. 그러나 감정을 충분히 공감받은 아이는 자신이 느끼는 감정에 대해 안심하게 되면서 부모님과 정서적 애착을 더욱 공고히 하게 된다. 아이 자신을 있는 그대로 받아들여 주고 존중해 주며 안전하게 자기표현을 할 수 있도록 하는 것이 놀이이다. 그만큼 놀이는 아이에게 자연스럽고 일상적인 일로써 놀이할 때가 가장 행복함을 느끼게 된다. 놀이의 주인공은 아이이므로 아이 스스로 생각하고 선택하는 '아이 주도적' 놀이여야 하며, 놀이

도중 부딪치는 문제를 아이 스스로 해결할 수 있어야 한다. 이때 부모는 아이 스스로 놀이를 이어갈 수 있도록 하는 협조자이며, 아이가 잘하지 못할 때 방법을 가르쳐 주고 잘했을 때 칭찬하는 교육자의 역할을 하여야 한다. 만약 부모가 아이와 제대로 놀아 주게 되면 아이는 안전하게 자기표현을 할 수 있게 되어 다른 사람과의 사회성도 좋아지면서 자존감을 향상하게 된다.

(6) 다양한 경험을 바탕으로 자기의 일을 주도할 수 있어야 한다

작은 하나의 씨앗조차도 스스로 싹을 틔우고 자라나 열매를 맺도록 내재 되어 있는 것처럼 아이는 성공이라는 열매를 맺기 위한 본능과 힘을 내재하고 있다. 이러한 본능과 힘은 세상을 대상으로 한 다양한 경험들로 이루어진다. 그리고 이러한 경험에서 배우고 성장하여 아이 스스로 성공의 삶을 이루어낸다. 경험을 통해 사람들은 행복한 감정을 느끼기도 하고, 힘들고 화나며 슬프다는 부정적 감정을 느끼기도 한다.

이러한 경험들은 일생을 통해 이루어지지만 어릴수록 그 영향력은 더 크게 작용하므로 어릴 적 경험을 통해 자존감은 대부분 형성된다. 따라서 아이들은 어떤 경험을 하였느냐에 따라 생활의 태도를 바꿀 수도 있고, 아이의 성격에 영향을 줄 수도 있으며, 성공의 길을 달리는 아이가 될 수도 있다. 아이가 아무리 좋은 조건과 환경을 가지고 있어도 경험이 없으면 산 지식으로 활용하기 어려워 잘할 수 없게 된다. 경험은 시간이 지나면서 당연히 많아지지만, 어떤 환경에서 어떤 경험을 얼마만큼 하였느냐가 상당히 중요하다. 경험할 수 있는 주체는 나이고, 그런 경험으로부터 깨달음을 얻고 한 걸음 더 성숙해져 가는 것도 나 자신이다. 따라서 아이는 가능한 한 풍부한 물리적 환경에서 많은 것을 경험하고, 많은 기회를 만나야 하며, 생활 속에서 다양한 아이들과 관계를 가지면서 많은 정서적·심리적 요인들을 경험하여야 한다. 그래서 자신과 자신, 자신과 다른 사람과의 관계, 자신과 사물과의 관계, 사물과 사물과의 관계, 다른 사람들과 사물과의 관계 등을 깨달아 가며 자극받아야 한다. 실제로 경험을 할 수 없는 경우에는 책을 통한 간접경험이나 다른 사람들과 삶의 경험을 나눌 수도 있다. 경험의 힘으로 자기의 일을 스스로 주도하지 못하도록 방해하는 것은 부모가 아이를 '과잉보호'하는 것이고 아이에게 '과잉 개입'하여 문제를 해결해 주면서 통제하는 것이다. 이러한 상황이 반복되면 아이는 '난 못해. 엄마가 도와줄 거야.'라는 생각으로 자신감이 부족해지게 되고 자기의 생각을 펼칠 수 없어 구속감과 속박감 속에 정서 만족이 부족하고 자존감이 낮아지게 된다.

4세 이후의 아이들에게 있어 관심을 가져야 할 중요한 하나가 '경험의 힘'이다. 이 무렵 아이들은 다양한 경험의 여러 가지 상황 속에서 자기의 생각과 의지대로 주도하여 성취하려 한다. 스스로 물을 찾아 마실 수 있게 되고, 스스로 신발을 신게 되며, 자기가 원하는 재료로 작품을 만들 수도 있게 되고, 스스로 일을 계획하여 주도할 수 있으며, 다른 친구들과 협력하여 과제를 수행할 수도 있으면서 다양한 성공의 경험을 가지게 된다. 엄마의 도움 없이도 스스로 다양한 성취 경험으로 할 수 있는 일들이 늘어나면서 자연스레 자존감을 형성하게 되는 것이다. 부모가 "이 책 네 방에 갖다 놓아둘래?", "엄마랑 같이 저녁상 차릴까?"와 같이 아이가 할 수 있는 일을 시켜 성공의 경험을 가지게 하는 것도 아이의 자존감 형성에 좋은 방법이 된다. 영유아기에 자신의 자존감을 탄탄하게 다진 아이는 학령기나 사춘기가 되어서도 자기 생활의 주체는 자신인 것을 알기 때문에 학교생활이나 친구 관계, 학업 등 이 시기 아이들이 겪어야 할 여러 상황에 자기 주도적으로 문제를 해결하기 위해 노력하는 동기를 갖게 된다. 아이는 초등학교에 들어가게 되면서부터 새롭고 다양한 세상을 경험하게 된다. 부모의 양육 이외에도 학교 선생님과 친구 관계, 학업 등의 크고 작은 다양한 경험을 하게 되어 영유아기에 겪는 경험보다 훨씬 더 깊고 다양하며 높은 책임감이 요구된다. 그리고 이 시기 부모들의 주 관심사는 공부를 열심히 하여 좋은 성적을 거두는 것이다. '열심히 하여 무엇인가 잘 해내고 싶다'라는 발달 욕구와 성취 욕구는 누구에게나 다 있음에도 불구하고 부모의 기대와는 다르게 아이가 자기 일에 의욕이 부족하거나, 자기 일을 주도하여 성취하려는 책임감이 부족하다면 그것은 영유아기의 자존감 형성에 영향을 주는 경험들에 문제가 생긴 경우가 많다. 태어나서 1년간은 안정 애착이라는 정서적 친밀감이 부족하였고, 네 살 전에는 스스로 하고자 하는 자율성이 허용되지 않아 훼손되었으며, 일곱 살 전에는 스스로 하고자 하는 자기 주도성을 충분히 경험하지 못했거나 부모와의 정서적 애착이 부족하였기 때문이다. 따라서 이처럼 영유아기의 안정 애착과 자존감이 잘 확립된 아이들은 학교생활에서 얻는 다양한 경험으로 더 높은 자존감을 형성하게 된다.

사람은 스스로 성취한 성공의 경험이 많을수록 자존감이 높아지고 자존감이 높을수록 성공의 경험이 많다. 따라서 아이의 높은 자존감을 위해 부모는 평소 아이가 신나고 즐거워 감정의 뇌가 활성화될 수 있도록 많이 놀아 주어야 한다. 이는 동기부여의 역할을 하게 되어 아이 스스로의 생각으로 선택하여 결정하는 자율성을 가지고자 하고 이렇게 허용된 자율성은 책임감에 의해 자기의 일을 적극적으로 수행하게 하여 과제를 완수하게 된다. 즉 자신이 자기의 감정, 사고, 행동의 소유자가 되어 자기의 일을 주도하는 독립심 있는 자기 삶의 주체자가 되는 것이다. 이러한 성공의 경험에는 신경전달물질인 도파민이 중요한 역할을 하게 된다. 아이가 하고자 하는 일에 모든 정신을 한 곳으로 모아 몰입하게 되면, 도파민의 분비가 증가하여 흥분과 긴장으로 직면한 문제를 해결하면서, 더욱 창의적으로 과제를 완수하게 한다. 또한, 자기가 주도하여 성취한 성공의 경험과 주변 어른의 칭찬이 만났을 때 이러한 도파민의 분비는 정점에 이르게 되며 아이에게는 기분 좋은 경험, 행복한 경험으로서의 높은 만족감으로 자리 잡게 된다. 그리고 이러한 만족감은 다시 경험하고자 하는 도파민의 반복현상에 의해 '이번에도 노력하면 성공할 거야.', '지난번보다 더 잘할 수 있다.'라는 생각으로 다시 자기 주도로 몰입하여 성공의 경험을 반복하게 된다. 이러한 작은 성공의 경험 반복은 자존감을 상승시키고 아이는 이 자존감을 기반으로 더 큰 목표도 이루어 나갈 수 있게 된다. 이러한 자존감은 아이 스스로 이루는 성공의 열쇠와 같은 역할을 하며 높은 만족감과 함께 자아 성장을 촉진한다.

아이의 다양한 도전이 성취되어 성공의 경험으로 남기 위해서 부모는 그 결과와 무관하게 우리 아이가 스스로 해결해 나갈 수 있다고 믿어 주고, 그 능력이 충분히 발휘될 수 있도록 기다려 주어야 한다. 즉 아이의 도전이 성공의 경험을 가지든 실패의 경험을 가지든 상관없이 부모는 우리 아이가 스스로 문제를 해결하여 헤쳐나갈 수 있다고 믿고 기다려 주는 것이다. 실수나 실패, 좌절은 누구나 겪기 마련이며 우리 삶의 자연스러운 일부분이다. 많은 사람은 실패나 좌절에 대한 두려움으로 시도조차 하지 않는 일도 있지만, 극한실패나 좌절을 딛고 일어서는 사람도 있다. 물론 실패나 좌절을 딛고 일어서는 사람이 더 빨리 더 크게 성장하여 성공의 삶을 살게 된다. 아이가 실수나 실패를 하였다면 누구보다 그것으로 인해 힘든 사람은 아이 자신이다. 만약 아이가 실수나 실패로 인해 의기소침해 있을 때, 첫 번째 해결방법은 부모가 아이에게 조언자의 역할을 하는 것이다. 부모는 아이와 가장 가까이에 있으며 가장 영향력 있게 다양한 삶의 모습과 문제해결에 대해 부모의 생각을 말해 줄 수 있으며, 아이 또한 부모의 말을 신뢰하기 때문이다. 또한, 실패에서 노력하여 이겨낸 부모의 경험담을 들려주면, 아이는 완벽하게만 생각해오던 부모도 실패할 수 있음을 알게 되어 사람은 누구나 실패할 수 있으므로 자신도 부모처럼 노력하여야겠다는 마음을 갖게 된다. 또 하나의 해결방법은 실수나 실패, 좌절은 누구나 겪는 일이므로 그것을 합리화하는 방어기제를 사용하기보다 부모의 격려와 위로 용기를 통해 그렇게 된 이유와 잘못된 부분을 깨달아 다음에 같은 실수를 반복하지 않고 성취하는 계기로 삼는 것이다.

아이의 자존감을 높이기 위해서는 세상을 향한 탐색과 탐험, 탐구를 통해 수없이 도전하고 실패하고 좌절하면서 그곳에서 배워 성공을 경험하는 것이 중요하다. 수많은 실패를 해야 진짜 성공을 할 수 있기 때문이다. 부모의 진정된 역할은 실수나 실패, 좌절을 줄이는 것이 아니라, 거기에서 배워 성장하도록 하여 또 다른 의욕을 불러일으키게 하는 것이다. 실패를 격려하고 믿어 주는 부모를 통해 아이들은 '만약 실패해도 나는 괜찮아. 거기서 배워 다음에 더 잘하면 되는 거야. 그러니 나는 잘할 수 있어.'라는 생각을 하게 되어 많은 경험 속에 아이는 더욱 자존감을 높이게 된다.

아이가 높은 자존감 속에 성공의 길을 달리기 위해서는 풍부한 환경 속에서 다양하게 경험하고 깨닫는 자극이 많아야 하고, 많은 사람과 관계를 가지면서 다양한 심리적 요인들을 경험하여야 한다. 또한, 허용받은 자율적 사고로써 자기의 일을 적극적으로 주도하여 성공의 경험을 가질 수 있어야 하며, 이러한 노력이 잘못되어 실패하거나 좌절하여도 거기에서 배워 다시 성공의 경험을 가질 수 있도록 노력하여야 한다. 그리고 이러한 다양한 도전이 성공의 경험으로 남아 높은 자존감을 이루기 위해서 부모는 그 결과와 무관하게 우리 아이를 믿어 주고, 자신의 경험으로 문제를 해결할 때까지 기다려 주어야 한다.

(7) 아이의 능력이 충분히 발휘할 수 있도록 도와주어야 한다

아이의 자존감을 높이기 위해서는 아이의 능력을 파악하여 충분히 발휘할 수 있도록 하여야 한다. 만약, 아이가 재능을 보이거나 하고 싶어 하는 것을 하지 못하고 부모의 만족이나 사회적 성공의 잣대에 매달리게 한다면 아이는 어떻게 될까? 사람은 누구나 자신이 잘할 수 있는 일이나 흥미를 느끼거나 능력을 갖춘 분야에서 노력하게 된다면 더욱 최선을 다할 것이며, 실패하더라도 좌절하지 않고 성취를 위해 또다시 노력을 다할 것이다. 아이의 자존감을 위해 엄마가 아이의 잠재능력과 호기심을 제대로 파악해야 하는 이유가 여기에 있다. 다시 말하면 아이는 자신이 가진 재능과 능력에다 하고 싶은 노력까지 더해진다면, 좋은 결과도 충분히 예측할 수 있게 되기 때문이다. 이를 위해 부모가 아이와 함께 생활하면서 아이가 좋아하거나 재능 있어 보이는 부분을 세심하게 관찰한 후, 한두 가지를 발견하여 아이와 상의한 다음 거기에 초점을 맞추어 지원해 주는 것이 효과적일 수 있다.

아이에게는 다양한 능력들이 숨어 있어 일반 지능검사로는 판단할 수 없으며, 단지 몇 가지 능력만으로 아이의 능력을 한정시켜서도 안 된다. 따라서 아이가 잘하고 있는 부분, 무언가 열심히 집중하고 있는 부분의 능력이 충분히 발휘될 수 있도록 부모는 아이의 능력을 제대로 파악하고 충분히 발휘할 수 있도록 개발시켜 주어야 한다. 이에 대해 미국 하버드대 학교 교수인 가드너(Howard Gardner)는 1983년 일반 지능검사와는 달리 다중지능이론으로서 아홉 개의 다양한 영역의 인지능력을 제시하였다(8지능에서 최근 들어 실존 지능을 새로 포함시킴). 자신이 가진 모든 영역의 능력을 파악하고 잘할 수 있는 능력을 개발하기 위해 노력하다 보면 자신이 잘하지 못하는 부분에서도 능력을 발휘할 수 있게 된다. 이러한 부모의 관심과 노력은 아이가 자신의 장점을 찾아가고 발달시키면서 자존감이 더욱 건강하게 발달하게 된다.

다음은 가드너가 제시한 아홉 가지 지능 유형에 관한 내용이다.

종류	설명	요구되는 사람
언어 지능	말이나 글을 통하여 언어를 효과적으로 구사할 수 있는 능력을 말하며 단어의 소리와 의미, 언어의 다른 기능에 대한 감수성과 외국어를 습득하는 능력을 포함한다.	시인, 언론인, 문학가, 통역사, 정치가
음악 지능	진동, 리듬과 같은 음의 세계나 목소리, 발자국 같은 소리와 관련하여 민감하게 반응하여 지각하거나 음악의 형태나 유형을 구별하여 다른 음악적 형태로 잘 변형한다.	작곡가, 연주가, 성악가, 사운드 디자이너, 가수
논리 수학 지능	IQ 지능의 핵심에 해당한다. 논리적이고 수학적으로 사고하여 숫자를 효과적으로 사용하고, 추론을 잘 끌어내며, 논리적이고 체계적이며 과학적으로 검정하려 한다.	수학자, 과학자, 컴퓨터공학자
공간 지능	시각적·공간적 세계를 정확하게 인지하고 파악하는 능력과 그런 지각을 통해 시각적으로 표현하는 능력이 뛰어나거나 3차원의 세계를 잘 변형시키는 능력이다.	건축가, 예술가, 발명가, 조각가, 지리학자
신체 운동 지능	스포츠와 같이 자신의 신체적 운동을 통제하거나 섬세한 손의 움직임으로 물건을 잘 만들어 내거나(손재주가 좋음), 몸동작으로 표현하는 능력이 뛰어난 능력이다.	무용가, 공예가, 운동선수, 행위예술가
인간 친화 지능	다른 사람들과 교류하면서 그들의 정서적 상태(기분, 의향, 감정)를 지각하고 분석하여 효과적으로 반응하면서 협동해 갈 수 있는 능력이다.	정치인, 종교인, 세일즈맨, 교사

종류	설명	요구되는 사람
자기 성찰 지능	자기 자신에 대한 상태나 감정을 객관적으로 잘 파악하여 실제로 잘 적응할 수 있는 능력이다. 무형(희로애락 등)과 유형(시나 그림 등)으로 자기 존재에 대해 이해한다.	소설가, 상담가, 임상학자, 시인
자연 탐구 지능	자연 현상에 대한 유형을 구별하고 분석하는 능력과 생태적 환경(동식물이나 주변 사물)의 특징을 관찰하여 분석하는 능력이다.	과학자, 공학자, 사육사, 수의사, 조련사, 조경사
실존 지능	인간의 본성, 인간의 존재 이유, 삶의 가치 등 삶의 근본적인 의미와 인간 실존에 대한 통찰력과 관련된 지능으로 사람들을 의미 있는 삶으로 이끌게 한다.	종교인, 철학자, 성직자, 지도자

(8) 아이를 늘 긍정적인 관점에서 바라보고 믿어 주어야 한다

아이가 자랄수록 부모와 아이와의 관계가 점점 더 힘들어지는 경우가 많이 생긴다. 부모와 아이와의 정서적·심리적 애착에서 점점 구멍이 생기는 것이다. 자기중심적이거나 성숙하지 못한 부모일수록 아이의 장래를 위한다는 명목으로 부모가 원하는 것이나 학습에 따른 사회적 성공을 전달하지만 아이는 부모의 뜻대로 움직이지 않기 때문이다. 부모는 '아이가 커서 사회적으로 잘되라고 하는 말'이라고 하지만 아이는 자신의 마음을 이해해 주지 못하는 부모에게 실망하고, 부모의 권위에 눌려 도망가고 싶은 마음에 부모가 아닌 또래와 애착을 형성하면서 부모에게 무표정하거나 저항하며 반항하기도 한다.

다음의 내용은 실제 사례들이다.

> 치료실에 찾아온 여자아이(초 2학년)는 한눈에 보아도 행동이 느려 보인다. 아이의 느린 행동에 성격이 급한 엄마는 평소 '빨리 좀 해라.'라고 자주 다그치며, 심지어는 "너 때문에 답답해 미치겠다."라고 화를 내기도 하였다고 한다. 아이는 엄마의 잔소리와 지적 지시로 인해 스스로 개선하고자 하는 의지는 부족하면서도 필요 없는 고집을 부리게 된 것이다. 또한, 아이는 부모의 말 그대로를 받아들이는 특성상 '나는 사람을 답답하게 하는 느린 아이'라는 생각에 따라 자존감은 떨어지고 행동은 더욱 느려져 자기표현도 잘하지 않는 아이가 되었다.

반면 EBS 교육 방송에서 방영된 한 아이는 자폐 스펙트럼을 의심할 정도로 느리고 말을 잘 하지 않는 아이였다. 그러나 엄마는 아이의 타고난 기질을 억누르지 않고 아이의 개성을 존중하는 등 늘 긍정적인 관점에서 바라보고 믿어 주었다. 아이가 자라면서 움직이기 싫어하는 느린 것이 장점이 되어 초등학교에 다닐 때 다른 아이들은 하루에 한두 시간도 앉아 공부하기 힘들어하지만 아이는 몇 시간씩 공부하였다. 그 결과 13살에 과학기술연합대학원대학교의 대학원생이 되어 석 박사 과정을 동시에 공부하는 학생이 되었다.

이처럼 부모는 아이를 긍정적인 관점에서 바라보고 아이가 하는 말과 행동 하나하나를 열린 마음으로 받아 주며 끝까지 믿어 주고 기다려 주면, 아이는 더욱 높은 자존감 속에 성공의 길을 달리면서 행복한 생활을 하게 될 것이다.

부모가 "미안하다"고 말하는 것의 위력

"미안하다."라고 사과하는 말은 누구에게나 가장 쉬운 듯하지만, 실상은 그렇지 못하다. 특히 부모 자녀 사이에는 미안한 일이 있어도 사과를 잘 하지 않고 그냥 넘어간다. 부모들은 사소한 잘못일수록 대충 얼버무리고 넘어가거나 권위를 내세워 없었던 일로 만든다. 사람은 누구나 실수를 하고 잘못을 할 수 있지만, 중요한 것은 실수나 잘못 자체가 아니라 그것에 대해 "미안하다."라고 자신의 잘못을 인정하고 사과하여 다음의 일이 긍정적이고 발전적이게 되도록 하는 것이다. 부모도 사람이므로 실제보다 더 능력 있는 것처럼 과장하거나 자신의 잘못을 부정하여 윽박지르거나, 얼버무릴 필요는 없다. 부모도 잘못을 저지르게 되면 아이에게 그것을 인정하고 사과하면 된다. 부모가 사과하는 것을 보고 깨달은 아이는 '사람은 누구든지 실수나 잘못을 저지를 수 있으므로 나도 실수할 수 있는 거야. 그러니 실수나 잘못을 두려워하기보다 미안하다고 사과하고 내가 더 열심히 노력하면 된다.'라는 생각을 가지게 되어 아이들의 성취 욕구에 긍정적 영향을 주게 된다.

아이들이 자라 12세 이후가 되면 가끔 부모로서는 추측하기 어려운 과거에 있었던 일을 따지면서 서운하다고 말하여 부모를 당황하게 하는 경우가 있다. 가령, "엄마 그때 그렇게 잘못한 게 아닌데 왜 그렇게 나를 많이 혼냈어?", "그때 오빠에겐 해 주고 난 왜 안 해 줬어."라고 한다. 이때 부모는 합리화면서 넘어가려 하거나, 과거에 일어난 일을 말한다고 언짢아하는 것보다 아이에게 할 수 있는 가장 좋은 방법은 "미안하다."라면서 사과하는 것이다. "그때 그 일 때문에 매우 속상했었구나. 엄마가 잘하려 했지만 네가 속상했다니 미안해. 다음부터는 엄마가 더 노력할 테니 이해해 주면 안 되겠니?"라고 사과한다면 아이는 마음속 과거의 미완성 과제(자연스럽게 해소되지 못하고 마음속에 원망, 불만 등의 감정으로 남아 있는 일)를 해결하게 되어 기분이 좋아지면서 부모와 정서적·심리적으로 더욱 가까워지게 된다.

부모가 아이에게 사과해야 이유는 다음과 같다.

첫째, 부모가 "미안하다."라고 사과하게 되면, 아이도 실수나 잘못에 대해 사과하는 방법을 배우게 되어 놀이를 계속해서 이어갈 수 있게 되면서 또래 관계성이 좋아진다.

둘째, 부모가 사과하면 '사람은 누구나 실수를 범할 수 있다.'라는 사실을 아이에게 가르쳐 주게 되어 자기의 일에 더욱 자신감을 가지게 된다.

셋째, 부모가 사과하는 것을 본받게 되면 아이도 실수나 잘못에 대해 사과하게 된다. 아이가 사과한다는 것은 그 문제에 대한 이유와 잘못을 깨달았기 때문으로 다음에는 더욱 성숙하게 그 문제에 대처할 수 있게 된다.

넷째, "미안하다."라는 사과의 말은 부모 자식 사이를 보다 가까이 다가가게 만들어 더욱 친밀한 정서적 애착을 형성한다.

필자 노트 plus 11

협동 미술 작업의 효과

아이들이 서로 협의하여 주제를 정하고, 서로 역할을 분담하여 작품제작에 임하며, 서로 도와 가면서 작품을 완성한다는 것은 참으로 기특하고 대견한 일이다.

협동미술작업의 규칙

첫째, 어떤 내용으로 작업할 것인지 먼저 주제부터 협의하여 결정하고, 작품 완성을 위해 서로 도와 가며 작업한다.

둘째, 작품을 제작할 때 서로 협의하지 않고 한 사람이 리더를 하는 것은 안 되며 한 사람이라도 소외되어서도 안 된다.

셋째, 미술도구는 서로 빌리고 빌려준다. 그러나 사용하려는 미술도구를 다른 친구가 사용하고 있으면 반드시 사용하고 있는 아이에게 허락을 받아야 한다.

넷째, 서로 가지겠다고 의견 충돌이 있으면 먼저 그 물건을 집은 사람이 우선한다. 그래도 다툼이 있게 되면 아무도 사용하지 못하고 선생님이 그 물건을 다른 곳에 둔다. 그러나 서로 협의하여 다투지 않는다면 다시 돌려준다.

협동 미술작업의 효과

첫째, 협동작업을 위해 각자의 아이디어를 모아 협의하게 되면, 더욱더 창의적인 아이디어로 발전하게 되면서 생각의 범위가 넓어지고 다양성이 추구된다.

둘째, 개인 작업에서는 힘든 커다란 작품을 짧은 시간에 쉽게 완성함으로써 뜻밖의 대담성을 학습하게 된다.

셋째, 서로의 의견 교환으로 공동의 목표를 성취하였을 때 아이는 긍정적인 상호작용을 경험하게 되어 사회 관계성이 발달한다.

넷째, 다른 아이들이 표현한 다양한 작품과 의사소통하면서 마음에 와닿는 것을 자기 탐색으로 활용하기 때문에 또래 간의 상호작용을 활발히 촉진한다.

다섯째, 또래와 함께함으로써 '나도 할 수 있다.'라는 자신감이 생기며 작품에 대한 기대치도 높아진다.

여섯째, 협동작업은 또래와의 관계 기능을 향상하고 친 사회적 행동을 학습하게 함으로써 아동의 자존감을 높인다.

일곱째, 서로 협동하여 완성한 작품 완성의 성공 경험은 개인이 작업하여 완성한 작품 완성의 성공 경험보다 더 큰 만족과 자신감을 가져다줄 수 있으며 아울러 집단 내 소속감과 자부심, 자존감을 향상할 수 있다.

협동 미술작품의 종류

① 하나의 주제 아래 개인적으로 작품을 완성한 뒤 이를 모두 모아 조화되게 배치하여 완성한다.

주제: 찰흙으로 만든 기차와 가로수(학부모 작품)

② 서로 협의하면서 작업을 진행하여 하나의 작품을 완성한다.

주제: 재활용품을 활용하여 만든 수륙양용 자동차(7세)

③ 벽화와 같이 개별적으로 작품화하여 완성한다.

주제: 물감놀이(5~6세)

CHAPTER 9

성공의 길을 달리는 아이의 학습

주제: 선비정신(장지 위에 수묵채색)

주제: 벗어나지 못하는 자신의 굴레(캔버스에 크레파스)

어릴 때 즐겁지 못했던 아이는 어른이 되어서도 즐겁지 못할 가능성이 크다. 그 이유는, 어릴 때 형성된 사고와 정서, 행동이 어른이 되어서도 지속해서 영향을 주기 때문이며, 과거가 자신을 지배하도록 내버려 두기 때문에 자신의 굴레에서 잘 벗어나려 하지 않는 것이 이유이기도 하다. 그것은 사람의 뇌가 새로운 것을 받아들이기보다는 기존의 습관이나 관습을 유지하려 하는 습성 때문이기도 하다. 작품에서 즐겁지 못한 어릴 적 자아의 모습, 그 뒤에 행복해 보이지 않는 어른이 된 현재의 모습, 이 두 모습이 어두운색의 굴레 안에 그려져 있다. 만약, 과거에서부터 이어온 그 굴레의 부정적 경험(수치심, 모멸감 등)과 사고, 아픈 상처 등의 트라우마를 과감히 끊어버리고 앞으로의 비전과 희망을 위해 노력한다면 밝은 미래와 행복은 늘 함께하려 할 것이다. 그러나 본 그림에서처럼 굴레 양쪽에 칠해진 밝은색의 밝은 길은 언제든지 함께하자고 손짓하고 있음에도 불구하고 사람들은 과거에 얽매여 이 부정적 굴레에서 벗어나지 못한 채 생활하고 있다.

1. 바른 칭찬이 아이를 성공의 길로 달리게 한다

사람과의 관계는 서로에 관한 관심과 인정, 존중으로 굳건하게 형성된다. 이러한 관계를 구축하게 하는 쉬운 방법이 소통하며 칭찬하는 것이다. 칭찬은 서로를 성장시켜 주고, 사람을 움직이는 힘이 되며, 좋은 성과를 낼 수 있도록 동기 부여를 주게 된다. 특히 아이들에게 칭찬하는 것은 "기대되는데"처럼 그렇게 잘하라고 격려하고 "너무 멋있었어"처럼 축복 주는 의미가 강해 아이의 긍정적 행위 후에 칭찬하는 것도 있지만 먼저 칭찬하는 것이 더 좋은 교육적 효과를 발휘할 수 있다. 사람의 뇌는 단점이나 부족한 점을 지적하는 비판적인 말을 위협으로 보고 활동량을 줄이지만 잘하거나 긍정적일 때는 그 부분을 계발하기 위해 더욱 노력하기 때문이다.

1) 칭찬의 방법

칭찬의 힘을 아는 부모들은 자녀의 말과 행동에 칭찬하려 큰 노력을 기울인다. 그러나 대부분 부모는 칭찬의 중요성은 알고 있으나 어떻게 칭찬하는 것이 좋은 칭찬의 방법인지는 잘 알지 못한다. 칭찬의 방법에 관한 설명을 살펴보면 다음과 같다.

(1) 아이 관점에서 칭찬하여야 한다

엄마가 부탁한 식탁 위를 아이가 잘 정리하였을 때 "엄마를 도와줘서 고마워"라고 칭찬한 것과 "혼자서 정리 다 한 거야? 스스로 한 것을 보면 기분 좋겠는걸"이라고 칭찬한 것과는 어떤 차이가 있을까? 전자는 엄마를 기준으로 칭찬한 것이며, 후자는 아이의 관점에서 칭찬한 것이다. 부모가 아이를 칭찬할 때 부모의 관점에서 칭찬하기보다 이처럼 행위의 주체자인 아이의 관점에서 칭찬하게 되면 아이는 더 기쁜 마음으로 칭찬대로 행동하고자 하는 내적 동기를 강화하게 된다. - 칭찬은 "네가 이것을 다 해내다니 역시 자랑스러워"처럼 아이가 주체가 되는 아이의 관점에서 하여야 하지만, 꾸지람은 "그렇게 하면 엄마가 힘들어지는데 엄마를 도와주면 안 되겠니?"와 같이 엄마가 주체가 되어 엄마의 관점에서 하는 것이 효과적으로 된다(p. 252 감정을 전달하는 대화 참조).

(2) 스킨십과 함께 칭찬하여야 한다

아이들은 부모로부터 말로만 칭찬받는 것보다 머리를 쓰다듬어 주거나, 어깨를 가볍게 두드려 주거나, 안아 주는 등의 스킨십과 함께 칭찬받을 때 더욱 기뻐하게 되고 그렇게 하고자 하는 내적 동기를 더 강화하게 된다. 이처럼 부모의 부드러운 스킨십으로 하게 되는 칭찬의 말은 아이에게 부모의 따뜻한 마음과 함께 '나를 사랑하는구나'라는 진심이 전해지게 된다. 따라서 아이와 스킨십을 많이 나누면서 하는 칭찬은 아이의 정서적인 안정과 발달에 도움을 준다.

(3) 부모의 주관대로 칭찬하면 안 된다

칭찬할 땐 누구나 이해할 수 있는 객관성과 합리적인 타당성을 바탕으로 칭찬하여야 하며, 칭찬의 이유를 알 수 있도록 하여야 한다. 만약 부모의 가치관과 주관에 맞춰서 '맞다/틀리다', '잘했다/잘못했다'라는 식의 흑백논리로 칭찬하게 되면, 아이는 부모의 기준에 맞춰서 행동하게 된다. 가령 아이가 방을 다 정리하였을 때 엄마가 "참 잘했다."라고 칭찬하였다면 아이는 왜 그렇게 해야 하는지? 그렇게 하면 어떤 점이 좋은지의 합리적인 타당성을 이해하지 못한 채 엄마가 하는 칭찬의 기준에 맞추게 되는 것이다. 다시 말하면 깨끗하고 청결하게 하려고 방을 정리해야 함에도 부모의 '잘했다'라는 칭찬을 듣기 위해 방을 정리하게 되는 것이다. 따라서 부모는 "네가 청소를 하고 나니 이렇게 깨끗해졌네, 모든 게 제자리에 놓여 있어."라고 구체적으로 잘한 부분을 합리적 타당성이 있도록 칭찬하여야 한다.

(4) 일관성 있게 칭찬하여야 한다

아이의 바른 육아를 위해서는 항상 훈육의 일관성을 유지하여야 한다. 아이의 버릇을 위해 엄마는 안 된다고 하였는데 아빠는 허용하여 주거나, 엄마가 오늘은 괜찮다고 하면서 허용하다가 내일은 안 된다고 하면서 못하게 하는 등 훈육의 일관성이 모자라면 아이는 가치관의 혼란과 함께 고집만 늘어나게 된다. 이처럼 칭찬에도 일관성을 유지하여야 한다. 가령 아이 스스로 밥을 먹으려 노력하였을 때, 어제는 아이 스스로 밥 먹는 것에 대해 칭찬하였는데, 오늘은 아이 스스로 밥 먹는 것보다 밥 먹다 흘리는 것을 꾸지람하거나, 아빠는 아이 스스로 밥 먹는 것에 대해 대견하다고 칭찬하였는데, 엄마는 아이 스스로 밥 먹는 것에 관심을 두기보다 밥 흘리는 것에 꾸지람하게 된다면 칭찬받을 줄 알았던 아이는 매우 혼란스러워할 것이다. 만약 일관된 칭찬이 부족하여 이러한 일이 자주 발생한다면, 부모는 아이의 행동이나 판단에 기준을 주지 못하게 되어 아이는 스스로 잘할 필요성을 느끼지 못하고 자신의 행동에 자신감이 부족해지면서 이기적인 아이가 될 수 있다.

(5) 부담을 주는 칭찬은 삼가야 한다

부모들이 하는 칭찬 중 아이의 어떤 행동을 기대하고자 칭찬할 수가 있다. 가령 "넌 잘할 수 있지?", "다음에는 다 맞을 수 있을 거야. 그렇지?"처럼 아이의 의사와 상관없이 의도하는 칭찬은 아이에게 부담을 주어 긴장시키고 힘겹게 하는 등의 부작용을 유발할 수 있다. 특히 "옆집 친구도 100점 맞았는데 너도 그럴 수 있지?"와 같이 남과 비교하여서 하는 칭찬이나 "이번에는 5등 했으니 다음에는 1등 할 수 있을 거야."처럼 끝없이 부모 만족을 요구하는 칭찬은 아이에게 부담을 가중하므로 자칫 스스로 하고자 하는 의욕을 상실하여 좌절할 수 있다.

따라서 아이의 바람직한 성장을 위해서는 목표설정과 과제 수행 등에서 자기의 의사에 따라 선택하고 결정하는 자율성을 허용하여 학습의 전체 과정을 스스로 주도하여 수행할 수 있도록 칭찬하여야 한다. 가령 "선택을 매우 잘한 것 같은데?", "스스로 해내다니 놀라운걸!" 또한, 다른 사람과 비교하거나 부모의 만족을 위한 칭찬보다는 자기와의 비교에서 더 노력하고, 더 좋아지고, 더 발전한 것을 칭찬하는 것이 더욱 효과적이다.

(6) 할 수 있다면 즉각 칭찬하고 다른 사람 앞에서 칭찬하여야 한다

사람들은 누구나 사람과의 관계나 집단에서 칭찬받고 싶어 하므로 아이가 주변 어른으로부터 칭찬받게 되면 기뻐서 일을 더욱 의욕적으로 하게 된다. 따라서 칭찬은 즉각 하여야 하고 될 수 있는 대로 다른 사람 앞에서 하여야 하며 여건이 된다면 많은 사람 앞에서 하는 것이 효과적으로 된다. 만약 주위에 아무도 없으면 우선 개인적으로 칭찬한 뒤 다음 날 친구가 다 모였을 때 칭찬하여 널리 알리는 것도 좋은 방법이 된다. 그렇게 함으로써 아이는 칭찬을 하는 부모님이나 선생님의 마음을 이해하는 것과 동시에 정서 만족과 함께 자신감이 상승하여 더욱 잘하기 위해 노력하게 될 것이다.

(7) 외적 보상을 줄인다

아이가 어떤 일을 잘하였거나 성취하였을 때 부모는 아이에게 보상을 주어 행동을 강화하려 한다. 보상에는 상품이나 돈, 선물 등의 물질을 주는 외적 보상과 칭찬과 성취감, 자긍심을 심어 주는 내적 보상으로 나뉜다. "깨끗하게 정리했으니 네가 좋아하는 과자를 줄게"라는 식의 외적 보상에 아이가 익숙해지면 내적 보상의 기쁨을 모르는 아이가 될 수 있으며, 계속해서 외적 보상을 요구하게 되어, 더는 외적 보상을 주지 않게 되면 그 행위를 그만두게 되는 등의 부작용이 따르게 된다. 그러나 "깨끗하게 정리하니 네가 너무 자랑스럽구나. 덕분에 엄마

는 다른 시간을 가질 수 있게 되어 너무 기분 좋은데. 고마워."라는 내적 보상은 아이에게 큰 기쁨이 되어, 외적 보상에 기뻐하기보다 자신의 잘한 행동 그 자체에 기뻐하고 만족하므로 다시 또 그렇게 하고자 하는 동기를 가지게 된다.

2) 바른 칭찬과 잘못된 칭찬

칭찬하면 다 좋은 것으로 생각하는 경우가 많다. 그러나 칭찬에도 잘못된 칭찬이 있고 바른 칭찬이 있다. 잘못된 칭찬은 배려심 없는 자기중심적인 아이로 만들어 아이의 동기를 떨어뜨리고, 지나친 경쟁심을 유발하여 사회성 부족을 불러오며, 심지어 가치관을 왜곡시킬 수도 있다. 반면 바른 칭찬은 아이에게 긍정적인 사고를 길러주고, 성취하고자 하는 의욕이 높아져 동기부여를 주게 된다. 또한, 자신감이라는 피드백을 주어 자존감을 높이며, 바른 성장과 인격에 도움을 준다.

잘못된 칭찬과 바른 칭찬을 구분하여 보면 다음의 표와 같다.

	잘못된 칭찬	바른 칭찬
1	무조건 칭찬하거나 과장해서 하는 칭찬	가치 있는 것과 근거 있는 것에 대한 칭찬
2	결과에 대한 칭찬	노력한 것과 과정을 중시하는 칭찬
3	두리뭉실하게 하는 칭찬	칭찬의 이유를 분명히 알 수 있도록 구체적으로 하는 칭찬
4	인격이나 능력, 지능에 관한 칭찬	노력을 통해 구체적으로 잘한 부분에 대한 칭찬

(1) 가치 있는 것과 근거 있는 것에 칭찬하여야 한다

아이들은 자라면서 스스로 잘한 일과 그렇지 못한 일을 구분하게 되므로 기뻐하거나 성취감을 느끼거나 자신감을 가지게 된다. 그러므로 "우리 아들, 친구와 노는 것을 보니 자랑스럽구나."와 같이 남들이 다하는 것이어서 칭찬받을 이유를 알 수 없는 것에 칭찬하는 것은 바람직하지 못하다. 또한, 한 아이는 수업 시간에 친구와 이야기하느라 정성 들여서 하지 못하여 다른 아이보다 작품이 못하다는 것을 알고 있었다. 그러나 부모는 완성한 작품을 보며 "정말 잘했다. 마치 대단한 화가 같은걸"이라며 칭찬을 아끼지 않았다. 이때의 칭찬은 아이에게 오히려 부끄러움만 느끼게 할 뿐이다. 이처럼 자녀가 한 행위의 결과에 대해 과장해서 하는 부모의 칭찬, 칭찬의 근거가 없어 거짓말이 되는 칭찬, 이러한 것들은 아이에게 헛된 거품을 만들어 진짜 칭찬을 신뢰하지 않게 만든다. 또한, 자신의 행동에 대해 스스로 평가하기가 힘들게 되어 상황에 따라서는 성취 욕구를 떨어뜨릴 수 있게 된다. 그리고 이러한 칭찬을 지나치게 받은 아이는 자기중심적인 성향이 강화되어 자기밖에 모르는 자기애적 성향을 띄게 되어 항상 자신에 대해 주목해 주기를 바라며 주변 사람들의 감정을 배려할 줄 모르게 된다. 따라서 부모의 진심이 담기지 않은 채 칭찬하는 것은 이처럼 아이의 발달에 오히려 방해된다.

만약 수업시간 과제를 완성하기 위해 노력하였으나 완성하지 못하였다고 하면 "네가 수업시간 노력하지 않았다면 문제가 되지만, 네가 주어진 시간 동안 열심히 노력하였다니 그것은 작품 완성보다 더 기쁘단다." 또는 "엄마는 친구보다 잘하는 것이 중요한 게 아니라 지난번보다 더 좋아지기 위해 노력하였다면 그것이 가장 잘하는 것이란다."라고 말한다면 오히려 과제에 대해 칭찬하는 것보다 아이에게 더 좋은 결과를 가져다주게 된다. 따라서 부모는 가치 있는 것과 근거 있는 것, 노력의 중요성이 담긴 것에 진심을 담아 칭찬하여야 한다.

(2) 결과에 대해 칭찬하기보다 과정에 대해 칭찬하여야 한다

부모가 아이의 결과나 결과물에 대해서만 칭찬하면 여러 부작용이 생기게 된다. 아이는 칭찬을 받기 위해 어려운 것보다는 쉽고 잘할 수 있는 과제만 하려 하거나, 결과물만 좋으면 되기 때문에 과정의 중요성을 망각한 채 지나친 경쟁심을 유발하기 때문이다. 특히 자녀 간에는 부모를 두고 경쟁심을 가지기 때문에 자녀 사이가 나빠지게 된다. 만약 부모가 과제를 해결하는 과정에서 잘한 점이나 과제를 완성하기 위한 노력, 구체적으로 잘한 점을 칭찬하면 아이는 결과와 상관없이 과제 자체에 최선을 다하게 되며, 또래 아이들을 배려하고 새로운 것에 도전하는 용기와 쉽게 좌절하지 않는 긍정적인 성격을 갖게 된다. 가령 아이가 책을 읽었을 때 '책 한 권을 다 읽었다'라는 결과를 칭찬하기보다 "책 내용이 많은데도 끝까지 읽기 위해 노력하였구나."라며 책을 다 읽기 위해 노력한 점, "책을 읽으면서도 동생이 모르는 것을 가르쳐 주다니 형으로서 든든하구나."처럼 책 읽는 과정에서 잘한 점, "이 페이지에서 너의 다양한 생각을 말할 때 엄마는 우리 아이가 벌써 저런 생각을 하다니 '자랑스럽구나.'라고 생각했단다."라며 과제 수행의 과정에서 구체적으로 잘한 부분에 대해 칭찬한다.

(3) 두리뭉실하게 칭찬하기보다 칭찬의 이유를 구체적으로 말해 주어야 한다

아이에게 막연하게 '잘한다.' '멋있다.' '대단하다.'처럼 두리뭉실하게 칭찬하는 것보다 아이에게 칭찬받는 이유를 구체적으로 말해 주는 것이 좋다. 그래야만 왜 자신이 칭찬받는지를 알고 그 행동을 계속해서 하려는 강화 현상이 나타난다. 가령 "여행 기간에 한 것을 보니 역시 대단해, 질문에 답도 잘하고 어쩜 그렇게 똑똑하니?"라고 아이에게 두리뭉실하게 칭찬하는 것보다 "여행 계획을 스스로 세운 것도 대견한데 필요한 부분을 메모하면서 여행일지를 쓰려고 하니 '참 많이 성장했구나.'라는 생각이 들더라. 그렇게 노력하니 질문에 답도 잘할 수밖에"라면서 칭찬받을 내용을 구체적으로 말하면 아이는 계획을 실천하기 위해 최선을 다할 것이며 부모의 도움이나 개입 없이도 아이는 스스로 노력하는 모습을 보이게 된다.

(4) 노력한 것과 노력을 통해 구체적으로 잘한 것에 대해 칭찬하여야 한다

부모가 아이의 인격이나 능력에 관해 칭찬하게 되면 그것을 어른들의 요구나

기대로 받아들일 수 있으며 아이 스스로는 '난 그렇지 않은데'라는 생각으로 부담감을 조성하게 된다(표 참조). 부모는 어릴 때부터 아이의 능력이 뛰어나거나 그렇지 못하거나, 머리가 좋은 편이거나 아니든 간에 아이의 실제적인 노력과 그 노력을 통해 얻은 것에 대해 구체적으로 칭찬해 주어야 한다. 그렇게 될 때 아이는 어려운 과제에 대해 더욱 끈기 있게 매달리게 되며 그것을 더 잘하기 위해 노력하게 된다. 따라서 부모들은 일상의 대화 속에서 아이에게 수시로 노력과 도전의 의미를 되새길 수 있도록 칭찬해 주는 것이 중요하다. "노력 많이 했구나!", "새로운 일인데도 과감하게 도전하다니.", "쉬운 것보다 어려운 것에 도전하는 것을 보니 앞으로 많은 발전이 기대되는데.", "힘든데도 노력하여 끝까지 해내는 것을 보니 네가 자랑스럽구나.", "아빠는 네가 쓴 글 중에서 '꽃들은 다정한 친구로 다가와 나에게 속삭인다.'라는 부분에서 감동적이었다. 어떻게 꽃을 다정한 친구로 비유하려 했니?"

아이의 인격과 능력에 관해 두리뭉실하게 하는 잘못된 칭찬과 노력이나 구체적으로 잘한 것에 대한 바른 칭찬

잘못된 칭찬 인격과 능력에 관해 두리뭉실하게 한 칭찬		바른 칭찬 노력이나 구체적으로 잘한 부분에 대한 칭찬
"스스로 다하다니 넌 역시 대단한 아이야!" (난 아닌데, 실수도 많이 하고)	→	"힘들었을 텐데도 끝까지 노력하여 완성하다니 대견하구나." (노력하면 해낼 수 있으니 난 자신 있어)
"깨끗하게 정리하다니 넌 완벽해!" (난 못하는 게 많은데)	→	"어질러져 있는 것들이 다 제자리로 들어가 있어서 기분 좋은데." (앞으로도 정리 잘해야지)
"이야 ~ 정말 잘 그렸네. 넌 피카소처럼 위대한 화가가 될 거야!" (난 그림을 잘 못 그리는데)	→	"눈 표현에서 소의 강인한 느낌이 들어 마치 소를 그린 이중섭 화가 같은데." (나도 노력하여 위대한 화가가 되어 볼까?)

제대로 꾸지람하기

아이가 바르게 성장하기 위해서는 칭찬도 필요하지만, 꾸지람도 필요하다. 그러나 부모 중에는 아이를 사랑한다는 이유로 버릇없거나 잘못된 행동도 대충 넘어가는 경우가 많다. 그러나 꾸지람은 옳고 그름을 배워 나갈 소중한 기회이며, 혼자서 생활할 수 없는 사회 속에 바른 관계기술을 갖게 한다. 꾸지람은 어떻게 하느냐에 따라 아이가 반성하고 교훈을 얻어 성장하지만, 잘못 꾸지람하게 되면 오히려 엇나가기도 한다. 따라서 꾸지람은 부모의 감정이 아니라 사랑의 감정이 담겨 있어야 한다.

감정이 상하지 않으면서도 제대로 꾸중하는 방법 중 하나는 '상황에 초점을 맞추어 대화 나누기'를 하는 것이다. 가령 "친구가 읽고 있는 동화책을 네가 가져가 버리면 친구의 마음은 어떻겠니? 선생님도 친구에게 허락받지 않고 뺏어간 네가 아주 잘못한 행동이라고 생각한단다. 혹 그 친구에게 불만이 있다면 대화로 문제를 해결할 수 있잖아." 이처럼 상황 중심으로 대화하면 훈계하지 않아도 아이 스스로 알아차리고 깨닫기 때문이다. '아, 내 행동이 잘못되었구나. 내일 사과하고 내가 하고 싶은 말을 대화로써 풀어야겠구나.' 이러한 꾸지람은 대화 속에서 잘못을 뉘우치고 행동을 수정하기 때문에 아이 스스로 문제 해결할 수 있는 능력을 길러준다.

또한, 친구나 형제가 다투었을 때 부모님이 꾸지람하기보다 다툰 친구들끼리 서로 문제를 해결하도록 하는 것이 효과적이다. 가령, "(엄격한 목소리로) 친구끼리 다투다니 큰일인걸, 너희 둘이 여기 의자에 앉아! (아이들이 서로 마주 보면서 의자에 앉게 한다.) 지금부터 다툰 것에 대해 서로 대화하면서 너희들끼리 문제를 해결해. 지금 벌 받는 중이니까 문제를 해결할 때까진 절대 일어서지 마. 알겠지? (대화로써 문제를 해결할 때까지 기다려 준 다음) 서로 다툰 문제가 해결되었니? 조금이라도 마음에 감정이 있다면 지금 다시 말하여 서로 문제를 해결해라."와 같이 다툼을 일으킨 당사자끼리 문제를 해결하게 한다. 이는 아이의 감정이 상하지 않도록 하면서도 대화로써 타협하고 소통하여 다른 사람과 원만한 관계를 가지도록 한다.

화가 나서 아이를 꾸지람할 때는 스스로 노력하지 않은 것과 구체적으로 잘못한 부분에 대해서 감정을 표현하면서 꾸지람할 수는 있다. 그러나 "누구를 닮아 이 모양이니?, 그런 것도 하나 못하니?"(인격)/"네가 할 줄 아는 게 뭐니?, 너 알고 보니 바보구나!"(능력)처럼 꾸지람이라는 명목으로 아이의 인격이나 능력을 비난하면서 경멸, 조롱하는 말은 아이에게 마음의 상처를 남기며 부작용만 생기게 한다. 또한, 아이를 비교하여 꾸지람하는 것도 금물이다. 부모들이 알고 있으면서도 흔히 하는 실수가 이것이다. "네 동생 반만 좀 닮아라.", "이모 집 아이는 안 그런데 넌 왜 맨날 그 모양이니?"처럼 형제간이나 친구들과의 비교는 아이에게 상처만 남길 뿐이지 꾸지람의 효과는 없다.

부모의 꾸지람에도 효과 없이 아이가 계속 그 행동을 반복할 때는 조용히 반성의 시간을 가진 뒤 반성문을 쓰게 하거나, 행동수정에서 처벌의 방법(p. 199 참조)을 사용한다.

주제: 몰입(캔버스 위에 크레파스)

아이가 어떤 문제를 해결하기 위해 집중하는 몰입의 순간을 캔버스 위에 크레파스로 표현하였다. 그림 윗부분의 부드러운 느낌은 크레파스로 색칠한 후 휴지에 식용유를 묻혀 문질러 부드럽게 표현하였으며, 그림의 아랫부분은 크레파스를 가루로 만들어 목공용 풀과 섞어 가며 으깨어 두텁게 붙인 후 그 위에 다시 크레파스를 칠하면서 형상을 표현하였다.

아이는 자신이 해야 할 일을 스스로 생각하여 선택하게 되면 책임감과 함께 자기의 작업을 적극적으로 주도하여 수행하려 한다. 이러한 자기 주도는 더욱 새롭게, 유용하게, 효과성 있게 하려고 자연스럽게 집중하게 되는데 이를 '몰입'이라고 한다. 이러한 몰입은 모든 정신을 원하는 한곳으로 모으게 하여 직면한 문제를 창의적으로 해결하게 한다. 따라서 몰입은 창의성과 창의적 문제해결 능력, 고등사고 능력을 기르는 교육에 있어서 핵심이 되며 아이는 이러한 몰입을 통하여 결국에는 만족스러운 결과를 만들어 내게 된다.

2. 놀이 중심 교육과 아이의 학습

1) 조기교육(早期教育)의 필요성

조기교육이란? 사람이 가지고 있는 잠재능력을 나이보다 앞당겨 개발하거나 교육하여서, 그 잠재능력이 최대한 발휘할 수 있도록 촉진하는 것을 말한다. 이는 아이의 의지가 아니라 보호자의 뜻에 따라 실시하게 되는 것이다. 그러나 조기교육이 모든 분야에서 좋은 것만은 아니어서 아이의 무한한 가능성이 얼마나 효과적이고 얼마만큼 개발될 수 있느냐에 따라 하는 것이 좋은 것과 그렇지 않은 경우가 있다. 영유아기는 사람 발달의 모든 기초를 형성하며 그러한 발달의 특성이나 행동의 획득이 최적으로 이루어지는 결정적 시기이다. 이때는 왕성한 뇌의 유연성과 가소성에 의해 신축적이고 유동적으로 뇌가 발달하며, 주위의 환경에서 깨닫는 경험과 자극에 민감하게 반응하여 학습 속도가 매우 빠르게 된다. 또한, 이 시기 동안 일어나는 감각, 운동, 인지, 정서, 사회 등 다양한 영역에서의 발달이 이후의 학습과 생활에 커다란 영향이 미친다. 이는 아이가 어리면 어릴수록 아이의 가능성을 조기에 개발하여 주는 것과 함께 발달의 단계에 맞게 필요한 적기 교육을 놓치지 말아야 한다는 것을 말해 준다.

조기교육에서 언제나 우려되는 점은 아이의 놀이와 학습이다. 부모에 따라서는 아이가 놀게 되면 학습은 뒷전이 된다고 생각하여 불안하게 여기게 된다. 좋은 대학을 가야 하고 고수익을 올리는 안정된 직장을 가져야 한다는 조급함에 어린 나이 때부터 음악, 미술, 국어, 수학, 영어 등의 학습이라는 조기교육을 한다. 부모들은 초등학교에서 배운 '개미와 베짱이' 이야기에서 개미가 미래를 위해 열심히 노력한 결과 안정된 생활을 누릴 수 있는 것처럼, 우리 아이도 미래를 위해 개미와 같이 열심히 조기학습을 시키는 것이다. 이렇게 되면 부모는 안도감이 들게 되지만, 아이는 '어려운 것', '난 못해' 등을 먼저 인식하게 되는 등 여러 부작용을 초래하게 된다.

2) 학습과 놀이교육

요즈음 대부분 아이은 초등학교에 진학하기도 전에 미리 책을 읽고 영어를 배우며 구구단을 외우는 것으로 나타났다. 하지만 학업적 능력에 치중하는 이러한 방식의 조기교육은 많은 부작용만 초래할 수 있다는 게 전문가들의 공통된 견해이다. 발달의 결정적 시기에 맞는 교육이 행해지지 않음으로 인해 다양한 영역의 발달을 방해하여 불균형적인 발달이 이루어지며, 학습에 대한 흥미가 떨어지고 심리적으로 스트레스를 받게 되는 등의 부작용이 초래된다. 심지어 과도하게 학습하는 사교육이 아이의 창의력과 창의적 문제해결 능력, 스스로 하고자 하는 의욕과 동기를 떨어뜨려 부모의 기대와 달리 아이의 발달과 자신감 등을 저해한다. 만약 아이가 이러한 정신적 스트레스를 많이 받게 된다면 기억력이 떨어지고 사람을 피하거나 학습을 기피하는 증세가 나타날 수 있다. 이는 곧 부모와의 정서적 애착에 심각한 상처를 주게 되며, 아이의 자존감을 떨어뜨려 노력하면 할 수 있는 일에도 의욕을 잃는 일이 발생한다.

최근 학령기 전인 아이들이 과잉 조기학습과 관련된 스트레스로 인한 정신적인 문제를 가지고 소아정신과를 많이 찾고 있다고 한다. 심각한 점은 이러한 학습장애를 앓고 있는 아이들이 매년 증가하고 있다는 것이다. 아이의 뇌는 나이에 따라 발달 부위가 다른데 3~6세에는 창의적인 사고와 도덕성인 인성을 관장하는 전두엽이 발달하는 반면, 언어와 수학 기능과 관련된 측두엽은 7세가 넘어서야 발달이 본격화된다. 따라서 언어와 수학 같은 과목을 유아기부터 무리하게 공부시키게 되면 결국에는 미숙한 뇌를 강제로 작동하는 꼴이 되어 즐겁고 재미있는 것을 생각하는 아이에게 과도한 스트레스를 주게 되어 엉성한 뇌 회로망을 형성하면서 뇌 발달을 저해하고 여러 발달적·심리적·정신적 문제가 발생할 수 있기 때문이다. 많은 소아 정신의학 전문의들은 영유아에게 이루어지는 이러한 조기교육이 자칫 영재가 아닌 '발달장애아'로 만들 수 있다고 한다. 영재란 인간의 성장·발달을 위한 적절기에 이루어지는 알맞은 교육이 잘 성취되어 나타날 때 만들어지기 때문이다.

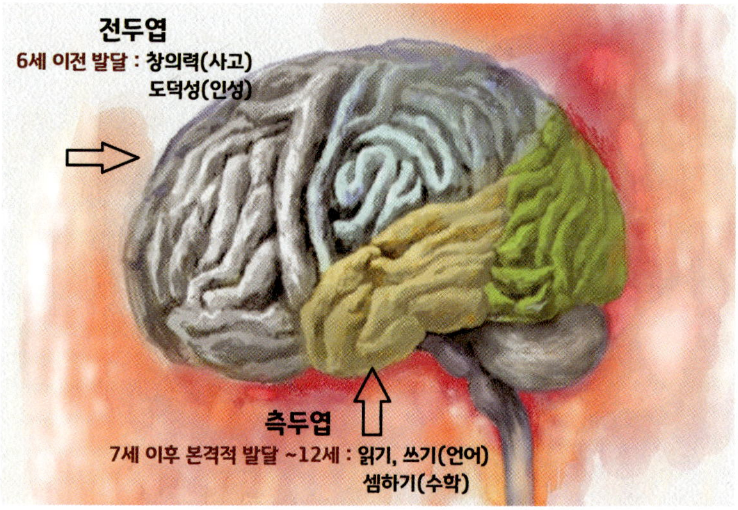

나이에 따른 뇌 발달

뇌 발달에 따른 적기 교육			
나이	적기 교육	뇌발달	설명
3세 이전	경험과 자극을 통한 오감발달	시냅스가 급격히 생성됨	시냅스가 급격히 생성되어 아이들이 최대한 많이 깨달을 수 있는 시기이다. 뇌가 전반적으로 골고루 발달하므로 어느 한쪽으로 편중된 교육은 도움이 되지 않는다. 사물을 조작하고 실험하는 체험교육과 칠하기, 만지기, 몸동작하기 등 다양한 경험 교육이 중요하다.
4세 ~ 6세	도덕성 인성 상상력 창의성	전두엽 (종합적인 사고 담당)	전두엽이 발달하는 시기로서 도덕성과 창의성이 발달하므로 부모와 아이가 많은 대화를 나누면서 놀아야 한다. 박물관, 동물원처럼 새로운 상황을 자주 접하여 호기심을 충족시키고, 다양한 경험과 자극으로 문제해결, 분석, 판단 등의 능력을 향상하며, 규칙 있는 놀이를 또래들과 함께하면서 사회성을 배워야 한다.
7세 ~ 12세	두정엽-과학 측두엽-언어	측두엽 (청각기능) 두정엽 (감각통합기능)	언어의 뇌인 측두엽이 발달하여 말하기, 읽기, 쓰기 등의 교육과 과학과 수학의 뇌로 불리는 두정엽이 발달하여 계산, 문제 이해, 논리적 사고, 공간 지각력 등의 교육이 적절하다.

따라서 유아기에 진정으로 필요한 것은 책상에 앉아 학습하는 것이 아니라 마음껏 놀게 하는 것으로 놀이를 통해 창의적인 사고와 도덕적 인성의 전두엽을 발달시키는 것이다. 아이들은 매일 자신이 하고 싶은 놀이를 생각하고 선택하며 계획한다. 아이들이 정해진 형식과 격식 없이 마음껏 소리 지르며 뛰어놀거나, 아이들과 함께 가위바위보로 술래를 정하여 놀이하거나, 왼쪽 아래 사진과 같이 '여우야 여우야 뭐 하니?'라는 전래놀이를 하거나, 서로 같이 손을 잡고 발을 맞대면서 함께 스트레칭을 하면서 정한 규칙과 방법대로 어울려 마음껏 놀다 보면 기분이 좋아져 즐거운 정서 만족이 생기게 된다(부정적 감정 해소, 정서적 안정, 정서발달).

전래동요 음악놀이 – 여우야 여우야 뭐하니?

다리 벌려 두 발을 서로 맞댄 후
들어 올려 스트레칭하기

상대에게 이기려 힘을 사용하거나 몸을 부딪쳐가며 마음껏 놀이할 때 뇌 활동과 몸, 다리 등이 서로 협응하게 되는 것처럼, 신체 간 협응력과 함께 체력이 좋아지면서 면역력이 자라게 된다(신체발달과 건강 생활). 또한, 아이들은 서로 정한 규칙 속에 마음껏 뛰어놀거나, 더 재미있게 놀기 위해 새로운 놀이규칙을 적용하거나, 놀이 가운데 부딪치는 다양한 문제를 해결하거나, 놀이를 더 즐겁고 재미있게 하면서도 놀이에서 이기기 위해 노력하게 된다. 이때 아이의 두뇌가 발달하여 학습 속도나 암기력이 빨라지게 되며, 아이의 숨겨진 상상력을 계발하게 된다(인지발달, 자신감 향상, 창의성과 창의적 문제해결 능력 향상). 그리고 마음껏 자기를 표현하면서 배려하고 타협할 줄 알게 되어 또래들과 원만하게 지내면서 사회적 활동을 즐기게 된다(자기 표현력 향상, 사회 관계성 발달).

이처럼 놀이가 주는 이로움은 끝이 없다. 아이는 놀이로써 세상을 알게 되고 자기를 표현하는 수단으로 삼아 발달에 필요한 전인적 발달을 이룬다. 즉 인지발달, 정서발달, 신체적 발달, 사회성 발달 등 사회의 한 인격체로서 필요한 모든 측면의 발달이 동시다발적으로 이루어지게 된다. 또한, 다양한 놀이를 통해 심리·사회적 발달도 이루어지는데 '엄마 아빠는 나를 재미있게 해 주고, 나를 사랑한다.'라는 부모에 대한 애착과 신뢰를 형성하며 놀이를 할수록 소통과 모방을 통해 공감할 줄 아는 인간관계의 기술이 향상되어 사회성 높은 아이로 자라게 된다.

지금까지 살펴본 것처럼 아이들에 있어 놀이야말로 아이의 무한한 잠재능력을 일깨울 수 있는 최고의 학습법이 된다. 규격화와 획일화가 없어 마음껏 뛰어놀며 마음껏 소리 지를 수 있는 자유 놀이, 자기의 생각을 마음껏 그리고 색칠하는 그림 그리기, 다양한 재료를 활용하여 작품을 만드는 조형 놀이, 타악기를 두드리거나 흔들면서 부르는 동요, 음악의 리듬과 노래에 맞춰서 하는 율동과 음악으로 하는 몸 놀이, 각자의 역할을 정한 뒤 자기의 생각을 대화로써 마음껏 표현하는 역할 놀이, 술래잡기, 잡기 놀이와 같이 함께 어울려 노는 놀이, '동동 동대문을 열어라' 같은 전래동요놀이. 제기차기와 같은 민속놀이, 공차기와 줄넘기 같은 체육활동, 읽은 책 내용으로 대화를 나누는 독서 활동, 창의성의 보고인 자연과 함께하는 놀이 등을 하며 재미있고 신나게 논다. 그러면서 공부는 하지 않는다. 이러한 놀이에서 가장 중요한 것은 반드시 아이가 놀이의 주체가 되어야 한다는 것이다. 그 이유는 그렇게 하는 것이 아이의 욕구나 발달에 적합하여 아이가 적극적으로 활동하기 때문이다. 이렇게 놀이에서 충분히 몰입할 수 있는 아이들은 7세 이후 인지적 학습을 할 때 몰입하는 집중력이 길러지고, 자기가 주도한 놀이에서의 성공 경험은 아이의 마음속에 만족감과 자신감이 생겨 다시 도전하고 싶어 하는 내적 동기와 의지력이 강한 아이가 되게 한다.

교육학자들의 실험에 의하면 4~5세에 읽기, 쓰기의 조기교육을 하였던 아이나 조기교육을 받지 않았던 아이나 7세 후반이 되면 읽기 쓰기에 대해서 성적이 똑같아진다는 결과를 얻었다고 한다. 이는 조기교육으로 학습을 열심히 시키더라도 별 소용이 없다는 것을 증명하는 것이 된다. 더구나 사람의 발달에 있어 가장 중요한 아이의 사회성 발달과 정서발달, 창의성 발달의 점수는 조기교육을 받았던 아이보다 놀이를 한 그룹이 훨씬 높았다고 한다. 결국, 조기교육이 필요하다는 것에는 누구나 공감하지만, 사람의 인생에서 가장 중요한 영유아기의 조기교육은 자율적인 체험으로 다양하게 경험하고 깨달아 왕성하고 치밀한 뇌신경회로망을 형성하게 하는 뇌발달과 전두엽의 발달에 맞춘 상상력과 창의성, 도덕성과 인성 교육이어야 한다는 것이다. 이를 위해 아이들은 부모와 함께 즐겁고 신나게 놀면서 상호소통하여야 하며, 풍부한 물리적 환경과 또래와의 정서적·심리적 관계를 통해 다양하게 경험하고 깨닫는 자극이 많아야 한다. 따라서 아이는 자기의 능력과 재능을 스스로 키우면서 자신의 인성을 다질 수 있어야 하며, 배려와 타협의 사회성으로 함께할 수 있어야 한다.

주제: 노력의 소중함(캔버스 위에 크레파스)

작품에서 왼쪽의 그림은 바위를 한 발 한 발 디뎌 힘겹게 정상을 향해 올라가는 모습을 그렸으며, 작품에서 오른쪽 산의 바위에 걸터앉은 사람은 잘하고 못하는 것은 능력이라는 생각으로 정장을 입고 편안히 앉아있는 모습을 그렸다. 작품에서 중간의 큰아이는 노력의 소중함을 아는 학습목표에 관심을 가지고 그렇게 실천하려는 의지를 크레파스로 표현하였다. 크레파스는 굵게 칠하여지는 속성상 세부묘사를 할 수 없어서 뾰족한 끌로 먼저 칠한 색을 하나씩 긁어내면서 표현하였다.

3. 능력이라는 고정형 사고방식과 노력이라는 성장형 사고방식

1) 동기(動機)

아이가 책을 읽거나 놀이를 한다고 할 때 그곳에는 책을 읽도록 하거나 놀이를 하도록 하는 동기가 있다. 사람들이 어떤 행동을 할 때는 그 행동을 유발하게 만드는 요인이 있는데 이를 '동기'라 한다. 동기는 '어떤 행동을 시작하도록 하고, 행동의 방향을 제시하며, 시작된 행동을 지속하게 만드는 정신적인 힘'을 말한다. 사람의 모든 자발적 행동은 이 동기 때문에 시작되고 지속하므로 모든 행동의 원천이 된다. 우리는 '목표를 향해 자발적인 노력을 끌어내 이를 계속 지속시켜 나가고자 하는 과정'을 동기부여라고 말한다. 동기가 높은 사람은 목표를 추구하는 과정이나 과제 수행에서 일어나는 어려움이나 실패, 좌절에 굴하지 않고 극복하기 때문에 동기가 낮은 사람보다 더 높은 성취를 이룬다. 전통적인 관점에서 학습 동기를 유발하는 방법은 내적 동기와 외적 동기로 나누어 양분한다. 그러나 사람의 동기를 이처럼 내, 외적인 이분법으로 구분하는 것에는 한계가 있어서 에드워드 데시(Edward Deci, 1942년~)와 리차드 라이언(Richard Ryan, 1953년~)에 의해 개인의 행동으로 스스로 동기부여가 되고 결정된다는 것에 초점을 두는 '자기 결정성 동기 이론'이 등장하였다. 이 이론 중 기본심리 욕구 이론에서는 자율성, 유능성, 관계성이 충족될 때 자기 결정성이 높은 내재적 동기가 촉진된다고 보았다.

동기에는 크게 내재적 동기(내적 동기), 외재적 동기(외적 동기)와 같이 상호 대립적인 양분화로 나눌 수 있다.

(1) 외재적 동기

음식, 돈, 칭찬스티커, 트로피, 상과 같은 환경적인 외재적 강화요인들로서 주로 무엇을 하면 무엇을 얻을 것이라는 행동 계약 때문에 발생한다. 어떤 일을 하고자 할 때 부모가 주는 외재적 동기에 의해 아이가 행동하게 된다면 처음에는 외재적 강화요인 때문에 최선의 노력을 다하지만, 시간이 지날수록 아이들은 그 활동을 충분히 즐기지 못하게 되어 학습자 내부의 동기를 감소시키게 된다. 심지어 보상이 주어지지 않으면 동기가 없어져 그 행동을 하지 않으려 한다.

(2) 내재적 동기

아이가 목적한 바를 달성하고자 하거나 과제를 수행하면서 느끼게 되는 즐거움이나 성취감과 같은 과제 자체가 제공하는 본질적인 보상으로 인해 생기는 동기이다. 일반적으로 내재적 동기는 외재적 동기보다 높은 동기를 가지게 되어 능동적으로 변하게 한다. 사람들의 내면에는 다른 사람의 강요나 구속 없이 스스로 생각하여 판단하거나 선택하는 자율성, 자신의 능력을 칭찬받고 인정받아 더 잘하고자 하는 유능성, 사람들과의 관계 속에서 칭찬받고 인정받으며 사랑받게 되는 관계성 등의 심리 사회적 욕구들이 있으므로 내재적 동기를 가지게 되고 경험하게 된다.

아이의 성장과 발달에는 내재적 동기가 매우 중요하므로 다음에서 그 내용에 대해 살펴보고자 한다.

(3) 내재적 동기가 생기는 원인

자기 결정이론에 따르면, 기본적이고 보편적인 내적·심리적 욕구 세 가지는 자율성, 유능성, 관계성이다.

내재적 동기

자율성
강요 없이 아이 스스로 생각하고 판단하여 행동할 수 있는 자유로운 상태로서 부모가 아이를 대하는 방식에 의해 결정된다.

유능성
다른 아이들보다 잘할 수 있다고 느끼는 능력으로 자신의 노력으로 성취하고자 하고, 자신의 능력을 인정받고자 하며, 가치 있는 일을 하고자 하는 데서 비롯된다.

관계성
다른 사람들과 의미 있는 관계로 연결되어 있다고 느끼고 안정적 조화를 이루는 것으로 다른 사람으로부터 칭찬받고 사랑받으며 인정받게 되었을 때 가능하다.

자율성이 생기는 원인
- 어떤 일에 흥미와 호기심을 가지게 될 때
- 자신의 행동을 돌아보면서 깨닫게 되어 스스로 행동을 수정하거나 강화하고자 할 때
- 일어날 일에 대해 자기의 생각으로 계획하고 선택하여 결정할 때

유능성이 생기는 원인
- 노력하면 성취할 수 있을 정도의 적절하게 어려운 과제를 수행할 때
- 자신의 노력으로 부딪치는 문제를 해결하여 성취 경험이 생겼거나 이러한 성취 경험을 반복할 때

관계성이 생기는 원인
- 주변 사람에게 자신의 말과 행동이 존중받거나 인정받게 되었을 때
- 수용적인 인정이나 지지를 얻었을 때
- 자신의 말과 행동이 주변의 분위기를 좋게 하였거나 영향력을 행사하였을 때

내재적 동기의 기원

① 자율성

자율성은 자신의 행동이나 일어날 일에 대하여 스스로 계획하고 결정하는 것을 말한다. 아이의 자율성은 부모나 주변 사람들에 의해 이렇게 해야 한다는 식으로 강요나 압박을 받지 않고, 허용된 분위기에서 자기의 생각으로 판단하거나 선택하여 결정하는 자유로운 상태에서 생긴다. 또한, 어떤 일에 흥미와 호기심이 생기게 되어 스스로 하고자 하거나, 자신의 행동이나 결과를 되돌아보면서 깨닫게 되어 스스로 행동을 수정하고자 하거나 행동을 강화하고자 할 때 자율성을 가진 내적 동기가 생기게 된다. 아이들의 자율적 동기는 해결해야 할 과

제에 대해 '부모들이 아이를 어떻게 대했느냐?'에 따라 달라진다. 아이의 행동을 불안하게 생각하거나, 실수할까 봐 염려하는 등 앞선 걱정으로 부모가 개입하여 과제의 해결을 도와주게 되면 아이들은 과제 완성에 대한 흥미를 잃어버리고 새로운 과제에 흥미를 느끼지 못한다. 즉 아이는 누군가의 개입이나 도움받아서 일한 것으로 생각하게 된다면 그것은 다음 과제의 흥미와 동기에 도움을 주지 못하게 된다. 그러나 부모로부터 자신의 자율성을 보장받은 아이는 책임감에 의해 자기 주도로써 과제를 수행하고자 하고 완성하려 하며, 다음의 새로운 과제에도 흥미를 느끼고 다시 도전하고자 하는 동기를 보여 주게 된다.

② 유능성

유능성은 자신의 능력을 발휘하고 효율적으로 행동하려는 욕구로서 행위과정을 통해 자신이 유능하다고 느끼는 지각에 의한 것이다. 누구나 자신의 노력으로 성취하고 싶어 하고, 자기의 능력을 인정받고 싶어 하며, 가치 있는 일을 하고 싶어 하는 데서 유능성은 비롯된다. 이러한 유능성의 근본은 자신의 노력으로 이루어낸 성취 경험으로 다른 아이들보다 잘할 수 있다는 자신감을 가지는 것이다. 이를 위해 아이들은 너무 어렵거나 쉬운 과제가 아니라 자신의 수준에 맞는 과제를 수행함으로써 자신의 유능함을 지각하고 싶어 한다. 아이는 자신이 하고자 하는 일로써 과제 수행에 몰입하게 되면, 문제해결에 모든 정신을 집중하게 되므로 성취 경험을 가지게 된다. 이러한 성취경험은 만족감과 자신감을 향상하고 이러한 만족감의 유능성은 동기가 되어 다시 성취 경험을 반복하고 싶게 한다. 여기에다 부모나 교사 등 주변 사람의 관심과 칭찬을 받게 되면 아이는 더욱 동기를 강화하게 된다. 이와 같은 성공의 경험과 칭찬은 개인 혼자가 아닌 사회적 환경과 상호 작용할 때 유능성으로 충족된다. 아이가 유능함을 표현할 수 있도록 부모는 아이의 자율성 허용과 노력하면 성취할 수 있는 과제, 긍정적 피드백이 있어야 하며, 아이의 경험과 노력으로 스스로 문제를 해결할 수 있도록 믿고 기다려 주어야 한다.

③ 관계성

관계성은 다른 사람들과 의미 있는 관계로 연결되어 있다고 느끼고 안정적 조화를 이루기 위해 노력하는 것으로 다른 사람들과 친밀한 정서적 유대감을 가지려 하는 욕구이다. 이러한 욕구를 만족시킬 수 있는 사람에게는 자연히 가까워지게 되고 그렇지 않은 사람으로부터는 점점 멀어지게 된다. 따라서 관계성은 이익을 위해서 다른 사람에게 이기려 하거나 앞서기 위해서 경쟁하는 것이 아니라 서로 의미 있는 관계를 맺고 안정된 관계를 획득하고자 하는 것이다. 그러므로 사람들은 다른 사람들과 친밀한 관계를 맺고 유지하기를 원하며, 그 속에서 자신의 가치를 인정받고 싶고 가치 있게 여겨지기를 원한다. 이러한 관계성은 다른 사람들과의 상호작용에서 서로 관심을 가지고 배려해 주는 관계의 질에 의해 안정적이고 장기적인 관계로 발전하게 된다.

아이들은 주변 사람에게 자신의 말과 행동이 수용되어 존중받거나 인정받게 되면 다시 또 그렇게 하고자 하는 동기를 가지게 된다. 또한, 아이는 다른 아이들이 좋아하여 수용적인 인정이나 지지를 얻게 되면 안정적 조화를 이루며 긍정적인 인간관계를 형성하기 위한 동기를 강화하게 된다. 그뿐만 아니라 '자신의 말과 행동이 주변의 분위기를 좋게 하거나 영향력을 행사할 수 있다.'라는 자신감이 들게 되면 좋은 기분으로써 동기를 불러일으키게 된다. 사람은 누구나 주변을 스스로 통제하고 싶어 하고, 그 환경이 자신으로 인해 변화되는 것을 체험하고 싶어 하기 때문이다. 그리고 또래와의 관계성에 의해 어떤 능력에 다다르기 위해 노력할 때도 동기가 생긴다. 가령 학교 체육 시간에 줄넘기 시합을 하였을 때, 반 친구 대부분이 줄넘기를 잘하였지만 나만 못한 것 같아 속상하다면 주말에 아빠와 함께 열심히 줄넘기 연습을 하는 것을 예로 들 수 있다.

(4) 보상이 동기에 미치는 영향

아이들의 동기를 조절하기 위해서 가장 쉬우면서도 효과적인 방법이 보상이다. 보상을 얻게 되면 다시 또 그렇게 하고자 하는 동기를 가질 수 있기 때문이다. 보상의 원리를 잘 활용하면 동기를 가지게 하여 부모가 바라는 행동을 쉽게 유도할 수 있으며, 아이의 발달에 도움을 줄 수 있는 행동을 하게 하여 기쁨과 만족, 자신감을 쉽게 끌어낼 수 있다. 보상은 때때로 성취를 위한 어떤 강력한 동기가 되거나 효율적인 힘이 되어 문제해결 능력을 향상하고 정서적인 만족과 개인의 자존감을 높여 줄 수도 있다. 그러나 잘못된 보상은 자기의 일인데도 불구하고 보상을 주는 사람을 위해 한다는 비합리적 사고를 가지게 하거나 아이 스스로 하고자 하는 내적 동기를 저해할 수 있다. 그러므로 보상은 자신의 행동에 대한 자율성을 저해하지 않아야 하고 자신의 자존감 향상에 긍정적 역할을 하도록 하여 동기를 유발할 수 있어야 한다. 따라서 보상은 어떻게 사용하는가가 매우 중요하다.

① 유형적 보상(외적 보상)과 무형적 보상(내적 보상)

보상에는 우리가 보고, 만지고 할 수 있는 것으로 상품권, 음식, 선물, 돈, 상장과 같은 유형적 보상과 언어적이고 상징적이며 추상적인 인정과 칭찬, 긍정적 피드백 같은 무형적 보상으로 나눌 수 있다. 부모나 교사들은 아이들에게 스티커를 주거나 나중에 선물로 교환할 수 있는 칭찬 표를 줌으로써 동기를 유발하고자 하는 경우가 종종 있다. 이러한 외적 보상에는 선지급제 방식이 있고 후지급제 방식이 있다. 선지급제 방식은 "네가 좋아하는 아이스크림 줄 테니 이 책 다 읽어야 해"라고 보상을 먼저 주면서 협상하게 되는 것을 말하며, 후지급제 방식은 "이 책 다 읽고 난 뒤 아이스크림 먹자."와 같이 먼저 해야 할 것을 다 한 후 그다음에 보상을 주는 것을 말한다. 아이들에게 외적 보상을 주고자 할 때는 후지급제 방식이 더 유용하다. 만약 선지급제 방식이 된다면 "엄마, 일주일 동안 내 방 청소 다 할 테니까 스마트폰 사주면 안 돼?"라고 아이는 협상을 하면서 보상을 받으려 하기 때문이다.

그러나 중요한 것은 이러한 외적 보상이 시간이 지날수록 부모나 교사의 기대나 의도대로 동기를 높여 주지 않는다는 것이다. 외적 보상은 "이번에 점수가 오르면 뭐 해 주실 거예요?"라는 반응만 이끌어낼 뿐이며 이는 아이 스스로 성취하고자 하는 내적 동기를 떨어뜨려 성과를 감소시키며, 당장 만족의 근시안적 생각을 촉진한다. 왜냐하면, 내가 이 일을 하는 이유가 '나에게 쿠폰을 주기 때문에, 선물을 주기 때문에'라는 '보상'에 초점이 맞추어져 있기 때문이다. 가령 학령기 아이에게 '공부 다 하면 네가 하고 싶어 하는 것을 하도록 해 줄게.'라고 약속한 뒤 공부를 다 했을 때 약속한 보상을 주게 되면, 아이는 여전히 스스로 공부하지 않는다. 그 이유는 '그것은 부모를 위해서 하는 것이고 그렇게 하려면 당연히 나에게 대가를 치러야 한다.'라고 여기게 되기 때문이다. 또한, 미술대회에서 입상하게 되면 포상을 받게 된다고 하였을 때, 아이는 그림을 그리는 행위 자체가 주는 만족감이나 몰입하여 작품을 완성한 성취감이라는 기쁨을 포상이라는 조건이 가로막는 결과를 가져온다. 이처럼 외적 보상은 아이의 행위를 유인하는 역할은 할 수 있지만, 아이가 과제에서 흥미를 느끼게 하지 못하고 보상으로 돌아가게 하는 잘못된 사고의 과정 때문에 과제 자체가 주는 흥미와 호기심, 만족도가 사라지게 되어 내적 동기를 훼손하는 결과를 가져오게 한다.

내적 보상은 칭찬과 인정, 긍정적 피드백과 같이 아이 스스로가 느끼는 긍정적 감정을 말한다. 내적 보상은 아이가 자발적이고 자기 주도적으로 과제에 임하도록 하며 과제 자체에 흥미와 즐거움에 빠져들게 한다. 가령, 아이 스스로가 정한 목표를 달성하였다면 아이는 뿌듯한 성취감을 느끼게 된다. 이러한 성취감의 만족은 뇌에 좋은 기억으로 남아 유능성으로써 내재적 동기를 강화하게 되는데 이렇게 성취감을 느끼도록 하는 원동력이 바로 부모의 인정이나 칭찬, 긍정적 피드백의 내적 보상이다. 부모의 내적 보상은 그 일을 해야 하는 의미에 대해 충분히 인지하게 하므로 굳이 외적 보상이 없어도 스스로 할 수 있게 된다. 따라서 아이들은 내적 보상을 먹고 자란다고 할 수 있다. 창의성에 관하여서도 마찬가지이다. 창의성은 재미와 흥미를 느껴 도전할 때 높게 나타나기 때문에 무형적 보상은 동기를 증가시켜 아이의 창의성을 증진하지만 반면에 상품권이나 현금과 같은 유형적 보상은 오히려 아이들의 동기를 낮추어 창의성을 저하한다. 창의성은 행위 자체에 재미와 흥미를 느껴 도전할 때 높게 나타나기 때문이다. 보상을 받기 위해 하는 행동은 창의성을 발휘하는 즐거움보다는 '일'에 가까워지게 한다.

② 필요한 아이의 보상

외적 보상은 그 효과가 즉각적이고 정확하여 부모가 바라는 대로 아이의 행동을 쉽게 유도할 수 있다. 그러나 외적 보상이 아무리 동기에 좋다고 하더라도 아이의 마음까지 바꾸지는 못한다. 즉 좋아하는 것을 주게 되면 책을 읽게 할 순 있어도 책 읽는 것을 좋아하게 하도록 하는 내적 동기는 줄 수 없기 때문이다. 그렇다고 해서 외적 보상이 필요 없는 것은 아니다. 아이들이 무엇을 하고자 할 때 초기 단계의 동기를 강화하거나, 중간에 아이들이 흥미를 잃어버리지 않도록 동기를 지속시켜 주고자 할 때는 유용하게 활용될 수 있다. 따라서 아이의 내적 동기 강화를 위해서 필요에 따라서는 외적 보상과 내적 보상을 적절히 혼합하여 사용하는 것이 효과적으로 된다.

아이의 학습과 성취경험에는 자발적이고 자기 주도적인 내적 동기가 중요하지만 배우고 익혀야 하는 힘든 순간에 이것을 이겨내고 학습으로 이어지기 위해서는 격려와 칭찬, 인정의 내적 보상이 필요하다. 그리고 중간중간 상품권, 선물, 현금과 같은 최소한의 외적 보상을 주게 되면 더욱 효과적으로 된다. 가령 자기 방 청소를 전혀 하지 않는 아이에게 "네가 방 청소를 할 때마다 천 원으로 계산해서 문화 상품권을 주겠다."라고 부모가 약속하였다고 하면 아이가 청소하고자 하는 동기를 이끌어내는 데는 외적 보상이 훌륭한 역할을 하게 된다. 그러나 방 청소를 할 때마다 천 원을 계산하였는데 나중에 그 돈만큼의 문화 상품권을 받지 못하게 된다면 더는 청소하지 않게 되며, 과제 자체가 주는 즐거움과 필요성을 깨닫지 못하게 된다. 그러므로 처음에는 외적 보상으로 접근하여 아이가 방 청소를 하게 한 다음 점점 칭찬과 긍정적 피드백 등의 내적 보상을 주어 '방 청소를 스스로 다 했다.'라는 내적 즐거움과 성취감에 빠져들게 하여야 한다. 그리고 방 청소 중간에 과제 성취를 위한 아이의 노력에 관해 음식이나 선물 같은 외적 보상을 주어 격려하는 것이다.

(5) 동기가 부족한 아이

사람의 행동을 일으키게 하는 근원적인 힘은 동기에서 나타난다. 어떤 아이는 자신감과 의욕이 넘쳐 어려운 일에도 해낼 수 있다는 동기를 가지고 자기의 일을 적극적으로 수행한다. 그러나 어떤 아이는 자신감과 의욕이 부족하여, 자신이 할 수 있는 능력보다 낮게 바라보고 과제를 회피하거나 못 한다는 생각으로 먼저 포기하는 태도를 보인다. 또한, "우리 아이가 학교에 가서 공부하라고 하니까 그냥 하는 것 같고, 특별활동을 해보라고 하니까 하긴 하는데 의욕이 보이지 않고, 방과 후 수업에도 적극성이 없어 보이며, 물어도 대답도 별로 없다."라고 한다면 이는 모두 동기가 부족하여 무기력한 상태를 보이기 때문이다. 이처럼 동기가 부족하면 자기의 일에 자발적이지 못하고 적극적이지 못하여 무기력하게 반응한다. 이러한 이유에 대해서는 다음의 원인을 생각해 보아야 한다.

① 부모가 아이를 대하는 방식에 따른 아이의 반응

요즈음은 각 가정에 자식이 한두 명 정도밖에 되지 않다 보니 아이에게 과잉보호, 과잉 개입하는 부모들이 많아졌다. 이는 아이를 어릴 때부터 많이 도와주고 많이 가르쳐 주면 잘할 것이라는 잘못된 양육 생각과 앞선 걱정, 안전에 대한 지나친 염려, 부모 우선의 생활로 인한 아이에 대한 미안함 등 여러 이유로 부모는 자녀를 지나치게 보호하려 하고 아이 문제에 개입하여 해결해 주려 한다. 그러다 보니 아이는 자율성이나 자기 주도적 독립심을 가지지 못한 채 조금만 어려워도 쉽게 포기하여 동기가 부족하게 된다. 또한, 부모가 아이의 능력에 비해 지나치게 높은 기대를 하게 되면 목표는 언제나 달성할 수 없는 것이 되어 실패의 두려움에 의해 자신감이 부족하고 성취하고자 하는 동기가 낮아진다.

따라서 지나치게 높거나 완벽한 기대는 아이에게 지나친 압력이어서 자신감을 심어 주는 것이 아니라 오히려 낮은 자존감 속에 아이에게 좌절의 경험을 심어 주게 된다. 더군다나 부모가 권위적이고 엄격한 태도로 아이를 조종하려 하면 아이의 무기력한 상태가 심화되거나 반항적인 청소년으로 성장하여 더 큰 문제가 생기게 된다. 그리고 "너 하고 싶은 대로 해라."라며 아이에 대한 낮은 기대와 무관심한 태도는 아이로서는 "부모님은 나에게 별로 기대하지 않는다."라고 받아들여져 성취에 대한 동기가 부족하여 노력을 게을리하게 된다. 더구나 부모가 아이에 대해 무관심하게 되면 아이와의 대화 자체가 부족하여 잘하고 싶고 해내고 싶다는 성취동기가 발달하지 못하게 된다. 또 다른 요인으로는 부모가 지나치게 허용적이어서 해야 할 것과 하지 말아야 할 것을 구별하여 주지 않고 아이가 원하는 대로 분별없이 들어주거나 버릇없는 행동도 허용하였기 때문이다. 이는 어려움 속에서 열심히 노력하여 성취하거나 힘든 환경을 극복하는 경험 등이 부족하여 나태하고 이기적이며 버릇없게 되는 경우가 많다. 그리고 가족 혹은 부부간의 갈등으로 가족 안에 심각한 문제가 지속되어 장기화하면 아이는 희망이 없다고 느끼면서 부정적 가치관이 생겨 학교생활이나 학업 성취에 동기가 자라지 못한다.

② 아이의 낮은 자존감

자존감이 높은 사람이란 자기 자신을 소중하게 생각하며 높은 동기로써 어떤 성과를 이루어낼 유능성을 가진 사람이다. 아이는 사회 관계적 욕구로써 자존감을 높이려 하지만 부모가 아이를 대하는 방식과 주변 환경에 의해 자존감은 상처를 받게 된다. 정서적 불안정, 실패 경험의 반복에 의한 무기력감, 부모와의 갈등, 가치관의 혼란 등은 아이에게 낮은 자존감을 형성하게 한다. 이는 아이에게 자신감을 부족하게 하고 자기 가치를 소중히 여길 줄 모르게 하여 적극적으로 자기주장을 못 하거나, 의욕이 없어 쉽게 체념하거나, 의존과 자기 증오가 늘어 동기 부족을 보이게 한다.

③ 좋지 않은 교육환경

아이들은 평일 낮 동안의 오랜 시간을 어린이집, 유치원, 학교 등에서 또래나 교사와 관계 맺으며 학습환경이 조성된다. 그러므로 이곳에서 또래 관계나 학습환경이 문제가 될 때도 아이의 동기는 부족해지게 된다. 부모나 교사와의 정서적 애착이 잘 형성된 아이들은, 그들이 아이가 앞으로 나아갈 수 있도록 활력을 주면서도 안전하게 보호해 주는 든든한 울타리가 되어 주므로 아이는 자신의 일을 스스로 노력하여 성취하고자 하고 상호소통으로 또래 관계를 증진하여 동기가 활성화된다. 그러나 부모나 교사와의 정서적 애착이 배제된 채 장시간 또래와 지내는 아이이거나, 교사 대 아이들의 비율이 높아 또래 아이들끼리 서로 관계를 맺으며 지내는 아이들은 불안정한 생활을 할 수 있어 동기가 낮아지게 된다. 또래들은 부모나 교사처럼 사랑과 희생의 마음이 빠진 채 자기의 감정과 욕구를 우선하기 때문에 다툼이 잦고, 또래 관계에서 힘센 아이나 능력 있는 아이 등이 영향력을 행사하면서 그렇지 않은 아이를 조종하려 하기 때문이다. 그러다 보면 유행어 습득, 욕설 등 또래들과의 부정적인 말과 행동이 늘어나게 된다. 초등학교 고학년부터는 점점 무표정한 얼굴로 부모와 말을 잘 하지 않으려 하거나 말대꾸가 늘어나고 불만족인 얼굴로 부모의 지시에 거부하는 등의 저항의지를 나타내며, 학습이나 과제의 어려움을 극복하고 성취하고자 하는 동기가 부족해진다.

따라서 교육환경에서 아이에 대한 동기부여와 바른 인성 형성에 있어서 교사의 역할은 아무리 강조해도 지나치지 않는다. 아무리 학습을 잘 가르치는 뛰어난 교사라도 아이의 말을 들어 주고 공감하기보다 자신의 의도대로만 아이를 지도하는 것은 교사가 계획한 교육 목적은 달성할 수 있으나 아이의 발달에는 부정적 영향을 주게 된다. 또한, 아이들과의 정서적 애착과 소통이 부족하여 학습지도 외에 아이와 아이들과의 관계에 무관심하거나 아이를 혼내면서 부정적 피드백을 주게 되면, 아이들은 점점 또래와 애착을 두면서 부정적 행동이 증가하고 자기의 일을 의욕적으로 하고자 하는 동기가 부족하게 된다.

태어나면서부터 동기 없는 아이는 없으며, 아이는 강한 동기로써 스스로 성취하며 문제를 헤쳐나가려 하는 경향이 있다. 그러나 이율배반적이게도 동기는 가장 가까운 사람과 환경에 의해서 위축되게 된다. 따라서 아이들에게 동기를 향상하는 것은 어디까지나 아이를 대하는 주변 어른들의 몫인 것이다.

2) 고정형 사고관과 성장형 사고관

아이는 성장 과정에서 많은 도전을 하게 되고 그 도전에서 성공하기도 하고 실패하기도 한다. 어떤 아이들은 실패의 경험 후 주저앉아 일어나지 못하는가 하면 어떤 아이들은 실패에서 더욱 노력하여 다시 성취하려 한다. 그렇다면 실수나 실패, 좌절에서 포기하는 아이들이 있는가 하면, 더욱 노력하여 성취하려는 아이들이 있는데 이러한 차이점이 나타나는 원인은 무엇 때문일까? 보편적으로는 실수나 실패에 쉽게 포기하는 자존감이 저하된 아이와 실수나 실패에도 굴하지 않고 거기에서 교훈을 얻어 같은 실수나 실패를 되풀이하지 않으려 하는 자존감 높은 아이로 구분하여 말할 수 있다. 그러나 그것의 근본은 사고방식의 차이에서 발생한다. 잘하고 못하는 것은 '노력'에 달렸다는 학습 자체의 목표인 성장형 사고방식을 가지고 있거나, 그것은 '능력'이라고 생각하는 평가목표의 고정형 사고방식에 사로잡혀 있기 때문이다. 이에 대한 자세한 내용은 다음과 같다.

(1) 칭찬의 긍정적 효과와 부정적 효과

'아이들의 자신감을 키워 주기 위해서는 칭찬을 많이 해야 한다.'라면서 칭찬의 강점을 이야기하는 사람이 있는가 하면 칭찬의 문제점을 우려하여 그 부작용을 지적하는 사람도 있다. 칭찬의 긍정적 효과를 말해 주는 대표적인 이론으로는 로젠탈 효과(Rosenthal Effect)가 있다. 1968년, 미국 하버드대학교 사회심리학과 교수인 로버트 로젠탈(Robert Rosenthal)은 미국 샌프란시스코의 한 초등학교에서 전교생을 대상으로 지능검사를 한 후 검사 결과와 관계없이 무작위로 한 반에서 20%의 학생들을 뽑아 그 명단을 담임 선생님들에게 주면서 "이 아이들은 특별히 IQ가 높으니 학업 성취의 향상 가능성이 매우 높을 것이다."라고 말하며 믿게끔 하였다. 물론 이 명단은 무작위로 뽑은 것이었기 때문에 실제는 그렇지 않았다. 그로부터 8개월이 지난 후 지난번과 같은 내용의 지능검사를 다시 하였더니, 놀랍게도 20%에 속했던 학생들은 그렇지 않은 학생들보다 평균 점수가 높게 나왔을 뿐만 아니라 학교 성적도 크게 향상되었다(정성훈, 2011, 사람을 움직이는 100가지 심리법칙, 케이앤제이, 10). 이는 교사의 기대와 격려, 칭찬이 힘이 됐기 때문이다. 따라서 이 연구는 교사가 학생에게 거는 기대와 믿음, 칭찬은 실제로도 학생의 성적 향상에 영향을 미친다는 것을 입증한 것이다. 따라서 부모나 교사가 아이를 존중해 주고 긍정적인 기대를 하면서 칭찬하게 되면 아이는 그 사람의 기대에 부응하는 쪽으로 결실을 이루게 된다.

그러나 칭찬이 이처럼 자신감과 학습능력을 향상한다는 보편적인 사실과는 달리 아이의 능력에 대한 잘못된 칭찬이 오히려 아이들의 학습 의욕을 떨어뜨리고 여러 부작용을 낳는다는 연구결과도 있다. 스탠퍼드대학교 심리학과의 캐럴 드웩(Carol S. Dweck, 1946~현재) 교수와 컬럼비아대 연구팀이 10년 동안 뉴욕의 20개 초등학교 5학년 학생들을 대상으로 칭찬의 효과를 다양한 각도에서 연구하기 위해 연속실험하였다. 우선, 아이들에게 아주 쉬운 퍼즐 문제를 풀게 한 뒤 연구자들은 한쪽 집단엔 똑똑하다는 재능 칭찬을, 또 다른 집단에는 열심히 했다는 노력에 대해 칭찬하여 두 그룹으로 구분하였다. 그다음 실험에서는 첫 실험이었던 퍼즐 문제와 비슷한 쉬운 문제와 더 어려운 문제 중 하나를 선택하게 하는 난이도 선택 문제지를 고를 수 있게 하였다. 두 그룹의 실험 결과는 이때 극명하게 갈라졌다. 노력을 칭찬받은 그룹의 아이들은 90%가 더 어려운 문제를 택하여 도전하려 하였으나 지능을 칭찬받은 그룹의 아이들은 대부분 쉬운 문제를 택하여 새롭게 도전하기보다 자신의 능력을 나타낼 수 있는 과거의 안전지대에 머무르고자 한 것이었다. 아이에게 지능이나 능력을 칭찬하게 되면 아이는 자신이 도전해야 할 과제가 학습 성취에 있는 것이 아니라 '똑똑하게 보이기'가 되므로 모험에 나서지 않는 것이다. 세 번째 실험에서는 중학교 1학년 수준의 어려운 문제를 주어 시험을 치렀다. 노력에 대해 칭찬받은 아이들은 어려운 문제를 반겼고 굉장히 깊이 있게 몰두하였지만 똑똑하다고 칭찬받은 아이들은 낙담하고 실망하였다. 마지막 실험에서는 첫 시험만큼 쉬운 문제를 내 주고는 그 성적을 비교하여 보았다. 노력을 칭찬받은 그룹의 아이들은 첫 시험보다 30% 정도 성적이 올랐으나, 능력을 칭찬받은 아이들은 첫 시험보다 20% 정도 성적이 하락하였다. 그리고 아이들에게 직접 성적표를 작성하게 하여서 도덕성 실험을 하였는데 여기에서는 더 놀라운 차이점이 나타났다. 능력을 칭찬받은 그룹의 아이들의 40%가 자신의 점수를 부풀리는 거짓말을 한 것이다. 반면 노력을 칭찬받은 그룹의 아이들은 거짓말을 거의 하지 않았다(SBS 스페셜, 2014. 02., 작심 1만시간).

아이들은 발달 단계상 칭찬을 먹으면서 자라고 칭찬으로 고래를 춤추게 할 수도 있지만, 잘못된 능력에 관한 칭찬은 오히려 춤추고자 하는 아이의 의욕을 떨어뜨리고 먹은 칭찬이 아이의 자신감과 동기를 부족하게 만든다. 노력의 소중함을 강조하는 칭찬은 아이 스스로 성공의 길을 달리게 하지만, 타고난 지적 능력을 강조하면 이 연구가 보여 주었듯이 오히려 도전 의지, 도덕성, 자신감 모두를 떨어뜨려 성공의 길과는 멀어진다. 이는 반복된 실험을 통해 확인하였으며 취학 전 아이들도 칭찬의 역효과는 비슷하였다. 따라서 우리 아이에게 부모나 교사가 '똑똑한 아이', '능력 있는 아이', '공부 잘하는 아이'라는 칭찬으로 가득한 딱지를 붙이게 된다면, 아이는 비합리적 사고와 학력 부진 속에 어려움이나 힘겨움에서 일어서려는 도전 의지가 점점 부족해지게 된다.

(2) 고정형 사고관인 평가목표와 성장형 사고관인 학습목표

캐럴 드웩(Carol S. Dweck) 교수는 "학교처럼 성취가 중요한 상황에서 아이들이 가질 수 있는 서로 다른 두 가지 형태의 목표로 '평가목표'와 '학습목표'가 있다"라고 하였으며, "평가목표는 자신의 능력을 증명해 보이고 얼마나 똑똑한지를 나타내고자 하는 것이고, 학습목표는 새로운 것을 배우고 싶어 하고, 도전을 통해서 완전히 익히려고 하는 것"이라고 정의하였다. 따라서 평가목표와 학습목표는 완수하거나 완성하는 성취와 관련된 상황에서 아이들이 가질 수 있는 서로 다른 두 가지 형태의 목표가 된다. 평가목표를 가진 아이는 '얼마나 똑똑한지', '얼마나 잘하는지' 자신의 능력을 증명해 보여 주려 한다. 따라서 평가목표를 가진 아이들은 '실패는 내가 능력이 없다는 걸 증명하는 것'으로 생각하기 때문에 눈에 띄게 자신감을 잃고 수행능력도 떨어진다. 학습목표는 새로운 것을 배우는 것에 초점을 두므로 도전을 통한 노력으로 익히고 깨닫게 된다. 학습목표를 가진 아이는 '실패도 자연스러운 배움의 과정으로 생각하여 원인을 찾아 노력하면 된다.'라고 생각하여 용기를 잃지 않고 자신의 능력을 향상한다.

아이들에겐 노력이라는 학습목표가 소중함에도 아이들을 둘러싸고 있는 환경에서의 대부분 부모는 아이들에게 "몇 점 받았니?", "몇 등 하였니?" 등을 물으면서 점수나 석차를 통해 끊임없이 남과의 비교 경쟁을 부추긴다. 심지어 아이가 좋은 점수를 받아 왔음에도 "모두 몇 명이 그 점수를 받았니?", "너 말고 이 문제를 푼 아이는 몇 명 있었니?" 등을 물으며 끊임없이 비교 우위를 요구한다. 이처럼 평가목표를 만드는 환경에서는 학습 그 자체가 주는 즐거움은 없어지고 아이 스스로 능력을 발전시킬 기회를 포기하게 만든다. 또한, 부모들은 우리 아이가 다른 아이들보다 뛰어난 면이 있다고 하면 '똑똑하다.', '잘한다.', '천재다.'라고 하면서 평가목표를 자랑하고 다닌다. 이렇게 평가목표를 전달받거나 칭찬받은 아이들은 잘하다가도 한번 곤경에 빠지면 헤어나지 못하거나, 학년이 올라갈수록 점점 하강 곡선을 그리며 능력이 떨어지기 시작한다. 그 이유는 어려움이나 곤경에 빠지는 것은 자기 능력 부족이라는 생각을 하기 때문이며 학년이 올라갈수록 공부가 어려워져 자신의 능력에 대해 걱정하면서도 노력을 소홀히 하기 때문이다. 이에 대해 캐럴 드웩(Carol S. Dweck) 교수는 "평가목표를 가진 아이들의 실패는 자기 자신에 대해 능력이 없는 것으로 받아들이기 때문에 좌절하게 된다."라고 하였다.

반면 "다음에 또 이런 일이 생긴다면 어떻게 해야 할까? 이 부분에서 이런 표현을 하다니 놀라운 걸, 힘든데도 노력하더니 드디어 해냈구나!, 지난번보다 더 노력하였다는 것에 대견하게 생각한다."와 같이 구체적 과정에 대한 상황과 그 과정에서 잘한 것, 열심히 노력한 것 등 노력과 도전의 의미를 되새겨 주어 칭찬받은 아이들은 대부분 어려워도 새로운 것을 배워 보겠다는 학습목표를 갖게 된다. 따라서 아이가 실패와 좌절 앞에서 당당하게 성공의 길을 달리길 원한다면, 아이의 마음속에 학습목표의 가치를 새겨 주어야 한다.

(3) 평가목표와 학습목표의 차이점

모든 아이는 고정형 사고관인 평가목표적인 요소와 성장형 사고관인 학습목표적 요소를 모두 가지고 있지만, 주된 성향에 따라 학습 형태가 달라진다. 모든 부모는 아이가 열심히 공부하여 좋은 학교에 가길 바라고, 아이의 목표가 성취되길 바라며, 실패와 좌절에서 딛고 일어나 성공의 길을 달리는 아이로 자라게 하고 싶어 한다. 그러나 그 해법은 의외로 단순할 수 있다. 시험에서의 점수나 순위, 평가, 경쟁이 지나치게 강조되는 평가 지향적 사회에서 아이의 '공부하는 힘', '성취하는 힘'의 상당한 부분은 일상에서 하는 부모의 말에서 좌우되기 때문이다. 반복되는 부모의 말은 뇌에 저장되어 아이의 정서와 인지, 행동에 평생 영향을 주게 된다. 부모의 말에 의해 노력의 소중함을 알고, 자신의 의지로써 선택하게 하며, 스스로 목표를 세워 도전하여, 성취와 실패의 과정을 통해 배우는 아이로 성장한다. "넌 할 수 있어. 어떻게 그런 생각을 다 했어. 난 너를 믿는단다. 어떻게 하면 좋을까? 오늘 했던 일 중에서 잘했다고 생각이 드는 것은 뭐니? 스스로 성취했거나 실수나 실패한 일은 없니? 지난번에는 못했는데 오늘 할 수 있게 된 것은 있니? 노력하는 너를 보니 대견하구나! 실패에서 무엇을 배웠느냐가 중요하단다." 그리고 주어진 과제가 아이의 능력에 비해 쉽다면 "이것은 쉬워 괜히 시간 낭비하겠다. 그러니 조금 더 어려운 것으로 해 보자."

등의 말을 해 준다면 부모가 아이에게 학습의 가치를 심어 주는 말이 되며 도전해서 이루어내는 학습목표를 심어 주게 되는 것이다. 이러한 학습목표는 어려워도 새로운 것을 배우고 싶어 하고, 도전을 통해서 완전히 익혀 성취하려 하며, 실패와 좌절도 자연스러운 배움의 과정으로 생각하여 자신의 능력을 향상하기 때문이다.

다음은 고정형 사고관인 평가목표와 성장형 사고관인 학습목표를 비교한 도표로서 그 내용은 다음과 같다.

고정형 사고관인 평가목표	분류	성장형 사고관인 학습목표
자신의 능력을 다른 사람에게 증명해 보이려 하고 얼마나 똑똑한지를 나타내고자 한다.	정의	새로운 것을 배우고 싶어 하고, 도전을 통해서 익히려 한다.
자신의 재능과 능력을 타인에게 드러내고자 한다.	목적	새로운 것을 통해 더 많은 것을 배우고자 한다.
'지능, 점수, 평가, 다른 사람과의 비교, 똑똑하다, 머리가 좋다, 천재다'와 같은 지능이나 능력에 대한 칭찬이 아이에게 자신감과 동기를 북돋워 준다고 믿는다. 그러나 반대로 아이가 못했을 때는 '머리가 나쁘다, 능력이 부족하다.'라고 생각한다.	주관점	노력, 열정, 의지, 오늘 하게 된 것은 무엇이니? 그렇게 되기까지 어떤 노력을 하였니?와 같이 과제의 과정과 노력에 대한 칭찬이 아이에게 자신감과 동기를 심어 준다고 믿는다. 그러나 반대로 아이가 못했을 때는 '노력이 부족하다.'라고 생각한다.
1. 자신이 얼마나 잘하는지를 보여 주려 하므로 어려운 문제를 선택하지 않는다. 2. '잘해야 한다.'라는 생각에 사로잡혀 자신의 능력을 증명하는 데 에너지를 쏟으므로 어려운 목표에서는 도전하기보다 쉽게 포기한다. 3. 학습보다 보상에 더 흥미를 느낀다.	차이점	1. 배우는 것에 초점을 두기 때문에 쉬운 문제를 선택하지 않는다. 2. 스스로 성취감과 만족감을 느낄 수 있을 정도의 분량으로 목표를 정해서 도전하며, 노력하는 과정에서의 즐거움과 배우는 것에 초점을 둔다. 3. 학습 자체에 흥미와 즐거움을 느낀다.
"너는 능력이 없다."라는 의미로 받아들이기 때문에 자신감과 동기를 잃어버려 노력하지 않고 좌절하게 된다.	실패상황	자연스러운 배움의 과정이라는 생각으로 원인을 찾아 새로운 문제해결 방식을 배우며 노력하여 어려운 위기를 딛고 일어서게 된다.
아이는 자신의 능력을 드러내고자 쉽고 안전한 길로 가려 한다. 이는 결국 아이로부터 학습의 즐거움과 아이 스스로 능력을 발전시킬 기회를 빼어가게 된다.	결과	아이는 노력이라는 학습 스스로 목표에 따라 성취감을 가져가 자존감이 상승하며, 실패와 좌절 앞에서 무릎 꿇지 않고, 사회에서 필요한 사람이 된다.

필자 노트 plus 12

자매간 과다한 경쟁이 걱정되어 상담한 사례

언니(초등학교 1학년), 동생(6세)

언니와 동생 둘 다 필자가 운영하는 기관에서 몇 개월간 수업을 받았다. 자매는 자기 일을 주도적으로 잘하였으며 창작력도 뛰어났다. 그러나 욕심이 많고 남에게 지기 싫어하여 뜻대로 잘되지 않으면 표정이 굳어지곤 하였다. 언니는 동생보다 성격이 밝은 편이고 동생은 언니보다 이기성이 발달한 편이었다. 어느 날 어머니 교실 수업 후 자매의 어머니가 여기에 대해 왜 그런지 물어왔다. 필자는 아이에 대해 평상시 잘 알고 있었으므로 몇 가지를 확인차 질문하고 바로 답해 주었다.

첫째, 부모님은 평상시 과제의 결과에 대해서만 칭찬하여 자매에게 경쟁심을 부추겼기 때문입니다. 부모가 과제의 결과나 완성한 것에 대해서만 칭찬하면 아이들은 과제 자체가 주는 즐거움과 흥미보다 부모님에게 좋은 결과물을 보여 주고는 칭찬받고 인정받으려는 보상을 바라게 됩니다. 학습이 제대로 효과를 거두기 위해서는 과제 수행에서 즐거움과 흥미를 느끼고 과제 자체가 주는 성취감으로 유능성을 경험해야 하는데, 아이들은 경쟁 관계에서 더 인정받기 위해 노력하는 것입니다.

둘째, 지금 현재의 가정 분위기를 보았을 때 동생으로서는 부모님의 사랑을 언니에게 많이 뺏겼다고 생각할 수 있습니다. 동생이 어릴 때는 부모님의 사랑을 많이 차지하였지만, 지금은 언니가 초등학교에 들어가게 되면서부터 부모의 많은 관심이 언니에게로 옮겨가게 된 것입니다. 언니는 유치원에 다닐 때와는 달리 학교라는 생활공간의 변화를 맞이해야 하며, 새로운 또래 관계를 형성해야 하는 등의 갑작스러운 변화를 겪어야 하므로 부모님의 많은 관심이 필요해졌기 때문입니다.

셋째, 부모가 자매간 갈등을 부추기지는 않았는지 생각해 보셔야 합니다. 언니는 현재

학교에 잘 적응하여 상을 받거나, 반장을 맡는 등 대내외적으로 칭찬받을 일이 많아졌지만, 동생은 아직 그러한 환경이 되지 못합니다. 문제는 이처럼 언니가 칭찬받을 일이 생길 때마다 부모님은 동생이 보는 앞에서 언니를 칭찬하였을 테고 그때마다 알게 모르게 그러한 상이나 대외적인 명칭을 받을 수 없는 동생은 위축되면서 질투심이 생겼으리라 생각합니다.

넷째, 동생의 사회성이 부족합니다. 평상시 부모님은 동생이 막내이고 아직 어리다고 생각하여 많이 보호하고, 요구를 많이 들어주며, 버릇없는 행동도 어느 정도 용인해 주었으리라 생각합니다. 여기에다 언니와의 경쟁심과 합쳐져 남을 배려하는데 인색한 성향이 생겼지 않았나 생각합니다.

가정에서의 해결방법

첫째, 부모는 아이들의 갈등을 부추기는 행위의 결과물을 칭찬하기보다 과제의 과정과 구체적으로 잘한 부분, 노력한 부분을 칭찬하여야 합니다. 아이에게 결과물을 계속해서 칭찬하게 되면 또래 관계성에 어려움이 생기게 됩니다.

둘째, 형제간 갈등을 현명하게 조절해 주셔야 합니다. 가령, 언니가 상을 받아 왔을 때 언니만 칭찬하지 말고 동생에게도 "동생은 이 부분에서 잘하니 다음에 좋은 일이 있을 거야." 하면서 같이 칭찬해 주는 것도 하나의 방법이 됩니다. 또한, 서로 다툼이 생겼을 때는 부모가 문제를 해결하려 하지 마시고 자매끼리 마주 앉아 대화로써 문제를 해결하도록 해 주십시오. 이때 중요한 것은, 아이들이 현재 벌을 받는 중이므로 둘이서 문제가 해결되기 전까지는 절대 그 자리에서 일어나거나 다른 곳으로 옮기지 못하도록 하여야 합니다. 불만이 없도록 문제가 원만하게 서로 해결하였을 때만 상황을 마무리해야 합니다. 이렇게 대화로써 문제를 해결하다 보면 서로의 입장을 잘 알게 되어 이해와 배려의 관계기술이 발달하기 때문입니다.

셋째, 부모는 아이 혼자 잘하려고 욕심부리는 것보다 '함께하는 것이 더 좋고 유익이 있다.'라는 관계성을 깨닫도록 도와주어야 합니다. 또래와 같이 잘 지내는 방법과 기술을 가르쳐 주는 것도 좋겠으며, 이와 관련되는 책을 읽고 난 뒤 스토리텔링

(storytelling)의 시간을 가지는 것도 좋겠습니다. 가령 친구와 다툰 내용의 책을 읽었다면 '친구가 왜 다투었을까? 친구와 다투지 않으려면 어떻게 해야 할까?, 다투었을 때는 또 어떻게 해야 할까?' 등에 관해 대화하는 것입니다. 또한, '공부방 꾸미기'나 협동미술 작품을 제작하는 것과 같이 자매가 서로 도울 수밖에 없는 일을 같이하게 하는 것도 좋은 방법이 됩니다. 물론 과제의 과정에서 누군가가 양보하거나 도와주면 칭찬하는 것을 잊지 마시고요.

아이들이 자기가 완성한 작품에 관하여 설명하고, 그 설명을 듣고 있는 친구들이
궁금한 것을 질문하고 답변하는 스토리텔링의 시간을 가지다 보면
언어 활용능력과 자기 표현력, 창의성, 사회 관계성 등이 향상하여
아이의 발달에 도움을 주게 된다.

CHAPTER 10

아이의 양육은 즐겁고 행복한 일이다

주제: 우리 민족의 호랑이(장지 위에 수묵채색)

주제: 부모의 믿음(캔버스에 크레파스)

아이는 부모를 온전히 믿기에 아무런 의심을 하지 않는다. 그런 아이를 믿어 주는 것이야말로 아이와 부모 간에 가장 행복한 관계이다. "나는 널 믿으니까 괜찮아.", "너는 반드시 해내리라 생각한단다."라는 믿음의 말은 아이에게 큰 힘이 되어 건강한 자아를 실현하게 하며 사람과의 관계에서도 긍정적으로 영향을 미친다. 부모가 자녀를 믿는다는 것은 아이의 기운을 북돋아 주어 자신 있는 아이로 자라게 하며, 어려움을 극복하게 한다. 따라서 부모가 자녀를 믿는 만큼 아이는 성장한다. '부모가 자녀를 안 믿어 준다면 어떤 사람이 그 아이를 전적으로 믿어 주겠으며, 믿음을 받지 못하며 자란 아이가 사회에서 누굴 믿으며 성장할까?' 부모라면, 아이가 예상대로 따라주지 않더라도 불안해하거나 절망하지 않고, 아이를 사랑으로 지켜봐 주면서 일관성 있는 믿음을 보여 주어야 한다. 부모의 일관성 있는 믿음은 언제나 그 자리에서 지켜봐 주면서 든든하게 믿음을 주는 백그라운드로서의 묵묵한 산이 되어 아이의 성공과 행복한 삶에 큰 역할을 하게 된다.

작품에서는 든든하게 믿음을 주면서 묵묵히 지켜봐 주는 산과 같은 부모님이 계셨기 때문에 자녀는 성공의 삶을 스스로 이루어 부모님 앞에 당당히 설 수 있는 행복의 삶을 살 수 있다는 것을 캔버스 위에 크레파스로 표현하였다.

1. 부모 자식의 상호적 관계

자녀는 부모보다 나이가 어리지만, 사람으로서의 가치에서는 동등하므로 상호 존중하여야 한다. 자녀는 부모를 자신의 양육자이자 삶의 스승으로서 공경하여야 하며, 부모 역시 자녀를 신뢰하고 격려와 용기를 주면서 사랑으로 존중하여야 한다. 그러면서 부모 자식은 따뜻하고 친밀한 관계로서 가장 가까운 사이어야 한다. 사람들은 사회를 살아가면서 상호적 관계로서 서로의 관계에 영향을 주고, 상보적 관계로서 서로 부족한 부분을 보충하려 한다. 그러므로 소통 없이 일방통행식으로 사람과 관계 맺는 사람은 없다. 따라서 만약 사람과의 관계에 문제가 있다면 한 사람만 탓할 수 없는 것이다. 그러나 부모-자녀 관계는 예외적이다. 아이는 엄마 품에 안겨서부터 부모의 행동을 모방하고, 부모가 아이를 어떻게 대하느냐에 따라 다음 행동을 결정하며, 아이를 둘러싼 환경적 요소의 소통과 억압 등이 요인이 되기 때문에 아이의 부정적이고 문제 있는 행동의 근원은 부모인 경우가 대부분이다. 부모가 부모의 처지가 아니라 아이의 처지에서 생각하고, 부모의 욕심이 아니라 아이의 꿈을 바라보게 된다면, 부모는 아이의 행동을 이해할 수 있게 되고 아이를 대하는 방식이 달라져 아이는 더욱 행복한 가운데 앞으로의 비전을 실천해 나가게 된다.

다른 사람들과의 관계와는 달리 부모-자녀 관계는 되돌리거나 파기할 수 없는 혈연으로 맺어진 관계이므로 연장자이자 다양한 지식과 경험을 갖춘 부모가 더욱 질 높은 보육과 육아, 교육을 위해 아이의 성장에 따른 부모의 역할과 양육 방식을 바꾸려고 노력하는 자세를 보여야 한다. 그러나 이는 쉽지 않은 문제이다. 바쁜 현대사회에서 개인주의적 사고가 우선하는 부분도 있지만, 많은 부모는 부족한 부분을 보충하는 새로운 것을 받아들여 변화하려 하기보다 자신이 경험해 오면서 자연스럽게 체득된 기존의 생각과 행동, 관습을 유지하여 대물림의 양육을 하려 하기 때문이다. 그러므로 상당수 부모가 '아이의 양육을 위해 최선의 노력을 다하였다.'라고 한다면 자신에게 체득된 방식대로 최선을 다하여 양육한 것이 된다. 가령 한 엄마는 아이의 자율성을 존중하기보다 아이가 잘하길 바라는 앞선 걱정에 아이의 일을 도와주고 아이의 일에 개입하여 많이 가르쳐 주면서 그렇게 하도록 강요하는 양육을 하였다. 아이가 자라면서 다른 아이보다 발달이 늦다는 것을 느낀 엄마는 자신이 직장을 다니면서 아이의 양육을 소홀히 한 결과라 생각하고 직장을 그만두고 아이의 양육에 더욱 매진하였다. 그러나 그 양육 방식이 자신에게 체득된 방식을 더욱 강화하는 것이어서 아이를 더 많이 도와주고 더 많은 것을 가르쳐 주면서 해결해 주었다. 즉 엄마는 직장을 그만두면서까지 아이의 양육에 매진하였지만, 아이의 발달에 문제가 되는 행동을 계속 강화하는 결과를 가져오게 된 것이다.

부모는 자신의 자녀가 진정 훌륭하게 성장하길 바란다면 아이가 자라는 만큼 자신의 양육 방식을 점검하여 부족한 부분을 보충하고 문제 있는 부분을 수정하려는 노력이 절실하게 필요하다. 아이의 성장과 발달에 따른 부모의 바른 역할과 바른 양육을 실천하게 된다면 아이는 그 변화에 발맞추어 긍정적으로 더 많이 발달하고 더 많이 알게 되며 더 훌륭하게 성장하면서 부모와 상호적 관계를 맺는다. 이러한 상호적인 관계는 지금까지 애쓰며 키운 부모의 정서에 만족감과 행복감을 갖게 하고, 인생에 대한 의미와 보람을 느끼게 한다. 반면 부모에게 체득된 대물림의 양육이나 잘못된 양육을 유지하면서 아이의 성장에 따른 양육변화나 부모의 역할에 무관심하게 되면 아이와의 정서적 애착이 멀어지면서 문제 행동이 나타나 부모와의 상호적 관계가 이루어지지 않게 된다. 다시 말하면 아이라 불리는 시기의 부모 자식 관계에서 아이의 성장에 따른 부모의 변화된 바른 양육과 역할 변화는 아이가 더욱 훌륭하게 성장하게 되는 상호적 관계를 맺게 되지만, 부모의 잘못된 양육과 부모의 역할변화에 무관심하게 된다면 부모가 원하는 대로 아이와 상호적 관계를 맺지 못한다.

2. 아이를 믿는 믿음

아이는 태어나서 엄마 품에 안겨 아무런 의심도 하지 않고 엄마를 온전히 믿는다. 부모이니까 무조건 믿는 것이다. 부모도 이에 질세라 아이를 믿는다. 부모가 자녀를 이렇게 믿어 주지 않는다면 그 누가 우리 아이를 이렇게 깊이 믿어 주겠는가? 부모로부터 믿음을 받지 못하면서 자라난 아이가 그 누구를 믿고 생활하겠는가? 아이는 태어나자마자 '반사작용'처럼 본능적으로 행동하는 것도 있지만 대부분은 직접 탐색하고 실험하는 감각과 운동의 경험을 통하여 아이 스스로 깨달아 가야 한다. 무엇이든 들여다보고, 만지고, 떨어뜨리고, 엎지르는 등 아이의 호기심에 의한 이러한 행위는 부모를 성가시게 하고 여간 힘들게 하는 것이 아니다. 그러나 이것을 아이의 발달적 관점에서 바라보면 우리 아이가 현재 정상적인 발달을 가져가고 있다는 것을 증명하는 것이 되고 뇌 발달이 왕성하여 탐구하면서 세상을 알아가고자 하는 것이다. 따라서 아이의 이러한 행동을 부모는 감사해야 한다. 부모는 아이의 몸이 더러워지면 나중에 깨끗이 닦아 주면 되고, 어질러진 물건들은 다시 정리하면 된다는 마음으로 우리 아이가 마음껏 탐색하고 탐구하며 실험할 수 있도록 허용해 주어야 한다. 부모가 조바심을 내지 않고 믿고 기다려 주면 아이는 편안한 마음으로 새로운 것을 하나씩 배우고 익혀 나갈 것이며 보이지는 않지만 조금씩 커 가며 마침내 환경에 적응하여 일어서게 되고 세상을 향해 걸어가게 된다.

아이가 마음껏 놀려고 할 때 가장 필요로 하는 것은 놀이에 대한 부모의 믿음이다. "다치니까 하지 마.", "미세먼지 많으니까 나가지 마.", "병균 들어가니 아무거나 만지지 마.", "열심히 공부해야 훌륭한 사람이 되지 그러니 놀 시간에 책 좀 봐라!", "공부는 안 하고 왜 매일 놀기만 하니?"라는 생각으로 부모가 놀이에 대해 부정적이거나 과보호로 아이가 다친다는 것을 겁내 하거나 노는 것이 위생상 좋지 않다고 여길수록 놀 거리와 놀이터가 있어도 무용지물이 된다. 따라서 아이들이 놀이터에서 마음껏 논다는 것은, 아이들의 놀이 본능과 함께 부모의 믿음이 있어야 가능한 것이다.

부모는 아이가 세상을 향해 다양한 경험과 자극의 뇌 발달을 이루어가는 동안 아이의 생각으로 선택하고 결정하는 것을 허용하고 자기의 일을 주도적으로 수행하는 행동에 대해 격려하고 칭찬하여 용기를 북돋워 주어야 한다. 이렇게 아이에게 자율성을 허용하고 자기 주도적인 행동을 격려한다는 것 또한 부모가 아이를 믿어 주는 마음이 없다면 이루어질 수 없는 일이다. 그리고 아이가 뜻하지 않게 잘못을 저질렀거나, 노력하였지만 실수나 실패하였을 때, 아이가 불안감이나 두려움 없이 그 사실을 인정하고 그 원인에서 지혜를 배워 진정한 배움을 깨닫게 되는 것도 아이를 믿어 주는 부모의 믿음이 있기에 가능한 것이다.

학령기 아이들은 가정이라는 보호적 환경에서 벗어나 학교라는 새로운 경험 속에서 생활하여야 한다. 부모는 아이가 자립심을 가지고 생활할 수 있도록 격려하면서 자율성에 따른 독립심을 인정해 주어야 한다. 또한, 자율적인 학습 습관으로써 스스로 공부할 수 있어야 하고, 올바른 도덕관과 가치관을 형성하면서 친구와의 상호작용으로 원만한 관계를 맺을 수 있어야 한다. 이 시기에서도 가장 중요한 것은 '우리 아이가 해낼 수 있다.'라는 부모의 믿음인데 그 이유는 믿는 만큼 아이가 성장하고 발달하기 때문이다.

아이의 믿음에 대하여 부모가 실천해야 할 내용은 다음과 같다.

첫째, 아이를 믿기 때문에 기다려 주어야 한다. 아이가 부모 생각대로 안 된다고, 예상대로 따라주지 않는다고 불안하여 아이의 일을 도와주고 해결해 주는 것이 아니라, 좀 떨어져서 아이를 바라보고, 아이의 경험으로 스스로 해낼 때까지 기다려 주어야 한다. 부모가 믿고 인내하는 동안 아이는 많은 것을 깨달아 성장해 가기 때문이다.

둘째, 아이를 믿기 때문에 이해하기 위해 노력하여야 한다. 아이는 부모를 화나게 할 의도는 없기 때문에 문제 있는 행동의 근원은 부모인 경우가 대부분이다. 따라서 아이의 행동을 아이의 관점에서 이해하려고 노력해야 한다.

셋째, 아이를 믿기 때문에 아이의 감정과 말을 수용하고 공감한다. 아이를 믿는 가장 기본적인 방법은, 지적 지시하면서 도와주거나 비판으로 바로잡아 주는 것이 아니라, 아이의 감정을 있는 그대로 받아 주고, 아이의 말을 수용하고 공감해 주면서 격려와 칭찬으로 양육하는 것이다.

넷째, 아이를 믿기 때문에 불안해하지 않는다. 아이는 자신의 다양한 경험과 무한한 능력으로 스스로 문제를 헤쳐나가므로 부모는 아이의 행동을 불안해하지 않고 믿는다. 이러한 부모의 믿음은 아이와 함께하는 시간이 소중하고 행복하게 한다.

다섯째, 아이를 믿기 때문에 자신의 의지로써 결정하게 한다. 부모는 평상시 자기의 생각으로 선택하여 결정하게 하는 아이의 자율적 사고와 행동을 허용하여 자신의 노력으로 성취 경험을 가질 수 있도록 믿어 주어야 한다. 따라서 부모는 아이의 일에 개입하여 자기 생각을 강요하여서는 안 된다.

국내 최고의 대학교에 다니는 대학생 100여 명을 대상으로 '공부를 잘하게 된 원인'에 대하여 60% 가까이가 '부모의 신뢰'라고 답한 한 조사 결과가 있었다. 또한, 성공의 길을 달려 정상에 오른 많은 사람은 자기 자신을 믿는 것이 가장 큰 힘이 되었다고 한다. 이렇게 아이의 자신감을 길러 주는 그 뿌리는 아이에 대한 부모의 사랑과 '우리 아이가 잘 해낼 것이다.'라고 믿는 믿음이었다.

3. 아이를 믿는 믿음과 부모의 행복

아이 스스로 성공과 행복을 이루기 위해서는 부모가 아이를 온전히 믿어 주는 믿음이 필요하다. 부모는 자기 아이를 믿기 때문에 아이의 감정과 표현을 수용하고 존중하며 아이들이 커 가는 모습을 바라보면서 기다려 주는 것이다. 믿어준다는 것은 아이의 마음에 의욕과 자신감을 불어넣는 보이지 않는 힘이며, 아이 자신이 가진 놀라운 능력을 믿도록 하는 태도이다. 그러므로 부모가 믿어 주는 믿음의 힘은 아이 스스로 문제를 해결하고 자신의 힘으로 환경에 맞춰 성장해 가면서 스스로 이루어내는 성공의 삶에 백그라운드의 역할을 하게 된다. 그러나 많은 부모는 자기 아이를 믿어 주어야 한다는 것을 알고 있음에도 불구하고 아이의 생활에서 믿고 기다리며 스스로 내면을 키울 시간을 주지 못한다. 다른 아이와 비교하면서 불안한 마음에 아이를 이리저리 몰아가거나, 아이의 일에 개입하여 많은 것을 가르쳐 주고 해결해 주면서 잘하길 바라거나, 아이가 실수나 실패하였을 때 과하게 반응한다. 그러나 아이가 내적인 계단식발달을 이루면서 건강하게 자아 성장을 하기 위해서는 부모가 아이 자신의 경험으로 문제를 헤쳐나가면서 스스로 성숙해지길 기다려 주지 않는 한, 아이의 몸은 커가도 내면은 나이에 맞게 성숙하지 못하게 된다.

따라서 부모는 아이를 온전히 믿으며 기다려 주는 것을 생활 속에 항상 적용하여 나가야 한다. 부모는 다른 아이에 비해 우리 아이가 조금 뒤떨어져 보이고 속 썩이더라도 "네가 하는 게 그렇지 뭐."라면서 부정적인 말과 행동을 하기보다 "괜찮아, 노력하니까 분명히 잘 될 거야."라는 긍정의 믿음으로 소통하여야 한다. "분명히 좋은 결과 있을 거야.", "네가 잘 해내리라 믿는단다.", "너만의 장점이 있단다."라고 진심 있는 말과 눈빛으로 믿어 주고 기다려 주는 것이다. 부모의 말 속에 담긴 진심 있는 소통과 눈빛은 아이에게 든든한 신뢰로 작용하여 아이는 스스로 자신을 믿게 되고 자신감을 가질 수 있게 되기 때문이다. 이렇듯 부모가 구체적으로 하는 말이 아니더라도 아이를 대하는 표정과 목소리, 행동을 통하여 아이들은 직감과 알아차림에 의해 충분히 깨달아 전달된다. 즉 부모의 진심 있는 믿음이 자녀에게 고스란히 전달되는 것이다. 이럴 때 아이는 스스로 문제를 헤쳐나가면서 이루어낸 성취 경험과 실수나 실패의 과정에서 깨달아 스스로 딛고 일어난 문제해결의 경험으로 아이는 내적 성장을 이루면서 부모의 믿음에 보답하는 상호 관계를 가지게 된다.

아이의 인생은 부모가 아이에 대해 어떤 본을 보여 주었으며, 어떤 기대를 하고, 어떻게 대했으며, 어떤 환경을 제공하였느냐에 따라 확연히 달라짐을 알 수 있다. 그러므로 부모는 먼저 성실하게 노력하는 행동의 본을 아이에게 보여 주면서 아이의 내재된 능력으로 문제를 해결할 수 있도록 믿음이라는 무한 신뢰를 보내며, 독립된 주체로서 삶의 든든한 뿌리가 내릴 수 있도록 인도하고 협력하여야 한다. 이럴 때 아이는 스스로 책임감을 느끼고 적극적이고 주도적으로 자기의 목표를 성취하면서 다른 사람에게 원만한 상호작용으로 믿음을 주어 리더십을 갖춘 사회인으로 든든하게 뿌리내리게 된다. 그러면서 아이는 부모에게 감사하는 마음으로 부모를 모범으로 생각하게 되며 부모를 닮고 싶어 하면서 부모를 존경하게 된다. 중요한 것은, 이와 같은 아이의 마음과 행동은 지금까지 헌신하며 키우고 양육한 부모의 감정에 더 좋은 영향을 미쳐 아이를 기르고 양육하는 일이 진정으로 즐거운 일임을 느끼게 된다. 이러한 감정은 부모를 더 많이 기쁘게 하고 더없이 행복해지게 하여 부모만이 느낄 수 있는 만족감과 삶에 대한 의미를 갖게 한다. 따라서 이 시대 부모에게 가장 요구하는 것은 우리 아이를 진정으로 신뢰하는 믿음과 아이의 무한한 능력과 노력으로 문제를 해결할 때까지 기다려 주어 성공의 삶을 아이 스스로 이루어가도록 하는 것이다.

믿어준다는 것의 위력

학부모 교실에서 있었던 일이다. 필자는 한 어머니에게 다음과 같이 두 가지 질문을 드렸다.

필자: 시댁에 갔더니 시어머님께서 "며느리야 그렇게 하지 말라고 했잖아. 지난번에도 그렇게 했다가 문제가 됐었는데 너는 왜 매번 그렇게 힘들게 하니? 다음에는 꼭 이렇게 해야 한다."라고 말씀하신다면 어머니 기분 어떠세요?

어머니: 기분 안 좋죠. 나도 생각이 있는데…. 너무 하네요.

다른 어머니들: 웃음~

필자: 이번에는 다른 질문들 드려보겠습니다. 시댁에 갔더니 시어머님께서 "며느리야 네가 오니 반갑구나. 나는 네가 결정한 것을 믿는단다. 현재 노력하고 있으니까 분명 좋은 일이 생길 거야. 혹 일이 뜻대로 잘 안 되더라도 여기에서 배워 다음에는 더 잘할 수 있도록 노력하면 되니까 걱정하지 말아라."라고 말씀하신다면 어머니 기분 어떠세요?

어머니: 너무 좋죠. 모든 며느리의 희망 사항 아닌가요?

한 어머니: 맞아요.

다른 어머니들: 웃음~

필자: 시어머님이 며느리인 어머니를 인정해 주시고 믿어 주시며 일을 해낼 때까지 기다려 주시니 기분 어떠세요?

어머니: 나야 너무 좋죠. 모든 며느리의 로망 아닌가요? (한 손을 눈가로 가져가며) 눈물이 다 나오려고 그러네

필자: 시어머님께 더 잘하고 싶고, 실망 안 끼치기 위해 더 노력할 것 같은가요?

어머니: 당연히 그래야죠.

필자: 그렇습니다. 지금의 대화에서 알 수 있듯이 시어머님께서 며느님인 여러분에게 문제를 해결해 주려 개입하는 것보다, 며느님을 인정해 주고 믿어 주면서 기다려 주는 것이 더 좋은 정서만족 속에 최선을 다하여 성취하고자 노력할 것입니다.

그렇다면 이 시간, 며느님의 자녀인 우리 아이를 한번 되돌아보겠습니다. 아이의 일에 "엄마가 그렇게 하지 말라고 했잖아. 그것은 이렇게 하는 거야. 다음에 꼭 이렇게 해!"라면서 아이가 한 일을 믿지 못해 아이의 일에 개입하여 도와주고 해결해 주려 하거나 엄마의 생각대로 아이가 행하도록 지시 통제한 적은 없는가요? 거기에다 경험이 부족한 우리 아이가 실수나 실패하였을 때 혼내지는 않았나요? (침묵이 흐름) 부모로서 진심으로 우리 아이를 믿는다는 것과 믿으니까 스스로 문제를 해결할 때까지 기다려 준다는 것이 우리 아이에게는 큰 힘이 되어 아이 스스로 성공의 길을 달리도록 할 것입니다.

필자 노트 plus 13

아이의 양육은 부모를 행복하게 한다

아이의 해맑은 웃음과 작은 성취에도 기뻐하는 부모로서는 아이 자신의 노력으로 성공의 길을 달린다고 하면 아이를 양육하는 것이 진정으로 즐거운 일이 된다. 그러나 즐겁고 행복해야 할 양육이 집마다 그렇지 못하고 힘들어하는 경우가 많다. 수시로 울면서 엄마를 보채는 아이, 누워서도 온갖 물건을 입으로 가져가 엄마를 불안하게 만드는 아이, 기어 다니면서부터 온 집을 들쑤셔 놓아 힘들게만 하는 아이, 걸어 다니면서 위험한 곳, 더러운 곳을 가리지 않고 가려 하여 부모가 따라다니면서 보호해야 하는 아이, 점점 자라면서 "싫어.", "안돼."라는 말을 반복하면서 자기 고집대로만 하여 부모를 힘겹게 하는 아이, 그러다 학교에 입학하면서 친구랑 논다고 엄마의 말을 잘 들으려 하지 않는 아이, 이 모양 저 모양으로 부모의 속을 여간 썩이는 것이 아니다.

그러나 이를 아이 발달의 관점으로 다시 한번 바라보자. 태어나면서부터 아이가 수시로 우는 것은 엄마의 모성보호를 자극하여 자기의 직면한 문제를 해결하고, 반사작용처럼(젖 찾기 반사, 모로반사, 잡기 반사 등) 자신을 방어하면서 스스로 생존하고자 하는 노력이다. 아이가 누워서 온갖 물건을 입으로 가져가는 것은 아직 아이의 시각이 발달하지 못하여 가장 촉감이 발달한 혀와 입술에다 물체를 가져가 탐구하면서 시각적으로 재구성하여 사물을 깨달아 가는 것이다. 이처럼 스스로 자기를 방어하고, 자기의 노력으로 깨달아 가는 우리 아이가 얼마나 대견한가? 또한, 온 집안을 기어 다니며 들쑤셔 놓거나, 걸어 다니면서부터 위험한 곳, 더러운 곳을 가리지 않고 가는 것은, 세상을 대상으로 탐색하고 탐구하며 실험을 하는 것이다. 이를 통해 아이는 다양하게 경험하고 자극받아 세상을 하나씩 알아가고 깨달아 가면서 왕성한 뇌 발달과 함께 모든 발달의 기초를 이루고 있는 것이다. 아이가 자라면서 "싫어.", "안돼."라는 말을 하면서 자기 고집을 부리는 것은, 자아의식이 생겨 독립심을 가지고자 하는 것이고, 강요받지 않는 자기의 생각으로 선택하고 결정하여 주어진 과제를 적극적으로 주도하고자 하는 것이다.
그리고 학령기가 되어 친구랑 더 재미있게 노는 것은 유아기 동안 자기 자신에 대해 많이 알았으니, 이제는 친구와 같이 놀고 공부하면서 배워 더 넓은 세계로 들어가려 하는 것이고, 거기에서 성공의 경험으로 자신의 능력을 향상하고자 하는 것이다. 이처럼 부모의 관점이 아니라 아이의 관점에서 바라보면, 성공하는 삶의 기초를 스스로 이루어가는 우리 아이의 무궁무진한 능력에 그저 감탄할 따름이며, 자랑스러울 따름이다. 이러한 우리 아이가 어떻게 믿음직스럽지 않고 자랑스럽지 않겠는가?
따라서 아이의 바른 양육은 너무나 보람되고 즐거우며 행복한 일이 된다. 그 이유를 좀 더 구체적으로 살펴보면 다음과 같다.

첫째, 아이는 주어진 문제를 스스로 헤쳐나가 환경에 맞춰 적응할 능력이 있다.
둘째, 아이는 쉬운 방법으로 스스로 문제를 해결할 능력이 있다.
셋째, 아이는 자기의 생각과 의지로 결정하여 자기 주도적으로 과제를 성취하고자 하며, 이러한 성취 경험은 유능성으로서 동기를 가지게 되어 다시 또 성취하고자 한다.
넷째, 아이의 뇌는 가장 활발하게 활동하면서도 유연성과 가소성이 높아 다양한 경험에서 깨닫는 자극에 따라 무궁무진하게 계발할 수 있다.
다섯째, 부모와의 정서적 애착은 아이가 부모에게 인정받으려 하고, 부모가 싫어하는 일을 하지 않으려 하며, 부모와 소통하고자 한다.
여섯째, 사람은 성공의 삶을 추구하고자 하는 심리 사회적 욕구를 가지고 있으며(집단 속에서 어떤 위치를 차지하고 싶은 소속의 욕구, 사랑받고 싶은 애정의 욕구, 무엇인가 가치 있는 일을 해 보고 싶은 욕구, 다른 사람으로부터 인정 및 존중받고 싶은 욕구, 자아를 실현하고자 하는 욕구 등) 아이는 이러한 심리 사회적 욕구를 충족할 수 있도록 하는 본능적 욕구(자발성 욕구-성취 욕구. 창의성 욕구-문제해결 욕구. 자기표현 욕구-사회 관계성 욕구)를 가지고 있어 아이 스스로 성공의 길을 달린다.

살펴본 것처럼 우리 아이들은 이와 같은 욕구와 능력을 가지고 태어나 무궁무진한 능력을 가지고 있다. 이는 특별한 아이만 누릴 수 있는 혜택이 아니라 이러한 욕구와 능력을 믿고 기다려 주는 부모의 양육이면 누구나 갖게 되는 것이다. 더구나 이러한 욕구와 능력을 바탕으로 성공의 삶을 스스로 이루고자 노력하는 우리 아이를 양육한다는 것은 지금까지 애쓰면서 양육한 부모에게는 즐거움이고 보람이며 행복이 된다. 그러나 많은 부모는 자신에게 자연스럽게 체득된 대물림의 양육 방식을 유지하려 하거나 과거의 경험이 자신의 생각을 지배하거나 영향력을 행사하도록 내버려 두는 양육을 한다.

따라서 우리 아이가 진정으로 성공하여 행복하기를 바란다면, 아이가 자라는 만큼 이와 같은 욕구와 능력을 존중하고 발달시키며 향상하는 바른 양육의 방향으로 부모도 자라기 위해 노력하여야 한다. 분명한 것은 이러한 바른 양육이 부모에게 짐과 멍에를 씌워 어렵고 힘들게 하고자 하는 것이 아니라 '어차피 해야 하는 말과 행동을 아이에게 부정적 발달을 주는 내용으로 하는 것이 아니라 긍정적 발달을 주는 방향으로 하고자 하는 것'이다. 가령, 아이가 어떤 과제를 수행하고자 할 때, 아이 스스로 생각하고 자기의 의지로써 과제를 수행할 수 있도록 허용하며 "기대되는데"라며 아이를 격려하였다. (긍정적 발달의 방향), 아이가 잘하길 바라는 앞선 걱정에 도와주고 가르쳐 주면서 "그건 그렇게 하는 것 아니라 이렇게 해야 돼."라며 아이의 일에 개입하였다. (부정적 발달의 방향).

부모님 사랑합니다. (캔버스 위에 크레파스)

그 결과 자율성을 허용받은 아이는 자기 주도적으로 과제를 성취하여 자존감을 높이며 스스로 자아를 발달시키지만, 부모에 의해 도움받고 해결방법을 강요당한 아이는 스스로 하고자 하는 동기를 가지지 못한 채 낮은 자존감 속에 생활하게 된다.

다소의 차이는 있지만, 양육에서의 원인이 같다면 결과도 같으므로 결국 바른 양육의 실천은 부모로부터 아이의 짐과 멍에를 벗겨내어 행복을 주는 것이 된다.

부모가 우리 아이들이 가지고 있는 이러한 본능적 욕구와 아이의 무궁무진한 능력을 존중하는 바른 양육을 실천하게 되면, 아이는 자신에게 주어진 일이나 과제를 스스로 성취하고 다른 사람과 원만한 관계를 맺으면서 성공의 삶을 아이 스스로 이루어 가게 된다. 이러한 내 아이와의 상호관계는 애쓰며 키운 부모에게는 더 좋은 감정을 가지게 하여 아이를 양육하고 교육하는 것이야말로 진정으로 기쁘고 즐거운 일이 되어 부모만이 가지는 행복감을 느끼며 생활의 보람과 의미를 갖게 된다.

저자 약력

김 병 태

- 계명대학교 미술대학 및 동대학원 회화과
- 웨스트민스터신학대학원대학교 미술치료 교육학 박사
- 미술치료 교육학 박사
- 개인 미술 전시회 11회
- 경향신문미술대전, 대한민국한국화대전, 경남미술대전 경북미술대전 등 전국 공모 미술대전 운영 · 심사 35회, 삼성현미술대전 대회장 6회
- 집단 예술치료, 집단 부모교육, 집단 교사교육, 집단 육아상담 및 심리상담 다수 역임
- 수성대학교, 계명문화대학교, 대구보건대학교, 영진전문대학교, 대구미래대학교 등에서 강의 및 교육역량사업 예술치료 강의, 임상 지도 역임

저서

- 『미술치료에 기초한 아동미술』(2018). 창지사.
- 『성공의 삶 "아이 스스로 이루어 낸다"』(2020). 창지사.

'성공의 길을 달리는 아이'를 위한 부모 교사 양육 지침서

성공의 삶 "아이 스스로 이루어 낸다"

초판 1쇄 인쇄 2020년 4월 22일
초판 1쇄 발행 2020년 4월 24일

지 은 이 | 김병태
펴 낸 이 | 김기섭
편 집 인 | 이초롱
펴 낸 곳 | 창지사 www.changJisa.com
08589 서울시 금천구 가산디지털 1로 83 파트너스타워 1차 9층
전화 (02)719-2211~3
팩스 (02)701-9386
등 록 | 1977년 4월 28일 · 제1-421호

ISBN 978-89-426-1266-6 (13370)

값 24,000원

이 도서의 국립중앙도서관 출판예정도서목록(CIP)은 서지정보유통 지원시스템 홈페이지(http://seoJi.nl.go.kr)와 국가자료공동목록시스템(http://www.nl.go.kr/kolisnet)에서 이용하실 수 있습니다(CIP제어번호: CIP2020016239).